中國人口通史

3

秦西汉卷

袁祖亮主编

袁祖亮著

人民出版社

目　录

绪　论

《中国人口通史·秦西汉卷》是在吸收和借鉴前人相关成果的基础上,结合作者多年的研究积累,对这一时期人口问题的探讨。因此在行文之前有必要对秦、西汉时期的人口研究状况作一回顾,主要论及十个方面:一、关于秦、西汉人口数量问题研究概况;二、关于人口分布方面的研究概况;三、关于户籍制度方面的探讨;四、关于人口迁徙问题的研究概况;五、关于人口思想的研究概况;六、关于区域人口研究概况;七、关于民族人口研究概况;八、关于家庭人口方面的研究概况;九、关于秦、西汉经济史资料的搜集与整理工作;十、其他方面的研究概况。各部分主要以介绍每项研究起步的大致时间,何人开创,探讨的主要内容,参与的相关学者,及一些研究的传承关系、观点的异同、立论的主要内容等。由于视野及水平所限,对一些大作的介绍和总结未必中肯和恰当,加之可能有少量著述未被收录,疏漏之处,在此致歉,希望以后予以弥补。

一、秦、西汉人口数量问题研究概况

人口史研究的重要内容之一,就是通过特定历史时期内人口数量的变化来探讨人口发展变化的脉络。但秦、西汉时期,由于史籍对人口总量的记载数据寥寥,因此学界也十分关注。杨向奎先生的《自战国至汉末中国户口之增减》[①]对战国、秦、汉初、西汉平帝元始二年乃至东汉时期人口数字进行了比较,揭示了战国至东汉之间人口数量之发展变化。胡德煌的《前汉户口统计表》[②]对西汉的户口分十三刺史部做了统计和研究,并得出结论,十三州部中以人口数量亚论,以兖州人口为最多,次为豫州;以平均每县人口数量论,以豫州人口为最密,其最少者是凉州。谭其骧先生的《论两汉西晋户口》[③]对两汉西晋时期地域人口盛衰变化进行了考证,认为"自汉至晋,黄河下游日就衰落"。史念海先生的《两汉郡国县邑增损表》[④]通过对两汉郡国县邑的增损说明两汉的人口概况及其发展变化。袅况庆先生发表过《两汉人口之比较》的文章,亦有较高的参考价值。

（一）关于战国时期人口数量之考证,当推梁启超先生,他认为有 3000 万。我们可以从马非百先生《秦汉经济史资料（五）——人口及土地》中可以窥见。马先生言:

> 当时人口,虽无确实数目可以稽查,但从各方面比堪推测,尚可得其梗概,若据梁任公的考证,大概不下三千万人。梁氏在他的历代户口比较表上说:苏秦说六国,于燕赵韩齐皆言带甲数十万,于楚则言带甲百万,于魏则言武士苍头奋击各二十万。张仪言秦虎贲之士百余万。又苏秦言齐楚赵皆车千乘,骑万匹,言燕车六百,骑六千,言魏车六百,骑五千。张仪言秦车千乘,骑万匹,以秦楚两国推例之,大抵当时兵制有车一乘骑十匹者则配卒一千人。故秦楚千乘而卒百万,赵六百乘而卒六十万。然则苏秦虽不确言齐、赵、燕、韩之卒数,然亦可比例以得其概。大约齐赵皆当百万,燕韩皆当六十万,概当时秦齐楚工力悉敌,而苏秦亦言山东之国,莫强于赵,故合纵连横时,秦赵齐楚皆一等国,而韩魏燕二等国也。以此计之,七雄所养兵,当合七百万内外也。由兵数以算户数,据苏秦说齐云,临淄七万户,户三男子,则临淄之卒可得二十一万。是当时之制,大率每一户出卒三人,则七国之众,当合二百五十余万户也。由户数以算人数,据孟子屡言八口之家,是每户以八人为中数,则二百五十余万户,应得二千余万人也。此专以七雄推算者,当时尚有宋、卫、中山、东西周、泗上小侯及蜀闽粤等不在此数。以此约之,当周末时,人口应不下三千万（《饮冰室文集》第 44 册）。此虽系臆度之词,然究颇近于情理[⑤]。

关于战国时期的人口数量问题,新中国成立以后,不少著作及论文予以提及。如郭沫若先生主编的《中国史稿》认为是 2000 来万,但未作论证。1988 年出版的赵文林、谢淑君的《中国人口史》认为战国时期的人口约有 3200 万,秦王朝初年有两千多万人口。其推算方法仍然是根据各国的兵员状况,认为每户人口约五六口之多,平均三户二丁,即 15 人中最多只有兵卒 2 人,那么 400 万的军队至少应有 3000 万人口,此外再加上少数民族人口 200 万。[⑥]1995 年出版的王育民的《中国人口史》则认为战国盛时,估计当在 2000 万人左右。王先生不同意梁启超的分析,认为战国时的家庭规模不是 8 口人,是 5 口人,每家服役之人是 2 人不是 3 人,认为梁氏战国人口已有 3000 万的推论显然偏高。王先生认为:

> 关于七国兵员数,按《史记·苏秦传》及《张仪传》记载,秦、楚二国各为 100 万,魏 70 万,余均称数十万。其中,赵、齐两国较强,姑各以 80 万计,韩、燕较弱小,各以 50 万计,七国总兵力为 530 万。每户出卒 2 人,则有 265 万户,每户平均 5 口,则七雄计有 1325 万人。其他如宋、卫、中山、东西周、泗上小侯及蜀、闽、

越等地,约占七雄人口之半,则战国盛时,估计当在 2000 万人左右。⑦
2002 年出版的葛剑雄的《中国人口史》第 1 卷认为战国时期的人口最高数字是 4500
万,葛文认为:

> 前人推测秦以前人口数的主要依据是兵力数,但正如前面已经指出的,兵力
> 数具有很大的不确定性,而兵力与总人口数的比例关系更难估计。

于是,葛文提出:

> 我以为,目前唯一的办法,只有通过此后比较可靠的人口数量进行回溯性的
> 推测。这样做的精确性当然是相当低的,但至少可以确定一个比较合适的上限
> 或下限。当然,回溯的时间越长,正确性越低,所以应该特别谨慎,但舍此实在没
> 有其他办法。⑧

> 根据下一节的论证,公元 221 年秦朝统一时的人口,至少有 4000 万……所
> 以战国后期的人口更多是处于停滞,或小幅度下降,战国时期的人口峰值会略高
> 于秦统一时的 4000 万,但不会高很多,估计在 4500 万以内。⑨

(二)关于西汉初年人口数量问题的研究。最早论及西汉初年人口数量者是西
晋的皇甫谧,他在其著作《帝王世纪》中云:

> 然考苏、张之说,计秦及山东六国,戎卒尚存五百余万,推民口数,尚当千余
> 万,及秦兼诸侯,置三十六郡,其所杀伤,三分居二,犹以余力,行参夷之行……至
> 汉祖定天下,民之死伤亦数百万,是以平城之卒不过三十万,方之六国,五损其
> 二。自孝惠至文、景与民休息,六十余岁,民众大增……⑩。

皇甫谧没有直接道出具体数字,但从"方之六国五损其二",而六国时人口是千余万,
则推知千余万的五分之三该是 600 万。梁启超也认为汉初人口是五六百万。他说:

> 据《史记·秦本纪》及《六国表》,则自秦孝公至始皇之十三年,其破六国兵,
> 所斩首虏共百二十余万。而秦兵之被杀于六国者尚不计。六国自相攻伐所杀人
> 尚不计,然则七雄交闹,所损士卒当共二百万有奇矣。而始皇一天下之后,犹以
> 四十万使蒙恬击胡,以五十万守五岭,以七十万作骊山驰道。三十年间,百姓死
> 亡,相踵于路,陈项又恣其酷烈,新安之坑,二十余万,彭城之战,睢水不流。汉高
> 定天下,人民之死伤亦数百万。及平城之围,史称其悉中国兵,而为数不过三十
> 万耳。方之六国,不及二十分之一矣。汉既定天下,用民服兵役者,当不至如六
> 国之甚,然以比拟计之,当亦无逾五六百万者。⑪

葛剑雄 1981 年发表的《西汉人口考》⑫认为:西汉初期全国人口约 1500 万,西汉
末约 6000 万,平均每年自然增长率 7‰。

柳春藩 1984 年出版的《秦汉封国食邑赐爵制》认为汉初人口数为 1323 万。⑬

2002 年葛剑雄出版的《中国人口史》第 1 卷中,有关汉初人口的数字有两种不同的说法,其一是汉初人口下限是 1500 万,上限是 1800 万,葛文云:

> 西汉期间全国人口平均增长率约 6‰—7‰。西汉末期,元始二年(公元 2 年)在其直接统治的郡、国范围内,约有 6000 万人口;西汉初,汉高祖五年(前 202 年)在其境内(包括东瓯、南越等)人口的下限约 1500 万,上限约 1800 万。⑭

第二种说法是在 1200 万以上,葛文云:

> 从人口增长的规律分析,西汉期间人口年平均增长率绝对不会超过 9‰,总增长不会超过 5 倍,因此西汉初的人口数量肯定在 1200 万以上。⑮

上述两种说法之间显然存在着矛盾。

1985 年袁祖亮发表的《再论汉武帝末年人口并非减半——兼与葛剑雄同志商榷》的文章,认为西汉初年的人口约有 1400 万。作者主要从封国人口、民族人口、移民三方面考察认为西汉初年的人口为 1400 万。⑯

1988 年出版的赵文林、谢淑君的《中国人口史》认为西汉初年人口数量是:

> 据此,我们推测,西汉初期人口约为秦时的 60%,即约有一千二百万人。说也凑巧,五代的李琪给唐庄宗上疏中也提到这么一个数字,我们将这个数加上境内兄弟民族人数二百万,共一千四百万人。⑰

赵文虽然所述的汉初人口数与袁文完全一致,但赵文所引李琪上书中的"一千二百余万"理解为人数是不当的,李琪上疏中的千二百万指的是西汉末的户数,并非口数。

1995 年出版的王育民的《中国人口史》认为西汉初年的人口数当在 1500 万至 1800 万之间。⑱

(三)关于汉武帝末年人口是否减半的研究。1981 年发表的袁祖亮的《西汉时期人口自然增长率初探》一文认为:

> 武帝末年的人口并非减半,它的数量约在 3000 万以内,我们不排除武帝末年个别地区的人口减员现象,和一些地区的人口可能徘徊在景、武之际的水准上,同时也不得不承认,正是在武帝的用兵年间,一些地区的人口仍有增殖。⑲

与袁文观点相同的当时不乏人在,葛剑雄同志便是其中之一。葛剑雄在《中国史研究》1981 年第 4 期发表的《西汉人口考》一文认为:西汉的人口变化可分为三个阶段,第一阶段,汉初至武帝初(前 206—前 134)、第二阶段,武帝中、后期(前 133—前 90)、第三阶段,武帝末年至平帝元始二年(前 89—2),并且得出结论:

> 由此可见,第二阶段虽不一定达到"户口减半"的程度,但人口较前阶段大幅度减少,则是确定无疑的。

由此可见葛文的观点与袁文是一致的。1983年葛剑雄发表了《汉武帝时"户口减半"考实》一文,葛文云:

> 袁祖亮同志在《西汉时期人口自然增长率初探》一文中认为"武帝末年的人口并非减半",且有所增加,笔者对此不敢苟同,现拟将汉武帝时期的人口变化事实作一考订,以就正于袁同志及史学界。[20]

其实两年前葛同志也是"汉武帝末年人口并非减半"的拥护者。葛文认为:

> 从武帝初年的三千六七百万户口开始,经过逐年的虚报,即使每年仅虚报千分之一,在武帝年间也可能出现户口近四千万的记录了,而昭帝初重新核定的户口数低于实际人口,可能在二千万至三千万之间。因而官方的户口统计从近四千万跌至二千多万,举其大数,称为"户口减半"是毫不奇怪的。[21]

1985年袁祖亮发表了《再论汉武帝末年人口并非减半——兼与葛剑雄同志商榷》一文,仍然坚持自己的观点,袁文考证了武帝前期的人口数量、武帝末年的人口数量,以及武帝年间人口是否虚报问题,并得出结论:

> 从上所述(二)(三)部分可知,武帝前期的人口最高数字为3400万,武帝末年的人口数据为3000万,实际只减少了400来万,也即只减少了11.76%,因此不能称为"户口减半"。[22]

1988年出版的赵文林、谢淑君的《中国人口史》通过推算认为,汉武帝末年的人口还没有下降一半:

> "这就是说,汉武帝末期人口还没有下降一半,而是降到三千零六十万,即降低了24%,所以即使是司马迁、班固这样的史学大师讲的,也并不句句皆真。"[23]

(四)关于西汉末年的人口数量问题,王育民的《中国人口史》认为:《汉书·地理志》所记载元始二年的全国户口数,并不是全部实际上存在的户口数字,由于以下几种情况,还有不少人户未列入国家的编户齐民之内。1."无名数者"及流民人户众多。2.宗室列侯另有名籍,其奴婢亦不入户籍。3.西域都护管辖地区的户口未列入统计。4.一部分少数民族户口未列入编户。其他还有皖南、浙西山区的越人、西部的氐人、賨人、西南的羌人、南方的蛮族、俚人等,其人数也未列入西汉政府的统计之内。如将以上这些未列入国家统计的人口计算在内,则西汉时期全国的总人口估计在6500万以上。[24]2003年尚新丽发表的《西汉人口数量变化考论》对西汉时期三个阶段的人口数量进行了推算,认为西汉末年的人口数量可达6400万。[25]2005年庞慧发表的《〈史记〉对汉初人口状况的记载分析》一文认为:"汉兴的户口可得而数者十二三"这句话,是关于汉初人口状况的最早记载,对这句话的不同理解,影响到人们对汉初人口数量及其他相关历史问题的看法。庞文认为司马迁此语,应当仅是对汉初朝廷直接控制区内的户口而言,当时占去最富庶的东、南半壁江山的诸侯王国是被排除在外的。[26]

二、关于人口分布的研究概况

较早进行秦、西汉时期人口分布方面研究的是劳干先生,他的《两汉户籍与地理之关系》[27]及《两汉郡国面积之估计及口数增减之推测》[28]两篇文章计约 65000 字。他从户口数目之升降、关东区域、西北边郡、关中的人口及徙民、东北的中国人及郡县设置、江汉以南之人口与开发以及两汉郡国面积之估计及每方公里平均口数表、两汉郡国人口增减之比较表,分区域叙述了不同地区人口变化的各种原因,人口变化与地理环境、社会因素、政治因素、历史因素的关系等。可以说详尽地把人口之分布展示出来,令人叹服。梁方仲先生的《中国历代户口、田地、田赋统计》录用了劳干先生的全部表格,可见其价值之高。

1986 年出版的葛剑雄的《西汉人口地理》[29]和 2002 年出版的《中国人口史》第 1 卷也有有关西汉人口分布方面的研究。其模式与劳干先生的模式一样,也就是说按照两汉书地理志中的州郡设置,分郡计算其人口密度和分布。葛文认为劳干先生对于汉代郡国面积之估算,是以清人杨守敬《历代舆地图》为依据,而葛文的郡国面积是以谭其骧先生所主编的《中国历史地图集》为依据,故二者所计人口密度有些有差别。同时葛文对人口分布形成的原因从自然、经济、政治、历史、社会诸条件因素进行了分析。

除了按郡国计算人口密度之外,按现今省区计算西汉时期人口密度者当属陈章彩先生。1946 年他撰写的《中国历代人口变迁之研究》一书中,研讨了河北、山西、山东等 18 省从西汉至明清时期历代的人口数量分布。其研究方法是:根据谢寿昌等所编之《中国古今地名大辞典》,以古代地名更为今地名,然后归入现今疆界,遇有地名介于两省或三省之间,而不知所人者,则参考苏甲荣所编之《历代疆域沿革图》及亚新地学社出版之《中国历代疆域战争合图》,依每省所占之面积,分割其户口,归入现今省份。陈先生的计算方法是难得的首创,因为它可以使读者一目了然,易于古今对比。但在今天看来,亦有不足之处,问题在于,他没有按某一标准年代去考察行政建置,没有考虑到《古今地名大辞典》所收之地名,并不一定存在于该王朝的自始至终,时置时废的情况是常常发生的,故袁祖亮对陈先生的方法进行了改进,从 1982 年起陆续发表文章[30]对各省区历代人口数量进行探讨,并找出每一朝代中国人口重心之所在,而且还描绘了 2000 年来中国人口之移动轨迹。[31]赵文林、谢淑君的《中国人口史》㉜,其中很大篇幅也是探讨中国各省区古代人口的分布,但探讨中没有把该省区在某一朝代特别是边缘地区的县份的名称列出,仅仅注明数目之多少,使人无法考证其正误得失。

1995 年林其宝发表的《略论远古至汉代的人口分布》一文,认为远古至汉代人口分布的主要特点是广泛性和不平衡性,形成这种人口分布特点的原因主要是客观自然环境的不断变化和历代统治阶级所实行的不同政策。㉝1998 年袁祖亮主编的《丝绸之路人口问题研究》,对两汉时期丝绸之路沿线的人口分布和数量状况进行了考察。㉞

此外,与人口分布有关,兼及人口与土地方面的文章亦有数篇,1931 年万国鼎发表的《汉以前人口及土地利用之一斑》认为先秦两汉的土地利用程度与人口疏密、地方经济概况、农业技术等有密切关系。文中还制定了两汉郡国户口表和两汉人口分布图,并分析了两汉户口分布变化情况。㉟1932 年马元材(马非百)发表的《秦汉时代的人口及土地分配状况》一文,对秦汉时期的人口分布、人口统计、人口移殖政策、土地兼并情况、豪强地主与贫苦农民的生活状况等方面进行了探讨。㊱刘秉仁发表的《两汉的人口与粮食政策》,以两汉各个时期人口数量的变化为例,来说明马尔萨斯的"人口最终的限制,是食物不足",即人口增加受食物限制的理论是正确的。㊲

三、关于户籍制度的研究概况

关于秦、西汉时期户籍制度有关方面的探讨,发文不少,计有韩连琪先生的《汉代的户籍和上计制度》㊳。傅举有先生的《从奴婢不入户籍谈到汉代的人口数》㊴,佐滕武敏先生(日)的《汉代的户口调查》㊵、徐心希先生的《"上计制度"的历史考察》㊶、张桂萍先生的《汉代的上计制度》㊷、刘叔鹤先生的《汉代的编户、移民与人口统计》㊸等。韩连琪先生的大作近 1.5 万字,对秦、西汉时期的户籍制度所述甚详,他认为秦代户籍制度的建立是开始于秦献公五年,"初为户籍,相伍"。到秦孝公用商鞅变法,"为田开阡陌封疆而赋税平",井田制彻底废除,以户为生产单位的小农经济形成后,为了重耕战,富国强兵,对人民严格进行了什伍的编制,并强制人民"毋得擅迁",使"行间无所逃,迁徙无所入",进一步加强了户籍整理。秦国境内男女皆进行登记,生者著,死者削。汉代的户籍制度就是沿袭了秦制度,而且更加严密,户籍在汉代也被称为户版或名籍,户籍也称为名数,凡是列于户籍的人,都称为编户或编户民。汉代的编户民亦称为布衣。汉代的户籍是把每户的家长、姓名、籍贯、住址、爵位、职业、年龄、妻子、兄弟姊妹以及牛马、田宅、奴婢、车辆的数量和价值,都登记在内。由于汉政府对农民进行田租、口赋、徭役、訾算等剥削,都要以户籍为依据,因而非常重视户口的调查,规定全国的县、道都必须在每年的八月统计其户口增减的数目,县道于制定户籍后,即将户口、垦田、钱谷出入,"盗贼"多少制定计簿上报于郡国。郡国则于秋冬岁尽遣吏上报于汉政府。西汉时代,一般情况下由丞相和司徒受计,有时皇帝亲自受计。郡国的上计,都是由守丞,长史来担任。郡国所上之计簿要藏于丞相和御史府,由御史大夫检察郡国计簿的虚实、真伪。由于郡国的计簿中户口、垦田、钱谷入出的多少,直接关系到政府田租、口赋、徭役和兵役的征收,而"盗贼"的多少,更影响着汉政府的统治,所以汉政府非常重视县道和郡国的计簿,并以此作为考核官吏和黜陟升降的依据。郡国的守、相于秋冬岁尽时按县、道所上计簿的户口、垦田等的增损进行赏罚。

日本学者佐藤武敏认为,人口调查制度是从战国时代开始确定的。他引用《史记》卷6《秦始皇本纪》末尾附载的《秦纪》载:"献公立七年,初行为市。十年,为户籍相伍"的记载,认为这是在中国出现户籍这个词的最早的资料,说的是秦献公(前375年)的事情,编制户籍与"相伍"的组织有着密切的关系,也就是说,当时大概编成了五人为一组的组织,把它的成员登记在户籍上了,其目的是为了维持治安和加强国家的统治。汉代的户口调查,据佐藤武敏推测,在西汉时户口调查的时期尚未固定下来,有时是在八月,有时是在三月,但是到了东汉,方固定在八月。汉代户口调查的第一个目的就是为了设置地方行政组织,汉代最基层地方组织——里,过去一直被认为是自然村落,但是日比野丈夫发表了新的看法,他认为里是大致拥有一定数量的人、户的组合。里以上的地方行政组织是把下级地方行政组织加以编组而成的。汉代户口调查的目的是为了征收人头税。关于调查的方法有许多资料认为是根据户主的申请,汉代还实行了貌阅制度,进行审查。负责调查的机关为:县里设有专门负责户口的户曹,户曹之下有乡吏、亭长、里正、父老、伍人,大概这些人负责定期的人口调查,负责县和郡户口的官吏是户曹。佐藤武敏认为:汉代的户口调查与《周礼》的制度有一些差别,也就是说,汉代的户口调查次数多,并且由于调查目的的不同而分别进行。具体地说,每年进行一次大规模的调查。此外,在四季还要进行简单的调查,至于徭役、财产税、田租为目的的调查,却与户口调查分开举行,分别作记录。

张桂萍先生的《汉代的上计制度》言及户口方面的内容亦比较详细,该文详述了郡国的上计和属县的上计。郡国编制上计簿册的依据是属县的集簿,在集簿中列为首项的是户口,其次是垦田、钱谷等项。按汉制,各县均设有户曹,主管户口籍簿,每年调查核实户口自然当由户曹主持了,但仅靠户曹是难以完成任务的。事实上每次调查核实户口,上自县令长,下至乡、亭、里、什、伍都被卷了进来,成为一年一度的重大行动。调查核实户口,汉代称之为"案比",常在八月举行。每当案比之时,老百姓要扶老携幼前往县府,聚集廷中,待主吏验阅。但也有个别施惠政的官吏,案比时不招集老百姓到县廷,而是自己到老百姓住的乡里去貌阅。在"案比民户"登记核实户口的基础上,便由户曹编制上计郡国的户口集簿了,这种户口集簿自然是按乡、亭、里、什、伍的编制登记的,这种集簿便是封建国家摊派赋役、赏赐权贵封户的依据。汉王朝正是凭借这种户口集簿征敛口赋、算赋、摊派徭役、兵役、调发卒徒工匠,赏赐权贵封户的。

此外,在秦汉户籍制度研究领域还有许多学者进行探讨。1983年苏诚鉴发表的《"头会箕敛"与"八月算人"》对秦汉时的户口调查制度与算赋的关系进行了研究。⑭1983年傅举有发表的《从奴婢不入户籍谈到汉代的人口数》认为:汉代文献所统计的人口数,是专指"编户之民",不属于"民"的奴婢是不包括在内的。据此,傅文认为汉平帝元始二年(公元2年)西汉全国人口总量超过6000万,比《汉书·地理志》中的数字还要高⑮。1985年杨作龙发表的《汉代奴婢户籍问题商榷》一文,对傅举有的奴婢不入户籍的说法提出了不同意见,认为奴婢是否列入户籍应分三种不同情况。一、汉代官奴婢隶属于诸苑诸官,与民户无关;二、汉代宗室、公主及食封贵族之家另有名籍,他们所使用的奴婢也随同其主人而入民籍户口;三、汉代的富豪民,普通地主及商贾的奴婢都被列入编民户口"下簿"。两汉所载民户口数中包括有部分奴婢在内。⑯1988年钱剑夫发表的《汉代"案比"制度的渊源及其流演》认为:"案比"是汉代挨户调查登记并核实人口的一种制度。"案比"的基本目的在征收"人头税"(算赋)和征发徭役。"案比"以后即须进行"户籍"的整理和归档。每年岁末将这种记录按级呈报,以至朝廷,是为"上计",这是一整套户政制度。⑰1992年陈明光发表的《析汉代的"假税"与"八月算民"》,对秦汉时期的户口调查制度与算赋之关系进行了研究。⑱1993年邢铁发表的《汉代的户等》一文,探讨了汉代的户等制度,认为在汉代(至迟在东汉)即已形成。⑲1996年马新发表的《编户齐民与两汉王朝的人口控制》一文,对汉代户籍制度内容,户籍管理的三个方面即案比、脱籍与迁徙的禁限、什伍连坐与经济连带责任等内容进行了论述,文章认为两汉政府着重对农民的人身控制,两汉农民强烈地依附于政府。⑳2002年李均明发表的《张家山汉简所见规范人口管理的法律》指出:人口管理涉及国家的赋税徭役乃至社会的稳定,故以法律形式规范之,其主要内容包括对常住人口的登记及对逃亡者的惩罚,人口登记以户为单位造册,个人申报与官方查验双向进行。对逃亡者的惩罚意在防止在册人口的流亡,故专设有《亡律》章,而对隐匿者的惩罚通常与被隐匿者的罪行程度挂钩。㉑

四、关于人口迁徙问题的研究概况

早在20世纪40年代便有学者注意到人口迁徙问题的研究。吴景超的《两汉的人口移动与文化》㉝、贺昌群的《汉末大乱中原人民之流徙与文化之传播》㉝，分别对汉代人口迁移与文化传播的关系进行了阐述。吕克由的《秦汉移民论》，对移民的原因和目的，东汉后期对移民的重视，动乱时期百姓人口迁徙等情况做了论述㉞。

1985 年，全晰纲在《山东师范大学学报》第 2 期发表的《秦代徙民述论》，对秦代豪族、商贾、罪犯及一般民众的迁徙进行了论述。1986 年葛剑雄出版的《西汉人口地理》一书，对关中的人口迁徙、西北地区的人口迁徙，东南地区的人口迁徙，以及其他地区的人口迁徙作出探讨㉟。1988 年，刘幼生发表的《嬴秦徙民论》，认为嬴秦徙民的地理范围非常广泛，主要是由内地迁向四边，徙民的构成成分非常复杂，其中主要是一般平民或主要是由他们转化而来的戍卒和罪人㊱。1990 年罗开玉发表的《论秦汉政府向巴蜀的移民迁徙与迁虏》认为秦汉时期的移民、徙徒、迁虏乃三种不同类型的人口迁徙，并对这三种人口向巴蜀地区迁徙的背景、过程、制度措施和历史贡献作了阐述㊲。1990 年张诚发表的《秦始皇和汉武帝时迁民探析》，认为秦始皇、汉武帝的迁移人口活动有重要历史作用和深远影响，即有利于维护国家统一和政治稳定，促进了各地经济的发展，促进了各民族的交往融合和汉民族的形成㊳。1992 年孙筱发表的《秦汉时期人口分布与人口迁移》认为：造成秦汉人口变化的重要原因是人口迁徙㊴。1992 年葛剑雄发表的《秦汉时期的人口迁移与文化传播》一文，对秦汉时期人口的流动和迁移与文化传播的关系进行了研究㊵。1995 年赖华明发表的《论秦汉移民及其特点》一文认为：中国古代移民屡见不鲜，而秦汉时期的移民更具特色。若论有目的、有组织、有措施的官方移民，其次数之多、规模之大、影响之深远，则首推秦汉。秦汉移民更以其政治性、军事性和经济性特点见称于世，成为秦汉统治者拓展疆域、巩固政权和促进社会发展的特有现象㊶。1996 年赖华明发表的《秦汉移民政策及特点》对秦汉政府优惠移民的政策及其特点进行了论述。认为秦汉移民政策的特点有：强制性；规模大、人数多；举家举族而迁；灾民迁徙，来去自由㊷。1998 年李邦儒发表的《"武帝时徙民会稽辨正"质疑——与葛剑雄同志商榷》一文，对葛文提出反驳。此前葛剑雄的《西汉人口地理》第 193 页言及《汉书·武帝纪》所载移民会稽事，长期以来，治史者都以为记载确凿，深信不疑……实际上，无论从史料角度分析，还是从当时实际情况研究，或从会稽地区人口分布的变化观察，都可以证明武帝时根本没有向会稽移民，《武帝纪》中"会稽"二字显系"衍文"。李文论证《武帝纪》记载具体详细明白，"衍文"之说难以成立，从当时的实际看，会稽有接受移民的条件，与西北沿边诸郡相比条件更为优越，事实上此次移民真正原因是由于饥荒下的政治性徙民，不能单纯理解为经济性质。李文还云：葛文一开头指出，"从会稽地区人口分布的变化来观察,汉武帝时也没有向会稽徙民",但纵观全文,"葛同志并未从这个方面分析和论述,因而在这个论点上有无本而发之嫌。"[63]所以李认为《汉书·武帝纪》有关移民会稽的记载是正确的。1999年王子今发表的《秦汉时期的人口流动与文化融合》一文认为:应当看到,秦汉时期所谓"去乡土、离六亲、废家业、游四方而不归",是比较普遍的社会文化现象。在流动人口中,更多有在政治权力强制下被迫"去乡土、离六亲、废家业"者,也有出于其他心理动机背井离乡的人们。无论是主动的流动还是被动的流动,他们的社会实践,其实都曾经对各个地区间文化的交融产生过积极的作用[64]。作者的观察和分析是相当细致的。1998年出版的袁祖亮主编的《丝绸之路人口问题研究》一书,亦有人口迁移方面的考述,主要考察了两汉时期丝绸之路沿线的人口迁徙。涉及的内容有大月氏人口迁徙、质子形式的人口迁徙、通婚形式的人口迁徙、屯田形式的徙民,塞人、鲜卑人、康居人、大秦人的迁徙,佛教传播与人口迁徙以及其他形式的人口迁徙。[65]

在人口迁徙问题中,流民问题亦是一个重要的方面,流民出现要么是生计所迫,要么是战乱波及生活不稳故引起了人口的流动和迁徙。1986年孙如琦发表的《西汉流民初探》认为西汉时期自耕农在封建政府及官吏的剥削压迫和豪强的兼并下,往往破产成为流民。文章还对流民的去向、政府处理流民的政策及其效果作了论述[66]。1993年冷鹏飞发表的《论西汉后期流民问题的社会原因》认为:导致西汉后期严重流民问题的根本原因,并不是传统论者所说的土地兼并,而是隐藏着更为深刻的社会原因。冷文认为:一切制度都以时间条件为转移,如果说封建政权在汉初的历史环境中所确立的名田制、户籍制与赋役制度是符合时宜,促使农民与土地结合的经济政策,那么到地主大土地占有制充分发展起来的西汉后期,反而成为阻碍失去土地的农民通过正当租佃关系与土地结合的反动政策。由于西汉政权的基本国策与客观经济规律背道而驰,所以他们根本不能解决当时的流民问题,反而还通过国家机器,不断制造流民,而且也抑制了封建租佃依附关系的发展规模,暂时不能以同等的速度吸收流民,使整个社会难以消化越来越严重的流民问题,造成一时的"相对人口过剩",引起社会经济衰退和阶级矛盾激化,形成上层建筑与经济基础之间的尖锐冲突,这是西汉后期社会问题的症结所在。[67]1994年余谦在《江西师范大学学报》第3期发表的《两汉流民问题探微》认为:两汉大量流民的出现,是中国奴隶制走向没落的产物。2001年李伟、雍际春发表的《两汉流民问题初探》认为:两汉流民问题具有规模大、地域集中、持续时间长、呈放射状迁徙和成分渐趋复杂等特点。除自然原因外,苛吏暴政、豪强兼并和战乱导致了流民问题的出现,两汉政府采取限制、镇压和遣返,控制与安抚,入籍新地和修城池设郡县等措施安置流民;而返回故乡、死亡、入边地与城市、沦为奴婢、被收为兵、入居山林或参加农民起义,则是流民的基本去向。流民实边与入籍新地,有助于开发边地,推动民族融合与文化的交流扩散;流民反抗封建暴政的斗争在一定程度上推动了社会文明和历史进步。但是,由流民问题引发的两汉社会的剧烈动荡,人民财产的严重浩劫,社会生产力的严重破坏,则是不容消除的消极影响。[68]

在人口迁徙方面,除了大量的论文予以探讨之外,在著作方面亦有,1989 年台湾学者罗彤华所著的《汉代的流民问题》对汉代流民的分布概况及其影响,流民产生的原因,政府预防和安辑流民的措施及其成效,都作了深入阐述。该书认为:"流民几乎在汉代任何时期都可发现,其消长可视为汉室兴衰的征兆,亦是政府抚辑能力的考验。""流民问题还有地域性。关东是两汉的核心区,也是流民出现最频繁、规模最大的区域。"[69]福建人民出版社 1997 年出版了由葛剑雄同志主编的《中国移民史》,合作者为吴松弟、曹树基同志。论述了自先秦至现代的中国的移民情况,包括起因、对象、迁移时间、地点、路线和影响等。

五、关于人口思想的研究概况

关于秦汉时期人口思想的研究概况比较集中地体现在张敏如先生的《中国人口思想简史》[70]和吴申元先生的《中国人口思想史稿》[71]中。

关于秦国时期有关思想家的人口思想,张敏如先生主要探讨了著名改革家商鞅的人口思想,商鞅为了推行农战政策,最后达到王天下的目的,非常重视增加人口,认为"人众兵强,此帝王之资也"。他认为秦国当时不能一统天下的原因之一是地广人稀,人口太少,"此人不称土也"。怎样才能使人口迅速增加,主张采取徕民政策。因为当时与秦相邻的韩、赵、魏三国已是"土狭民众",他主张优待移民,要分给他们土地和宅屋,并适当免除他们在一段时期内的徭役。其次,商鞅主张人口与土地的数量必须保持平衡的思想。人口太多,超过了土地的负担量,农业生产的产品就会不够,从而造成国弱兵危;相反,土地太多,人口太少,自然资源就会得不到充分利用,一样不能富国强兵。所以他强调,两者之间必须保持平衡。第三,他认为商鞅主张扩大农业人口在总人口中的比重,农业人口和非农业人口之比最好是百比一,为达此目的需采取种种政策。其四,商鞅为了严密控制人民,确切掌握人口数量,十分注意户口的管理和人口的调查统计,诸如人口总量的统计,出生死亡情况的统计,各类人口数量的统计等。关于韩非的人口思想,张文认为,韩非对人口问题有不少论述,也有十分新颖的见解。韩非认为,当时人口的增长快于财货的增长,他是主张减少人口的,即通过溺杀女婴的办法,也是允许的。韩非主张增加农业人口,减少商工之民,他认为农业是治国之本,只有大力增加农业人口,发展农业,才能富国强兵。同时韩非还反对人民有知识和文化,这为后来秦始皇的焚书坑儒提供了重要的理论依据,而且对于结束春秋以来"百家争鸣"的文化蓬勃发展局面,起到了破坏作用。

关于贾谊的人口思想,张先生认为:当时背本趋末现象严重,抑制工商、改变一人耕之、十人聚而食之的现象,使末技游食之民转归田亩。再者,当时允许私人铸钱,结果大量农民弃农采铜铸钱,造成了农业人口的流失,国家要垄断钱币的铸造使采铜铸钱者"返耕于田"。吴申元先生还探讨了贾谊的胎教思想,贾谊主张胎儿形成之后,孕妇非正音不听,非正味不尝。为育佳儿,孕妇应当注意情绪、饮食与起居,贾谊的胎教思想有合理成分。

关于晁错的人口思想,张先生认为:晁错在人口问题上,除了同贾谊一样,主张增加农业人口,减少非农业人口外,最突出的是主张移民戍边。张先生认为:移民戍边,在我国历史上虽然很早以前就开始进行,但大多数是强迫命令的办法,"而晁错不仅第一个提出了用经济措施鼓励移民,同时对移民的生活条件和生命安全又考虑得那么细致、具体,在我国古代思想家中是绝无仅有的。其次,晁错主张把人口迁往边地,固然主要是从军事的目的出发,而不是从人口的地理分布出发,但由于他第一个从理论上对移民戍边进行了阐述,这对于后代一些封建思想家主张把人口从稠密地区,移到宽旷地区,是有很大影响的"。

关于董仲舒的人口思想,张先生认为:董仲舒的人口思想,大多源于孔子,其中最突出的是把孔子的男尊女卑思想推向了极端,贯之以阴阳五行之说,加以绝对化。董仲舒把男尊女卑作为自然的永恒规律来看待,是非常荒谬的。这在我国长期的封建社会中,对于轻视妇女,把广大妇女压在社会最底层,走了十分恶劣的作用。吴申元先生还谈到了董仲舒的"人副天数"的人口思想。董仲舒还提出取消奴婢制度,禁止私人任意杀害奴婢,"去奴婢,除专杀之威",这也是他第一个提出的有进步意义的人口主张。

关于王吉的人口思想,张先生认为:其一,王吉反对早婚,降低人口死亡率。王吉认为当时发生人民大量夭折,主要是男婚女嫁的年龄太小,"未为人父母之道而有子,是以教化不明而民多夭。"因此要想减少人口死亡,就必须反对早婚。其二,他认为当时人口出生率不高,主要是奢侈之风太盛,男婚女嫁的彩礼太重,许多穷人无法婚配,故不举子,所以要想增加人口,还应崇尚节俭。王吉是我国历史上最早反对先秦以来传统的早婚思想和早婚政策的人,他的这些主张是很有卓见的。

关于贡禹的人口思想,张先生指出:贡禹认为影响人口的增加,在当时主要有两个原因,一是宫女奴婢太多,广大成年男女不能适时婚配。二是奢侈之风太盛和赋役太重,人口大量死亡,要想增加人口就必须大量遣散宫女奴婢,提高人口出生率。反对奢侈浪费和苛重赋税,降低人口死亡率。贡禹还主张使百姓咸归于农,增加从事农业生产的人口的数量等。

吴申元先生还对《礼记》中的有关人口思想进行了探析,认为《礼记》对制土分民思想有进一步的发展,明确提出同姓不婚等思想是应予肯定的。同时吴先生对《淮南子》中有关环境对人身体素质的影响也是值得肯定的。

关于人口思想的研究,除了著作之外,论文亦发表许多,如1989年吴小强所发表的《试论秦人婚姻家庭生育观》[72]和《秦人生育意愿初探》[73]两篇文章,利用秦简《日书》,对秦人中下层社会的婚姻家庭生育观念进行了研讨。前文认为,秦人对生育子女高度重视,并注意生育日期的选择,希望出生的孩子体质好,并对自己的儿女抱着贵、福、武、巧、孝等美好的期望。后文认为,《日书》反映的秦人生育观念有:多子多福、无后为耻、重男轻女、生子健美可爱等。1998年出版的李学勤、谢桂华先生主编的《简帛研究第三辑》,收录有吴小强的《秦简〈日书〉与秦汉时期的生殖文化》再次对秦汉时期优生优育观念作了探讨[74],1998年袁祖亮在《郑州大学学报》第5期发表的《略论先秦秦汉时期的制土分民思想》一文认为:我国制土分民思想产生很早,人们十分重视土地和人口数量的比例关系,秦汉时期遵循制土分民、人地相称思想,推行郡县制,进行人口迁移,调节人口分布,有力地促进了秦汉经济社会的全面发展和繁荣。2003年袁延胜发表的《略论汉代的人口增殖政策及其社会影响》一文,对汉代的人口增殖政策的内容、实行人口增殖政策的原因和社会影响等三个方面进行了论述。[75]2004年袁延胜发表的《汉代生育思想初探》认为:汉代普遍存在着重视子嗣,希望人口增殖、重男轻女等生育思想,汉代人已注意到生育与母亲的德行、自然环境、胎教、遗传因素等密切相关,透露出早期优生优育思想。[76]

六、关于区域人口的研究概况

1982年刘英杰发表的《甘肃地区远古至秦汉人口辨析》认为:国家的强弱、战争的影响、移民等因素,对甘肃地区人口发展的影响巨大。秦朝的时候有人口70万,西汉末年达到179万多人,东汉时期减少到原来的三分之一。[77]1988年梁景之发表的《汉代塔里木地区的人口分布与变迁》认为有如下特点:人口分布格局的不平衡性,体现在南道和北道,东部和西部。人口分布为荒漠绿洲型、河谷山地型、荒漠草原型、盆地绿洲型。从宏观角度看,塔里木盆地人口地理分布大致呈一闭合型环状结构。塔里木地区的人口分布状况是多种因素促进的结果。[78]1991年杨林平发表的《西汉黄河中上游流域人口地理初探》认为:从整体上看,西汉黄河上游流域西汉人口密度呈从东南向西北递减的趋势。[79]1996年田强发表的《秦汉时期长江流域的人口迁移与经济开发》认为:长江流域的人口迁移活动比较频繁,大多以强制移民为主,人口迁入的规模和数量远远超出人口的迁出,分布比较广泛。秦汉时期大量移民的迁入,引起了长江流域人口的增长,并对该地区经济的开发起到了积极作用。[80]1997年周霖发表的《秦汉江南人口流动初探》认为:秦汉时期,江南地区少数民族被政府大量迁到江北,中原地区的人口大量流向江南,导致江南人口的大量增加,促进了江南农业手工业的发展,以及文化的发展。[81]1998年李志庭发表的《秦汉政府在浙江的人口政策》,作者分述了秦政府、西汉政府、东汉政府在浙江的人口政策及其所产生的作用。[82]1999年贾伟、李臣玲发表的《试论两汉时期青海汉族人口迁移》对汉族人口迁移的时代背景、人口迁移及来源、移民的分布及管理进行了阐述。[83]2000年薛平拴发表的《西汉末年陕西人口数量研究》据《汉书·地理志》所载各郡国户口数,主要利用"户口密度平均法"对弘农郡、武都郡、汉中郡、上郡、西河郡等兼跨今陕西与邻省之地的各郡户口数进行了仔细地分割,分别计算出各郡所辖今陕西之地的户口数,认为平帝元始二年(公元2年)陕西境内在籍人口共有902780户,3597179口。薛文还对未列入政府版籍的各种人口及数量作了探讨,认为陕西在汉末实际人口数为420万,最少不低于400万。[84]2001年王文涛发表的《西汉河北人口的分布与流徙》通过探讨河北西汉人口分布概况、西汉河北人口的迁徙变动、西汉河北人口增长率;进而指出:由于政治、经济、文化发展的不平衡,西汉时今河北中部地区人口非常密集,而北部则人口稀疏。当时河北处于汉族与北方游牧民族接触的前沿,除了受政治性移民的影响外,河北人口的流动和增减主要是受北方民族和战争的影响。[85]

在区域人口研究中,有关西汉东海郡人口的研究已不乏专文。1999年高恒发表的《汉代上计制度论考——兼评尹湾汉墓木牍"集簿"》对当时上计制度进行了深入的研究和探讨。[86]1998年高大伦发表的《尹湾汉墓木牍"集簿"中户口统计资料研究》对西汉东海郡户及口之比例、获流、人口性别比、老年、少儿人口及老少比、高年受王杖问题、老龄化问题进行了多方面的探讨。[87]

七、关于民族人口的研究概况

(一)关于匈奴人口问题的研究概况

关于匈奴人口问题的研究,发文探讨者较多,1954年马长寿发表的《论匈奴部落国家的奴隶制》一文认为,匈奴盛时的人口是150万。[88]1958年林干发表之《匈奴社会制度初探》认为:匈奴盛时之人口是200万。[89]1993年刘淑英发表《我国古代匈奴族人

口初探》认为:匈奴冒顿单于时期人口约为 180 万—200 万,至多不会超过 200 万,五
单于争立时(前 58—前 57 年),匈奴人口至多 150 万—160 万;东汉章帝时匈奴人口
不超过 125 万。[90]1998 年袁祖亮发表的《略论冒顿单于时期的匈奴人口》,通过中行说
所言"匈奴人众,不能当汉之一郡"分析,中行说之时汉之一大郡的人口数也不过 140
来万,故推测当时匈奴人口为 140 万。2006 年尚新丽发表的《西汉时期匈奴人口数
量变化蠡测》一文认为:公元前 200 年时冒顿单于控弦 30 余万,人口应在 110 万到
130 万之间,老上单于至军臣单于时期的匈奴人口由 130 万增长到 150 万以上。汉
武帝至汉宣帝五凤年间的匈奴人口有 60 万左右,最多不超过 80 万。宣帝甘露元年
平帝元始二年的匈奴人口可能恢复到西汉初期的水平,即 110 万左右。[91]1999 年袁祖
亮出版的《中国古代边疆民族人口研究》对匈奴族的人口分布和匈奴族的人口自然
增长率进行了探讨,认为从战国到秦汉之际匈奴人口增长率在 10‰以下。宣帝至章
帝年间的增长率为 13.5‰。呼韩邪单归汉后在长城一线生活,其部属到曹魏时的人
口自然增长率为 6.6‰。并认为:其中宣帝至建安年间的人口增长率属自然增长率
比较可信。而战国至秦汉之际和宣帝至章帝年间的匈奴人口的增长状况不大可能属
自然增长。且对匈奴族在两汉之际频发灾荒之原因进行了探析,认为与人口过快膨
胀增加有关。[92]

　　1986 年孟广耀、何天明发表的《西汉时期内蒙古民族人口考论》认为西汉元始二
年(公元 2 年)内蒙古人口总数为 175 万,一直保持一千多年,在 175 万中,汉族 100
万,占 57%。匈奴及其奴隶 30 万,占 17%。乌桓 10 万,占 6%。鲜卑 35 万,占 20%。
西汉时期,内蒙古人口分布极不平衡,将近 70% 的人口集中在它的西部,即鄂尔多斯
和阴山以南,上述地区的农牧业和手工业的发展达到了相当的水平,甚至超过当时江
南的某些地区,内蒙古东部人口密度低。直到辽代才有所改变。内蒙古人口分布南
部高于北部,自古至今依然不变。生活在北部的各族人口——乌桓、鲜卑、匈奴、丁零
人要南下,南下的人口有时受挫,或停止、或北返、或西进,然而停止北返人口的多次
并不死心,仍旧为南下而奋斗。西进的人口,不断寻找时机,以便继续南下,实际上是
迂回性南下。在四千多年据有文字可考的历史长河中,南下是北方民族人口一个规
律性运动。主要动力有二,其一是摆脱由于自然条件造成的生活、生产等方面的种种
困难,以求得更好的生活环境。其二是南部物质文明的吸引,这一规律性的运动,对
中国历史的发展具有重大意义。[93]1995 年吴明月发表的《谈西汉时期汉人入居匈奴及
其影响》认为:西汉时期,大批汉人通过被掠、当战俘、投靠、和亲、出使等途径,入居
匈奴地区,这对匈奴社会的经济、政治、军事、文化等方面的发展,产生了不容忽视的
影响。[94]1998 年久玉林发表的《论西汉时期汉匈民族的人群流动与双向同化》,[95]1999

年张梅发表的《略谈匈奴族的发展、壮大及迁徙》，[⑥]2000 年谭晓林、弓建中发表的《西汉前期的"汉人入匈"现象分析》，[⑦]上述三篇文章对其历史背景、途径、数量、影响、入匈人物的群体命运、精神、心理等加以诠释。

（二）关于大月氏民族的西迁问题

1985 年莫任南发表了《关于月氏西迁年代问题》的文章，莫文云：

> 月氏西迁过程，史书记载较为明确，至于时间，由于史无明文，长期以来众说纷纭。1979 年出版的《中国古代北方各族简史》认为，匈奴冒顿单于在汉文帝初年（公元前 176 年前后）第二次打败月氏，月氏即西逃至伊犁河上游一带。月氏从伊犁河上游再次西迁阿姆河则是公元前 174 年至 161 年之间的事。这是国内多数学者的主张（《中国古代北方各族简史》，内蒙古人民出版社，1979 年版）。文中匈奴击败月氏的年代"公元前 174 年"为"公元前 176 年"之误。马长寿在《北狄与匈奴》1962 年版第 26 页上，也说月氏遭冒顿第二次袭击后，向西北退至伊犁河流域。采此说的还有《中国史稿》（1979 年版）。孙毓棠有不同的说法，以为冒顿单于在公元前 205—202 年间第一次攻败月氏后，月氏即开始逐渐西迁。公元前 177 或 176 年月氏遭冒顿第二次攻击，到达准格尔盆地，到老上单于统治时（前 174—161 年），月氏又大败，遂迁往伊犁河流域。月氏自伊犁河再迁阿姆河则在公元前 139—130 年之间（孙毓棠：《安息与乌弋山离》，《文史》五辑），从孙氏此说的有《新疆简史》第 1 册（新疆人民出版社，1980 年版）。黄文弼的见解不一样，他主张月氏西徙在汉文帝前元六年（前 174 年）后，然不及具体年代（黄文弼：《西北史地论丛》上海人民社，1981 年版，第 115 页）。王治来从此说，将具体年代定在前 174—160 年（见其所著《中亚史》第 1 卷，1980 年版，第 77 页）。我取黄文弼说，但将月氏西迁伊犁河流域的具体年代定在公元前 169—166 年间。从伊犁河再迁阿姆河则定在公元前 162—161 年间。[⑧]

1985 年，苏北海的《西域历史地理》认为大月氏西迁伊犁河是在前 176 年前：

> 《史记·匈奴列传》还说公元前 176 年（文帝前四年），匈奴单于遗汉书称："今以小吏之败约故，罚右贤王，使之西求月氏击之。"……这一次匈奴的出兵袭击月氏，显然是出击已从河西走廊西逃伊犁河的月氏，所以特说"西求月氏击之"。[⑨]

苏北海认为大月氏从伊犁河西迁阿姆河是在前 160 年左右：在这场激战中，大月氏失败了，被迫于公元前 160 年左右，又徙居到阿姆河左岸。[⑩]

1992 年余太山的《塞种史研究》认为：

> 月氏为匈奴所败，放弃上述故地，西迁伊犁河与楚河流域。其年代历来有二

说,一说迁于冒顿单于时,一论迁于老上单于时,前说又可再分为前三世纪末和前 177/176 年两种,我认为,月氏放弃故地,西迁伊犁河、楚河流域的年代应为前177/176 年。[101]

关于月氏从伊犁西迁阿姆河的时间,余太山认为:

> 西迁伊犁河、楚河流域的大月氏人,又为乌孙所逐,西迁阿姆河流域,其年代历来也有二说。一论在老上单于时(前 174—前 161 年),一说在军臣单于时(前161—前 126 年),我认为应以后说为是。[102]

1994 年钱伯泉发表的《乌孙和月氏在河西故地及其西迁的经过》[103]及 1997 年发表的《乌孙的种族及其迁徙》[104]两篇文章,对乌孙、月氏的族源以及迁徙年代及过程进行了探讨,认为乌孙及其祖先昆夷是我国上古西北民族氏人的一支,乌孙为月氏攻灭,月氏被匈奴赶至伊犁河流域,发生在前 177 年秋至公元前 176 年夏。月氏由伊犁河西迁阿姆河流域、乌孙西迁伊犁河流域,应是公元前 141 年前后的事。1998 年,袁祖亮的《略述秦汉时期大月氏人的迁徙》认为:

> 大月氏人的西迁可分为三个历史阶段。冒顿单于之时,击败了东胡和月氏,使东胡和月氏的势力各自向东、西收缩。后来,大月氏的势力退缩到河西走廊一带,大概在公元前 174 年以后,匈奴对月氏人发动了大规模进攻,老上单于杀了月氏王,此时月氏向西迁徙,第一站迁到了伊犁河流域。此后不久,乌孙昆莫为报父难兜靡被月氏所杀之仇,在匈奴的支持下,发动了对大月氏人的进攻,结果取得了最后胜利,大概在公元前 161 年前大月氏人迁到了阿姆河流域的大夏领土上,建立了政权。[105]

台湾学者陈良佐先生对大月氏的人口数量进行过探讨,他在其《从人口推测大月氏、乌孙故地》一文中认为:大月氏的人口在 40 万到 50 万之间。[106]

(三)关于乌孙人口问题的研究概况

1983 年王明哲发表的《论汉代乌孙族对伊犁河流域的开发——关于汉代乌孙人口发展问题的研究》认为:乌孙户数和人口的增长在西汉大体经历了三个阶段。第一阶段约 40 余年,第二阶段 50 余年,第三阶段 20 余年,控弦的最高人数为 18.8 万[107]。1999 年袁延胜发表的《两汉时期的乌孙人口》对乌孙人口有更为细致的阐述,袁文把乌孙人口分为六个历史阶段进行叙述。其一是西汉初年至乌孙西迁时的人口,其二是乌孙西迁后至元狩、元鼎年间的人口,其三是元鼎年间至宣帝本始年间的人口,其四是宣帝本始三年至甘露年间的人口,其五是《西域传》中乌孙户口的系年及西汉末年乌孙的人口,其六是东汉时期的乌孙人口。上述对应时间乌孙的人口分别是 13 万、34 万、58 万、63 万、34 万。作者通过对乌孙人口变化过程的分析,和人口数字的升降,来了解乌孙发展壮大以至衰微的过程。[108]

八、关于家庭人口的研究概况

1987 年黄金山发表的《论汉代家庭的自然构成与等级构成》认为:汉代家庭形态以父母妻子三代型和夫妻子二代型家庭为主要形式。汉代家庭按阶级等级可划分为身份性的贵族官僚之家与非身份性的大家、中家和小家几个不同层次。[109]1991 年袁祖亮发表的《西汉至明清家庭人口数量规模研究》认为:家庭数量规模的大小受生产方式所制约,愈是古代家庭人口的数量规模愈大,在同一种生产方式下家庭人口数量规模的大小与统治者的剥削政策有关,劳动者为反抗剥削当大家庭不利时就会化小,当小家庭不利时就会聚大。[110]1992 年喻长咏发表的《西汉家庭结构和规模初探》认为西汉家庭规模较小,家庭结构较为简单,多属核心家庭和直系家庭。[111]1992 年邵台新发表的《试论汉代农户的“一家五口”》,对传统认为秦汉家庭规模约为五口的说法提出不同意见,认为农户“一家五口”,指的是汉代户籍登录 7 岁以上,56 岁以下,必须缴税的平均人数。[112]1998 年施伟青发表的《汉代居延随军戍卒家庭人口的若干问题》对居延随军戍卒家庭的人口问题进行了研究。文章认为:一、居延随军戍卒家庭人口的平均年龄较低,只有 22.44 岁;二、性比例以男性所占比重为大;三、戍卒家庭平均每户 3.17 人,戍卒家庭以 4 人户和 3 人为多,占总户数的 67.24%。[113]1998 年张仁玺发表的《秦汉时期的“五口之家”述略》认为:战国秦汉时期的家庭规模约为五口,是可信的。家庭结构主要是夫妻子女型,即社会学上所说的核心家庭。[114]

九、关于秦汉经济史资料的收集与整理工作

在秦汉经济史资料的收集与整理方面,不少先生特别是名家为我们作出了榜样,众所周知,搞研究需从收集资料开始,资料收集是否细致是否详尽甚至达到无遗的程度虽然十分困难,但从中也颇见研究者的功力所在。现在资料收集与整理工作许多人不愿搞,认为是不屑的事情,是为他人作嫁衣裳,更不要说是《索隐》之类的工作,而马非百先生、傅筑夫先生、王毓瑚先生为我们做出了榜样,他们的《秦汉经济史资料——人口及土地》[115]和《中国经济史资料——秦汉三国编》[116]非常值得称道。马先生收集的内容主要是:先秦概况、秦汉时代人口之统计及其分布、人口移殖之政策、豪富之奢侈与贫民之疾苦等 7 个方面。傅先生等的《中国经济史资料——秦汉三国编》设人口专章,汇集了人口之数量、人口之移动、人口政策及行政等方面的内容,为学界提供了方便,也颇见功力。1980 年出版的梁方仲先生的《中国历代户口、田地、田赋统计》也详细统计了两汉时期各州、各郡国户口数,每县平均户数和每户平均口

数,各郡国人口密度、两汉户口变化等,每表之后有资料来源及各种注释,这些释文是经过作者考证所得出的,是一部具有很高学术价值的著作[⑩]。

十、关于秦、西汉人口其他方面的研究概况

1979 年王毓铨发表的《"民数"与汉代封建政权》,文章考察了汉代编户民对国家所担负的 7 项封建义务,认为两汉政权之所以非常重视"民数",是因为"民数"(户口)是封建政权赖以存在的经济基础。此外,文章还对汉代户口管理中的案比、上计、检核和户口政策进行了论述[⑪]。1980 年宁可发表的《论中国封建社会的人口问题》,论证了西汉前期的人口迅速增长,两汉中后期人口发展的停滞,进而探讨中国封建社会人口发展与封建生产方式之间关系[⑪]。1981 年袁祖亮发表的《西汉时期人口自然增长率初探》对西汉前期、西汉后期、江南一些地区及宗室人口的自然增长率作了探讨,认为特点有三,其一是宗室人口的自然增长率高于其他人口自然增长率;其二是西汉前期的人口自然增长率高于西汉后期的人口自然增长率;其三是中原地区的人口自然增长率高于江南地区的人口自然增长率[⑳]。1991 年吴小强发表的《从云梦秦简看战国秦代人口再生产类型》,利用云梦简文对战国秦代人口再生产类型作了论述,认为秦国已确立了政府干预人口再生产机制。并认为秦代人口再生产类型是粗放的[㉑]。2001 年周长山发表的《汉代人口试析》,首次对汉代人口的比例与构成作了探索,认为汉代城市人口约占全国人口的四分之一到三分之一[㉒]。

关于秦汉人口问题的探讨,不少著作中也有大量涉及。林甘泉先生主编的《中国经济通史·秦汉经济卷》[㉓];王育民先生的《中国历史地理》下册[㉔];张步天先生的《中国历史地理》[㉕];杨子慧先生主编的《中国历代人口统计资料研究》[㉖]等都有许多见解和观点值得借鉴。

本章的撰写,袁延胜博士提供了许多资料,而且也是在参考其《七十年来秦汉人口史研究综述》并在此基础上撰写而成,也可以说是两人合作的产物。

注　释:

① 杨向奎:《自战国至汉末中国户口之增减》,《禹贡》1934 年第 1 卷第 2 期。
② 胡德煌:《前汉户口统计表》,《禹贡》1934 年第 1 卷第 2 期。
③ 谭其骧:《论两汉西晋户口》,《禹贡》1934 年第 1 卷第 7 期。
④ 史念海:《两汉郡国县邑增损表》,《禹贡》1934 年第 1 卷第 8 期。
⑤⑬ 马非百:《秦汉经济史资料(五)—人口及土地》,《食货半月刊》1936 年第 3 卷第 3 期。
⑥⑰㉓㉜ 赵文林、谢淑君:《中国人口史》,第 19、34、39 页,人民出版社,1988 年版。
⑦⑱㉔ 王育民:《中国人口史》,第 69—70 页、83 页、96—102 页,江苏人民出版社,1995 年版。

⑧　葛剑雄：《中国人口史》第 1 卷,第 299 页,复旦大学出版社,2002 年版。按:《中国人口史》中的"公元 221 年秦朝统一时的人口"疑为"公元前 221 年"。

⑨　葛剑雄：《中国人口史》第 1 卷,第 300 页。按:《中国人口史》中的"公元 221 年秦朝统一时的人口"疑为"公元前 221 年"。

⑩　皇甫谧：《帝王世纪》见《后汉书·郡国一》注文所引。

⑪　梁启超：《饮冰室文集》第四十四册。

⑫　葛剑雄：《西汉人口考》,《中国史研究》1981 年 4 期。葛文云："西汉初期全国（相当于元始二年设郡县地区）人口约一千五百万,历来汉初六百万人口的说法应予否定。西汉末约六千万,平均每年自然增长率为 7%"。按:此处的 7% 有误,疑为 7‰。

⑬　柳春藩：《秦汉封国食邑赐爵制》,辽宁人民出版社,1984 年版。

⑭⑮　葛剑雄：《中国人口史》第 1 卷,第 375、362 页。

⑯　袁祖亮：《再论汉武帝末年人口并非减半》,《学术月刊》,1985 年 4 期。"《初探》认为,西汉前期年平均人口自然增长率为 12‰,西汉初年的人口为 1400 万;文景之际全国人口已达 2500 多万;景武之际已达 3000 多万;在武帝前期可能出现 3400 多万的人口高峰,此后便开始下跌。"

⑲⑳　袁祖亮：《西汉时期人口自然增长率初探》,《史学月刊》,1981 年 3 期。

⑳㉑　葛剑雄：《汉武帝时"户口减半"考实》,第 70、74 页,《学术月刊》,1983 年 9 期。

㉒　袁祖亮：《再论汉武帝末年人口并非减半——兼与葛剑雄同志商榷》,《学术月刊》,1985 年 4 期。

㉕　尚新丽：《西汉人口数量变化考论》,《郑州大学学报》,2003 年 3 期。

㉖　庞慧：《〈史记〉对汉初人口状况的记载分析》,《管子学刊》,2005 年 3 期。

㉗　劳干：《两汉户籍与地理之关系》,《语言历史研究所集刊》,第 5 本,1935 年。

㉘　劳干：《两汉郡国面积之估计及口数增减之推测》,《语言历史研究所集刊》,第 5 本,1935 年。

㉙　葛剑雄：《西汉人口地理》,第 85—131 页,人民出版社,1986 年版。

㉚　袁祖亮：《河南历代人口发展概况》,《郑州大学学报》,1982 年 4 期。

㉛　袁祖亮：《中国古代人口史专题研究》,第 392 页,中州古籍出版,1994 年版。

㉝　林其宝：《略论远古至汉代的人口分布》,《人口研究》,1995 年 4 期。

㉞　袁祖亮主编：《丝绸之路人口问题研究》,第 7—12 页,新疆人民出版社,1998 年版。

㉟　万国鼎：《汉以前人口及土地利用之一斑》,《金陵学报》,1931 年第 1 卷第 1 期。

㊱　马元材：《秦汉时代的人口及土地分配状况》,《河南政治月刊》,1932 年第 2 卷第 6 期。

㊲　刘秉仁：《两汉人口与粮食政策》,《禹贡》,1937 年,第 7 卷第 1、2、3 合期。

㊳　韩连琪：《汉代的户籍和上计制度》,《文史哲》,1978 年 3 期。

㊴㊺　傅举有：《从奴婢不入户籍谈到汉代的人口数》,《中国史研究》,1983 年 4 期。

㊵　[日]佐藤武敏：《汉代的户口调查》,刊于中国社科院历史研究所战国秦汉研究室所编《简牍研究译丛》,中国社会科学出版社,1987 年版。

㊶　徐心希：《"上计制度"的历史考察》,《福建师范大学学报》,1992 年 4 期。

㊷　张桂萍：《汉代的上计制度》,《北京师范学院学报》(社科版),1989 年 1 期。

㊸　刘叔鹤：《汉代的编户、移民与人口统计》,《统计研究》,1984 年 3 期。

㊹　苏诚鉴：《"头会箕敛"与"八月算人"》,《中国史研究》,1983 年 1 期。

㊻ 杨作龙:《汉代奴婢户籍问题商榷》,《中国史研究》,1985 年 2 期。

㊼ 钱剑夫:《汉代“案比”制度的渊源及其流演》,《历史研究》,1988 年 3 期。

㊽ 陈明光:《析汉代的“假税”与“八月算民”》,《中国社会经济史研究》,1992 年 2 期。

㊾ 邢铁:《汉代的户等》,《河北师院学报》,1993 年 3 期。

㊿ 马新:《编户齐民与两汉王朝的人口控制》,《东岳论丛》,1996 年 5 期。

(51) 李均明:《张家山汉简所见规范人口管理的法律》,《政法论坛》,第 20 卷第 5 期。

(52) 吴景超:《两汉的人口移动与文化》,《社会学刊》,1931 年第 2 卷第 4 期。

(53) 贺昌群:《汉末大乱中原人民之流徙与文化之传播》,《文史杂志》,1941 年第 1 卷第 5 期。

(54) 吕克由:《秦汉移民论》,《齐鲁学刊》,1941 年 2 期。

(55) 葛剑雄:《西汉人口地理》,第 131—204 页,人民出版社,1986 年版。

(56) 刘幼生:《嬴秦徙民论》,《晋阳学刊》,1988 年 6 期。

(57) 罗开玉:《论秦汉政府向巴蜀的移民、徙徒与迁虏》,《天府新论》,1990 年 3 期。

(58) 张诚:《秦始皇和汉武帝时迁民探析》,《郑州大学学报》,1990 年 4 期。

(59) 孙筱:《秦汉时期人口分布与人口迁移》,《中国人口科学》,1992 年 4 期。

(60) 葛剑雄:《秦汉时期的人口迁移与文化传播》,《历史研究》,1992 年 4 期。

(61) 赖华明:《论秦汉移民及其特点》,《四川师范大学学报》,1995 年 4 期。

(62) 赖华明:《秦汉移民政策及其特点》,《文史杂志》,1996 年 2 期。

(63) 李邦儒:《“武帝时徙民会稽辨正”质疑——与葛剑雄同志商榷》,《郑州大学学报》,1998 年 5 期。

(64) 王子今:《秦汉时期的人口流动与文化融合》,《重庆师范学院学报》,1999 年 3 期。

(65) 袁祖亮主编:《丝绸之路人口问题研究》,新疆人民出版社,1998 年版。

(66) 孙如琦:《西汉流民问题初探》,《青海社会科学》,1986 年 4 期。

(67) 冷鹏飞:《论西汉后期流民问题的社会原因》,《湖南师范大学学报》,1993 年 3 期。

(68) 李伟、雍际春:《两汉流民问题初探》,《兰州大学学报》,2001 年 1 期。

(69) 罗彤华:《汉代的流民问题》,台湾学生书局,1989 年版。

(70) 张敏如:《中国人口思想简史》,人民大学出版社,1982 年版。

(71) 吴申元:《中国人口思想史稿》,中国社会科学出版社,1986 年版。

(72) 吴小强:《试论秦人婚姻家庭生育观》,《中国史研究》,1989 年 3 期。

(73) 吴小强:《秦人生育意愿初探》,《江汉论坛》,1989 年 11 期。

(74) 吴小强:《秦简〈日书〉与秦汉时期的生殖文化》,刊于李学勤、谢桂华主编的《简帛研究第三辑》,第 152—163 页,广西教育出版社,1998 年版。

(75) 袁延胜:《略论汉代的人口增殖政策及其社会影响》,《郑州大学学报》,2003 年 3 期。

(76) 袁延胜:《汉代生育思想初探》,《河南科技大学学报》,2004 年 2 期。

(77) 刘英杰:《甘肃地区远古至秦汉人口辨析》,《西北人口》,1982 年 3 期。

(78) 梁景之:《汉代塔里木地区的人口分布与变迁》,《新疆社会科学》,1988 年 1 期。

(79) 杨林平:《西汉黄河中上游流域人口地理初探》,《固原师专学报》,1991 年 4 期。

(80) 田强:《秦汉时期长江流域的人口迁移与经济开发》,《黄冈师专学报》,1996 年 4 期。

(81) 周霖:《秦汉江南人口流向初探》,《江西师范大学学报》,1997 年 3 期。

⑧ 李志庭:《秦汉政府在浙江的人口政策》,《浙江学刊》,1998 年 5 期。

⑧ 贾伟、李臣玲:《试论两汉时期青海汉族人口迁移》,《青海民族研究》,1999 年 3 期。

⑧ 薛平拴:《西汉末年陕西人口数量研究》,《中国历史地理论丛》,2000 年 3 期。

⑧ 王文涛:《西汉河北人口的分布与流徙》,《河北师范大学学报》,2001 年 1 期。

⑧ 高恒:《汉代上计制度论考——兼评尹湾汉墓木牍"集簿"》,《东南文化》,1999 年 1 期。

⑧ 高大伦:《尹湾汉墓木牍"集簿"中户口统计资料研究》,《历史研究》,1988 年 5 期。

⑧ 马长寿:《论匈奴部落国家的奴隶制》,《历史研究》,1954 年 5 期。

⑧ 林干:《匈奴社会制度初探》,《华东师大学报》,1958 年 4 期,收入《匈奴史论文选集》,中华书局,1983 年版。

⑨ 刘淑英:《我国古代匈奴族人口初探》,《人口与经济》,1993 年 1 期。

⑨ 尚新丽:《西汉时期匈奴人口变化蠡测》,《人口与经济》,2006 年 2 期。

⑨ 袁祖亮主编:《中国古代边疆民族人口研究》,第 35—43 页,中州古籍出版社,1999 年版。

⑨ 孟广耀、何天明:《西汉时期内蒙古民族人口考论》,《内蒙古社会科学》,1986 年 1 期。

⑨ 吴明月:《谈西汉时期汉人入居匈奴及其影响》,《内蒙古师大学报》,1995 年 4 期。

⑨ 久玉林:《论西汉时期汉匈民族的人群流动与双向同化》,《西北史地》,1998 年 3 期。

⑨ 张梅:《略谈匈奴族的发展、壮大与迁徙》,《西北成人教育学院学报》,1999 年 2 期。

⑨ 谭晓林、弓建中:《西汉前期的"汉人入匈"现象分析》,《内蒙古大学学报》,2000 年 2 期。

⑨ 莫任南:《关于月氏西迁年代问题》,《湖南师大》(哲社版),1985 年 2 期。

⑨ 苏北海:《西域历史地理》,第 8 页,新疆人民出版社,1988 年版。

⑩ 苏北海:《西域历史地理》,第 9 页。

⑩ 余太山:《塞种史研究》,第 56 页,中国社会科学出版社,1992 年版。

⑩ 余太山:《塞种史研究》,第 57 页。

⑩ 钱伯泉:《乌孙和月氏在河西故地及其西迁的经过》,《敦煌研究》,1994 年 4 期。

⑩ 钱伯泉:《乌孙的种族及其迁徙》,《西域研究》,1997 年 4 期。

⑩ 袁祖亮:《略述秦汉时期大月氏人的迁徙》,《秦汉史论集》第七辑,中国社会出版社。

⑩ 陈良佐:《从人口推测大月氏、乌孙故地》,《大陆杂志》,第 37 卷第 3 期。

⑩ 王明哲:《论汉代乌孙族对伊犁河流域的开发——关于汉代乌孙人口发展问题的研究》,《新疆社会科学》,1983 年 1 期。

⑩ 袁延胜:《两汉时期的乌孙人口》,刊于袁祖亮主编《中国古代边疆民族人口研究》,第 59—82 页,中州古籍出版社,1999 年版。

⑩ 黄金山:《论汉代家庭的自然构成与等级构成》,《中国史研究》,1987 年 4 期。

⑩ 袁祖亮:《西汉至明清家庭人口数量规模研究》,《中州学刊》,1991 年 2 期。

⑪ 喻长咏:《西汉家庭结构和规模初探》,《社会学研究》,1992 年 1 期。

⑪ 邵台新:《试论汉代农户的"一家五口"》,《秦汉史论集》第 5 辑,第 286—306 页,法律出版社,1992 年版。

⑪ 施伟青:《汉代居延随军戍卒家庭人口的若干问题》,《中国社会经济史研究》,1998 年 3 期。

⑪ 张仁玺:《秦汉时期的"五口之家"述略》,《齐鲁学刊》,1998 年 6 期。

⑪ 傅筑夫、王毓瑚:《中国经济史资料——秦汉三国编》,中国社会科学出版社,1982 年版。

⑪ 梁方仲:《中国历代户口、田地、田赋统计》,上海人民出版社,1980 年版。

⑱　王毓铨:《"民数"与汉代封建政权》,《中国史研究》,1979 年 3 期。

⑲　宁可:《试论中国封建社会的人口问题》,《中国史研究》,1980 年 1 期。

⑳　吴小强:《从云梦秦简看战国秦代人口再生产类型》,《西北大学学报》,1991 年 2 期。

㉑　周长山:《汉代城市人口试析》,《河北大学学报》,2001 年 2 期。

㉒　林甘泉:《中国经济通史·秦汉经济卷》,经济日报出版社,1999 年版。

㉓　王育民:《中国历史地理》下册,人民教育出版社,1988 年版。

㉔　张步天:《中国历史地理》,湖南大学出版社,1987 年版。

㉕　杨子慧主编:《中国历代人口统计资料研究》,改革出版社,1996 年版。

第一章　秦、西汉时期的户口概况

本章介绍秦、西汉时期的户口概况。其中,秦朝共历二帝 15 年时间,始皇帝嬴政(前 221—前 209 年)、二世胡亥(前 209—前 207 年)。西汉共历十三帝 214 年时间,汉高祖刘邦(前 206—前 194 年)、汉惠帝刘盈(前 194—前 187 年)、汉高后吕雉(前 187—前 179 年)、汉文帝刘恒(前 179—前 156 年)、汉景帝刘启(前 156—前 140 年)、汉武帝刘彻(前 140—前 86 年)、汉昭帝刘弗陵(前 86—前 73 年)、汉宣帝刘询(前 73—前 48 年)、汉元帝刘奭(前 48—前 32 年)、汉成帝刘骜(前 32—前 6 年)、汉哀帝刘欣(前 6—公元 2 年)、汉平帝刘衍(1—6 年)、汉孺子婴(6—9 年)。本章共分四节,分别探讨秦时期全国户口的数量概况,西汉不同历史阶段即西汉初期、景武之际、武帝末年及汉末的全国人口数量概况。同时还对郡、县、乡、聚的人口概况作一简述。西汉时期的人口自然增长率亦是本章探讨的重点,特别是利用有限的资料对西汉前期、西汉后期、江南地区、三辅地区以及宗室人口的自然增长率进行初步探讨并阐发了人口自然增长率与生产力发展之间的关系。同时还对学界有关汉武帝年间的户口问题进行了考证。

第一节　秦、西汉时期的国家政权、政治制度与人口发展

秦、西汉时期的国家政权政治制度与这一时期人口之发展关系十分密切,所以在论及秦、西汉时期的人口之前,我们略谈一下秦、西汉时期的国家政权、政治制度之简要概论。

自公元前 770 年开始到公元前 221 年秦始皇统一为止,有 500 多年的时间中国一直处于分裂割据状态。前一阶段为我国历史上的春秋时期,后一阶段为我国历史上的战国时期。春秋时期有诸侯国 100 多个,相互争当霸主,名义上是尊重周王室、

周天子,实际上是挟天子以令诸侯。由于春秋时期的兼并融合,到战国时期形成了七个较大的割据势力,但仍然纷争不休。战争虽然阻挡不了历史前进的车轮,但战争毕竟带来了破坏,和平局面被打破,人们非但不能从事正常的生产活动,而每一次战争的杀戮使得生灵涂炭、尸骨遍野。公元前 221 年七雄之一的秦国在秦王政的领导下"续六世之余烈,振长策而御宇内,吞二周而亡诸侯,履至尊而制六合,执棰拊以鞭笞天下,威振四海",(贾谊《过秦论》)完成了统一天下的大业。秦朝的政治制度与以往有别,自此中国确立了专制主义的中央集权制度。将上古"三皇"、"五帝"的名号合一,称皇帝,皇帝是国家的最高统治者,拥有至高无上的权力,世代相传,官吏由皇帝任命,军队由皇帝指挥,总之一切大权由皇帝所掌握。中央官制实行三公诸卿制度,地方上的组织建制实行以郡统县、以县统乡、以乡统里的管理制度。为了加强集权避免分列再现,铲除分裂之土壤,实行车同轨、书同文、货币和度量衡也一以秦制,在经济上实行黔首实田制、政治上打击豪强势力,对周边南抚百越,北击匈奴,拓展疆域。

西汉时期的国家政权和政治制度基本上承袭秦制,中央实行三公诸卿制,丞相总览政务,御史大夫主管监察,太尉主管军事,诸卿各负责一个部门的工作。地方上的行政机构设置仍然是郡、县、乡、里制度,但为了照顾一些功臣和皇子的利益曾分封了一些王国和侯国。诸侯王国是皇庶子的封地,与郡级别相同,侯国是一些功臣的封地,级别与县相同,这是汉初为稳定局势的权益之计。但后来采纳贾谊晁错等政治家的建议,实行削藩,逐渐削弱王国和侯国的政治权力,最后这些王国或侯国的受封者只不过是收取封地上的租税以供自己享乐罢了,没有治民的权力,更无拥兵自重的任何条件。注意打击豪强势力,不允许他们侵刻小民,注意调剂贫富之间的差距,诸如限民名田、献酎金、算缗、告缗、推恩令等措施的实施。政治思想上,在西汉前期注意推行黄老思想,即给老百姓提供休养生息的机会,接受秦朝速亡的教训,轻徭薄赋,即减轻徭役,减轻老百姓的赋税负担,在刑法方面也没有秦王朝时期那样严酷。

秦汉王朝是一个空前统一的王朝,国家政权强有力的统治,使得国土面积进一步向周边拓展。国土面积的进一步扩大,就意味着秦汉王朝统治下的人口数量也在逐步增长,西汉末年的人口数字之大是前所未有的,《汉书·地理志》记载,约有五千九百多万,与夏商周相比约增长 5—6 倍。从此奠定了中国封建社会的人口级数,约占当时世界人口的 1/5。

西汉王朝存在的时间约 200 余年,在这一时期,由于刘氏国家政权的牢固存在,使得国家和社会没有出现大的动荡起伏,在安定的和平环境下,百姓可以从事正常的生产生活活动,这为社会经济的发展创造了前提条件。经济的发展和社会的稳定是人口生产的重要的社会环境条件,西汉前期和西汉后期人口自然增长率能保持 10%

左右的速度是件了不起的事情。

西汉的政治制度,除秦苛法、轻徭薄赋,使得庶民百姓有了一个休养生息的机会,据《汉书》卷24《食货志》言,"然屡敕有司以农为务,民遂乐业。至武帝之初七十年间,国家亡事,非遇水旱,则民人给家足,都鄙廪庾尽满,而府库余财。京师之钱累百钜万,贯朽而不可校。太仓之粟陈陈相因,充溢露积于外,腐败不可食。众庶街巷有马,阡陌之间成群,乘牸牝者摈而不得会聚。守闾阎者食粱肉;为吏者长子孙;居官者以为姓号。人人自爱而重犯法,先行谊而黜媿辱焉。于是网疏而民富……"既然民无衣食之忧,富裕到如此地步,自然就推动了人口之增长,不至于因衣食不赡而造成人口的自发淘汰。

秦汉时期政权的强大对人口的统计与调查更为细致并建立了完备的制度,早在商鞅变法之时,这项制度便有了雏形。《商君书·境内篇》云:"四境之内,丈夫女子,皆有名于上,生者著,死者削。"也就是在秦的匤土之内,无论男女都要登记在案,生著、死除已经形成了制度。秦王朝时期实行"黔首实田"的政策,也带有让百姓著籍登记户口的性质,最能说明问题的是《汉书》卷39《萧何专》载刘邦攻入关中以后,

　　　诸将皆争走金帛财物之府分之,何独先入收秦丞相御史律令图书臧之。沛
　　公具知天下厄塞,户口多少,强弱处,民所疾苦者,以何得秦图书也。
这说明丞相和御史府中藏有秦时的户口册子,不然的话,刘邦怎能知道秦时每一个地方户口之多少呢。

西汉时期关于户口登记的记载就更多了。大致说来,西汉每年都要进行人口普查,并把它纳入地方官吏上计的主要内容之一,并根据户口的升降等有关因素来进行奖惩。登记的主要内容是:所在郡县籍里、姓名、性别、年龄、肤色、家庭概况、赀产多少等等。班固所著《汉书》专列有《地理志》,这是《史记》所无。《地理志》的内容相当丰富,详细记载了西汉时期的地理沿革、郡县设置,每个郡份在西汉末年时的人口状况,其中也记载不少县份的人口数量,给后人留下了一份宝贵的历史资料,比较完整。这些都得益于秦、西汉时期所建立的强有力的国家政权和比较完备的政治制度,否则不可能顺利进行比较详细的国土之内的人口统计,也不可能留下这么丰富的人口资料。

秦、西汉时期依靠其所建立的强大完备的国家政权和政治制度在调整人口布局、徙民空虚之地、促进全国经济的平衡发展、调动人力从事大型社会利益工程建设,乃至大灾时期的救灾赈贷等等许多方面都有一定的密切关系。

第二节 秦、西汉时期的全国户口

一、秦朝时期的全国户口

秦始皇于前 221 年统一天下,到公元前 206 年刘邦建汉代之,共历 15 年时间。秦时的全国户口,目前所见史籍未有著录,但前人有过推测。较早推测秦帝国户口的是范文澜先生,他在《中国通史简编》中指出,秦时人口有二千多万。踵此之后,不少人在此基础上或言多之或言少之,但筚路蓝缕之功是范先生开创的。

秦王朝时期全国的人口究竟有多少,虽然史无明载,但秦王朝上与战国相连,如果我们能够计算出战国时期的全国人口数量,估计秦之户口与之相差不远。1985 年发表的拙作《从人口数量规模发展变化规律看中国古史分期》[①]一文估计战国时期的全国人口数量在 2000 万—3000 万之间,其依据是战国末期人赵奢的一席话,涉及战国时期的城市人口与古代相比约增 3 倍,进而推理所得。

> 战国时期的人口数量,虽然史无明载,不过我们可作一近似推测。据战国晚期人赵奢言:"(古时候)四海之内分为万国,城虽大无过三百丈者,人虽众无过三千家者",可是到了战国末年,"今千丈之城,万家之邑相望也"。就城市人口来看,根据赵奢的说法,战国末期的数量,约等于古时候的 3 倍,估计乡间人口的增长状况,与城市人口的增长状况相差不远。若也以 3 倍左右计算,则战国末期的整个人口将在 2000 万到 3000 万之间,与古时候相比,约增长 2—3 倍。[②]

战国是从前 475 年开始,到前 221 年被秦始皇所统一。既然战国末期的人口有 2000 万—3000 万,那么秦王朝时期的人口约有 3000 万。

《中国人口通史——先秦卷》为焦培民所著,他对战国时期的人口数量有多方推测。首先,他从《礼记》和《周礼》记载的人口情况作了分析,认为:

> 郑玄认为,王畿内受田人数是 300 万家,以一家五口人计,则王畿内的人口当在 1500 万左右。全国人口远远大于这个数字,有数千万人之多。当然以上是儒家经典所规划的周代人口,这个数字比较接近战国时期的人口数。[③]

其次,焦从《史记》中苏秦、张仪游说词所言各国军队数量,进行罗列分析得出结论:

> 以上各小国合计共 430 万人,连同以上七国 2600 万人,共 3030 万人。以上是纯粹的数字上的推算,实际上各国人口数字并不一定是同一时期的,各国在战争中又有不少消耗,故估计当时总人口数为 3000 万左右是比较合适的。[④]

再次,他从郡县制度的角度估计人口。

除上述方法外,我们还可以从郡县制度的角度来估计人口,秦统一六国设有约 50 个郡,800 个至 900 个县,据《汉书·地理志》,汉有郡国 103,县、邑、道侯国 1587,全国人口,户 1223 万,口近 6000 万,则平均每个郡国有户 12 万,有人口 60 万,每县有户 7700 户,口 3.75 万人。以这个标准来算,则秦 50 郡,当有 3000 万人,按 800 个到 900 个县推算则有 3000 万到 3400 万人,约与此数相当。秦朝只存在十几年,其人口数与战国时期应该是差别不大的,或者说要少一些,可作为估计战国人口的参考⑤。

总之,他从三个不同的途径,估算战国时之全国人口数量约为 3000 万。秦是蹑战国而来,估计人口数量相差无几,测算为 3000 万还是比较合适的。以上便是我们对秦王朝时期人口数量的看法。

二、西汉时期的全国户口

西汉王朝始于前 206 年,灭于公元 5 年。班固所著《汉书》中的《地理志》,留下了元始二年(公元 2 年)时全国的人口总数和各郡国及有关方面的人口数字,十分宝贵。《汉书》卷 28 下《地理志》载:秦分天下作 36 郡。汉兴,以其郡太大,稍复开置,又定诸侯王国。武帝开广三边,故高祖增 26,文、景各 6.武帝 28,昭帝 1。

迄于孝平,凡郡国一百三,县、邑千三百一十四,道三十二,侯国二百四十一。地东西九千三百二里,南北万三千三百六十八里……民户千二百二十三万三千六十二,口五千九百五十九万四千九百七十八。汉极盛矣。

需要说明的是:西汉实行的是郡、国并行制,与郡同级的是诸侯王国。当初有异姓诸侯王国,后为同姓诸侯王国。皇太后、皇后、公主所食的封地谓“邑”。少数民族所在县谓“道”。侯国是功臣的封地,如萧何、曹参之属。侯国大的近万户,少的几百户,大小不等。

除了《汉书》卷 28《地理志》所载西汉末年全国的总户数外,其他时期的全国人口数字,目前还未见到。不过对比其他时期的人口数字,我们可以进行考证和推测,首先我们来了解一下西汉初年的人口数量。

西汉初年的人口数量问题,最早加以论述者是西晋的皇甫谧。在其所著的《帝王世纪》中,记述了自神农王天下,历黄帝、颛顼、帝喾、尧、禹、汤、周公相成王、春秋、战国、秦、西汉乃至三国时的有关地域或户口的基本概况。今引述如下,以便分析皇甫谧所认为的西汉初年的人口数量。《后汉书》卷 109《郡国一》注引《帝王世纪》曰:

及禹平水土,还为九州,今《禹贡》是也。是以其时九州之地,凡二千四百三十万八千二十四顷,定垦者九百三十万六千二十四顷,不垦者千五百万二千顷,民口千三百五十五万三千九百二十三人。至于涂山之会,诸侯承唐虞之盛,执玉帛亦有万国……及夏之衰,弃稷弗务,有穷之乱,少康中兴,乃复禹迹。孔甲之至桀行暴,诸侯相兼,逮汤受命,其能存者三千余国,方于涂山,十损其七。民离毒政,将亦如之。殷因于夏,六百余载,其间损益,书策不存,无以考之。又遭纣乱,至周克商,制五等之封,凡千七百七十三国,又灭汤时千三百矣。民众之损将亦如之。及周公相成王,致治刑错,民口千三百七十一万四千九百二十三人,多禹十六万一千人,周之极盛也。其后七十余岁,天下无事,民弥以息。及昭王南征不反,穆王失荒,加以幽、厉之乱,平王东迁,三十余载,至齐桓公二年,周庄王之十三年,五千里内,非天王九侯之御,自世子公侯以下至于庶民凡千一百八十四万七千人,除有土老疾,定受田者九百万四千人。其后诸侯相并,当春秋时,尚有千二百国。二百四十二年之中,杀君三十六,亡国五十二,诸侯奔走不得保社稷者,不可胜数。至于战国,存者十余。于是从横短长之说,相夺于时,残民诈力之兵,动以万计。故崤有匹马之祸,宋有易子之急,晋阳之围,县釜而炊,长平之战,血流漂卤。周之列国,唯有燕、卫、齐、楚而已。齐及三晋,皆以篡乱,南面称王,卫虽得存,不绝若残。然考苏张之说,计秦及山东六国,戎卒尚存五百余万,推民口数,尚当千余万。及秦兼诸侯,置三十六郡,其所杀伤,三分居二,犹以余力,行参夷之刑,收太半之赋,北筑长城四十余万,南戍五岭五十余万,阿房、骊山七十余万,十余年间,百姓死没,相踵于路。陈、项又肆其余烈,故新安之坑,二十余万,彭城之战,睢水不流,至汉祖定天下,民之死伤,亦数百万。是以平城之卒,不过三十万,方之六国,五损其二。自孝惠至文景,与民休息,六十余岁,民众大增,是以太仓有不食之粟,都内有朽贯之钱。

从上述引文可以做如下分析:皇甫谧认为汉初人口与六国相比是"五损其二"而六国时之人口,皇甫谧认为是"千余万",那么千余万的五分之三便是600万。虽然皇甫谧没有直接道出,但从其文义分析中可以得出这个结论。此后杜佑、梁启超等基本上都沿用皇甫谧的西汉初年人口600万说。

2002年出版的葛剑雄主编的《中国人口史》[⑥]第七章、第一节中断言:

在拙文《西汉人口考》和拙著《西汉人口地理》发表之前,我还没有发现中外学术界对西汉初的人口数量作过深入的研究,一般都是沿用旧说。

这种说法恐怕未必准确,引文中的《西汉人口考》是葛剑雄同志的硕士论文,发表于《中国史研究》1981年第4期(1981年9月份)。而《西汉人口地理》是葛剑雄同志的博士论文,1986年6月由人民出版社出版。恰恰就在1986年之前的1985年,上海

《学术月刊》第 4 期上发表了一篇文章题目叫《再论汉武帝末年人口并非减半——兼与葛剑雄同志商榷》的文章。⑦ 从具体的数字统计入手，来证明西汉初年人口 600 万之说是不能成立的，而当时的人口约有 1400 万。文章认为，刘邦建汉以后，进行分封，从功臣到宗室、外戚、后妃、公主甚至从军的吏士（七大夫以上），皆令有食邑。《汉书》卷 16《高惠高后文功臣表》谓："迄十二年，功臣受封者百四十有三人。"据表逐个统计，载有初封户数者有 109 人，封户为 237311 户。余 34 人初封户数缺载，假若这 34 人每人初封户数以 2000 计算⑧，则这 143 名受封者的总封户约为 305311，以晁错所言一家有 5 口人⑨计算，则这 143 人的封户人口约有 152 万人。

在功臣当中，不但封侯者有食邑，而爵过公乘者都可以得到食邑。《汉书》卷 1《高帝纪下》载汉五年诏书曰："其七大夫以上，皆令食邑。"据《汉书》卷 19《百官公卿表序》可知，从七大夫到通侯之间还有十三级⑩。由于史籍缺载，目前无法知道每级获爵者的人数及他们的封户，但不可忽视的是，这批获爵者的人数是相当庞大的。连刘邦也不得不承认：

　　　　七大夫，公乘以上，皆高爵也，诸侯子及从军归者，甚多高爵。⑪

估计从七大夫到通侯，其人数肯定会呈现宝塔形，即使不呈宝塔形，每级获爵者的人数均以 143 人计算，从第七级到第十九级共有十三级之多，这批人数将在 1859 人以上。他们受封的户数，若以第七级每人 10 户，以后每递增一级增加 10 户的话，这批人共有受封数 130130 户。每户以 5 口人计算，封邑上的人数将达 65 万以上。

另外，从诸侯王受封的县邑数上，也可以估计出一些人口数据来。《汉书》卷 1《高帝纪下》载：

　　　　（汉六年春）韩王信等奏请以故东阳郡、鄣郡、吴郡五十三县立刘贾为荆王。
　　　以砀郡、薛郡、郯郡三十六县立弟文信君交为楚王，壬子，以云中、雁门、代郡五
　　　十三县立兄宜信侯喜为代王。以胶东、胶西、临淄、济北、博阳、城阳郡七十三县
　　　立子肥为齐王。以太原郡三十一县为韩国，徙韩王信都晋阳。

这五个封国共辖有二百四十六县。又据《汉书》卷 19 二《百官公卿表》云：

　　　　县令长，皆秦官，掌治其县，万户以上为令，秩千石至六百石。减万户为长，
　　　秩五百石至三百石。

也就是说，秦时的县邑设置有一个大致的标准，每县万户或不及万户，而且每县人口过于稠密的话还要在一些方面进行调整。实际上，当时大县不多，中原地区人口相对稠密，每县的人口数量可能较大。边远地区生产力发展水平较低，每县的平均人口较少。若每县以 7000 户、每户以 5 口计算，则这 246 县在秦时应有人口 860 万以上⑫。由于秦末战乱，死亡和流亡的人数不少，据太史公说，当时所得之户籍仅占秦时十分

之二三[13]。若以十分之三计算,当时这五个诸侯王国辖地上的着籍人口起码有258万以上,每县平均一万多人。

再者,长沙王吴芮初封时户数为25000[14],估计约有人口12万以上。

南越的人口数量我们也可作一估计。秦始皇三十三年,"发诸尝逋亡人、赘婿、贾人略取陆梁地,为桂林、象郡、南海以适遣戍"[15]。秦始皇三十四年,"适治狱吏不直者,筑长城及南越地",这批人共有50多万[16]。西汉初年,刘邦使陆贾授赵佗玺绶,赞其治南越"甚有文理,中县人以故不耗减"[17]。"中县之民",如淳注曰:"中国县民也。"也就是说内地移民并未减少。当然这里面有夸大之词,不过,西汉初年,南越地的土著居民,加上秦时的移民数要超过50万人。

常山郡的人口数也可以作一大致的推测。高帝十年,陈豨反叛,"常山二十五城亡其二十城"[18]。这是汉初之事,估计这时对秦时县邑的增损数量可能不大,姑以二十五县算,每县万余人,则有25万人。

从汉初的移民,也可以窥测到一些人口的数据。高帝九年,徙齐、楚大族五姓于关中。据《史记》卷99《刘敬列传》可知,这次移民达十万余口。

综上所述,诸种人口加在一起,数量在570万以上。又据谭其骧先生主编的《中国历史地图集》可知,秦时共有四十七郡之地,除上述作过户口估计的郡数以外,尚有三十郡之地,占秦时总郡数的半数以上还要多(当然一些功臣的封邑也在其中)。估计这些郡在西汉初年的人口也将超过570万。所以,皇甫谧等认为西汉初年的人口仅有600万的说法似乎欠妥。估计西汉初年人口约有1400万。

三、对学界关于西汉初年人口数量不同看法的分析

在西汉全国人口特别是西汉初年的人口问题上,学界有不同看法。1981年,葛文认为汉初人口1500万,西汉末约6000万。

> 西汉初期全国(相当于元始二年设郡县地区)人口约一千五百万,历来汉初六百万人口的说法,应予否定,西汉末约六千万,平均每年自然增长率约为7‰。[19]

细演这三个数字的设计不够合理,更欠严密。西汉一代从前206年到公元2年历时207年,若以葛言汉初人口1500万,年平均自然增长率为7‰计算,则到西汉末(公元2年)全国人口应为6356万,而不是约"六千万"[20],如此实难自圆。

1986年,时隔五年后葛修正了自己的看法,把汉初人口由1500万延伸到1800万,把学界公认的西汉开始的时间为前206年改为前202年,把西汉一代的年平均人口自然增长率进行压缩,定为6‰—7‰,目的是为了适应汉末人口《汉书·地理志》

所述的 5959 万,因为这个数字都认为正确不可推翻。

从西汉初(前 202 年)至元始二年(2 年)在西汉夫的版图范围内,总人口由一千五百万至一千八百万增加到约六千万,平均每年自然增长率为 6‰—7‰。[21]即便如此,仍难自圆其说。我们分别把两个不同的汉初人口,与两个不同西汉一代的人口自然增长率对应作出计算,其值如下:

1500 万 × (1 + 6‰)^{204} = 5082.5 万

1500 万 × (1 + 7‰)^{204} = 6224.47 万

1800 万 × (1 + 6‰)^{204} = 6099 万

1800 万 × (1 + 7‰)^{204} = 7469.37 万

这些数字都与班固所言之 5959 万不符,特别是有三个数字差距更大。

2002 年,葛同志对西汉的人口自然增长率及人口数有三种不同的说法,且在同一部著作《中国人口史》第 1 卷中,显得很矛盾。

①认为第一阶段(西汉前期)年均人口自然增长率为 10‰,第二阶段(武帝时期)人口有减少,第三阶段增长率接近 7‰。

根据这些例子推测,第一阶段全国人口的年平均增长率约 10‰,第二阶段人口有所减少,第三阶段的增长率肯定比不上第一阶段,可能接近 7‰。[22]

②认为西汉初人口在 1200 万以上。

总之,从人口增长的规律分析,西汉期间人口年平均增长率绝对不会超过 9‰,总增长不会超过 5 倍,因此西汉初的人口数量肯定在 1200 万以上。[23]

③认为西汉初全国人口下限 1500 万,上限 1800 万,西汉末全国人口数有 6000 万。

西汉期间全国人口年平均增长率约 6‰—7‰。西汉末期,元始二年(公元 2 年)在其直接统治的郡、国范围内约有 6000 万人口,西汉初,汉高祖五年(前 202 年)在其境内(包括东瓯、南越等)人口的下限约 1500 万,上限约 1800 万。[24]

根据文中的表述我们可以进行推算,西汉一代的年平均自然增长率前后不一,而西汉初年的人口下限也前后不一。如该书的 362 页言西汉初年的人口在 1200 万以上,而 375 页西汉初年的人口下限是 1500 万,既然下限是 1500 万,也就是西汉初年人口在 1500 万以上而不是在 1200 万以上,其前后说法在逻辑上是矛盾的。至于西汉年平均人口增长率问题,362 页言是 6‰—7‰,但根据 344 页所指出的材料推算结果却是不到 0.8‰。具体计算方法如下:

即:$\left[\dfrac{10}{1000} \times (202 - 134) + 0 \times (133 - 90) + \dfrac{7}{1000} \times (89 + 2) \right] \div (202 + 2)$

$$= \left[\frac{10}{1000} \times 68 + 0 + \frac{7}{1000} \times 91 \right] \div 204$$

$$= \frac{159}{1000} \div 204 = 0.78‰$$

$\left[\dfrac{10}{1000} \right.$（西汉前期人口自然增率）×68（西汉前期的时间）+0（根据第二阶段人口有所减少，可定为零增长或负增长）×43（中期的时间）+$\dfrac{7}{1000}$（西汉后期的人口自然增长率）×91（西汉后期的时间）$\left.\right] \div$（202 + 2）（西汉一代经历的时间）= 西汉期间全国年平均人口自然增长率。

现在看来，对西汉初年人口数量的考证上，是《西汉人口考》、《西汉人口地理》、《中国人口史》用力最勤、且往往称道的内容之一。然而在 1981 年、1986 年和 2002 年发表或出版的三种不同的著作中的说法，都是不一致的，且有难圆的矛盾之处。所以西汉初年人口总量 1500 万说，1500 万—1700 万说，乃至 1500 万—1800 万说，都是不当的。恐怕还是 1400 万说是比较正确的。

第三节　秦、西汉时期郡、县、乡、聚的人口概况

一、郡的人口概况

秦、汉时期从中央到地方的行政机构是：中央——郡（王国）——县（封国、邑、道）——乡，共四级。除中央外，地方的行政机构为三级。在西汉平帝时，郡和相当于郡一级的行政机构全国有 103 个，县和相当于县一级的设置全国有 1587 个，乡有 6622 个。[⑤]

秦朝时期郡一级的户口概况因为史料缺载，我们暂时无法得知。西汉时期（西汉末年），郡一级的户口数字《汉书》卷 28《地理志》有较为详细的记载。西汉时期口数在 200 万以上的大郡有三个：

汝南郡：户数 461587，口数 2596148

颍川郡：户数 432491，口数 2210973

沛　郡：户数 409079，口数 2030480

西汉时期口数在 150 万人以上的郡份有：

河南郡：户数 276444，口数 1740279

陈留郡：户数 296284，口数 1509050

东　　郡：户数 401297，口数 1659028

东海郡：户数 358414，口数 1559357

南阳郡：户数 359316，口数 1942051

而人口最少的郡份是敦煌郡，仅有户 11200，有口 38335 人。

二、县的人口概况

根据《汉书》卷 19《百官公卿表》的记载，汉承秦制，就县的土地面积、人口数量规模来说，其大概平均数是方百里之地，生活着 1 万户人家，汉代的户平均人口约为 5 人，也就是说每县平均有 5 万人口。那么较大的县有多少人口？较小的县的情况又是如何呢？我们从《汉书》的记载中窥其究竟。

西汉最大的县是临菑（今山东临淄），约有 10 万户人家。《汉书》卷 38《高五王传》记载，汉武帝时主父偃向武帝言说："齐临菑十万户，市租千金，人众殷富，钜于长安，非天子亲弟爱子不得王此。"为了加强控制，武帝便任命主父偃为齐相，加强治理。临菑户口之盛，在历史上即便如此。早在前 333 年约战国时期，苏秦游说齐王时已经有 7 万户人家了。《资治通鉴》卷 2《周纪二》显王三十六年条载苏秦语：

> 临菑之中七万户，臣窃度之，不下户三男子，不待发于远县，而临菑之卒固已二十一万矣。临菑甚富而实，其民无不斗鸡、走狗、六博、蹋鞠。临菑之途，车毂击，人肩摩，连衽成帷，挥汗成雨。

除了临菑之外，秦时期的洛阳也有 10 万户人家。据《资治通鉴》卷 6《秦纪一》庄襄王元年（前 249 年）条载：庄襄王"以河南洛阳十万户封相国不韦为文信侯"。《汉书》卷 40《陈平传》载秦时的曲逆有三万余户。

西汉时期的大县还有一些，根据《汉书》卷 28《地理志》的有关记载，罗列于下：

长安，户 80800，口 246200

长陵（刘邦之陵县），户 50057，口 179469

茂陵（汉武帝之陵县），户 61087，口 277277

洛阳（今河南省洛阳市），户 52389

阳翟（今河南省禹州市），户 41650，口 109000

傿陵（今河南省鄢陵县），户 49101，口 261418

宛（今河南省南阳市），户 47547

成都（今四川成都），户 76256

鲁（今山东曲阜），户 52000

彭城（今江苏徐州），户 40196

以上所罗列的大县的户口数字，最大者为 10 万户人，10 万户人以上的大县未见。长安是国都，长陵和茂陵分别是汉高祖和汉武帝陵园所在县。洛阳、阳翟、宛、成都、鲁、彭城分别是河南郡、颍川郡、南阳郡、蜀郡、鲁国、楚国首辅所在地的县，户口较多是可以理解的。而傿陵是颍川郡中的一个一般县份，其户数近 5 万，口数近 30 万，感到十分特殊。它竟比颍川郡首辅所在地的县份——阳翟的户数还多近万户，不知是什么原因。

需要指出的是，通过比较，洛阳的户数，元始二年（公元 2 年）比秦庄襄王元年（前 249 年）时少了近一半左右。

以上所录为西汉时期最大之县的户口状况，而最小规模的县平均户口情况如何呢？

零陵郡，户 21092，口 139378，县 10

牂柯郡，户 24219，口 153360，县 17

武威郡，户 17581，口 76419，县 10

酒泉郡，户 18137，口 76726，县 9

敦煌郡，户 11200，口 38335，县 6

安定郡，户 42725，口 143294，县 21

上面所列 6 郡的情况，均出自《汉书》卷 28《地理志》。资料显示，牂柯郡每县平均户数为 1424.6，武威郡每县平均户数为 1758.1，敦煌郡每县平均户数为 1866.6。除牂柯郡外，多为沿边移民郡县，县户口的规模设置，与晁错上文帝书的建议完全一致，即每县约 2000 家。

三、乡、聚的人口概况

西汉时期，乡级的人口数量规模有多大，《汉书》卷 19《百官公卿表》没有明载，只是给我们一个县、道、国、邑 1587 的总数，而乡之总数也有明确记载是 6622 个，平均每县约有四个多乡。细演之，每乡平均约有两千多户人家，考之实事，情况基本相差不远。《汉书》卷 86《何武传》载何武为大司空一官后，被封为氾乡侯，地在琅邪之不其县，食邑千户。汉哀帝即位之初为褒赏大臣，"更以南阳犨之博望乡为氾乡侯国，增邑千户"，由此可知博望乡有二千户人家。《汉书》卷 86《师丹传》记述平帝即位，为章有德，"其以厚丘之中乡户二千一百封（师）丹为义阳侯"。《汉书》卷 99《王莽传》载"王莽国南阳新野之都乡，千五百户"。以上所列虽然仅有数条资料，但基本印证了西汉时期乡之人口数量规模在 2000 户左右。但也有一些不及千户的乡。《汉书》卷58《公孙弘传》记载,武帝元朔年间公孙弘代替薛泽为丞相,根据以前的先例,汉朝都是以列侯出任丞相,但公孙弘无爵位,于是汉武帝下诏曰:"……其以高成之平津乡户六百五十封丞相弘为平津侯。"以后被作为惯例固定下来,凡丞相必封侯。元、成之际的匡衡,其封户所在的乡也是不满千户。《汉书》卷81《匡衡传》载匡衡"建昭三年,代韦玄成为丞相,封乐安侯,食邑六百户。"根据文颖的注释,乐安乡在当时的僮县,属临淮郡。平津乡在今河北盐山县附近,一说在今湖北江陵西南的松滋县境。而乐安乡在今安徽泗县东北,这两个乡户口不多的原因恐怕与当时经济发展不平衡有关,因为其所处的位置不是西汉经济发展的核心区。

西汉乡间村落一般称为某某聚,聚落的户数与现在村落的户数相差不远。《汉书》卷99上《王莽传》言说在哀帝时"其以黄邮聚户三百五十益封莽位特进,给事中,朝朔望见礼如三公,车驾乘绿车从"。黄邮聚在南阳郡的棘阳县,可能与新野县之都乡比邻。由此可以揣度西汉村落的布局比今天要稀疏得多,但每个村落的户数并不比今天村落的平均户数少。一个村庄有350户人家,与现在的规模相比较还是属于一个较大型的村庄。但是,西汉时期有的聚落上千户者亦有之。《汉书》卷82《史丹传》载:鸿嘉元年(前20年)上遂下诏曰:

> 夫褒有德,赏元功,古今通义也。左将军丹往时导联以忠正,秉义醇一,旧德茂焉。其封丹为武阳侯。国东海郯之武疆聚,户千一百。(如淳曰:"……聚,邑居也。")

像这样的大村庄,即便是今天也是不多见的。

第四节　西汉时期的人口自然增长率

西汉之时"凡郡国一百三,县邑千三百一十四,道三十二,侯国二百四十一"。至于涉及人口方面的记载,甚为疏落,欲准确计算出各个地区、不同时期人口增减之详细数据是较为困难的。然而,对于其中某些地区、某一时期的人口变化也不是没有蛛丝马迹可以寻绎的。今就西汉前期、中期、后期及江南一些地区和宗室人口的增殖状况试作如下估计。本节参考了拙作《西汉时期人口自然增长率初探》撰写而成[20]。

一、西汉前期的人口自然增长率

由于新王朝刚刚建立,刘邦为了维护其统治,摆脱濒临崩溃的经济困境,不得不实行一些与民休养生息的政策。经过几世的努力,到了景帝时期,社会经济有了显著

的发展,而人口亦随之增长。《史记》卷18《高祖功臣侯者年表》谓:

> 汉兴,功臣受封者百有余人。天下初定,故大城名都散亡,户口可得而数者十二三,是以大侯不过万家,小者五六百户。后数世,民咸归乡里,户益息,萧、曹、绛、灌之属或至四万,小侯自倍,富厚如之。

《汉书》卷16《高惠高后文功臣表》所载略有不同:

> 讫十二年,侯者百四十有三人。时大城名都民人散亡,户口可得而数裁什二三,是以大侯不过万家,小者五六百户……故逮文、景四五世间,流民既归,户口亦息,列侯大者至三四万户,小国自倍,富厚如之。

由此可见,西汉初年侯国人口的增殖速度是不低的。为了醒目起见,今以《汉书》卷16《高惠高后文功臣表》为基础,以《史记》卷18《高祖功臣侯者年表》、《史记》卷19《惠景间侯者年表》和《汉书》卷4《文帝纪》所载的增封户数为补充[27],将侯国初封时的年代、户数,增封年代、户数和后来罪免或绝嗣的年代、户数分别摘出,制表如下:

封地	侯国名	初封		增封		免除		经历年数	平均每年增长率‰
		年代	户数	年代	户数	年代	户数		
河东郡	平阳懿侯曹参	汉高祖六年（前201年）	10600	汉文帝前元元年(前179年)	300	征和二年	23000	110	7
南阳	酂文终侯萧何	同上	10000	同上	300	孝景前元二年	26000	46	21
中山	曲逆献侯陈平	同上	5000	同上	3000	元光五年	16000	71	5
广平	曲周景侯郦商	同上	4800			孝景中元三年	18000	54	24
颍川	颍阴懿侯灌婴	同上	5000	汉文帝前元元年(前179年)	3000	元光元年	8400	67	1
涿郡	成敬侯董渫	同上	2800	同上	300	孝景前元七年	5600	51	12
琅邪	阳都敬侯丁复	同上	7800	同上	300	孝景前元二年	17000	46	16
琅邪	东武贞侯郭蒙	同上	3000	同上	300	孝景前元六年	10100	50	23

续表

封地	侯国名	初封		增封		免除		经历年数	平均每年增长率‰	
		年代	户数	年代	户数	年代	户数			
犍为	南安严侯宣虎	同上	900			孝景中元元年	2100	52	16	
涿郡	曲成圉侯虫达	同上	4000	汉文帝前元元年（前179年）	300	孝景中元二年	9300	53	15	
渤海	柳丘齐侯戎赐	同上	8000	同上	300	孝景后元元年	3000	58	-18	
琅邪	魏其严侯周止	同上	1000	同上	300	孝景前元三年	3000	47	20	
河南	平悼侯工师喜	同上	1300	同上	300	孝景中元五年	3300	56	14	
胶东	昌武靖信侯单究	同上	900	同上	300	元朔三年	600	75	-9	
千乘	高宛制侯丙猜	同上	1605	同上	300	建元四年	3200	64	9	
京兆	宣曲齐侯丁义	同上	670	同上	300	孝景前元五年	1100	49	8	
	终陵齐侯华毋害	同上	740	同上	300	孝景前元四年	1500	48	9	
南阳	乐成节侯丁礼	同上	1000	同上	300	元鼎五年	2400	89	8	
南阳	朝阳齐侯华寄	汉高祖七年（前200年）	1000	同上	300	元朔二年	5000	73	20	
南阳	杜衍严侯黄王覂	同上	1700			孝景中元六年	3400	56	13	
南郡	邔严侯黄极忠	汉高祖12年（前195年）	1000			元鼎元年	4000	79	17	
彭城	梧齐侯阳城延	高后元年（前187年）	500	汉文帝前元元年（前179年）	300	元狩五年	3300	69	22	
东郡	黎顷侯召奴	孝文帝前元十年（前170年）	1410			元封六年	1800	65	3	

　　无独有偶,稍迟于《西汉时期人口自然增长率初探》,于当年年底在《中国史研究》第 4 期上发表的葛剑雄同志的文章——《西汉人口考》,也列出了一个与本表相似的表格,收集的也是一些侯国的户数状况。不同的地方在于,所收侯国的数量不同,本表收集到 23 个侯国的人口状况,葛表收集到 21 个侯国的人口状况。不同之二在于,本表注意到高祖六年(前 201 年)初封之后,在文帝前元元年(前 179 年)时,又对当年随同刘邦入蜀汉者分别增封了 300 户,计有 16 人之多。同时对当时平定诸吕之乱、拥立文帝有功的陈平、灌婴各增封 3000 户,总共涉及 18 人之多,不考虑增封之事,计算出来的人口自然增长率不实,显然是错误的,故在表格中又设计了增封栏目,但葛文却无[21]。后来《西汉人口地理》和《中国人口史》第 1 卷出版时葛著才给予弥补,增加了增封栏目和所收侯国的数量[22],这是正确的。

　　上面表格所列侯国的封地,北起中山,南达南郡,东自胶东,西及京兆等地。这一地带是西汉的腹心地区,和经济重心所在,同时又是当时人口密度最高的地方。这二十几处所反映的户口增减状况,基本上可以代表西汉户口增减之大略。上表所列侯国初封多在高帝年间,仅有两个侯国初封是在高后和文帝年间。而上述列侯罪免或绝嗣多在景帝年间,仅有个别列侯是在武帝年间免侯的,因此上述侯国这一时期的户口变化,基本上反映了西汉前期的人口增殖状况。

　　表中 23 个侯国当中,仅有柳丘齐侯戎赐和昌武靖信侯单究两个侯国的人口下降。究其原因,一方面,可能是因为列侯犯罪削减了户数;另一方面,这两个侯国地处海边自然灾害袭击较多,也可能是造成户口减少的原因,总之情况特殊,还需进一步探讨。如果暂且舍此两个侯国不计,那么所剩 21 个侯国的人口自然增长率的平均值约为 12‰,这个数字基本上可以代表西汉王朝前期每年的人口自然增长率。

　　上述 23 个侯国当中,地处南阳郡者有 4 个,地处琅邪郡者有 3 个,其他各郡间或有一两个。南阳、琅邪两地封侯较多,它们的人口平均自然增长率分别为 15.5‰和19.6‰这两个数字比较能够代表本郡人口的增殖状况,所以应予注意。

二、西汉后期的人口自然增长率

　　武帝年间,因为长期进行战争,加以山东多灾,一切矛盾激化,民人流亡,法不能禁。直到昭帝时候,"流民稍还,田野益辟。颇有畜积。宣帝即位,用吏多选贤良,百姓安土,岁数丰穰"[23]户口的迅速增长是肯定无疑的,可惜史料所载不多,今就所能见到的山东地区的营平壮侯赵充国、扶阳节侯韦贤两个侯国及山阳郡的情况作一具体分析,以便对西汉后期人口自然增长率作出估计。

据《汉书》卷 18《外戚恩泽侯表》所载,营平壮侯赵充国,封地在济南,本始元年(前 73 年)初封时户数是 1279 户。阳朔三年,侯岑嗣,十二年,元延三年(前 10 年),坐父钦诈以长安女子王君侠子为嗣免。当时有户 2944,中经 63 年,则平均每年人口自然增长率为 14‰;扶阳节侯韦贤,其封地在肖,本始三年(前 71 年)初封时户数为 711,元始中有户 1420,中经 75 年(按元始五年计算),其人口自然增长率为 9‰。山阳郡在宣帝年间的户口数,从山阳太守张敞的上书中有所反映:

> 久之勃海、胶东盗贼并起,敞上书自请治之曰:"……山阳郡户九万三千,口五十万以上,迄计盗贼未得者七十七人,它课诸事类略如此。臣敞愚驽,既无以佐思虑,久处闲郡,身逸乐而忘国事,非忠孝之节也。伏闻胶东、勃海左右郡岁数不登,盗贼并起,……臣敞不敢爱身避死,唯明诏之所处,愿尽力摧挫其暴虐,存抚其孤弱。事即有业,所至郡条奏其所由废及所以兴之状。"书奏,天子征敞,拜胶东相,赐黄金三十斤。[31]

由此可知,山阳郡在张敞上书时的户、口数分别为 93000 户、口 50 万以上。那么,张敞上书的时间究竟在哪一年呢?史书虽无明载,不过由"书奏,天子征敞,拜胶东相"一语可知上书定在他将离任山阳郡守、征拜胶东相之交。我们知道,宣帝即位以后,忌故昌邑王贺,于是于"元康二年遣使者赐山阳太守张敞玺书曰:'制诏山阳太守:其谨备盗贼,察往来过客,毋下所赐书!'敞于是条奏贺居处,著其废亡之效"[32]。这说明元康二年(前 64 年),张敞仍在山阳太守任上。据《汉书》卷 19《百官公卿表》载:元康三年(前 63 年)"守京兆尹颍川太守黄霸,数月还故官"。《汉书》卷 19《张敞传》亦言及此事,"是时颍川太守黄霸以治行第一人守京兆尹。霸视事数月,不称,罢归颍川。于是制诏御史:'其以胶东相敞守京兆尹'"。汉家官吏的试守制度为期一年,如果称职,便可即真。事隔一年,元康五年(即神爵元年,前 61 年)《汉书》卷 19《百官公卿表》明确载入:"胶东相张敞为京兆尹。"由此看来,张敞的上书定在元康二年(前 64 年)。而张敞上书中所言及山阳郡盗贼之状况,又正好与宣帝给张敞玺书中"令谨备盗贼"相符。那么元康二年(前 64 年)下距元始二年历时 65 年,山阳郡的户、口数分别由 93000 和 50 万以上后增至有户 172847;口 801288 人。[33]连王鸣盛《十七史商榷》也说:"即此可见元始比盛汉倍之。"这样,我们便可以计算出山阳郡的人口自然增长率是 7‰。

总之,西汉后期的人口增长率与西汉前期相比,更难以作出估计。书中所见仅有三例,两个侯国地区狭小,不能以偏概全,而且营平壮侯于公元前十年除国,不能反映除国之后到元始二年这十多年间人口变化的概貌。山阳郡虽然地处平原,颇有代表性,但劳干认为该地"灾荒频仍"[34]。根据对上述种种情况的分析,我们可以推测,西汉后期的人口自然增长率肯定不会赶上西汉前期的人口自然增长率12‰的水平,它可能会略高于7‰而低于10‰。

与拙作计算数值不同的是葛剑雄同志,他认为山阳郡的年平均人口自然增长率是在6‰以下⑤。从他的《西汉人口考》到《西汉人口地理》和《中国人口史》第1卷均持此观点,不过有所变化的是他对张敞上书年代的确定上前后不一。《西汉时期人口自然长增率年初探》经过一番考证把张敞上宣帝书定为元康二年(公元前64年),可以详见本书第一章第三节中的西汉后期的人口自然增长率,而《西汉人口考》把它定在元康元年(公元前65年)。

> 宣帝时太守张敞上书称有:户九万三千,口五十万以上。考张敞上书在地节四年(前66年)至元康二年(前64年)间,现以六五年计。至元始二年,山阳郡户172847,口801288。⑥

上文定为公元前65年(即元康元年)是十分明显的。事后《西汉人口考》可能觉察有误,在《西汉人口地理》中加以改正,这才改为元康二年(公元前64年)。

> 宣帝时,山阳太守张敞上书称该郡有"户九万三千,口五十万以上",本传未注明上书时间,但列于"大将军霍光薨"之后,肯定晚于地节二年(前68年)张敞上书后拜胶东相,而《汉书》卷63《武五子传》载"元康二年,遣使者赐山阳太守张敞玺书"一事,则更在此年之后,尔后敞又继黄霸为京兆尹,据《汉书》卷19《百官公卿表》,黄霸离任在元康三年,因此上书事可定在元康二年。⑦

既然把时间作了改动,那么山阳郡的人口自然增长率也应有所改动。为了保持原有的数据不动,《西汉人口地理》和《中国人口史》第1卷言:上书虽然在元康二年,但谈山阳郡的人口数字,是指的上一年的数字即元康元年(公元前65年)的数字:

> 按汉制,当年户口在八月统计,故张敞所说的户口数为上一年(元康元年,前65年)的可能性较大。至元始二年,山阳郡有户172824,口801288。⑧

其实这种可能性是根本不存在的。张敞上书中所说的数字就是元康二年即公元前64年的数字,而并非是葛文所说为上一年即元康元年公元前65年时的数字。葛剑雄同志所说的八月算人,统计户口是正确的,问题是张敞的上书是在岁末,属上计性质,在这里可引《中国人口史》第1卷第234页的一段话便可明了:

> 两汉县级行政长官的一项主要职责,就是"秋冬集课,上计于所属郡国"。据胡广的解释:"秋冬岁尽,各计县户口垦田,钱谷入出,盗贼多少。上其集簿。丞尉以下,岁诣郡,课校其功"。县令或县长不必亲自去所属郡国上报,而由县丞或县尉负责。在西汉时,郡守或国相每年底都亲自进京述职奏事,有时也亲自负责上计,但一般都另派郡丞或长吏。东汉起郡国"岁尽遣吏上计",改派郡掾

史充任。郡国也可以不拘原有职务,挑选适当人员,充当上计吏。上计的内容中
首项就是户口,其他的项目也都与户口多少有关。此外,还有当年案件的类型、
数量和处罚的人数。宗室的名籍则作为一项专门内容列入各地上计。

上述这段话说得很全面,特别是把上计的内容、上计的时间、上计的官吏说得都很清
楚,据此我们可判断张敞的上书是属上计性质。张敞上书的时间该是当年八月人口
统计之后而并非以前。更不是上一年度之数字,其理由是:

其一,张敞上书谈到本郡户口之数字,谈到盗贼的数字,说明是一篇上计报告。
上计是在年终进行的,此时该年度的人口统计早已完成。

其二,张敞上书中的"它课诸事亦略如此"这句话值得注意,这句话中出现了一
个"课"字,课就是考核,如当时所常说的"课殿最"就是排列名次,考核亦在年终
进行。

其三,《资治通鉴》卷25《汉纪十七》宣帝元康二年(前64年)条共记载了9件大
事,把皇帝赐太守张敞玺书列在最后。一是正月赦天下,二是立皇后,三是五月下诏
让受灾重的地区不交今年租,四是更讳"询",五是匈奴事,六是大臣魏相事,七是大
臣肖望之事,八是大臣张安世事,九是赐山阳太守玺书,防昌邑王贺,张敞上书事。编
年体的史书既然把张敞上书事排在最后,恐怕是年末之事,说得更确切点,是年末的
上计之事。据上几点可以判断,张敞上书中的山阳郡的人口数字不是上一年(元康
元年、公元前65年)的数字,似乎定为元康二年(公元前64年)的数字更为合适。

三、西汉时期江南一些地区的人口自然增长率

长江以南,南达珠江流域,在西汉时共有郡国近20个,今就长沙、桂阳、零陵、会
稽、丹阳和江北之广陵等地的情况言之于次。

首先来看长沙、桂阳、零陵三地区的情况。刘邦建汉之后,封赐功臣,原衡山王吴
芮被改封为长沙王,史载高祖诏书曰:"其以长沙、豫章、象郡、桂林、南海立番君芮为
长沙王。"㊵至于所封户数在《汉书》卷48《贾谊传》有所透露:"臣窃迹前事,大抵强者
先反。淮阴王楚最强,则最先反。韩信倚胡,则又反……长沙乃在二万五千户耳,功
少而最完。"由上得知,班固认为吴芮的封地是长沙、豫章、象郡、桂林、南海,而封户
为25000。笔者认为,这段记载除所封户数之外,关于长沙王的封地大小是颇有可疑
之处的。

就豫章郡而论,早在汉四年(前203年)高祖就封黥布为淮南王,"都六,九江、庐
江、衡山、豫章郡皆属焉"㊶。而且杨铸秋先生也认为豫章郡隶属淮南王:"汉灭羽,徙
芮长沙,以黥布为淮南王,王淮南、衡山、及江南之豫章庐江"㊷。显而易见,吴芮的实

际领地已五去其一。

　　再看象郡、桂林、南海三郡的领属问题。秦并天下,略定扬粤之后,置"桂林、南海、象郡"[42]。但到秦二世时天下大乱,南海尉任嚣在染病不起之时,召龙川令赵佗,要他趁机行事。所以秦已灭,佗即"击并桂林、象郡,自立为南粤武王"[43]。高祖初定天下,因为中国劳苦,"故释佗不诛。"[44]随后,"遣陆贾立佗为南粤王,与剖符通使……与长沙接境"。[45]由上可知,南海、象郡、桂林并非吴芮所有,直到武帝年间南粤才被平定,而在此之前,吴氏王侯早已灭绝。总之,对于长沙王、南粤王领地的大小范围,唯有注释家文颖的见解可信。《汉书》卷1《高帝纪》载高祖十二年诏书曰:

　　　　"南武侯织,亦粤之世也,立以为南海王"。文颖注曰:"高祖五年,以象郡、桂林、南海、长沙立吴芮为长沙王。象郡、桂林、南海属尉佗;佗未降,遥虚夺以封芮耳。后佗降汉,十一年,更立佗为南越王,自此王三郡。芮唯得长沙、桂阳、零陵耳。今复封织为南海王,复遥夺佗一郡,织未得王之。"("桂阳",《汉书》作"桂林",今从《通鉴》)

按照文颖的说法,吴芮的封地仅有长沙、桂阳、零陵三地罢了。据《汉书》卷28《地理志》可知:汉平帝元始二年,长沙、桂阳、零陵三地总共有户92681。而高祖五年吴芮初封时的户数是25000,历时204年,那么,该地区的人口自然增长率为7‰。

　　关于广陵、丹阳、会稽三地的情况比较复杂。早在高祖六年时"韩王信等奏请以故东阳郡、鄣郡、吴郡五十三县立刘贾为荆王"[46]。文颖注曰:"东阳,今下邳也。鄣郡,今丹(杨)[阳]也。吴郡,本会稽也。"韦昭曰:"鄣郡、今故鄣县也,后郡徙丹(杨)[阳]转以为县,故谓之故鄣也。"谭其骧先生认为西汉时的东阳郡就是广陵[47]。《汉书》卷28《地理志》:"广陵国,高帝六年属荆州,十一年更属吴,景帝四年更名江都,武帝元狩三年更名广陵。"根据这些记载我们明了,刘贾所占的封地,就是日后的广陵、会稽和丹阳三处。后来荆王刘贾被英布所杀,高祖欲再立藩辅,虑会稽轻悍,无壮王慎之,于是下诏曰:"吴,古之建国也。日者荆王兼有其地,今死亡后,朕欲复立吴王。"[48]随之,"乃立濞于沛为吴王,王三郡五十三城"[49]。是则刘濞之所封,原为贾本地也。广陵、丹阳、会稽三地在汉平帝元始二年(公元2年)时的总人口数为1578497人[50]。但史籍对荆王初封时的户口数缺乏记载,我们只能透过景帝年间七国之乱吴国的兵员状况,及武帝年间移民会稽等事实,试对该地区的人口自然增长率作出蠡测。前154年,实力雄厚的吴王刘濞首先发难,悉其士卒"下令国中曰:'寡人年六十二,身自将。少子年十四,亦为士卒先。诸年上与寡人同,下与少子等,皆发。'二十余万人"[51]。这20万人当为男子,如果未发的男子(老、弱)占吴国男子总数的三分之一的话,那么吴国的男子应在30万以上。如果女子在整个吴国人口中以对半来计算,那么吴国的人口应在 60 万以上。又据王鸣盛《十七史商榷》卷九载"元狩四年,徙关东贫民于陇西、北地、西河、上郡、会稽,凡七十二万五千口,会稽生齿之繁当始于此,约增十四万五千也"。估计武帝元狩年间,广陵、丹阳、会稽三地原有生齿数加移民数不会超过 90 万。元狩四年(前 119 年)下距元始二年(公元 2 年)为 120 年,而元始时三地户口上已明载为 1578497 人,由此可以计算出西汉时该地区的人口自然增长率是 5‰。

四、西汉时期宗室人口的自然增长率

西汉宗室人口自然增长率是一种特殊的现象,它大大高于同时期其他人口的自然增长率。《汉书》卷 12《平帝纪》五年诏书中云:"朕以皇帝幼年,且统国政,惟宗室子皆太祖高皇帝子孙及兄弟吴顷、楚元之后,汉元至今,十有余万人。虽有王侯之属,莫能相纠,或陷入刑罪,教训不至之咎也。"颜师古注曰:"吴顷谓高帝之兄仲也。初为代王,后废为合阳侯,而子濞封为吴王,故追谥仲为吴顷王。"楚元,就是楚元王交,字游,是"高祖同父少弟也"[52]。高祖刘邦兄弟 4 人,长兄伯[53],虽然早卒,但《汉书》卷 36《楚元王传》载,伯子在汉高祖七年被封为羹颉侯,也属宗室的后代。总之,西汉的宗室人口就是指高祖刘邦和刘邦的长兄伯、次兄吴顷王仲、弟楚元王交 4 家的后代。刘邦出生在公元前 247 年,他成年举行冠礼之时当在公元前 227 年,下距元始五年历时 232 年,当时刘邦并未发迹,他们兄弟 4 家以 8 人为计,历时取 230 年整数,史载元始时已繁衍了十余万口,那么西汉时期刘家宗室人口自然增长率当为 42‰。

五、关于三辅地区的人口自然增长率问题

关于三辅地区的人口增殖状况,颇为复杂,本人不敢涉及。而《人口考》[54]、《西汉人口地理》[55]及《中国人口史》[56]第 1 卷都论述了这一问题,而且内容字句都基本相同。总之,其观点是:从西汉惠帝三年(前 192 年)到平帝元始二年(公元 2 年)194 年间,年平均人口增长率为 8‰(《人口考》中的观点)和 8.5‰(《西汉人口地理》、《中国人口史》第 1 卷中的观点)也就是说在增长率的问题上,前后观点有修正。为了论述方便,我们在这里将《中国人口史》第 1 卷中之论述照抄如下:

三辅地区

《汉书》卷 2《惠帝纪》载:"三年春,发长安六百里内男女十四万六千人城长安,三十日罢。"五年"春正月,复发长安六百里内男女十四万五千人城长安,三十日罢"。汉六百里相当于今 200 余公里,考虑到征发劳役一般应按行政区划,当时的函谷关尚未东移,征发的范围当限于函谷关内的内史,即以后的京兆、左

冯翊、右扶风三辅加上弘农郡的弘农县西部分(包括弘农、上雒、商县三县)地区。这两次征发明确包括妇女,男女皆征十分罕见,其目的显然是为了尽快完工,同时也说明劳动力的紧缺。时间选在正月,属于农闲季节,每次三十天,时间不是很长,所以估计征发的面相当广,被征人数占总人口的比例很高。但长安是首都所在,宗室、贵族、大臣、列侯、豪强、富户集中,享受免役特权的人不在少数。惠帝三年六月,曾发诸侯王、列侯徒隶二万人城长安,可见仅诸侯王与列侯的徒隶就不下数万。据此,估计该地区当时的总人口为征发人数的 3 倍多,约 50 万人。

据《汉书》卷 28《地理志上》,元始二年该地区有:三辅 2436360 人;弘农郡 11 县,共 475954 人,平均每县 43269 人,弘农等三县以 129807 计。合计为 2566167 人。从惠帝三年(前 192 年)至元始二年,194 年间人口增加了 4.13 倍,年平均增长率约 8.5‰。

该地区开发较早,又是秦朝首都所在,原来人口并不少。秦始皇二十六年(前 221 年),徙天下豪富十二万户于咸阳,三十五年(前 212 年)又徙三万户丽邑,五万家云阳。即使迁入丽邑和云阳的 8 万户中的大部分是该地区内部的迁移,以每户 5 人计,外来移民数也在 60 万以上,而咸阳作为秦国和秦朝延续一百多年的首都,历年迁入的人口也不会少。但到西汉初却变成“实少人”,以致刘邦不得不从关东迁入十余万口,实在是由于秦汉之际的人口损失过于严重。项羽东归前,焚毁秦朝宫室,残破咸阳,使全城成为废墟,幸存的居民也基本外迁。豪富迁入咸阳本不得已,秦亡后必有相当多人乘机迁出。诸侯复国后,六国的公族旧臣必定会投向关东故国。而秦末关中的战事虽不如关东之烈,在刘、项之争中作为刘邦的根据地却有沉重的负担。如汉高祖二年(前 205 年)。“萧何发关中老弱未傅者悉诣军”。连老弱和未成年人都已征发,说明人力来源已近枯竭。自然灾害更促使人口外迁,同年“关中大饥,米斛万钱,人相食。令民就食蜀汉”。因此,尽管惠帝三年时已经增加了至少十多万外来移民,该地区的人口还是很少。此后,关东移民源源不断而来,而从三辅迁出的人口却很有限。三辅地区人口入大于出,所以其人口增长率中包含了机械增长的因素。该地区是政治中心和经济文化发达地区,一般会有较高的人口增长率。据此可以断言,在第一、二、三阶段中,全国的年平均增长率应低于三辅地区,即不足 8.5‰。

仔细推敲这段引文,可否得出如下认识:

葛文认为在惠帝三年(前 192 年)时,三辅地区的总人口为 50 万。《汉书》卷 28《地理志》上载平帝元始二年时该地区的人口数是 2566167 人。从惠帝三年到元始

二年历时 194 年,则该地区的人口增加了 4.13 倍,年平均增长率约为 8.5‰,其算术式应为:

$$50 \text{万} \times \left(1 + \frac{8.5}{1000}\right)^{194} = 2582825 \text{(人)}$$

从引文的最后一句话:"据此可以断言,在第一、二、三阶段中,全国的年平均增长率应低于三辅地区,即不足 8.5‰",可知这个 8.5‰ 指的是人口自然增长率,然而这个数字是错误的,是大大偏高的,因为它没有把西汉一代多次徙陵的人口扣除在外,或者说把这一因素考虑在内。因为西汉一代在不停地迁徙豪杰、大臣、高赀者实诸陵,所迁徙来的人口当然不属于自然增长,而且数量又很庞大,据有关资料统计约有 28 万之多,详见《西汉人口地理》第 160—161 页:

> 西汉一代正式的徙陵县是七次,其中高祖长陵估计即是安置高祖九年徙入的十万人中大部分人口,武帝茂陵前后徙了多次。此外,南陵未见专有徙户,云陵仅在三辅范围内徙入,奉明县称"益满",只是附迁徙入加上其自然增殖。而昌陵罢后,所徙民户多数返回故乡。
>
> 《关中记》云:"徙民置县者凡七,长陵、茂陵各万户,余五陵各五千户。"每帝徙陵县的规模大约是五千户,还可从下列几点得到证实:1. 成帝徙昌陵是五千户,陵县有一定规制,成帝不至于超过前代诸帝,但也不至太少。2.《关中记》载惠帝安陵徙户五千,正与昌陵数合,当非偶然。3. 昭帝母赵婕妤为追尊之太后,其云陵尚且徙户三千,则帝陵自应多于三千。
>
> 《元和郡县图志》卷一:"汉徙关东豪族以奉陵邑,长陵,茂陵各万户,其余五陵各千户。"千户数有误,五陵不可能比赵婕妤陵县徙户还少,也不会仅是长陵、茂陵之十分之一。"千户"前当有一"五"字。《太平寰宇记》卷 26 作"其余五陵各五百户","百"字当为"千"字之误。
>
> 当然各陵县实际人口不止五千户,因为各县多少有些原来的居民,还有从其他陵县徙入者,包括随时帝而徙的大臣家。陵县设置时间不一,即使以同样户数为起点,每年人口平均增长率相同,最终的人口数也是不相同的。
>
> 根据徙入年份、人口约数(每户以 4.5 人计)和人口年平均增长率(以略高于同期全国平均数的 9‰ 计),至西汉末年的元始二年,移民后裔的总数即可推算出来:(见表 13)

表 13　西汉徙陵县人口及其后裔统计表

次数	徙入时间（公元前）	徙入人口约数（万）	元始二年人口约数（万）
1	高祖九年（198）	10.00	60.01
2	惠帝七年（188）	2.25	12.35
3	文帝十年（170）	2.25	10.51
4	景帝六年（151）	2.25	8.86
5	武帝建元二年（138）	2.25	7.89
6	元朔二年（127）	2.25	7.15
7	太始二年（95）	2.70	6.44
8	宣帝本始二年（72）	2.25	4.37
9	元康二年（64）	2.25	4.06
合计		28.45	121.63

　　因此，西汉一代从关东徙入关中人口的累计数近三十万，而至西汉末年，在关中的关东移民后裔已有约 121 万 6 千，几乎占三辅人口的一半。由于居住集中，长安和陵县中移民后裔所占的比例更高。移民中贵族、豪强、地主多，附庸人口也多，所以每户徙入的实际人口可能不止 4.5 人，那么这项估计数字还是保守的。

　　考虑到高祖时的移民可能不止十万，而徙丰民一项又未计入，大致可以抵消文帝时及景帝初的迁出；其他时期的出入大致相当，则上述数字可以看做关中因移入人口而增加的人口总数。

显而易见，《西汉人口地理》也明明知道这是从外地迁入的人口，不属自然增长，那么就应当把这部分除掉，才能计算人口自然增长率，然而却并未如此做。

在这里，有必要把人口学上人口增长率和人口自然增长率这两个概念加以说明，问题就会迎刃而解。

　　人口的自然增长率是指人口的出生和死亡两下相较，所出现的增长或减少的趋势。而人口增长率，不但包括人口的自然增殖，而且还包括人口的机械变动在内，如人口的迁出或迁入，以及此地出现流民而在彼地着籍等。如果甲地的人移居乙地，对甲地来说，人口的增长率就会减少，而对乙地来说，人口的增长率就会上升，但就甲、乙两地的整体而言，人口呈静止状况，无增减变化。所以，我们只有排除人口的机械变动，才能看出其自然发展的趋势来。[57]

总而言之，人口的增长率和人口的自然增长率是两个不同的概念，考虑到三辅地区在几乎西汉一代，不停地实行强干弱枝政策，把富人、豪强、官吏……大量移入关中，仔

细推算和统计在 28 万口以上,这 28 万口又是在不同时期入住三辅的。《汉书》卷 28
《地理志》上三辅在元始二年(2 年)时,户口数字 2566167 也包括了这 28 万口及其繁
衍的后代,所以单从惠帝时的三辅人口 50 万和《汉书》卷 28《地理志》上元始二年(2
年)最后的人口 2566167 万这两个数字入手去计算其人口增长率为 8.5‰,但这个数
字并非是纯粹的人口自然增长率,应当剔除其移陵人口数后算出来的数值才是人口
自然增长率.恐怕真实三辅人口从惠帝到汉末的人口自然增长率要大大低于 8.5‰。
奇怪的是,这种算法明明知道有移民在内,其数字是不可靠的,但从《西汉人口考》中
原定的本来就高的 8‰,还继续增加,后来到《西汉人口地理》和《中国人口史》第 1 卷
中又升高为 8.5‰。

在这里还需要提及的是,从上述三部著作中很难查到有自然增长率的表述,几乎
都是提"人口增长率",而实际上葛著又将其当作人口自然增长率利用,两者混为一
谈,这是失误。

六、西汉时期人口自然增长率的特点

综观西汉时期的人口自然增长率,我们发现有如下几个特点:其一是宗室人口的
自然增长率高于非宗室人口的自然增长率;其二是西汉前期的人口自然增长率高于
西汉后期的人口自然增长率;其三是中原地区的人口自然增长率高于周边地区的人
口自然增长率。如果就个别郡来看,琅邪郡的侯国人口自然增长率也是相当高的。
为什么西汉时期的人口自然增长率会呈现出上述特点呢? 马克思主义认为,物质生
活资料的生产和再生产是人类赖以生存和繁衍的基础。因而,决定社会所能提供物
质生活资料的数量和质量的生产力发展水平和发展状况,在很大程度上促进或制约
着人类自身的生产和再生产。列宁指出:"人类的增殖条件直接决定于各种不同的
社会机体的结构"。[58] 所以研究人口规律,必须从一定社会生产方式出发,并把它们放
在生产力和生产关系、经济基础和上层建筑这一基本的运动中来分析。

西汉时期,宗室人口的自然增长率大大高于非宗室人口的自然增长率,其原因是
当时的生产关系和封建制度对宗室人口的繁衍十分有利。西汉时期的生产关系,是
以皇室贵族为最高统治者的剥削阶级几乎占有全部生产资料,奴役着千百万劳动群
众,掌握着产品分配的大权,他们拥有许多政治上和经济上的特权。就皇室来说,把
天下视为一宗一姓之产业,尽情挥霍,以盈其无穷之淫乐,自然不会像劳动人民那样,
因为生计所迫,有悲痛不愿举子的情形,更不会死于饥寒交迫的困境。就宗室来说皆
有封邑,汉初"藩国大者夸州兼郡,连城数十,宫室百官同制京师。"[59]文帝时虽采贾生
之议分齐、赵;景帝时用晁错之计削吴、楚;武帝时施主父之策下推恩之令,使诸侯得

分户邑以封子弟,藩国虽析,不与政事,但衣食租税之特权并无变更。直到哀、平时期,虽然苗裔疏远,但仍然"势与富室亡异"。⑥西汉之世,还专设宗正一官,管理宗室,其优厚与重视程度,远非一般朱门所能比拟。再者是帝王率多后、妃,《汉书》卷97《外戚传》云:"汉兴,因秦之称号,帝母称皇太后,祖母称太皇太后,适称皇后,妾皆称夫人。又有美人、良人、八子、七子、长使、少使之号焉。至武帝制倢伃、娙娥、傛华、充依,各有爵位,而元帝加昭仪之号,凡十四等云。"不但帝王如此,而宗室贵族的生活也是十分糜奢。所以贤良文学说:"古者夫妇之好,一男一女而成家室之道……今,诸侯百数,卿大夫十数,中者待御,富者盈室。"⑩这样一来自然会促使其人口的迅速增殖。上述诸点,都与封建的生产关系和剥削制度有关,正是这种罪恶制度的本身所造成的政治、经济特权,使得西汉时期的宗室人口,由最初的5家10人,历时230年,便繁衍了十余万口。

西汉前期的人口自然增长率高于后期的人口自然增长率,这是由于西汉前期,新的王朝刚刚建立,处于上升阶段,注意调整政策,采取释放奴婢、减免田租、招抚流亡、提倡节俭等项措施,使得当时的生产关系比较能够适应生产力的发展,凡此种种,因而促进了经济的迅速发展。史载,孝惠高后之时"黎民得离战国之苦,君臣俱欲休息乎无为,故惠帝垂拱,高后女主称制,政不出房户,天下晏然。刑罚罕用,罪人是希。民务稼穑,衣食滋殖。"⑫到武帝初年,"国家亡事,非遇水旱,则民人给家足,都鄙廪庾尽满。而府库余财,京师之钱累百巨万,贯朽而不可校。太仓之粟陈陈相因,充溢露积于外,腐败不可食。众庶街巷有马,仟伯之间成群,乘牸牝者摈而不得会聚。守闾阎者食粱肉;为吏者长子孙;居官者以为姓号。"⑬由此可见,当时的社会经济确实得到了迅速的发展。正是因为如此,西汉前期的人口自然增长率较高。西汉后期与西汉前期相比,人口自然增长率较低的原因,是因为这一时期的生产关系不能适应生产力的发展,成为生产发展的桎梏。作为生产力主体的人民群众,在当时"父子暴露中野,不避寒暑,捽草杷土,手足胼胝已奉谷租,又出稿税"。⑭处于"有七亡而无一得,有七死而无一生"的境地而受到了严重的摧残。⑮因而政治、经济各方面的危机不断加剧,于是,又需要经过打击才能前进一步,可以说这是中国封建社会中带有周期性的规律。而西汉前后期人口自然增长率的差异正是这一规律的正确反映。

西汉时期,中原地区的人口自然增长率高于周边地区的人口自然增长率,这同样与生产力的发展状况与发展水平有关。中原地区无论在农业方面,或者是在手工业和商业方面,都处于领先的地位,而周边地区则是远远不及的。从农业方面来说,这时的中原地区已广泛使用了牛耕和铁器,生产技术比较先进,水利事业也很发达,《汉书》卷29《沟洫志》所记载的水利工程多在中原地区。而周边地区以江南为例;

直到武帝时期还仍然处于"火耕水耨"[66]的落后状态之中,《盐铁论》卷1《通有》篇也述说西汉时期,荆扬地区是"伐木而树谷,燔莱而播粟"。有许多地方还不曾得到开发,处于沉睡当中。而且,"江南卑湿,丈夫多夭,"[67]不宜人生。所以当贾谊被选为长沙太傅之后就担忧寿命不长。直到元帝时期还是如此,长沙定王的后代因为所在封地"地势下湿,山林毒气",[68]上书以减少封户为条件要求迁居南阳郡,最后得到了元帝的允许。从手工业方面来看,据《汉书》卷28《地理志》所载,西汉时,全国设有工官的10处,设有铁官的46处均在长江以北地区;设有盐官的32处,而处于江南者仅有会稽、南海、苍梧三地罢了。正是由于这一地区的农业和手工业非常发达,因而促进了商业的繁荣,出现了诸如洛阳、邯郸等大的商业都市。同时这一地区相应地出现了一些活跃的商人,汉初刘邦集团中的灌婴、陈豨等也都为贾竖出身。就地域再远一点如东北、西北、西南等地来说虽然环境安逸,兵戈不及,但是社会发展十分缓慢,有些部族还处于原始社会和奴隶社会阶段,生产力十分低下,经济文化更不发达。正是因为如此,西汉周边地区的人口自然增长率与中原地区相比较慢。

琅邪郡就表中所见封国较多,其人口自然增长率的平均数值为19.6‰,究其原委仍与生产力发展水平有关。琅邪属于齐地,东临大海,经济发达。早在西周初年,太公就"劝以女工之业,通鱼盐之利,而人物辐凑。"[69]春秋时期,齐桓公"设轻重以富",并因此而"九合诸侯,一匡天下。"[70]齐地的丝织业相当发达,"织作冰纨绮绣纯丽之物,号为冠带衣履天下"[71]。秦始皇统一六国之言,曾三次出游到琅邪,其中有一次一连住了三个月了。正是因为该地经济发达,甚富而实,所以汉初刘邦下诏曰:"夫齐,东有琅邪、即墨之饶,南有泰山之固,西有浊河之限,北有勃海之利……非亲子弟,莫可使王齐者。"[72]后来封其儿子刘肥为齐王,王齐地。总之,琅邪地区封国人口自然增长率较高的主要原因,是由于当时该地区经济相当繁荣与发展。

七、生产力发展水平对人口生产的促进与制约关系

如上所述,在西汉封建社会里,生产力的发展水平和发展状况(生产关系对生产力的适应或桎梏与否),在很大程度上促进或制约着人口的再生产。然而,人口的增殖速度和人口的数量并不是可以毫无止境地增加,人口的数量和生产发展水平之间有一种内在的本质的联系,有一定的比例关系,也就是说,人口数量必须保持在生产力发展水平和当时的社会经济制度所能提供的物质资料多寡这一限度之内。如果人口数量过大,就会使社会生产力发展水平超越负荷,社会两大生产——物质资料的生产和人口的生产就不能协调平衡,这样一来,势必会产生人口压力,势必会对生产力的发展起阻碍和破坏作用。西汉中、后期的状况正是这样。

西汉时期,由于中原地区的生产力较周边地区发达,因而人口自然增长率的速度是十分惊人的。西汉前期,许多侯国人口的自然增长率竟高达20‰以上。到了西汉中、后期,黄河中、下游地区的人口密度大为增加,达到了饱和状态。据统计,关中和黄河中、下游地区,占全国土地面积的12%,而人口就占了68%以上[23],加上地主阶级的剥削,时而"出现了人口相对过剩"[24]。一提到过剩人口,有的同志认为,在资本主义社会,随着生产技术的提高,会产生人口过剩。而在前资本主义社会,生产力低下,地广人稀,自然资源丰富,不会产生过剩人口。其实不然,马克思对前资本主义社会的人口过剩问题早有论述。他指出:

> 在古代国家,在希腊和罗马……这两个国家的整个制度都是建立在人口的一定限度上,超过这个限度,古代的文明就有毁灭的危险……由于生产力不够发展,公民权要由一种不可违反的一定的数量对比关系来决定。也就是这种过剩人口对生产力的压力,迫使野蛮人从亚洲高原侵入古代世界各国。在这里,仍旧是同一个原因在起作用,虽然它的表现形式不同。为了继续作野蛮人,它们就只能有为数不多的人口,这是一些从事游牧、狩猎和战争部落,它们的生产方式使部落的每一个成员都需要有大片的土地,到现在,北美的印第安部落的情况也还是这样。这些部落的人口的增长,使它们彼此削减生产所必需的地盘。因此,过剩人口就不得不进行那种为古代和现代欧洲各民族的形成奠定基础的,充满危险的大迁徙。

同时还指出:

> 现在人口的过剩完全不是由于生产力的不足而造成的,相反,正是生产力的增长要求减少人口……现在,不是人口压迫生产力,而是生产力压迫人口[25]。

斯大林也指出:"人口增长对社会的发展有影响,它促进或者延缓社会的发展"[26]。由上述引文我们可以得出如下三点结论:其一是前资本主义社会依然有过剩人口的存在,不管是农业民族或游牧民族。其二是前资本主义社会的过剩人口是生产力的不足而造成的,不是由于生产力压迫人口,而是人口压迫生产力。其三是人口增长对社会的发展有促进或延缓的影响。根据马克思主义的原理,考察我国西汉中、后期黄河中、下游地区的人口过剩问题,确实存在着人口压迫生产力的状况,它延缓了社会经济的发展。自西汉以后,我国北方经济发展的速度落后于南方经济发展的速度。

首先,我们从南北户口的升降中可以看出南方经济的蓬勃发展,而北方经济的相对萧条。

州别	西汉户口数	东汉户口数	增减%
司　隶	6682602	3106161	减 54%
豫　州	7551734	6119139	″ 18%
冀　州	5177462	5931919	增 13%
兖　州	7877431	4052111	减 49%
青　州	4191341	3709803	″ 11%
徐　州	4633861	2791683	″ 40%

　　由上表可知,东汉时期,地处黄、淮流域的司隶、豫州、兖州、青州、徐州的人口数量与西汉时期相比均有大幅度下降。冀州人口虽略有增加,其原因是由于西汉时隶属于幽州的勃海郡,在东汉时期改属于冀州统辖,因而呈现出户口的增加。

　　我们再来看看两汉时期南方各州的户口的变化情况。

州别	西汉户口数	东汉户口数	增减%
荆　州	3597258	6265952	增 74%
扬　州	3206213	4338538	″ 35%
益　州	4784214	7241028	″ 51%
交　州	554981[⑦]	1114444	″ 108%

　　由上表可知,东汉时期南方各州的人口数量与西汉时期相比均有大幅度增长。

　　若以淮水和秦岭为界,据谭其骧先生估计,西汉时北部中国有口约 4320 万人,南部中国有口约 1446 人,北对南成三与一之比强。东汉时,北部人口约 2853 万,南部人口约 1937 万,北对南成六与五之比弱[⑧]。在一百多年间,我国南北人口比例关系的变化是巨大的,固然这时我国北方人口还居多数,但从这一变化中可以看到,南方经济的发展速度相对较快。

　　其次,江南经济的迅速发展,还表现在南粮北调的出现。一般说来,西汉时期,江南地区的粮食是不会运往北方的,可是到了东汉安帝永初元年(公元 107 年),"调扬州五郡租米(李贤注:五郡谓九江、丹阳、庐江、吴郡、豫章也。扬州领六郡,会稽最远,盖不调也。)赡给东郡、济阴、陈留、梁国、下邳、山阳"[⑨]诸郡饥民。安帝永初七年(公元 113 年),"调零陵、桂阳、丹阳、豫章、会稽租米,赈给南阳、广陵、下邳、彭城、山阳、庐江、九江饥民;又调滨水县谷输敖仓。(《东观记》曰:滨水县彭城、广阳、庐江、九江谷九十万斛,送敖仓。)"[⑩]南粮北调的出现,说明了江南农业经济的发展,起码说在个别时期粮食生产不但自给有余,并且还超过了北方。不然的话,封建政府决不至于舍近求远,从远至零陵、会稽等地,把粮食调进中原地区。

　　再次,东汉时期,江南的文化传播亦有迅速的发展。《汉书》中为之立传的荆、扬、益三州的人物仅有司马相如、扬雄、朱买臣等三十多人,而《后汉书》中为之立传的荆(不包括南阳郡)、扬、益三州的人物,有王充、蔡伦、郑弘等七十多人。由此可以看出,东汉时期文化的南播是十分迅速的,而文化的发展,又是以经济的发展为前提的。

　　最后,江南经济发展的速度相对较快,还表现在东汉末年三国鼎立局面的出现。魏、蜀、吴三国在长达几十年的时间内,鼎足而立,角逐不休,其因素固然很多,但经济实力的大小仍不失为最基本的因素之一。如果地处长江流域的孙、刘二家,没有一定的经济力量作为支柱,它决然不可能与北方的曹魏长期抗衡。

　　总之,从两汉时期,南北户口的消长,南粮北调的开始出现,江南文化的迅速传播和三国鼎立局面的形成,我们可以清楚地看到,自西汉以后,北方经济发展的速度相对缓慢而南方经济发展的迅速蓬勃。所以谭其骧先生指出:"自汉至晋,黄河下游日就衰落,齐鲁、陈、蔡之盛已渐成陈迹矣。"[81]史念海先生也指出:"东汉之时,黄河流域已不若长江流域之繁华,而长江流域又不得珠江流域发达矣。"[82]这里,纵然有些说法未免过于夸张,但起码可以说,自西汉以后,我国南方经济发展的速度高于北方经济发展的速度。

　　现在我们来推求南北经济发展速度一快一慢的原因。

　　一般人认为,这是由于战乱所造成的。也就是说,两汉之际,中原大乱,人民不能安居乐业,还多所死亡,而南方社会安逸,兵戈不及,故人民相率南迁。顾颉刚先生的见解却与此不同。他认为战乱不是唯一的原因,中国文化渐次南移,"由河而淮,由淮而江,是一种自然的趋势,我们不能把五胡乱华作开发江南的唯一原因。"[83]同样,我们也认为,战乱固然是其原因之一,但并非是根本的原因,在秦汉乃至以前的中国历史上,战争是十并频繁的,为何以往的战争却未能促使这种局面出现呢?

　　从公元前 770 年到公元前 221 年,在长达五百多年间,春秋时期的称霸战争,战国时期的兼并战争,大都是在黄河中、下游地区展开的,真可以说杀人盈野,杀人盈城,而这块古战场非但没有荒凉下来,反而人口的密度、经济的发展有增无减。孟子言齐:"鸡鸣狗吠相闻,而达乎四境"[84]。而魏国的情况则更甚于此,"田舍庐庑之数,曾无所刍牧。人民之众,车马之多,日夜行不绝,辚辚殷殷若有三军之众。"[85]在此之前,"城虽大,无过三百丈者,人虽众无过三千家者。"到战国时代已是"今千丈之城,万家之邑相望也"[86]。而且城市的规模也是相当大的,齐国的临菑有七万户人家,韩国宜阳的户口也是相当的殷盛。

　　如果单单强调两汉之际的战争是造成南北经济发展一快一慢的根本原因,那么类似这样的情形,早在二百多年前发生于秦汉之际的战争何以不会导致这种状况的及早出现呢？秦始皇在统一六国战争中，单单长平一战就坑杀了赵国降卒40万，而赵国所剩下的大都是"孤未壮"的儿童。在这次战争中，秦国把十五岁以上男子都驱上了战场，其伤亡程度也超过了半数以上。统一六国以后，秦王朝在短短15年的残暴统治中，发30万人筑长城，50万人戍五岭，70万人修坟墓，"力役三十倍于古，田租口赋，盐铁之利二十倍于古……故贫民常衣牛马之衣，而食犬彘之食。重以贪暴之吏，刑戮妄加，民愁亡聊，亡逃山林，转为盗贼，赭衣半道，断狱以千万数"。[87]对生产力的破坏和摧残不谓不严重。紧接着，在此基础上又展开了秦汉之际的战争，巨鹿一战，坑杀章邯降卒20万。彭城一战，濉水为之不流。刘、项之间大战七十、小战四十都是在中原地区展开的。在这种旷日持久地摧残之下，战争结束之后，随之而来的是饥馑，"凡米石五千，人相食，死者过半"。[88]总之，这样的破坏，无论从战争持续的时间或从战争残酷的程度上讲都远远超过了两汉之际的情况。可是西汉时期，北方经济的发展仍未萧条，而是蓬勃向上，当时长江和珠江流域的许多地区却仍在沉睡之中。由此可以看出，战争并不是南北经济发展速度明显涨落的内在原因。

　　两汉时期，南、北经济发展速度一快一慢的内在原因是什么呢？

　　就南方来说，经济迅速发展的内在原因。当然与当时生产力的发展，铁器牛耕的推广，及统治阶级力量薄弱，人民所受封建束缚相对较轻，易于从事生产有关。但就北方来说，经济发展缓慢的诸原因当中，过剩人口对生产力的压迫作用是不可忽视的。西汉后期，全国人口数量已达历史上的空前水平，接近6000万，约占当时世界总人口的四分之一弱[89]，特别是黄河中、下游地区，人口的增加更为迅速；已达到了4000万人，产生了人满之患，它超越了当时生产力发展水平和发展状况的负荷，因而便出现了生产资料不足相供等一系列现象。

　　生产资料不足相供的现象表现在西汉中、后期，黄河中下游地区按人口平均所占耕地面积不断减少，流民数量激增。当然，形成这种局面的基本原因，一方面与地主阶级疯狂进行土地兼并有关；另一方面，因为人口的大量增加，并由此所引起的土地不足相供的现象也是客观存在的。西汉的时候，土地不足相供，劳动人民与基本生产资料——土地相分离的现象并不突出。《汉书》卷4《文帝纪》的诏令中说："度田非益寡，而计民未加益，以口量地，其于古犹有余。"到了景帝时期，由于经过几十年的休养生息，人口大量增加，土地不足相供的现象在个别地区已有苗头。如在湖北江陵出土的竹简中发现有《郑里廪簿》，郑里是江陵的一个里，时间是在景帝初年，内容是说官府向这个里中的25户农民发放赈廪的记录。这25户人家有105人，共种田617亩，每个人平均不到6亩，不但少于汉代人平均耕地面积14亩的标准[90]，也赶不上文帝时5口之家耕田百亩的数量，由此不难想到土狭人众的黄河中、下游地区将更为严重。正是因为如此,景帝就下诏:"郡国或硗狭、无所农桑繁畜;或地饶广、荐草莽、水泉利,而不得徙。其议民欲徙宽大地者,听之。"[91]武帝之后,这种局面渐次形成,元狩四年(前119年)冬,不得不徙关东贫民于"陇西、北地、西河、上郡、会稽凡七十二万五千口"[92]。直到东汉时期,黄河中、下游地区的人口与西汉时期相比虽有较大幅度的下降,但王符还谓:"中州内郡,规地拓境,不能半边,而户口百万,田亩一全(应作"金")。人众地荒(应作"狭"),无所容足。此亦偏枯整痹之类也。"[93]李剑农先生对这种人满之患的局面,不仅给予肯定,而且还对它的形成原因作了论述。他指出:

> 前汉历惠、文、景、武之世,土地不敷分配之现象渐次形成,至昭、宣、元、成之世则益趋严重。惟此所谓不敷者,非但因分配不均,土地集中于少数人之手,且因人口增加,已垦之熟地日少,虽欲为佃农而无地可假,欲为雇农而无主可投。江南岸之丘陵薮谷,可资垦辟者虽尚不少,然罕有人谋及,盖贫民既无资力,习性亦安土重迁,地主富豪则既获取优饶之地位,安坐享乐,更无远涉荒僻之必要,故社会情势遂以日趋严重。[94]

统治阶级面对这种局面,不得不采取一些救急的措施,首先是如前所述的移民办法。其次是限制豪强大家多占田地,诸如武帝时董仲舒提出"限民名田,以澹不足……薄赋敛,省徭役,以宽民力。"[95]再次是统治阶级罢苑囿、池禦、江海、陂湖、郡国公田假与贫民。见于史书记载的有武帝建元元年(前140年),昭帝元凤三年(前78年),宣帝地节元年(前69年)、三年(前67年),元帝初元元年(前48年)三月、元年四月,初元二年(前47年),永光元年(前43年),哀帝建平元年(前6年),平帝元始二年(公元2年)等。企图以此来解决这一严重的社会矛盾,但这也是徒劳的,无济于事。所以西汉中、后期,黄河中下游地区流民数量激增,"元封四年中,关东流民二百万口,无名数者四十万"[96]。这样大规模的人口流亡在元狩四年(前119年)也发生过。元帝时,"元元大困,流散道路"[97]。成帝时"流散冗食,馁死于道,以百万数"[98]。真是令人目不忍睹。

生活资料不足相供的现象表现在西汉中、后期,特别是黄河中下游地区,人们所赖以存在的生活资料难以赡给,饥馑不断。这种局面的形成,除了因为地主阶级的残酷剥削这一基本原因之外,而过剩人口对生产力的压迫作用仍是不可忽视的。据《盐铁论》载,因为人口数量过大,生活资料供不应求的现象早在昭帝的时候已相当严重了。无论是御史,抑或是贤良文学都是异口同声地承认了这种现实,并为之担忧:"内郡人众,水泉荐草不能相赡,地势温湿,不宜牛马。民跖耒而耕,负檐而行,劳罢而寡功,是以百姓贫苦而衣食不足。"[99]"三辅迫近山河,地狭人众,四方并臻,粟米薪菜,不能相赡"[100]。到了东汉时期,青、齐、兖、冀的人口虽有大幅度下降,但崔实还谓该地"人稠土狭,不足相供"。[100]生活资料,是人们所赖以维持生命的基本要素,如果粟米不足,薪菜难赡,百姓贫困,衣食不足,稍遇季节不适,就会出现赤地千里,哀鸿遍野的惨景。在生产力十分低下的古代社会,人们对大自然的袭击其抗拒能力固然是有限的,然而对饥馑也不是说就完全不可避免。晁错说得好:"尧、禹有九年之水,汤有七年之旱,而国无捐瘠者,以畜积多而备先具也。"[102]所以西汉前期很注意而且也有条件储粮备荒,采取入粟拜爵等项措施,当有数年积畜之后,就下诏免除人民的租税。晁错认为,这样作的结果,即让遇到水旱军役,则"民不困乏,天下安宁"[103],事实也正是如此。可是,西汉中后期,黄河中下游地区人口数量过大,平时年景粟米薪菜尚且不能相赡,更谈不上有所积畜,所以每遇天灾便无法补救,只有死路一条。武帝元鼎二年(前115年)因水灾"关东饥死者以千数。"[104]元鼎三年因冰雹成灾"关东郡国十余饥,人相食。"[105]元帝初元元年(前48年)"关东郡国十一大水,饥,或人相食。"[106]初元二年,"关东饥,齐地人相食。"[107]真是不胜悲惨。

众所周知,劳动人民是生产力的主体,是生产力的主观要素,如果他们衣食不赡,生活无着,如果他们与最基本的生产资料土地相分离,这对生产力的发展来说无疑是一个很大的破坏,那么就势必会阻碍和延缓社会经济的发展。而东汉时期,黄河中、下游地区,经济发展相对缓慢的原因恐怕也是与此有关的。

一般说来,人口的增殖要受到婚姻状况、意识形态、地理环境、分配形式等多种因素的影响,但最根本的还是要受到生产力发展水平和发展状况(即生产关系生产力的适应或桎梏与否)的影响,它在很大程度上促进或制约着人口的生产和再生产。但是人口的增殖速度并不是可以毫无限制的增长,人口的数量也并不是可以毫无限制的增加,它与生产力发展水平和发展状况之间有一种内在的本质的联系,有一定的比例关系。如果人口增殖速度过高,数量过大,就会破坏这个比例关系,就会使社会生产力发展水平超越负荷,便会产生人口对生产力的压迫作用,就会延缓社会经济的发展。可是由于时代的局限性,在中国封建社会里,生产力的发展和人口的发展,始终都是在无计划地自发地进行调节,而不能做到有计划地自觉地调整。只有到了近代,恩格斯指出了对物的生产和对人的生产双双进行自觉调整,使其互相适应的可能性是存在的,他说:

　　　　人类的数量增多到必须为其增长规定一个限度的这种抽象可能性当然是存在的。但是,如果说共产主义社会在将来某个时候不得不像已经对物的生产进行调整那样,同时也对人的生产进行调整,那么,正是那个社会才能毫无困难地作到这点。[108]

第五节　汉武帝年间的人口及有关问题

一、汉武帝年间人口问题辨析的来龙去脉

1981 年 6 月笔者发表于《史学月刊》第 3 期的《西汉时期人口自然增长率初探》一文认为汉武帝末年的户口是并非减半,与传统的说法不同今将原文抄录如下:

> 总之,武帝末年的人口并非减半,它的数量约在 3000 万以内。我们不排除武帝末年个别地区的人口减员现象和一些地区的人口可能徘徊在景武之际的水准上,同时也不得不承认,正是在武帝的用兵年间,一些地区的人口仍有增长。⑩

汉武帝末年人口并非减半的观点,一经提出,当时社会上并非没有共鸣者,葛剑雄便是其中之一,他的《西汉人口考》云:

> 由此可见,第二阶段虽不一定达到户口减半的程度,但人口较前大幅度减少,则是确定无疑的。⑪

文中的"第二阶段"就是指汉武帝年间,可见当时《西汉人口考》也是不赞成汉武末年"户口减半"说的。时隔两年,在没有先作任何自我否定之前,把批判的矛头指向了别人,发表了《汉武帝时"户口减半"考实》⑫(以下简称《考实》)提出与袁祖亮商榷,认为汉武帝末年人口减半是基本正确的。《考实》云:

> 《昭帝纪》赞曰:"承孝武奢侈余敝,师旅之后,海内虚耗,户口减半。"《汉书·五行志》亦称武帝时"师出三十余年,天下户口减半"。这些记载同样应该是基本正确的。

这说明葛同志的观点与两年前相比,来了个大转变。《昭帝纪》赞及《五行志》的说法是否正确,后面我们会予以辨析。在这里需要特别指出的是,《考实》把我上面的那段话,不是全文引用,说袁文认为武帝末年的人口并非减半,且有增加。如《考实》云:

> 在我国封建社会中,人口多次出现大起大落的变化。即使在同一朝代之内,人口数也可能有剧烈变动。但由于史籍记载过于简略,又缺乏其他参考数据,加上封建时代户籍制度的弊病造成的虚假失实,使这些变化的真实情况难于稽考,汉武帝时"户口减半"的记载即是一例。
>
> 袁祖亮同志在《西汉时期人口自然增长率初探》一文中认为,"武帝末年的人口并非减半",且有所有增加,笔者不敢苟同。现拟将汉武帝时期的人口变化

事实作一考订,以就正于袁同志及史学界。⑫
引文显然不全。1985 年发于《学术月刊》第 4 期的《再论汉武帝末年人口并非减半——兼与葛剑雄同志商榷》的文章,不但论述了汉武帝末年人口并非减半的理由并对武帝末年的人口作了十分明确的推测:

> ……从上述二三部分可知,武帝前期的人口最高数字为 3400 万,武帝末年的人口数据为 3000 万,实际只减少了 400 来万,也即只减少了 11.7%,因此不能称为"户口减半"⑬。

然而,1986 年出版的《西汉人口地理》、出版于 2002 年的《中国人口史》第 1 卷,仍然说袁文不但认为汉武帝末年人口并非减半且有所增加。⑭所以在这里不得不再予提出,建议最好完整引文,因为完整引文才能真正体现别人的原意。

二、汉武帝年间人口并非减半考证

(一)三点疑问

在研讨汉武帝末年人口是否减半之际,首先要涉及葛剑雄的《西汉人口考》(以下简称《人口考》)和《汉武帝时"户口减半"考实》(以下简称《考实》)两篇文章和《西汉人口地理》、《中国人口史》第 1 卷这两部著作,其中有许多地方令人疑窦丛生。

第一,《考实》、《西汉人口地理》、《中国人口史》第 1 卷,认为武帝年间的户口减半是"毫不奇怪的",其原因是由于当时人口统计中的"虚假失实"造成的。据《考实》言,武帝年间的最高人口数字虽为 3600 万,但因武亏好大喜功,下面官员虚报严重,累年虚报的结果,武帝末年户口册子上会呈现出 4000 万的记录。再加上昭帝初年核实户口,虽然人口实数为 3200 万,但因流民很多,户口册子上所登记的人口仅有 2000 多万,因而武帝年间的户口减半"是毫不奇怪的"。简言之,《考实》认为武帝和昭帝之际有 1000 万左右的人口不曾着籍,属于流民。那么,《考实》中的这一"虚假失实"的理论是否是正确的呢? 必须加以验证,方能得出正确的结论。以《人口考》为例,该文所解决的问题是西晋皇甫谧关于西汉初年人口为 600 万的旧说,葛同志求出西汉初年的人口实数为 1500 万,指出"历来汉初六百万人口的说法应予否定"。可是,如果运用"虚假失实"的理论去解释,旧说便能够成立。因为,既然《考实》认为武帝末年的流民竟高达 1000 万,而秦汉之际的流民何尝不会高达 1000 万,更何况秦汉之际的社会动荡程度远非武帝末年的情况所能比拟。如果西汉初年存在着 1000 万左右不着籍的流民,那么汉初人口实数虽为 1500 万,而当时着籍者仅有 600 万不是也可以说得通吗? 这样一来,皇甫谧西汉初年人口为 600 万之说岂不也成了"毫不奇怪"的事情了? 而《人口考》中所破之 600 万旧说的种种努力岂不无法立足? 总之,西汉初年人口为 600 万之说刚刚被《人口考》所推翻,而瞬息间却又被《考实》中的"虚假失实"的理论所扶正,出现了顾此失彼、自相矛盾的局面。

第二,《人口考》对西汉时期三个阶段的人口发展状况作了具体的分析和说明。认为第一阶段(西汉前期,共 65 年)年平均人口自然增长率为 10‰;第二阶段(武帝时期,共 54 年)由于战争的影响,人口"大幅度减少";第三阶段(西汉后期,共 68 年)年平均人口自然增长率为 6‰,并断言整个西汉一代(共 207 年)的年平均人口自然增长率为 7‰。仔细推敲,这些数值中间存在着不易克服的矛盾。如果我们设武帝时期的年平均人口自然增长率为 x,则利用一简单算式就会求出 x = 5‰[13]。

$$\begin{smallmatrix}\text{第一阶段的年平均}\\\text{人口自然增长率}\end{smallmatrix} \times \begin{smallmatrix}\text{第一阶}\\\text{段时间}\end{smallmatrix} + \begin{smallmatrix}\text{第二阶段年平均}\\\text{人口自然增长率}\end{smallmatrix} \times \begin{smallmatrix}\text{第二阶}\\\text{段时间}\end{smallmatrix} + \begin{smallmatrix}\text{第三阶段年平均}\\\text{人口自然增长率}\end{smallmatrix} \times \begin{smallmatrix}\text{第三阶}\\\text{段时间}\end{smallmatrix}$$

$$= \begin{smallmatrix}\text{西汉一代的年平均}\\\text{人口自然增长率}\end{smallmatrix} \times \begin{smallmatrix}\text{西汉一代}\\\text{的时间}\end{smallmatrix},$$

即 $10‰ \times 65 + X \times 54 + 6‰ \times 68 = 7‰ \times 207$。

也就是说,武帝年间的人口还要以每年 5‰ 的速度向上增长。若以《考实》所言武帝元光二年的人口为 3600 万,照上述速度增长,47 年之后,即武帝末年全国人口可达 4551 万[14],比武帝初年(以元光二年计)的人口增加了近 1000 万,那么第二阶段的人口何以会出现"大幅度减少呢"?

第三,《考实》为了论证其武帝年间"户口减半"是正确的,特地把武帝在位的 54 年间的人口发展状况分为三个阶段加以详细说明:

　　"结果是在武帝 54 年间,人口能保持正常增长的仅 6 年,人口增长率低于正常数的有 21 年,而人口增长为零或负数的有 27 年。"

并且认为"正常年份的增长率以 7‰ 计"。

今把武帝期间人口增减年份统计照录如下:

年 代		正常增长 (7‰)	低于正常增长	零增长或 负增长
纪年	公元前			
建元 1	140	√		
2	139	√		
3	138		√	
4	137		√	
5	136			√
6	135	√		
元光 1	134	√		
2	133		√	
3	132			√

续表

年　代		正常增长	低于正常增长	零增长或
纪年	公元前	（7‰）		负增长
4	131	√		
5	130			√
6	129			√
元朔1	128		√	
2	127		√	
3	126	√		
4	125	√		
5	124			√
6	123			√
元狩1	122			√
2	121		√	
3	120			√
4	119			√
5	118		√	
6	117			√
元鼎1	116			√
2	115			√
3	114			√
4	113		√	
5	112		√	
6	111			√
元封1	110		√	
2	109			√
3	108		√	
4	107			√
5	106		√	
6	105			√
太初1	104			√
2	103			√
3	102			√
4	101		√	
天汉1	100		√	
2	99			√
3	98			√
4	97			√
太始1	96		√	

续表

年　代		正常增长	低于正常增长	零增长或
纪年	公元前	（7‰）		负增长
2	95	√		
3	94	√		
4	93	√		
征和 1	92			√
2	91			√
3	90			√
4	89		√	
后元 1	88		√	
2	87		√	
合计年数		7	21	26

　　如果我们没有误解葛文原意的话,是否可以这样说:在武帝年间,有 6 年的时间,人口能以每年 7‰的速度增长;有 21 年的时间,人口在 7‰以下,但在零以上的速度增长,据此可以算出这 21 年的年平均人口自然增长率为 3.5‰;有 27 年的时间人口由零增长到负增长,且《考实》言武帝后元二年(前 87 年)时的人口为 3200 万,据此可以算出这 27 年间人口的自然增长率为负 5.36‰[117]。那么,西汉一代的年平均人口自然增长率应为 5.549‰,而不是 7‰[118]。

$$\left[\left(\frac{西汉前期年平均}{人口自然增长率}\times\frac{西汉前期}{的时间}+\frac{武帝初年的年平均}{人口自然增长率}\times\frac{武帝初年}{经历时间}+\right.\right.$$
$$\left.\frac{武帝后若干年的年}{平均人口自然增长率}\times\frac{武帝后若干}{年的时间}+\frac{西汉后期的年平均}{人口自然增长率}\times\frac{西汉后期}{经历时间}\right)\div$$
$$\left.\frac{西汉一代的}{时间}=\frac{西汉一代年平均}{人口自然增长率}\right]$$

由 5.549‰所推定的西汉初年的人口应为 1895 万,而不是 1500 万[119]。武帝元光年间的人口应为 3802 万,而不是 3200 万—3600 万[120]。武帝末年的人口可达 3538 万,而不是 3200 万[121]。

　　从上所述可以看到,《人口考》和《考实》本身存在着无法克服的矛盾,其原因就在于葛同志的西汉前期、西汉后期的年平均人口自然增长率的数值(10‰,6‰)都是不当的。而西汉一代的年平均人口自然增长率(7‰),其结论又与表述之间相违背。结果牵一发而动全身,由这三个自然增长率所规定的西汉初年、武帝元光年间及武帝后元二年(前 87 年)的三个人口数据就会引起连锁反应,随之也应全部推翻。

　　既然葛文存在着许多疑点和矛盾,特别是在武帝年间人口的增与减上,自身说法飘忽不定，尚且不能统一，更不要说进一步去论证是否减半了。笔者仍然认为，汉武帝末年的人口并非减半，并试作分析如下。

（二）武帝前期的人口数量问题

关于武帝前期的人口数据，文献缺载，但也不是不可寻绎。如果我们能够计算出西汉初年的人口数据和西汉前期的年平均人口自然增长率，就可以推算出武帝初年的人口数据来，进而估计出武帝前期的人口数据。

关于西汉初年的人口数量，承西晋皇甫谧的 600 万之说以后[12]，杜佑的《通典》、马端临之《文献通考》、梁启超之《饮冰室文集》、范文澜先生之《中国通史简编》均持此说。笔者在习作《初探》的过程中，也曾注意到西汉初年人口 600 万之说是大有问题的，只是由于当时侧重面不同，不得不另立新篇。但绝非《考实》所理解的那样：《初探》采用了皇甫谧的说法把西汉初年的人口"定为六百万"[13]。既然葛同志今日提出这一问题，那么笔者只好抛砖引玉了。

西汉初年人口为 600 万之说固然是可疑的，而《人口考》在破旧立新时缺乏扎实的事实根据，本书认为西汉初年的人口有 1400 万，详见本书第一章第二节的考证内容，这里不再重复论证。

与此相反，《人口考》认为西汉初年的人口为 1500 万—1800 万，《考实》对此又加以补充，认为这一数字是下限，即不能低于 1500 万，修正后的汉初人口为 1700 万。西汉前期的年平均人口自然增长率葛文估计为 10‰，并且认为到武帝元光二年（前 133 年），全国人口还增加不到一倍，即 3200 万。《考实》的这种说法与班固所述之情况是不相符合的。《汉书》卷 16《高惠高后文功臣表》序云：

故逮文、景四五世间，流民既归，户口亦息，列侯大者至三四万户，小国自倍。

也就是说，在文帝和景帝之际，列侯的户数就增长了一倍。至于全国户口的增倍时间，也应基本上与列侯的情况相一致，估计不会相差太远。但据《考实》的推算，全国人口的增倍时间却在汉武帝元光二年以后，竟推迟了 23 年之久。原因在于葛文对西汉初年的人口数和西汉前期年平均人口自然增长率的古计都是不当的。

《西汉时期人口自然增长率初探》认为，西汉前期年平均人口自然增长率为 12‰，西汉初年的人口为 1400 万，文、景之际全国人口已达 2500 多万；景、武之际已达 3000 多万；在武帝前期可能出现 3400 多万的人口高峰，此后便开始下跌。

（三）武帝末年的人口数量问题

《汉书》卷 28《地理志》载平帝元始二年（2 年）全国有户 12233062，有口 59594978 人，这一数据中外史家都公认比较真实和可靠。如果我们现在能找出第三个条件，即如能找出昭、宣、元、成、哀、平时期的年平均人口自然增长率，就不难推算

出武帝末年的人口数据。在现存的史籍中,可以反映昭、宣、元、成、哀、平时期的人口自然增长率的史料大致有以下几处:

其一,营平壮侯,封地在济南,本始元年(前73年)初封时户数是1279,元延三年(前10年)因罪免,免时有户2944,中经63年,据此可以算出其年平均人口自然增长率为14‰[124]。

其二,扶阳节侯,封地在萧,本始三年(前71年)初封时户数是711,元始中(按元始五年计算)有户1420。中经75年,据此可以算出其年平均人口自然增长率为9‰[125]。

其三,山阳郡,元康二年(前64年)时有户93000,有口500000以上[126]。平帝元始二年(2年)有户172847,有口801288[127]。中经65年,由此可以算出其年平均人口自然增长率为7‰[128]。

其四,真定国,元鼎四年(前113年)初封时户数为30000[129],至元始二年(2年)有户37126[130]。

其五,泗水国,元鼎五年(前113年)初封时户数为30000[131],元始二年有户25025[132]。

关于昭、宣、元、成、哀、平时期的年平均人口自然增长率的估计,《初探》仅采用了前三个史料,而后两个史料未被提及。《考实》对此提出了质问,其原因还得从人口增长率和人口自然增长率这两个不同的概念说起,弄清了概念,问题就会迎刃而解。人口的自然增长率是指人口的出生和死亡两下相较所出现的增长或减少的趋势。而人口增长率不但包括人口的自然增殖,而且还包括人口的机械变动在内,如人口的迁出或迁入,以及此地出现流民而在彼地着籍等。如果甲地的人移居乙地,对甲地来说,人口的增长率就减少,而对乙地来说,人口的增长率就会上升,但就甲、乙二地的整体而言,人口呈静止状况,无增减变化。所以,我们只有排除人口的机械变动,才能看出其自然发展的趋势来。总而言之,人口的增长率和人口的自然增长率是两个不同的概念,考虑到真定国和泗水国的初封时间都是在元鼎四年(前113年),延及武帝时期有24年之久。武帝从元光年间起不断用兵,加上天灾,流民四起,地区之间的人口机械变动很大。如元封四年(前107年)时“关东流民二百万口,无名数者四十万”[133],很难排除真定国、泗水国不受波及。如果出现大量的人口机械变动,单从初封户数和元始二年时的户数中所计算出的增长率,很难肯定是属于人口自然增长率,更何况这两个诸侯王国的封域后来亦有变化[134]。不知《人口考》何以不考虑这些重要因素,大胆采用,而《初探》却未敢苟同。再者,我们需要的是昭、宣、元、成、哀、平时期的人口自然增长率,真定国、泗水国的初封时间延及武帝年间时间较长,所以舍此不用。相比较而言,武帝以后,社会又趋于安定,地区间人口机械变动的成分较武帝年间小,且前三个史料不延及武帝年间,《初探》便以此为根据估计出西汉后期的人口自然增长率为8‰。有了这个条件,我们便可以从元始二年时全国的人口数五千九百多万中,推算出武帝末年的人口数量约为3000万[⑱]。

从上述二三部分可知,武帝前期的人口最高数字为3400万,武帝末年的人口数据为3000万,实际只减少了四百来万,亦即只减少了11.76%,因此不能称为"户口减半"。

(四)关于武帝年间的人口虚假失实问题

前已述及,《考实》为了论证武帝年间的"户口减半"是正确的,提出了一个人口统计中的虚假失实问题。且用"虚假失实"的理论去解释文献上的记载,认为"这些记载同样应该是基本正确的"(指"户口减半"的记载)。固然人口统计中的虚假失实问题,是历史上各个朝代都不同程度存在的问题,但问题的实质是,虚报的东西、不能核实的东西,统统都是假的,既然不符合客观实际,就不能说"这些记载同样应该是基本正确的"。再者,《考实》还言及夏侯胜谓武帝末年"百姓流离,物故者半"时,认为他是在宣帝及众大臣面前讲话,"决不会脱离事实胡说八道,而且如他讲的情况稍有不实,必定就受到别人驳斥"。其实夏侯胜之"物故者半"就是明显的不实,因为颜师古释"物故"为"死也"[⑲],难道武帝末年与武帝前期相比人口果真就死了一半吗?确实如此的话,那么"户口减半"就是实实在在的了,就不是属于人口统计中虚假失实造成的。既然不属于虚假失实造成的,那么,《考实》中"虚假失实"的理论岂不压根就无法存在了?

问题还不仅止于此,《考实》还为"虚假失实"的理论找了几条根据,而这些根据也是不能成立的,现逐条分析于下。

其一,《考实》引《盐铁论·未通篇》来说明当时虚报严重:

> 大抵逋流皆在大家,吏正畏惮,不敢笃责,刻急细民,细民不堪,流亡远去,中家为之色出,后亡者为先亡者服事,录民数创于恶吏,故相仿效,去尤甚而就少愈者多。

实际上,这段文字说的是由于官府的剥削,人民相继脱籍流亡,而官吏把已流亡者的赋役分摊到后流亡者的身上,结果流亡的情况更加严重。这不能证明在原有基础上每年还要虚报"千分之一"的迹象。(《考实》认为每年会虚报千分之一),况且这条史料用于定性分析尚可,若用于定量分析还缺乏力度。

其二,《考实》列举元封四年关东流民200万,无名数者40万,武帝指责大臣"今流民愈多,计文不改",说明当时虚报十分严重。仔细分析,武帝的话是说流民越来越多,已经脱籍了,而计簿中的数字却原照旧规没有改减核实,这当然是一种虚报的现象,但这种虚报并不是指在先前基础上的再增加。况且武帝一经发现之后,就迫使丞相离职[135]。第二年(元封五年),汉武帝亲自主持郡国上计[138],其目的是检查是否有不实之处,同年又置刺史一官[139],督察郡国的奸邪活动。太初元年(前104年),汉武帝在甘泉主持上计[140],天汉三年(前98年)和太始四年(前93年)汉武帝又在泰山主持了两年的上计[141]。把以前属于大臣主持的事情,置于自己的亲自过问之下,这在西汉一代的上计史上也是罕见的现象。在武帝的亲自过问之下,想必郡国在弄虚作假方面不敢太放肆。正是因为汉武帝了解了户口减少、经济衰退的实情,所以在晚年下诏罪己,封丞相为富民侯,赵过为搜粟都尉,着手恢复生产。如果武帝在户口册子上见到的是4000万人的繁庶景象,那么《考实》所称之谓"好大喜功"的皇帝怎么还能悔过罪己呢?

其三,《考实》认为,"武帝天汉二年(前99年)作'沈命法'"之后,上下隐匿户口的现象严重。其实,"沈命法"的颁布距武帝的卒年仅十多年,即使按《考实》中所述每年虚报"千分之一"的数值计算,则这十几年也不过虚报十几万到三十几万人,恰在这时,正是人口的低峰期,加上虚报户口册子上也不会呈现4000万的记录。再者,"沈命法"指隐匿盗贼,而并非指隐匿户口,我们得把文义搞清楚,在这里不妨把"沈命法"出台的情况详录于下:

> 是时郡守尉诸侯相二千石欲为治者,大抵尽效王温舒等,而吏民益轻犯法。盗贼滋起,南阳有梅免、百政,楚有段中、杜少,齐有徐勃,燕赵之间有坚卢、范主之属。大群至数千人,擅自号,攻城邑,取库兵,释死罪,缚辱郡守都尉,杀二千石,为檄告县趣具食,小群以百数,掠卤乡里者不可称数。于是上始使御史中丞、丞相长史使督之,犹弗能禁,乃使光禄大夫范昆、诸部都尉及故九卿张德等衣绣衣持节,虎符发兵以兴击,斩首大部或至万余级。及以法诛通行饮食,坐相连郡,甚者数千人。数岁,乃颇得其渠率。散卒失亡,复聚党阻山川,往往而群,无可奈何。于是作沈命法,(应劭曰:沈,没也。敢蔽匿盗贼者,没其命也。)曰:"群盗起,不发觉,发觉而弗捕满品者,二千石以下至小吏主者皆死。"其后小吏畏诛,虽有盗弗敢发,恐不能得,坐课累府,府亦使不言。(孟康曰:"县有盗贼,府亦并坐,使县不言之也。")故盗贼浸多,上下相为匿,以避文法焉。[142]

上面这段引文是说郡守一级官吏,在治理地方的时候大都学习酷吏——王温舒的做法。过分的残暴统治结果适得其反,造成农民起义,反复镇压也不能平息,于是颁行"沈命法"。地方上首先是不能隐匿"盗贼",发现"盗贼",必须捕拿,捕捉不尽的地方会受到处分,所以导致上下隐匿盗贼的现象。从文义看,并没有虚报户口之意,并且《考实》还说每年会虚报"千分之一",不知根据何在?实际上《汉书》卷76《张敞传》给宣帝上书一事,即年终上计中就谈到山阳郡一年当中讫计盗贼未得者77人,这与户口多少不是一个概念。

其四,葛文认为昭宣时期上计人口低于实际人口,在一虚一实中显示出户口减半来,如《中国人口史》第1卷第390页云:

> 昭帝即位后,霍光辅政,"光知时务之要,轻徭薄赋,与民休息。"实行轻徭薄赋当然要除去因虚报户口而分摊在见户头上的赋税,所以可能已经根据实际情况核定了户口,至少已使户口登记与实际人口数接近,由于当时"流民未尽还",新核定的户口数必定低于实际人口。以后随着流民的回归和正常户籍制度的重建,登记户口与实际人口大体恢复一致。宣帝黄龙元年(前49年)的诏书指责地方官"上计簿,具文而已,务为欺谩,以避其课",可见宣帝认为户口增长率过低,户口总数不足,是地方官隐漏的缘故。宣帝来自民间,"由仄陋而登致尊,兴于闾阎,知民事之艰难",对昭帝时户口低于实际人口的情况应有所了解。

葛文得出的结论令人费解,上计不实的大都是虚增户口,为了彰显自己的治理能力、经济的发展,以求升迁,还没有听说压低户口数字上计的,实际上"上计簿具文而已……"根本与统计上报户口无关。宣帝指责的是地方上盗贼不止、社会秩序混乱,而地方官打击不力,宽大姑息,但上计时不讲实情,粉饰太平,应付考核,我们可以把黄龙元年(前49年)宣帝诏令原文录下:

> 诏曰:盖闻上古之治,君臣同心,举措曲直,各得其所。是以上下和洽,海内康平,其德弗可及已。朕既不明,数申诏公卿大夫务行宽大,顺民所疾苦,将欲配三王之隆,照先帝之德也。今吏或以不禁奸邪为宽大,纵释有罪为不苛,或以酷恶为贤,皆失其中。奉诏宣化如此,岂不谬哉!方今天下少事,徭役省减,兵革不动,而民多贫,盗贼不止,其咎安在?上计簿,具文而已,务为欺谩,以避其课。三公不以为意,朕将何任?诸请诏省卒徒自给者皆止。御史察计簿,疑非实者,按之,使真伪毋相乱。[43]

非常清楚,上述诏令讲的是社会治安,而不是人口统计,怎能随便适用。由此看来,上述全部例证不能证明武帝年间因虚报户口,昭帝初年核实户口[44],在这一虚假失实之中户口册子上呈现出相差之半的迹象来。

(五)关于武帝年间不同时期、不同地区的人口发展状况问题

关于武帝年间不同时期、不同地区的人口增殖状况,《西汉时期人口自然增长率初探》认为:

> 总之,武帝末年的人口并非减半,它的数量约在三千万以内,我们不能排除

武帝末年个别地区的人口减员现象,和一些地区的人口可能徘徊在景武之际的水准上,同时也不得不承认,正是在武帝的用兵年间,一些地区的人口仍有增殖。

就全国人口而言,究竟增大于减、或减大于增,《西汉时期人口自然增长率初探》当时并未回答。但这段文字到了《汉武帝时"户口减半"考实》中却变成了"袁祖亮同志在《西汉时期人口自然增长率初探》一文中认为,'武帝末年的人口并非减半',且有所增加"。这显然与《西汉时期人口自然增长率初探》的原旨不符。当然,武帝年间的人口减员要大于人口的增加,这并无疑义,而武帝年间人口的增减存在着上述三种情况是无大错误的。难道从武帝开始用兵的那一天起受战争影响不大的一些地方的人口就不会有所缓慢增加吗? 其实《汉武帝时"户口减半"考实》在重复着《西汉时期人口自然增长率初探》的说法。《汉武帝时"户口减半"考实》把武帝在位的 54 年分为三个时期,人口能保持正常增长的仅 6 年(正常数以 7‰计),人口增长率低于正常数但高于零的有 21 年,而这 21 年恰恰正是武帝的用兵年间。那么,这难道不是《西汉时期人口自然增长率初探》中所说的"正是在武帝的用兵年间,一些地区的人口仍有增殖"的最好的例证吗?

(六)对文献所载"户口减半"的分析

关于武帝用兵,竭民财力,社会动荡造成户口减少的记载大致有这么一些:《汉书》卷 75《夏侯胜传》载宣帝即位以后欲褒汉武帝,让朝臣议之:

> 长信少府信独曰:"武帝虽有攘四夷广土斥境之功,然多杀士众,竭民财力,奢泰无度,天下虚耗,百姓流离,物故者半。"

这是夏侯胜的说法,何谓"物故",《史记》卷 110《匈奴列传》中的注文有释意。

> 初,汉两将军大出围单于,所杀虏八九万,而汉士卒物故亦数万,汉马死者十余万,匈奴虽病,远去,而汉亦马少,无以复往。(《索隐》:汉士物故。案:《释名》云"汉以来谓死为'物故'。物就朽故也"。又《魏台访议》高堂崇对曰:"闻之先师,物,无也;故事也。言无复所能于事者也。")

《汉书》卷 61,《李广利传》也有"物故"的记载:

> (李广利)军还,入玉门关者万余人,马千余匹。后行,非乏食,战死不甚多,而将吏贪,不爱卒,侵牟之,以此物故者众。(师古曰:"侵牟,言如牟贼之食苗也。物故,谓死也,解具在《景纪》及《苏武传》")

同时,西汉时人桓宽对伐大宛事亦有"物故"的记载:《盐铁论》卷 8《西域》载:

> 乃大兴师伐宛,历数期而后克之,夫万里而攻人之国,兵未战而物故过半。

上面这些"物故"均指死亡,这三处均未涉及全国人口,唯有夏侯胜之"天下虚耗,百姓流离,物故者半",恐怕是指流亡人口得不到很好照顾死亡了一半,而并非指全国人口。

到了东汉,班固写《汉书》,才把其说成全国户口少了一半。如《汉书》卷7《昭帝纪》赞云:

> 承孝武奢侈余敝师旅之后,海内虚耗,户口减半。

另外,《汉书》卷27《五行志》载:

> 师出三十余年,天下户口减半。

当朝人对当朝的事情比较清楚和了解,西汉人并未言及武帝时户口减少了一半。而到了东汉,才有人这么说,这就是班固。《资治通鉴》的作者司马光就对《汉书》卷7《昭帝纪》赞的说法不甚赞成,《资治通鉴》是很爱发表评论的,几乎对《汉书》卷6《武帝纪》末的赞语和《汉书》卷8《宣帝纪》末的赞语都照抄不误,唯独《昭帝纪》赞他一字未引,说明他不赞成汉武帝末年户口减半说。

那么对班固的"户口减半"如何解释,注《汉书》的多家都缄口不言,不过,李贤为《后汉书》做注时对此有明确论述,《后汉书》卷89《南匈奴列传》载:

> 逮孝武亟兴边略,有志匈奴,赫然命将,戎旗星属,候列郊甸,火通甘泉,而犹鸣镝扬尘,出入畿内,至于穷竭武力,单用天财,历纪岁以攘之,寇虽颇折,而汉之疲耗略相当矣!

关于这段话,太子李贤注曰:

> 汉武好征,户口减半,即是死亡与杀匈奴相当也。

下面我们进行具体统计,看看双方是否伤亡相当。西汉和匈奴之间大的战争持续了三十余年,匈奴人口的伤亡和汉之人口的损失都是十分惨重的。那么,弄清汉、匈人口之伤亡,特别是匈奴人口之伤亡,对了解匈奴族人口及有关方面的情况是有所帮助的。在这里,我们把汉、匈相互间的杀、掠、虏、降、叛亡等情况作如下详述。

公元前201年(汉高祖六年),匈奴冒顿杀其父头曼,自立为单于[145],大破东胡王,虏其民众畜产。既归,西击走月氏,南并楼烦、白羊河南王,悉复收秦所使蒙恬所夺匈奴地者,与汉关故河南塞,至朝那、肤施,遂侵燕、代。是时汉方与项羽相距,中国疲于兵革,以故冒顿得自强,控弦之士三十余万[146]。

前200年,"韩信降匈奴"[147],汉高祖刘邦被匈奴30万余骑围困于平城[148]。

前195年(汉高祖十二年),是时匈奴以汉将众往降,故冒顿常往来侵盗代地。于是汉患之,高帝乃使刘敬奉宗女公主为单于阏氏,岁奉匈奴絮缯酒米食物各有数,约为昆弟以和亲,冒顿乃少止。后燕王卢绾反,率其党数千人,降匈奴,往来苦上谷以东[149]。

前182年(高后六年),匈奴寇狄道,攻阿阳[150]。

前 181 年（高后七年），匈奴寇狄道，掠 2000 人[151]。

前 177 年（孝文前三年），匈奴入居北地、河南为寇[152]。

前 174 年（孝文前元六年），老上稽粥单于初立，文帝复遣宗人女翁主为单于阏氏，使宦者燕人中行说傅翁主……中行说既至，因降匈奴，单于爱幸之[153]。

前 169 年（文帝前元十一年），"匈奴寇狄道"[154]。

前 166 年（文帝前元十四年），"匈奴单于十四万骑入朝那、萧关，杀北地都尉印，虏人民畜产甚多，遂至彭阳（服虔曰："安定县也。"）……单于留塞内月余，汉逐出塞即还，不能有所杀。匈奴日以骄，岁入边，杀掠人民甚众，云中、辽东最甚，郡万余人"[155]。

前 158 年（孝文后元六年），匈奴复绝和亲，大入上郡、云中各 3 万骑，所杀掠甚众[156]。

前 129 年（武帝元光六年），匈奴入上谷杀掠吏民[157]。

前 128 年（武帝元朔元年），匈奴杀辽西太守，掠 2000 余人[158]。

前 127 年（武帝元朔二年），春正月，匈奴入上谷渔阳，杀掠吏民千余[159]。

前 126 年（武帝元朔三年），夏，匈奴数万骑入代郡，杀太守共友，掠千余人。秋，又入雁门杀掠千余人[160]。

前 125 年（武帝元朔四年），匈奴又入定襄、上郡各 3 万骑，杀掠数千人[161]。

前 124 年（元朔五年），匈奴右贤王怨汉夺之河南地而筑朔方，数寇盗边，及入河南，侵扰朔方，杀掠吏民甚众。秋，匈奴万骑入代郡，杀都尉朱央，掠千余人[162]。

前 123 年（武帝元朔六年）夏，汉派大将军卫青领六将军十万余骑出定襄击匈奴。此役，"汉亡两将军，三千余骑……前将军翕侯赵信兵不利，降匈奴。"[163]《汉书》卷 55《卫青传》载：信"骑可八百奔降单于"。

前 122 年（武帝元狩元年），匈奴入上谷杀数百人[164]。

前 121 年（武帝元狩二年），匈奴入雁门，杀掠数百人。遣卫尉张骞、郎中令李广皆出右北平击匈奴，广"尽亡其军四千人"[165]。

前 120 年（武帝元狩三年）秋，匈奴入右北平、定襄，杀掠千余[166]。

前 119 年（武帝元狩四年）初，两大将军各带兵 5 万围单于，所杀虏八九万，而汉士物故者亦万数[167]。

前 112 年（武帝元鼎五年），西羌众 10 万人反，与匈奴通使……匈奴入五原，杀太守[168]。

前 103 年（武帝太初二年）秋，蝗。遣浚稽将军赵破奴 2 万骑出朔方击匈奴，不还[169]。

前 102 年（武帝太初三年）秋，匈奴入定襄、云中，杀京数千人……又入张掖、酒泉，杀都尉^⑦，掳掠数千人。

前 99 年（武帝天汉二年），汉遣贰师将军李广利将 3 万骑出酒泉击匈奴，匈奴围贰师，几不得脱，汉兵物故者什六七^⑪。

前 99 年（武帝天汉二年），使骑都尉李陵将步兵 5000 人出居延北千余里，与单于会……陵所杀伤万余人。兵食尽，欲归，单于围陵，陵降匈奴，其兵得脱归汉者 400 人^⑫。

前 91 年（征和二年），匈奴入上谷、五原、杀掠吏民^⑬。

前 90 年（征和三年），匈奴入五原、酒泉，杀两都尉。3 月遣贰师将军李广利将 7 万人出五原，御史大夫商丘成 2 万人出西河，重合侯马通 4 万骑出酒泉。成至浚稽山，与虏战，多斩首……广利败降匈奴^⑭。自贰师没后，汉失大将军士卒数万人^⑮。

前 87 年（武帝后元二年）冬，匈奴入朔方，杀掠吏民。^⑯

以上罗列的是自汉初到武帝去世之年为止，因为此后匈奴对汉虽有侵犯，但规模较小，其次数也远不及西汉前期。到宣帝甘露年间，呼韩邪单于归汉，此后双方休戈，匈奴保塞，直到王莽时期，北方数十年不见烟火之警。

从以上杀伤掠虏有数字记载者统计，有 10.5 万人，凡言杀掠千余人者仅按 1000 人计。公元前 90 年贰师带 7 万人出五原，御史大夫商丘成 2 万人出西河，重合侯马通 4 万骑出酒泉，结果广利败降匈奴。《汉书》卷 94《匈奴传》言：

> 自贰师没后，汉失大将军士卒数万人。

贰师所带之兵员是 7 万，如果全没则为 7 万，姑以 5 万计之，匈奴杀掠汉之兵员人口约在 16.5 万人以上。其中还有一些未加统计，如公元前 158 年时之"匈奴入上郡、云中所杀掠甚众"；公元前 125 年之"匈奴入代郡、定襄、上郡杀掠数千"；公元前 124 年之"匈奴侵扰朔方杀掠吏民甚众"；公元前 122 年之"匈奴入上谷杀数百人"；公元前 102 年，匈奴入定襄、云中杀掠数十，张掖、酒泉掳掠数千等，均未计算在内。加上这些小规模的掳掠数字，恐怕匈奴杀掠汉之兵员人口约 20 万。

那么，汉对匈奴的打击情况如何呢？我们也作如下统计：

元光六年（前 129 年），将军卫青出上谷，至龙城，得胡首虏 700 人^⑰。

元朔元年（前 128 年），汉使将军卫青将 3 万骑出雁门，李息出代郡，击胡，得首虏数千^⑱。

元朔二年（前 127 年），卫青出云中以西到陇西，击胡之楼烦、白羊王于河南，得胡首虏数千^⑲。

元朔五年（前 124 年），大将军卫青将六将军兵 10 余万人出朔方、高阙，获首虏

15000 级[180]。

　　元朔六年(前 123 年),汉复遣大将军卫青将六将军 10 余万骑,仍再出定襄数百里,击匈奴,得首虏前后 19000 余级[181]。

　　元狩二年(前 121 年)春,汉使骠骑将军霍去病将万骑出陇西,过焉耆山千余里,得胡首虏 8000 余级[182]。

　　元狩二年(前 121 年)夏,骠骑将军复与合骑侯数万人出陇西、北地 2000 里,过居延攻祁连山,得胡首虏 3 万余级,裨小王以下十余人[183]。

　　元狩二年(前 121 年)夏,"遣卫尉张骞、郎中令李广出右北平,广杀匈奴三千余人,尽亡其军 4000 人"[184]。

　　元狩二年(前 121 年)秋,"(昆邪、休屠王欲降汉)汉使骠骑将军迎之。昆邪王杀休屠王,并将其众降汉,凡四万人,号十万"[185]。

　　元狩四年(前 119 年),"大将军青将四将军出定襄,将军去病出代,各将五万骑……青至幕北围单于,斩首万九千级,至阗颜山乃还。去病与左贤王战,斩获首虏七万余级,封狼居胥山乃还,两军士死者数万人"[186]。

　　天汉二年(前 99 年),"汉使贰师将军将三万骑出酒泉,击右贤王于天山,得首虏万余级而还"[187]。

　　天汉二年(前 99 年),"又遣因杅将军出西河,骑都尉李陵将发兵五千人出居延北,与单于战,斩首虏万余级"[188]。

　　神爵二年(前 60 年)秋,"匈奴日逐王先贤掸将人众万余来降"[189]。

　　此后汉、匈之间没有大的战争,到五凤年间呼韩邪单于降汉,长城内外不见烟火之警。

　　从以上有明确杀掠数字的累计,汉杀虏降服匈奴 22.6 万人,若再加上有两次"得首虏数千"计算,汉之杀虏降匈奴人要在 23 万以上。前面统计所得匈奴杀虏汉之兵员在 20 万人以上。看来,经过几十年的汉匈战争,双方所杀掠归降的人口基本上相差不远。人们尝谓,汉武用兵 30 余年,户口减半。对户口减半的解释,各家不一,有人就认为是经过汉武帝用兵,海内虚耗,全国户口减少了一半。其实不然,拙作《再论汉武帝末年人口并非减半》[190]一文曾予初步论证。今观《后汉书》卷 89《南匈奴列传》太子李贤的注语——

　　　　汉武好征,户口减半,即是死亡与杀匈奴相当也。

数字统计证明,李贤之论甚当,由此也给我们解开了汉武用兵 30 余年"海内虚耗,户口减半"的真正含义。不过需要指出的是,因为双方进行战争,牵动面甚大,以至于农工失业,加上天灾人祸,除互相杀伤外,户口是会有所减少的。

汉、匈何以在西汉中期爆发旷日持久的战争呢？战争给汉带来了沉重的灾难，而战争对匈奴来说，更是毁灭性的打击。这是因为匈奴族所处的历史阶段所决定的。当时匈奴族处于从原始社会末期向阶级社会过渡的历史阶段，匈奴奴隶主贵族把掳掠视为一种生产，视为当然。尽管西汉王朝前期对匈奴贵族一再和亲息事，但匈奴贵族仍杀掠不断。所以到汉武帝时期经过数代积蓄之后，便发动了对匈奴的反击战争。战争使匈奴遭受到沉重的打击，匈奴人民逐渐看到，匈奴贵族所持续的战争再也不能打下去了，所以在各方面力量的促使下，一部分匈奴贵族放弃了战争。汉宣帝年间，呼韩邪单于归汉，从而使濒临灭顶之灾的匈奴转危为安。此后一直到王莽时期，匈奴人口又得到了进一步的发展，史书记载：

> 是时边城晏闭，牛马布野，三世无犬吠之警，黎庶无干戈之役。[⑨]

《汉书》卷94《匈奴传》下还载：

> （北边）自宣帝以来，数世不见烟火之警，人民炽盛，牛马布野。

估计，在西汉末年新莽之前，匈奴的人口会在武帝末年的基础上又有新的增长，很可能会与西汉初期时的人口数量相差无几。匈奴人口在西汉后期虽然有所增长，但是到了王莽时期，由于其民族政策失当，引起了匈奴的不满，汉、匈之间时有摩擦，使得原来富庶的沿边地区又呈荒凉：

> 及莽挠乱匈奴，与之构难，边民死亡系获。又十二部兵久屯而不出，吏士罢弊，数年之间，北边虚空，野有暴骨矣。[⑩]

可以说，此时的北方边地人口，又处在减少之中。

注　释：

①②　袁祖亮：《从人口数量规模发展变化规律看中国古史分期》，《郑州大学学报》（哲社版），1985年3期。

③④⑤　焦培民：《中国人口通史·先秦卷》，人民出版社，2007年版。

⑥　葛剑雄：《中国人口史》第一卷，第313页。

⑦　袁祖亮：《再论汉武帝末年人口并非减半——兼与葛剑雄同志商榷》，《学术月刊》，1985年4期。

⑧　据《汉书》卷16《高惠高后文功臣表》所载100名列侯的初封户数共计237311，其平均值约为2000，故取此数。

⑨　《汉书》卷24《食货志》。

⑩　自《汉书》卷19《百官公卿表序》可知，从七大夫开始，依次的爵级为：七公大夫、八公乘、九五大夫、十左庶长、十一右庶长、十二左更、十三中更、十四右更、十五少上造、十六大上造、十七驷车庶长、十八大庶长、十九关内侯。

⑪　《汉书》卷1《高帝纪下》。

⑫　此事在高帝六年，即灭项后的第二年，这时对秦县邑的增损可能数量不大，姑以秦县计之。

⑬　《史记》卷18《高祖功臣侯者年表》。

⑭ 《汉书》卷48《贾谊传》。

⑮⑯ 《史记》卷6《秦始皇本纪》。

⑰⑱ 《汉书》卷1《高帝纪下》。

⑲ 葛剑雄:《西汉人口考》,《中国史研究》,1981年4期。按《西汉人口考》中之"平均每年自然增长率约为7%"疑应为"平均每年自然增长率约为7‰"。

⑳ 1500万 × (1 + 7/1000)^{207} = 6356万。

㉑ 葛剑雄:《西汉人口地理》,第83页。

㉒㉓㉔ 葛剑雄:《中国人口史》第1卷,第344、362、375页。

㉕ 《汉书》卷19上《百官公卿表》。

㉖ 袁祖亮:《西汉时期人口自然增长率初探》,《史学月刊》,1981年3期。

㉗ 《汉书》卷4《文帝纪》载:文帝元年"其益封太尉勃邑万户,……丞相平、将军婴邑各三千户",同年条又载:"列侯从高帝入蜀汉者六十八人益邑各三百户。"

㉘ 葛剑雄:《西汉人口考》,《中国史研究》1981年3期。

㉙ 葛剑雄:《西汉人口地理》,第20页。葛剑雄:《中国人口史》第1卷,第329、330页。

㉚ 《汉书》卷24《食货志上》。

㉛ 《汉书》卷76《张敞传》。

㉜ 《汉书》卷63《武五子传》。

㉝ 《汉书》卷28《地理志》。

㉞ 劳干:《两汉户籍与地理之关系》,《历史语文研究所集刊》,1935年第5卷第2期。

㉟ 葛剑雄:《西汉人口考》,《中国史研究》1981年4期;《西汉人口地理》,第31页;《中国人口史》第1卷,第342页。

㊱ 葛剑雄:《西汉人口考》,《中国史研究》1981年4期。

㊲㊳ 葛剑雄:《西汉人口地理》,第31页。

㊴ 《汉书》卷1《高帝纪》。

㊵ 《汉书》卷34《英布传》。

㊶ 杨铸秋:《汉书·地理志九江郡考略》,《安徽大学月刊》,1933年第1卷第1—4期。

㊷㊸㊹㊺ 《汉书》卷95《两粤传》。

㊻ 《汉书》卷1《高帝纪》。

㊼ 谭其骧:《汉百三郡国建置之始考》,《地学杂志》,1934年第22卷第2期。

㊽ 《汉书》卷1《高帝纪》。

㊾(51) 《汉书》卷35《荆燕吴传》。

㊿ 《汉书》卷28《地理志》。

(52)(53) 《汉书》卷36《楚元王传》。

(54) 葛剑雄:《西汉人口考》,《中国史研究》,1981年4期。

(55) 葛剑雄:《西汉人口地理》,第23页。

(56) 葛剑雄:《中国人口史》,第334页。

(57) 袁祖亮:《再论汉武帝末年人口并非减半——兼与葛剑雄同志商榷》,《学术月刊》,1985年4期。

(58) 《列宁全集》第1卷,第430页,人民出版社1955年版。

(59)(60) 《汉书》卷14《诸侯王表》。

(61) 《盐铁论》卷6《散不足》。

(62) 《史记》卷9《吕太后本纪》。

(63) 《汉书》卷24《食货志》。

(64) 《汉书》卷72《贡禹传》。

(65) 《汉书》卷72《鲍宣传》。

(66) 《汉书》卷6《武帝纪》。

(67) 《汉书》卷28《地理志》。

(68) 《后汉书》卷14《宗室四王三侯列传》。

(69)(70)(71) 《汉书》卷28《地理志》。

(72) 《汉书》卷1《高帝纪》。

(73) 万国鼎:《中国田制史》,南京书店,1933年版。

(74) 宁可:《试论中国封建社会的人口问题》,《中国史研究》1980年1期。

(75) 《马克思恩格斯全集》,第8卷,第619—620页,人民出版社。

(76) 斯大林:《辩证唯物主义和历史唯物主义》。

(77) 因为交趾、郁林二郡东汉时户口不详,故西汉时交州的户口数字也舍此二郡。

(78) 谭其骧:《论两汉西晋户口》,《禹贡》第1卷第7期。

(79)(80) 《后汉书》卷5《安帝纪》。

(81) 谭其骧:《论两汉西晋户口》,《禹贡》第1卷第7期。

(82) 史念海:《两汉郡国县邑增损表》,《禹贡》第1卷第8期。

(83) 顾颉刚:《校后》,《禹贡》第1卷第3期。

(84) 《孟子·公孙丑上》。

(85) 《史记》卷69《苏秦列传》。

(86) 《战国策·赵策》。

(87)(88) 《汉书》卷24《食货志》。

(89) 据英国学者爱德华·S,迪维估计,公元初年世界总人口数为2.5亿。转引自原华荣:《试论生产力对人口数量的制约性》,《西北人口》1980年1期。

(90) 转引自吴荣曾:《西汉的奴隶制》。

(91) 《汉书》卷5《景帝纪》。

(92) 《汉书》卷6《武帝纪》。

(93) 王符:《潜夫论》。

(94) 李剑农:《先秦两汉经济史稿》,第236页,中华书局,1962年版。

(95) 《汉书》卷24《食货志》。

(96) 《史记》卷103《石奋列传》。

(97) 《汉书》卷9《元帝纪》。

(98) 《汉书》卷85《谷永传》。

⑨⑨　《盐铁论》卷 3《未通》。

⑩⑩　《盐铁论》卷 3《园池》。

⑩⑪　《通典》——引崔实《政论》。

⑩②⑩③　《汉书》卷 24《食货志》。

⑩④⑩⑤　《汉书》卷 6《武帝纪》。

⑩⑥⑩⑦　《汉书》卷 9《元帝纪》。

⑩⑧　《马克思恩格斯全集》第 35 卷,第 145 页,人民出版社。

⑩⑨　袁祖亮:《西汉时期人口自然增长率初探》,《史学月刊》,1981 年 3 期。

⑪⑩　葛剑雄:《西汉人口考》,《中国史研究》,1981 年 4 期。

⑪①⑪②　葛剑雄:《汉武帝时"户口减半"考实》,《学术月刊》,1983 年 9 期。

⑪③　袁祖亮:《再论汉武帝末年人口并非减半》,《学术月刊》1985 年 4 期。

⑪④　分别参见葛剑雄:《西汉人口地理》,第 63 页,及其《中国人口史》第 1 卷第 375 页。

⑪⑤　$(10\text{‰} \times 65 + x \times 54 + 6\text{‰} \times 88) = 7\text{‰} \times 207$,得出:$x = 5\text{‰}$。

⑪⑥　$3600 \text{ 万} \times (1 + 5\text{‰})^{47} = 4554 \text{ 万}$。

⑪⑦　《汉武帝时户口减半考实》言武帝年间的最高人口数据为 3700 万,而武帝末年人口为 3200 万,实际减少了 500 万,
可以说所减少之 500 万是在 27 年中减少的,据此可以列式:$3700 \text{ 万} \times (1 + x)^{27} = 3200 \text{ 万}$得出:$x = -5.36\text{‰}$。

⑪⑧　$[10\text{‰} \times 65 + 7\text{‰} \times 6 + 3.5\text{‰} \times 21 + (-5.36\text{‰}) \times 27 + 6\text{‰} \times 88] \div 207 = 5.549\text{‰}$。

⑪⑨　$X(1 + 5.549\text{‰})^{207} = 5959 \text{ 万}$,得出:$X = 1895 \text{ 万}$。

⑫⑩　$1895 \text{ 万} \times (1 + 10\text{‰})^{70} = 3802 \text{ 万}$。

⑫①　$3802 \text{ 万} \times (1 + 3.5\text{‰})^{21} = 4091 \text{ 万}$;$4091 \text{ 万} \times [1 + (-5.36\text{‰})]^{27} = 3538 \text{ 万}$。

⑫②　皇甫谧:《帝王世纪》,丛书集成初编本。

⑫③　《西汉时期人口自然增长率初探》中虽然提及 600 万,但从未肯定它是正确的,引用的目的是为了以错攻
错,而在引用时全冠以"皇甫氏认为"等字样,原文为:"皇甫氏认为西汉初年的人口'方之六国五损其二',
而六国时的人口据皇甫谧'考苏、张之说,计秦及山东六国戎卒尚存五百余万,推民口数尚当千余万'。简
言之,皇甫谧认为西汉初年的人口有六百万。"继之,以错攻错,得出其户口减半说是可疑的,此外别无他处
谈汉初人口事。

⑫④⑫⑤　《汉书》卷 18《外戚恩泽侯表》。

⑫⑥　《汉书》卷 76《张敞传》。

⑫⑦　《汉书》卷 28《地理志》。

⑫⑧　山阳郡的封域虽有变化,但所涉及的人口数量较少,故影响不大,据柳春藩、朱贵方二先生计算年平均人口
自然增长率为 6.57‰,见《西汉人口试探》,《人口学刊》,1983 年 6 期。$500000 \times (1 + x)^{65} = 801288$,∴ x
$= 7\text{‰}$。

⑫⑨⑬①　《汉书》卷 53《景十三王传》。

⑬⑩⑬②　《汉书》卷 28《地理志》。

⑬③⑬⑦　《汉书》卷 46《万石君传》。

⑬④　真定国、泗水国的封域亦有变化,参见周振鹤:《西汉诸侯王国封域变迁考》,《中华文史论丛》,1983 年 3、
4 辑。

⑬　$x(1+8‰)^{88}=5959$ 万, $\therefore x=3000$ 万(西汉后期的人口自然增长率为8‰,西汉末年的人口是5959万,西汉后期经历的年数是武帝故世到平帝元始二年,共经历88年,故用上面的式子求出武帝末年人口数量为3000万)。

⑱　《汉书》卷75《夏侯胜传》颜师古注文。

⑬⑬⑭⑭　《汉书》卷6《武帝纪》。

⑭　《汉书》卷90《酷吏传》。

⑭　《汉书》卷8《宣帝纪》。

⑭　昭帝初年虽有流民,但不至于高达1000万。

⑭　关于冒顿杀头曼自立为单于的时间问题,林干先生在其所编的《匈奴历史年表》,(中华书局,1984年版)第3页中系于前209年即秦二世元年。王钟翰先生主编之《中国民族史》,中国社会科学出版社,1994年版)第217页中亦认为是前209年,《资治通鉴》把这件事系于前201年,即高祖六年条中述及。

⑭⑭　《汉书》卷94《匈奴传》。

⑭　《汉书》卷94《匈奴传》。但《史记》卷110《匈奴列传》所载数字不同。"高帝先至平城,步兵未尽到,冒顿纵精兵四十余万骑围高帝于白登。"

⑭　《史记》卷110《匈奴列传》。《汉书·匈奴传》上载与《史记》的数字不同:"后燕王卢绾复反,率其党且万人降匈奴。"

⑮⑮　《汉书》卷3《高后纪》。

⑮　《汉书》卷94《匈奴传》。

⑮　《汉书》卷94《匈奴传》。从细君和解忧公主嫁乌孙的例子看,公主的随行人员达数百之多。

⑮　《汉书》卷4《文帝纪》。

⑮⑮⑯⑰⑰⑰⑰⑰⑰⑱⑱⑲⑲　《汉书》卷94《匈奴传》。

⑮⑮　《汉书》卷6《武帝纪》。

⑮　《汉书》卷6《武帝纪》谓掠三千余人。

⑯⑯⑯⑯《汉书》卷94《匈奴传》。

⑯⑯⑯⑯⑯⑰⑰⑰⑱⑱　《汉书》卷6《武帝纪》。

⑰　《汉书》卷7《昭帝纪》。

⑱　《汉书》卷6《武帝纪》。《汉书》卷94《匈奴传》云:"汉遣卫青将六将军十余万人出高阙,汉将军得右贤王众男女万五千人,裨小王十余人。"说明并非斩首级。

⑱　《汉书》卷94《匈奴传》。《汉书》卷6《武帝纪》云:"元朔六年春二月斩首三千余级,六月斩首虏万八千级。"

⑱　《汉书》卷94《匈奴传》。《汉书》卷55《卫青霍去病传》云:"八千九百六十级。"

⑱　《汉书》卷94《匈奴传》。《汉书》卷55《卫青霍去病传》云:"得单于单桓、酋涂王及相国、都尉以众降下者二千五百人……捷首虏三万二百。"

⑱　《汉书》卷6《武帝纪》。《汉书》卷55《卫青霍去病传》言:霍去病是役"执讯获首虏七万有四百四十三级,师率减什二。"

⑲　《汉书》卷8《宣帝纪》。

⑲　袁祖亮:《再论汉武帝末年人口并非减半——兼与葛剑雄同志商榷》,《学术月刊》,1985年4期。

第二章 秦、西汉时期的人口分布、密度和比重

第一节 西汉时期人口的地区分布

一、按省区考察西汉时期人口分布的方法

关于中国古代人口分布状况的研究,意义十分重大,因为透过它可以直观地了解到某一地区人口的大致概况,在以农业为主的中国古代社会,人口的分布状况,反映了该地区经济发展的概况,所以引起历代学者的极大兴趣。从太史公司马迁起,就在《史记·货殖列传》中详列了哪些地区人口分布稠密、哪些地区人口分布稀疏。继此之后,《汉书》、《后汉书》、《晋书》、《宋书》、《元史》、《魏书》、《隋书》、《新唐书》、《旧唐书》、《宋史》、《元史》、《明史》、《清史稿》以及《地道记》、《括地志》、《太平寰宇记》、《元丰九域志》、《大明一统志》、《大清一统志》、《读史方舆纪要》和一些郡志、州志、府志、县志都详记了某一时期、某一地区的人口分布状况。为研究该时期、该地区政治、经济、文化的发展概况提供了重要的资料。然而,要研究古代人口的地区分布也有一定的难度,其难度在于,古今的行政区划在不停地变化,秦以前实行的是分封制,秦和两汉时期实行的是郡、国、县、邑、道、侯国、乡、里制,尔后又实行府、州,县制。由于历史上行政区划的不断演变、隶属无常,以及时置时废,很难找到某一省区在我国古代社会某一朝代的现成人口数据。最早按现今省区为单位,去考证历史上某一朝代生活在某一省区上的人口数量的学者,要数陈章彩先生了。1946 年他写出了《中国历代人口变迁之研究》一书,该书第三章便是人口之分布。陈书研讨了本部十八省(河北、山西、山东、河南、安徽、江苏、湖北、陕西、甘肃、四川、湖南、浙江、福建、江西、广东、广西、贵州、云南)从西汉至明、清时期历代的人口数量。他的研究方法

是:"根据谢寿昌等所编之《中国古今地名大辞典》,以古代地名更为今地名,然后归入现今疆界。遇有地名界于两省或三省之间,而不知所入者,则参考苏甲荣所编之《历代疆域沿革图》及亚新地学社出版之《中国古代疆域战争合图》,依每省大约所占之面积,分割其户口,归入现今省份。"陈先生的计算方法,在当时来说,是一个首创,然而,从今天看来,存在着很大的不足。问题在于,他没有按某一标准年代去考察行政建置,没有考虑到《中国古今地名大辞典》所收之地名,并不一定存在于该王朝的自始至终,时置时废的情况是常常发生的,如果不考虑这些因素,那么就会给研究人口分布的精确性带来困难。今天,我们研究中国各省区的人口分布,必须大致划出一个标准年代来,在这一标准年代期间设置的郡、县,或府、州、县一律收入,否则舍去不计。笔者从1982年起,有兴趣于此项研究工作,《郑州大学学报》1982年第4期发表了拙作:《古代河南人口发展概况》一文,对河南上起西汉,下至明、清时期的历代户口数额做了考证。此后,又相继发表了《先秦两汉时期河南人口的分布与变迁》[①]、《西晋隋唐时期河南人口的分布与变迁》[②]、《宋元明清时期河南人口的分布与变迁》[③]、《中国主要省区古代人口发展概况》[④](叙述福建、浙江的古代人口)、《中国古代人口发展概况续一》[⑤](叙述的是江西、湖南的古代人口)、《陕西、山西古代人口发展概况》[⑥]、《江苏、安徽古代人口发展概况》[⑦]、《山东、河北古代人口发展概况》[⑧],引起同行的兴趣。赵文林、谢淑君的《中国人口史》[⑨],其中很大篇幅也是探讨中国各省区古代的人口分布。遗憾的是,《中国人口史》在探讨人口分布的时候,并没有把该省区在某一朝代其边缘地区的县份列出,仅仅写出了县的数目,使人无法考证其正误得失。因此,本书把前些年的研究所得,特别是设县的县名加以列出,以供参考。

关于秦朝时期人口的地域分布概况,由于史料奇缺,无法总结,目前只好暂缺,寄希望日后是否会发现新的资料。

关于西汉一代的人口分布状况,不同时期由于各地区间的政治、经济、文化发展不平衡,所以其分布状况亦不同。正如丘濬所述:

　　"夫自天地开辟以来,山川限隔、时势变迁、有势有广狭,风气有厚薄,时运有盛衰,故人之生也,不无多寡之异焉"[⑩]。

又说:

　　"天之所以覆者,虽无所不至,而地之所容者,则有限焉,惟气数之不齐而政治之异地,于是乎生民有盛衰,生齿有多有寡焉"[⑪]。

总之,由于种种原因,人口的地区分布是在经常发生变化的。就以司马迁所处的时代来说,当时西汉的人口分布状况是:河东、河内、河南,即今山西、河南交界处及黄河以南一些地区人口稠密。《史记》卷129《货殖列传》载:

　　　　"夫三河在天下之中,若鼎足,王者所更居也,建国各数百千岁,土地小狭,
　　民人众"。

今之山东地区也是人口密集区,《史记》卷129《货殖列传》说:

　　　　"邹、鲁、滨、洙、泗……地小人众"。"沂、泗以北,宜五谷桑麻六畜,地小人
　　众,数被水旱之害"。

另外,今日之河北中部地区人口也非常密集:

　　　　"中山,地薄人众"[12]。

西汉中期,关中地区也是地小人众之区,

　　　　"长安诸陵,四方辐辏,并至而会,地小人众,故其民益玩巧而事末也"[13]。

司马迁在记载当时的人口稠密区之外,还记载了当时的人口稀疏区,这便是今山西、
河北北部地区,辽宁地区,江汉地区。《史记》卷129《货殖列传》载:

　　　　"上谷至辽东、地踔远,人民希"。"楚越之地,地广人稀"……

根据《汉书》卷28《地理志》的记载,在汉平帝元始二年(公元2年)之时,是西汉的极
盛人口时期,

　　　　"凡郡国一百三,县邑千三百一十四,道三十二,侯国二百四十一……民户
　　千二百二十三万三千六十二,口五千九百五十九万四千九百七十八。"

至于西汉其他年份的人口数字,不曾保存下来。《汉书·地理志》中,不仅有元始二
年之时西汉一代的总人口数,而且还详列了各个郡、国的户口数。谭其骧先生所主编
的《中国历史地图集》西汉部分的图幅,正是采用公元2年作为标准年代。《地理志》
所反映的设置概况与《历史地图集》所反映的西汉的政区设置是完全一致的。据此
我们便可确定郡、县所在地域属今哪个省份,以便做出户口统计。但需要说明的是,
因为年代久远,即便是在同一个时代,行政设置时置时废,变化无常,很难全部确定西
汉平帝元始二年时所设置之县份在当今地域上的确切位置。也就是说,《汉书·地
理志》上所载的地名,在《中国历史地图集》上,并不一定能完全反映出来。因而就出
现了一些无考县,即查不出位置所在,这些无考县是:

并州刺史部:
太原郡中之于离。
定襄郡中之都武、襄阴、复陆。

朔方刺史部:
北地郡中之除道、五街、回获。

上郡中之木禾、京室、洛都、原都、推邪、望松、宜都。北部都尉治望松县。

西河郡中之驺虞、鹄泽、乐街、徒径、广田、益阑、宣武、千章、广衍、武车、饶县、方利、西都、平陆、觬是、博陵、盐官。

五原郡中之固陵，文国、蒲泽、莫䵣。属国都尉治蒲泽县。

兖州刺史部：

东郡中之利苗。

山阳郡中之中乡，郑国、甾乡、栗乡、曲乡。

豫州刺史部：

沛郡中之辄与、高国、高柴、漂阳、东乡、临都。

汝南郡中之归德。

青州刺史部：

平原郡中之合阳。

千乘郡中之繁安。

齐郡中之昭南、北乡、平广。

北海郡中之瓡国、平的、羊石、乐都、石乡、上乡、新成。

胶东国中之昌武。

徐州刺史部：

琅邪郡中之虚水、零叚、云国、柔国、即来、武乡、伊乡、参封、博石、慎乡、驷望、高陵、临安、石山。

东海郡中之兰祺、山乡、建乡、于乡、平曲、武阳、都平。

临淮淮郡中之开阳、播旌、西平、开陵、昌阳、广平、兰阳、襄平、乐陵。

泗水国中之于县。

荆州刺史部：

江夏郡中之襄县。

冀州刺史部：

巨鹿郡中之武陶。

常山郡中之平台、都乡。

广平国中之平利、阳台、城乡。

幽州刺史部：

涿郡中之成国、利乡。

右北平郡中之延陵、資县、骊成、聚阳、平明。

凉州刺史部：

陇西郡中之予道。

天水郡中之奉捷、兰干。

安定郡中之复累、安俾、卤县。

交趾刺史部：

合浦郡中之朱卢。

　　西汉时期，共有 112 个县无考，也就是说，《汉书》卷 28《地理志》中所载之县有 112 个在《中国历史地图集》上因无法确定位置而缺载。因此，在统计这些县份的人口时，要舍去不计，留待以后查考。一些少数民族的人口数量，《地理志》并无记载而传中有所反映，加入此数之后，最后按省区所统计出来的人口总数，不同于《汉书》卷 28《地理志》上所载的全国户口总数，在这里需要加以说明。

　　关于具体的统计方法，在这里有必要作一交代。《地理志》所载各地区的人口数量，一般详细到载出郡的户口数，而每一县的户口数字未载，这样在统计每一省区的人口数量时，要采用一种比较科学的计算方法，方能达到目的。如果说某一郡全部在今某一省区的区域之内，这样计算起来十分方便，把该郡的人口全部加上即可。但也有例外情况，一些郡的地域并不是完全在今某一省区之内，而是横跨两省或数省，即该郡中的另外一些县份却地处今日之乙省的地域内，这样在统计户口时就出现了麻烦，因为没有现成的数字可以利用，必须将横跨两省或数省的郡的人口总数字科学地分成若干份，以归属于其所处的省区。其划分的方法，本书采用的是按县人口平均数的方法进行计算，即该郡的总人口数除以该郡的总县数，找出该郡的县人口平均数，然后用这个平均数去乘以该郡所在某一省区中的县数。如以河北省区的人口统计为例来说，西汉时期的魏郡地跨今日之河北、河南两省，根据《汉书》卷 28《地理志》记载，魏郡在西汉平帝元始二年（公元 2 年）时，共有口 909655 人，共辖县 18 个。根据县治所在地判断,其中馆陶、斥丘、沙、清渊、魏、元城、梁期、即裴、武始、平恩、邯沟、武安、邺 13 个县地处今日河北省区。而另外 5 个县,即黎阳、内黄、繁阳、阴安、邯会地处今日之河南省区内,那么,在按省区统计人口时,我们先将魏郡中的总口数除以魏郡当时的辖县数,即 909655÷13＝50536.4 人。当求出县平均人口数 50536.4 之后。分别乘以 13 和 5,则分别得出分属河北和河南的县数的人口数为 657973 人和 252682 人。当然,这里边也有不科学的地方,因为县有大小,各个县的人口数量并不一定相同,但目前还无特殊良法,暂且按此计算。以下各省区人口计算方法与此同,不再一一赘述。

各省区的排列次序,我们按照《中国地图册》[14]所列的顺序,即:河北、山西、内蒙古、黑龙江、吉林、辽宁、山东、江苏、安徽、浙江、江西、福建、台湾、河南、湖北、湖南、广东、广西、陕西、宁夏、甘肃、青海、新疆、四川、贵州、云南、西藏。当时海南省和重庆市并未建立。北京、天津和上海市分属于河北省和江苏省计算。

二、各省、区人口分布概况

河北

郡县名称	户数	口数
常山郡	141741	677956
巨鹿郡	155951	827177
魏郡中之 馆陶 斥丘 沙[15] 清渊 魏 元城 梁期 即裴 武始 平恩 邯沟 武安 邺	$\dfrac{212849}{18}\times 13=153724$	$\dfrac{909655}{18}\times 13=656973$
清河郡中之 清阳 东武城 信城 恖题 缭 枣强 复阳	$\dfrac{201774}{14}\times 7=100887$	$\dfrac{875422}{14}\times 7=437711$
涿郡	195607	782764
渤海郡中之 浮阳 东光 阜城 千童 南皮 章武 中邑 高成 高乐 参户 成平 柳 临乐 东平舒 安次 修市 文安 景成 束州 建成 章乡 蒲领	$\dfrac{256377}{26}\times 22=216934$	$\dfrac{905119}{26}\times 22=765870$

郡县名称	户数	口数
代郡中之 马城　阳原　东安阳 桑干　当城　代县 广昌	$\dfrac{56771}{18} \times 7 = 22078$	$\dfrac{278754}{18} \times 7 = 108404$
上谷郡	36008	117762
渔阳郡	68802	264116
右北平郡中之 无终　俊靡　徐无 夕阳　昌城　土垠 骊县	$\dfrac{66689}{16} \times 7 = 29176$	$\dfrac{320780}{16} \times 7 = 140341$
辽西郡中之 累县　肥如　令支 新安平　海阳	$\dfrac{72654}{14} \times 5 = 25948$	$\dfrac{352325}{14} \times 5 = 125830$
赵国	84202	349952
广平国	27984	198558
真定国	37126	178616
中山国	160873	668080
信都国	65556	304384
河间国	45043	187662
广阳国	20740	70658
平原郡中之安陵[16]	$\dfrac{154387}{19} \times 1 = 8126$	$\dfrac{664543}{19} \times 1 = 34976$
乌桓之一部分[17]	2000	10000
合计	1598506	6907790

山西

郡县名称	户数	口数
河东郡	236896	962912
上党郡	73798	337766
太原郡	169863	680488
西河郡中之 临水　皋狼　隰城 蔺县　离石　中阳 土军　平周	$\dfrac{136390}{36} \times 8 = 30309$	$\dfrac{698836}{36} \times 8 = 155297$
雁门郡中之 善无　武州　平城 中陵　崞县　剧阳 繁畤　汪陶　马邑 阴馆　埒县　楼烦	$\dfrac{73138}{14} \times 12 = 62689$	$\dfrac{293454}{14} \times 12 = 251532$

续表

郡县名称	户数	口数
代郡中之 延陵　高柳　参合 道人　平邑　班氏 狋氏　平舒　卤城 灵丘	$\dfrac{56771}{18} \times 10 = 31539$	$\dfrac{278754}{18} \times 10 = 154863$
合计	605094	2542858

内蒙古

郡县名称	户数	口数
云中郡	38303	173270
五原郡	39322	231328
朔方郡	34338	136628
定襄郡	38559	163144
西河郡中之 增山　大成　虎猛 美稷　富昌　广衍 谷罗	$\dfrac{136390}{36} \times 7 = 26520$	$\dfrac{698836}{36} \times 7 = 135885$
雁门郡中之 强阴　沃阳	$\dfrac{73138}{14} \times 2 = 10448$	$\dfrac{293454}{14} \times 2 = 41922$
代郡中之 且如	$\dfrac{56771}{18} \times 1 = 3154$	$\dfrac{278754}{18} \times 1 = 15486$
张掖郡中之 居延	$\dfrac{24352}{10} \times 1 = 2435$	$\dfrac{88731}{10} \times 1 = 8873$
乌桓[18]	14000	70000
匈奴	40000	200000
鲜卑[19]	10000	50000
上郡中之 奢延　高望　桢林	$\dfrac{103683}{23} \times 3 = 13524$	$\dfrac{606658}{23} \times 3 = 79129$
合计	270603	1305665

黑龙江

属国名称	户数	口数
夫余[20]	8000	4000
肃慎[21]	8000	4000
合计	16000	8000

吉林

郡县名称	户数	口数
玄菟郡中之 上殷台	$\dfrac{4506}{3} \times 1 = 1502$	$\dfrac{221845}{3} \times 1 = 73948$
夫余之一部分[22]	12000	60000
肃慎之一部分[23]	2000	10000
东沃沮之一部分[24]	1000	5000
合计	16502	148948

辽宁

郡县名称	户数	口数
玄菟郡中之 高句丽	$\dfrac{45006}{3} \times 1 = 15002$	$\dfrac{221845}{3} \times 1 = 73948$
辽东郡中之 西安平　武次　沓氏 平郭　文县　安市 新昌　居就　襄平 候城　高显　望平 辽阳　房县　辽队 无虑　险渎	$\dfrac{55972}{18} \times 17 = 52862$	$\dfrac{272539}{18} \times 17 = 257398$
辽西郡中之 文成　狐苏　柳城 临渝　阳乐　宾从 徒河　交黎　且虑	$\dfrac{72654}{14} \times 9 = 46706$	$\dfrac{352325}{14} \times 9 = 226495$
右北平郡中之 平刚　白狼　石成 广成	$\dfrac{66689}{16} \times 4 = 16672$	$\dfrac{320780}{16} \times 4 = 80195$

郡县名称	户数	口数
乌桓⑤	2000	10000
合计	133242	638036

山东

郡县名称	户数	口数
济阴郡	290025	1386278
千乘郡	116727	490720
济南郡	140761	642884
泰山郡	172086	726604
齐郡	154826	554444
北海郡	127000	593159
东莱郡	103292	502693
胶东国	72002	323331
高密国	40531	192536
城阳国	56642	205784
东平国	131754	607976
鲁国	118045	607381
菑川国	50289	227031
梁国中之 已氏	$\frac{38709}{8} \times 1 = 4839$	$\frac{106752}{8} \times 1 = 13344$
清河郡中之 东阳　绛幕　信乡 鄃　厝县　贝丘 灵县	$\frac{201774}{14} \times 7 = 100887$	$\frac{875422}{14} \times 7 = 437711$
楚国中之 傅阳	$\frac{114738}{7} \times 1 = 16391$	$\frac{497804}{7} \times 1 = 71115$
东郡中之 聊城　发干　范 东武阳　博平　黎清 东阿　临邑 须昌　寿良　阳平 廪丘　茌平	$\frac{401297}{22} \times 14 = 255371$	$\frac{1659028}{22} \times 14 = 1055745$

郡县名称	户数	口数
东海郡中之 郯　兰陵　襄贲 戚　开阳　费 缯　南城　即丘 临沂　合乡　承 建阳　都阳　阴平 鄫乡　新阳　昌虑	$\dfrac{358414}{38}\times 18 = 169775$	$\dfrac{1559357}{38}\times 18 = 738643$
琅邪郡中之 东武　海曲　朱虚 诸　梧成　灵门 姑幕　虚水　临原 琅邪　祓柜 鉼邘　雩叚 黔陬　云　计斤 稻　皋虞　平昌 长广　横　东莞 魏其　昌　兹乡 箕　椑　高广 高乡　柔　即来 丽　武乡　伊乡 新山　高阳　昆山 参封　折泉　博石 房山　慎乡　驷望 安丘　高陵　临安 石山	$\dfrac{228960}{51}\times 50 = 224471$	$\dfrac{1079100}{51}\times 50 = 1057941$
渤海郡中之 重平　阳信　定国　重合	$\dfrac{256377}{26}\times 4 = 39443$	$\dfrac{905119}{26}\times 4 = 139249$
平原郡中之 平原　鬲　高唐 重丘　平昌　羽 般　乐陵　祝阿 瑗　阿阳　漯阴 枌　富平　安德 合阳　楼虚　龙颔	$\dfrac{154387}{19}\times 18 = 146261$	$\dfrac{664543}{19}\times 18 = 629567$
沛郡中之 公丘	$\dfrac{409079}{37}\times 1 = 11056$	$\dfrac{2030480}{37}\times 1 = 54878$

续表

郡县名称	户数	口数
山阳郡中之 昌邑　南平阳　成武 湖陵　东缗　方与 橐　钜野　单父 薄　都关　城都 爰戚　郜成　中乡 平乐　郑　瑕丘 甾乡　栗乡　曲乡 西阳	$\dfrac{172847}{23} \times 22 = 165332$	$\dfrac{801288}{23} \times 22 = 766449$
合计	2707805	12025463

江苏

郡县名称	户数	口数
琅邪郡中之 赣榆	$\dfrac{228960}{51} \times 1 = 4489$	$\dfrac{1079100}{51} \times 1 = 21159$
东海郡中之 祝其　利成　东安 朐县　平曲　曲阳 海西　厚丘　建陵 司吾　良成　容丘 下邳	$\dfrac{358414}{38} \times 13 = 122615$	$\dfrac{1559357}{38} \times 13 = 533464$
临淮郡中之 徐　淮浦　盱眙 坕犹　射阳　赘其 高山　睢陵　盐渎 淮阴　下相　富陵 东阳　高平　海陵 堂邑　舆	$\dfrac{268283}{29} \times 17 = 157269$	$\dfrac{1237764}{29} \times 17 = 725586$
泗水国	25025	119114
会稽郡中之 丹徒　曲阿　毗陵 无锡　阳羡　吴 娄	$\dfrac{223038}{26} \times 7 = 60049$	$\dfrac{1032604}{26} \times 7 = 278009$
丹阳郡中之 江乘　句容　胡孰 秣陵　溧阳	$\dfrac{107541}{17} \times 5 = 31630$	$\dfrac{405171}{17} \times 5 = 119168$

郡县名称	户数	口数
沛郡中之 丰县　沛县　广戚	$\dfrac{409079}{37} \times 3 = 33169$	$\dfrac{2030480}{37} \times 3 = 164634$
楚国中之 留　武原　彭城　吕	$\dfrac{114738}{7} \times 4 = 65565$	$\dfrac{497804}{7} \times 4 = 284459$
广陵国	36773	140722
合计	536584	2386315

安徽

郡县名称	户数	口数
九江郡	150052	780525
六安国中之 六　安风　阳泉	$\dfrac{38345}{5} \times 3 = 23007$	$\dfrac{178616}{5} \times 3 = 107170$
楚国中之 梧县　甾丘	$\dfrac{114738}{7} \times 2 = 32782$	$\dfrac{497804}{7} \times 2 = 142230$
梁国中之 下邑　杼秋	$\dfrac{38709}{8} \times 2 = 9677$	$\dfrac{106752}{8} \times 2 = 26688$
庐江郡中之 舒　居巢　龙舒 灊　襄安　枞阳 松兹　皖　湖陵邑 临湖	$\dfrac{124383}{12} \times 10 = 103653$	$\dfrac{457333}{12} \times 10 = 381111$
汝南郡中之 新阳　新郪　细阳 濄县　铜阳　女阴 富波　慎	$\dfrac{461587}{36} \times 8 = 102575$	$\dfrac{2596148}{36} \times 8 = 576922$
丹扬郡中之 宛陵　春谷　泾 丹阳　石城　陵阳 芜湖　黟　歙 宣城	$\dfrac{107541}{17} \times 10 = 63259$	$\dfrac{405171}{17} \times 10 = 238336$

续表

郡县名称	户数	口数
沛郡中之 相　龙亢　谷阳 向　铚　广戚 下蔡　郸　谯 蕲　斩　山桑 公丘　符离　夏丘 洨　城父　扶阳 平阿　义成　萧 竹	$\dfrac{409079}{37} \times 22 = 243236$	$\dfrac{2030480}{37} \times 22 = 1207312$
临淮郡中之 取虑　僮　淮陵	$\dfrac{268283}{29} \times 3 = 27753$	$\dfrac{1237764}{29} \times 3 = 128045$
合计	755994	3588339

浙江

郡县名称	户数	口数
会稽郡中之 大末　乌伤　回浦 鄞　鄮　句章 余姚　上虞　山阴 剡　诸暨　富春 余暨　余杭　钱唐 由拳　海盐　乌程	$\dfrac{223038}{26} \times 18 = 154411$	$\dfrac{1032604}{26} \times 18 = 714880$
丹扬郡中之 于朁　故鄣	$\dfrac{107541}{17} \times 2 = 12652$	$\dfrac{405171}{17} \times 2 = 47667$
合计	167063	762547

江西

郡县名称	户数	口数
豫章郡	67462	351965
长沙国中之 安城	$\dfrac{43470}{13} \times 1 = 3344$	$\dfrac{235825}{13} \times 1 = 18140$
合计	70806	370105

福建

郡县名称	户数	口数
会稽郡中之 冶县	$\dfrac{223038}{26} \times 1 = 8578$	$\dfrac{1032604}{26} \times 1 = 39716$
合计	8578	39716

台湾

估计户口数	20000 户	100000 口

河南

郡县名称	户数	口数
河内郡	241246	1067097
河南郡	276444	1740279
淮阳国	135544	981423
颍川郡	432491	2210973
陈留郡		1509050
京兆中之 湖县	$\dfrac{195702}{12} \times 1 = 16309$	$\dfrac{682468}{12} \times 1 = 56872$
弘农郡中之 丹水　析县　卢氏 弘农　陕县　渑池 新安　宜阳　陆浑	$\dfrac{118091}{11} \times 9 = 96620$	$\dfrac{475954}{11} \times 9 = 389417$
魏郡中之 黎阳　内黄　繁阳 阴安　邯会	$\dfrac{212849}{18} \times 5 = 59125$	$\dfrac{909655}{18} \times 5 = 252682$
南阳郡中之 鲁阳　犨　红阳　叶 雉　郦　西鄂　博望 舞阴　宛　博山　棘阳 比阳　穰　冠军　涅阳 育阳　安众　乐城　朝阳 新野　新都　湖阳　平氏 复阳　昆阳　堵阳	$\dfrac{359316}{36} \times 27 = 269487$	$\dfrac{1942051}{36} \times 27 = 1456538$

续表

郡县名称	户数	口数
江夏郡中之 钟武　郫轪 西阳	$\dfrac{56844}{13} \times 4 = 17490$	$\dfrac{219218}{13} \times 4 = 67452$
东郡中之 观县　顿丘　濮阳 离狐　白马　燕县 乐昌	$\dfrac{401297}{21} \times 7 = 133766$	$\dfrac{1659028}{21} \times 7 = 553009$
山阳郡中之 黄国	$\dfrac{172847}{23} \times 1 = 7515$	$\dfrac{801288}{23} \times 1 = 34839$
梁国中之 蒙　睢阳　虞 砀　甾县	$\dfrac{38709}{8} \times 5 = 24193$	$\dfrac{106752}{8} \times 5 = 66720$
沛郡中之 鄼　建成　芒县 敬丘　建平　栗国 祁乡	$\dfrac{409079}{37} \times 7 = 77393$	$\dfrac{2030480}{37} \times 7 = 384145$
汝南郡中之 定陵　澺强　长平 召陵　西华　阳城 女阳　博阳　南顿 项　宜禄　西平 吴房　濮阳　上蔡 平舆　阳安　安平 郎陵　宜春　安城 慎阳　成阳　安阳 新息　弋阳　新蔡 期思	$\dfrac{461587}{36} \times 28 = 359012$	$\dfrac{2596148}{36} \times 28 = 2019226$
庐江郡中之 雩娄	$\dfrac{124383}{12} \times 1 = 10365$	$\dfrac{457333}{12} \times 1 = 38111$
六安国中之 蓼　安丰	$\dfrac{38345}{5} \times 2 = 15338$	$\dfrac{178616}{5} \times 2 = 71446$
合计	2172338	12899279

湖北

郡县名称	户数	口数
南阳郡中之 武当　酂　阴 筑阳　山都　邓 蔡阳　舂陵　随	$\frac{359316}{36}\times 9=89829$	$\frac{1942051}{36}\times 9=485513$
南郡中之 江陵　临沮　夷陵 华容　宜城　郢 邔　当阳　中庐 枝江　襄阳　编 秭归　夷道　州陵 若　高成	$\frac{125579}{18}\times 17=118602$	$\frac{718540}{18}\times 17=678621$
江夏郡中之 西陵　竟陵　郏 鄂　安陆　沙羡 蕲春　云杜　下雉	$\frac{56844}{14}\times 9=36543$	$\frac{219218}{14}\times 9=140926$
庐江郡中之 寻阳	$\frac{124383}{12}\times 1=10365$	$\frac{457333}{12}\times 1=38111$
武陵郡中之 佷山　孱陵	$\frac{34177}{13}\times 2=5258$	$\frac{185758}{13}\times 2=28578$
汉中郡中之 长利　武陵　上庸 房陵	$\frac{101570}{12}\times 4=33857$	$\frac{300614}{12}\times 4=100205$
长沙国中之 下隽	$\frac{43470}{13}\times 1=3344$	$\frac{235825}{13}\times 1=18140$
合计	297798	1490094

湖南

郡县名称	户数	口数
长沙国中之 罗县　益阳　临湘 湘南　连道　昭陵 承阳　酃县　攸县 荼陵　容陵	$\frac{43470}{13}\times 11=36782$	$\frac{235825}{13}\times 11=199544$

续表

郡县名称	户数	口数
零陵郡中之 营道　冷道　泉陵 营浦　都梁　夫夷 钟武	$\dfrac{21092}{10} \times 7 = 14764$	$\dfrac{139378}{10} \times 7 = 97565$
桂阳郡中之 临武　南平　郴县 便县　来阳　阴山	$\dfrac{28119}{11} \times 6 = 15338$	$\dfrac{156488}{11} \times 6 = 85357$
武陵郡中之 索县　临沅　零阳 充县　酉阳　迁陵 沅陵　义陵　辰阳 无阳　镡成	$\dfrac{34177}{13} \times 11 = 28919$	$\dfrac{185758}{13} \times 11 = 157180$
苍梧郡中之 谢沐　冯乘	$\dfrac{24379}{10} \times 2 = 4876$	$\dfrac{146160}{10} \times 2 = 29232$
合计	100679	568878

广东

郡县名称	户数	口数
桂阳郡中之 桂阳　含洭　浈阳 曲阳　阳山	$\dfrac{28119}{11} \times 5 = 12781$	$\dfrac{156488}{11} \times 5 = 71131$
南海郡	19613	94253
合浦郡中之 徐闻　临允　高凉	$\dfrac{15398}{5} \times 3 = 9239$	$\dfrac{78980}{5} \times 3 = 47388$
苍梧郡中之 端溪　高要	$\dfrac{24379}{10} \times 2 = 4876$	$\dfrac{146106}{10} \times 2 = 29221$
海南岛[26]	20000	100000
合计	66509	341993

广西

郡县名称	户数	口数
合浦郡中之 合浦	$\dfrac{15398}{5} \times 1 = 3080$	$\dfrac{78980}{5} \times 1 = 15796$
苍梧郡中之 广信　猛陵　荔浦 封阳　临贺　富川	$\dfrac{24379}{10} \times 6 = 14627$	$\dfrac{146160}{10} \times 6 = 87696$
郁林郡	12415	71162
零陵郡中之 零陵　始安　洮阳	$\dfrac{21092}{10} \times 3 = 6328$	$\dfrac{139378}{10} \times 3 = 41813$
合计	36450	216467

陕西

郡县名称	户数	口数
左冯翊	235101	917822
右扶风	216377	836070
京兆中之 新丰　船司空　蓝田 华阴　郑　下邽 南陵　奉明　霸陵 杜陵　长安	$\dfrac{195702}{12} \times 11 = 179394$	$\dfrac{682468}{12} \times 11 = 625596$
西河郡中之 平定　鸿门　圜阴 圜阳　阴山	$\dfrac{136390}{36} \times 5 = 18943$	$\dfrac{698836}{36} \times 5 = 97061$
弘农郡中之 上雒　商县	$\dfrac{118091}{11} \times 2 = 21471$	$\dfrac{475954}{11} \times 2 = 86537$
北地郡中之 归德　直路	$\dfrac{64461}{19} \times 2 = 6785$	$\dfrac{210688}{19} \times 2 = 22178$
武都郡中之 故道　嘉陵道　沮道	$\dfrac{51376}{9} \times 3 = 17125$	$\dfrac{235560}{9} \times 3 = 78520$
汉中郡中之 西城　旬阳　南郑 襄中　安阳　成固 沔阳　锡	$\dfrac{101570}{12} \times 8 = 67713$	$\dfrac{300614}{12} \times 8 = 200409$

续表

郡县名称	户数	口数
上郡中之 白土　龟兹　肤施 独乐　阳周　平都 高奴　定阳　雕阴道 襄洛　雕阴　浅水 漆垣	$\dfrac{103683}{23} \times 13 = 58603$	$\dfrac{606658}{23} \times 13 = 342894$
合计	821512	3207087

宁夏

郡县名称	户数	口数
北地郡中之 灵武　廉县　灵州 富平　昫衍	$\dfrac{64461}{19} \times 5 = 16963$	$\dfrac{210688}{19} \times 5 = 55444$
安定郡中之 昫卷　三水　高平 朝那　月氏道　乌氏	$\dfrac{42725}{21} \times 6 = 12207$	$\dfrac{143294}{21} \times 6 = 40941$
合计	29170	96385

甘肃

郡县名称	户数	口数
武都郡中之 武都　河池　平乐道 循成道　上禄　下辨道	$\dfrac{51376}{9} \times 6 = 34251$	$\dfrac{235560}{9} \times 6 = 157040$
陇西郡	53964	236824
金城郡中之 允吾　浩亹　令居 枝阳　金城　榆中 枹罕　白石　允街	$\dfrac{38470}{13} \times 9 = 26633$	$\dfrac{149648}{13} \times 9 = 103602$
天水郡	60370	261348
武威郡	17581	76419
张掖郡	24352	88731
酒泉郡	18137	76726
敦煌郡	11200	38335

续表

郡县名称	户数	口数
安定郡中之 泾阳　安武　彭阳 临泾　安定　阴槃 爰得　阴密　参䜌 抚夷　祖厉　鹑阴	$\dfrac{42725}{21} \times 12 = 24414$	$\dfrac{143294}{21} \times 12 = 81882$
北地郡中之 鹑孤　弋居　大叟 泥阳　义渠　略畔道 郁郅　方渠　马领	$\dfrac{64461}{19} \times 9 = 30534$	$\dfrac{210688}{19} \times 9 = 99800$
广汉郡中之 阴平	$\dfrac{167499}{13} \times 1 = 12885$	$\dfrac{662249}{13} \times 1 = 50942$
合计	314321	1271649

青海

郡县名称	户数	口数
金城郡中之 临羌　安夷　破羌 河关	$\dfrac{38470}{13} \times 4 = 11837$	$\dfrac{149648}{13} \times 4 = 46046$
羌[27]	10000	50000
合计	21837	96046

新疆

属国名称	户数	口数
婼羌	450	1750
鄯善	1570	14100
且末	230	1610
小宛	150	1050
精绝国	480	3360
戎卢国	240	1610
扜弥国	3340	20040
渠勒	310	2170
于阗国	3300	19300
皮山国	500	3500

属国名称	户数	口数
乌秅国	490	2733
西夜国	350	4000
蒲犁国	650	5000
依耐国	125	670
无雷国[20]	333	2333
捐毒国	380	1100
莎车国	2339	16373
疏勒国	1510	18647
尉头国	300	2300
乌孙[20]	60000	365000
姑墨	3500	24500
温宿国	2200	8400
龟兹	6970	81317
乌垒	110	1200
渠犁	130	1480
危须国	700	4900
焉耆国	4000	32100
乌贪訾离国	41	231
卑陆国	227	1387
卑陆后国	462	1137
郁立师国	190	1145
单桓国	27	194
蒲类	325	2032
蒲类后国	100	1070
尉犁	1200	9600
西且弥	332	1926
东且弥	191	1948
劫国	99	500
狐胡国	55	264
山国	450	5000
车师前国	700	6050
车师后国	595	4774
车师都尉国	40	333
车师后城长国	154	960
白龙堆	不详	不详
合计	98645	679094

四川

郡县名称	户数	口数
蜀郡	268279	1245929
犍为郡中之 僰道　江阳　武阳 南安　资中　符 牛鞞　南广	$\dfrac{109419}{12}\times 8=72946$	$\dfrac{489486}{12}\times 8=326324$
越嶲郡中之 邛都　灵关道　台登 定莋　会无　莋秦　大莋 苏示　阑　卑水　灊街	$\dfrac{61208}{15}\times 11=44886$	$\dfrac{408405}{15}\times 11=299497$
巴郡	158643	708148
广汉郡中之 梓潼　汁方　涪 雒　绵竹　广汉 葭萌　郪　新都 甸氏道　白水　刚氏道	$\dfrac{167499}{13}\times 12=154615$	$\dfrac{662249}{13}\times 12=611307$
南郡中之 巫	$\dfrac{125579}{18}\times 1=6977$	$\dfrac{718540}{18}\times 1=39919$
合计	706346	3231124

贵州

郡县名称	户数	口数
犍为郡中之 汉阳	$\dfrac{109419}{12}\times 1=9118$	$\dfrac{489486}{12}\times 1=40791$
牂柯郡中之 谈稿　夜郎　谈指 平夷　毋敛　鳖县 故且兰	$\dfrac{24219}{17}\times 7=9973$	$\dfrac{153360}{17}\times 7=63148$
合计	19091	103939

云南

郡县名称	户数	口数
益州郡	81946	580463
犍为郡中之 朱提　堂琅　郁邬	$\dfrac{109419}{12}\times 3=27355$	$\dfrac{489486}{12}\times 3=122372$
越嶲郡中之 遂久　姑复　三绛 青蛉	$\dfrac{61208}{15}\times 4=16322$	$\dfrac{408405}{15}\times 4=108908$
牂柯郡中之 进桑　西随　都梦 镡封　宛温　同并　毋单 漏江　漏卧　句町	$\dfrac{24219}{17}\times 10=14246$	$\dfrac{153360}{17}\times 10=90212$
合计	139869	901955

西藏

估计人口	40000 户	200000 口

第二节　西汉时期的人口密度、人口比重

通过以上分省区进行统计，我们可以了解到西汉平帝元始二年时中国人口分布的大致概况。据以上统计，当时全国的总人口数为 57551206 人。如果按照各省区人口多少的顺序依次排列的话，其顺序是这样的：

(1) 河南　　　12899279 人　　　占全国人口比重 22.4%

(2) 山东　　　12025463 人　　　占全国人口比重 20.9%

(3) 河北　　　6907790 人　　　占全国人口比重 12%

(4) 安徽　　　3588339 人　　　占全国人口比重 6.2%

(5) 四川　　　3231124 人　　　占全国人口比重 5.6%

(6) 陕西　　　3207087 人　　　占全国人口比重 5.6%

(7) 山西　　　2542858 人　　　占全国人口比重 4.4%

(8) 江苏　　　2386315 人　　　占全国人口比重 4.1%

（9）湖北　　　1490094 人　　　占全国人口比重 2.6%

（10）甘肃　　　1271649 人　　　占全国人口比重 2.2%

（11）内蒙古　　1305665 人　　　占全国人口比重 2.3%

（12）云南　　　901955 人　　　占全国人口比重 1.6%

（13）浙江　　　762547 人　　　占全国人口比重 1.3%

（14）新疆　　　679094 人　　　占全国人口比重 1.2%

（15）辽宁　　　638036 人　　　占全国人口比重 1.1%

（16）湖南　　　568878 人　　　占全国人口比重 1.0%

（17）江西　　　370105 人　　　占全国人口比重 0.6%

（18）广东　　　341993 人　　　占全国人口比重 0.6%

（19）广西　　　216467 人　　　占全国人口比重 0.38%

（20）西藏　　　200000 人　　　占全国人口比重 0.35%

（21）吉林　　　148948 人　　　占全国人口比重 0.26%

（22）贵州　　　103939 人　　　占全国人口比重 0.18%

（23）台湾　　　100000 人　　　占全国人口比重 0.17%

（24）宁夏　　　96385 人　　　占全国人口比重 0.17%

（25）青海　　　96046 人　　　占全国人口比重 0.17%

（26）黑龙江　　8000 人　　　占全国人口比重 0.14%

（27）福建　　　39716 人　　　占全国人口比重 0.07%

如果按照各个省区人口密度的大小进行排列,其依次为:

（1）山东　　81 人/方公里

（2）河南　　81 人/方公里

（3）河北　　32 人/方公里

（4）安徽　　28 人/方公里

（5）江苏　　22.6 人/方公里

（6）山西　　16.9 人/方公里

（7）陕西　　16.9 人/方公里

（8）湖北　　8.3 人/方公里

（9）浙江　　7.6 人/方公里

（10）四川　　5.7 人/方公里

（11）辽宁　　4.0 人/方公里

（12）甘肃　　3.5 人/方公里

（13）台湾　　2.7 人/方公里

（14）云南　　2.4 人/方公里

（15）湖南　　2.3 人/方公里

（16）江西　　2.3 人/方公里

（17）宁夏　　1.4 人/方公里

（18）广东　　1.3 人/方公里

（19）内蒙　　1.2 人/方公里

（20）广西　　0.9 人/方公里

（21）吉林　　0.8 人/方公里

（22）贵州　　0.6 人/方公里

（23）新疆　　0.4 人/方公里

（24）福建　　0.3 人/方公里

（25）黑龙江　0.2 人/方公里

（26）西藏　　0.17 人/方公里

（27）青海　　0.13 人/方公里

以上我们是按今之省区面积计算的西汉时期的人口密度，从中可以看到山东、河南的人口最为稠密，每平方公里已经达到近百人。如果我从更小的东范围去观察，人口分布的高密度区是在黄河中、下游的沿黄一带，有的地方已达到了每平方公里200人以上。劳干先生所发表的《西汉郡国面积之估计及口数增减之推测》提供这方面的成果，今择其相关数据列表如下，以明西汉时人口稠密区之概况。

郡国名称	人口密度	备注
河南郡	154.7 人/方公里	今河南省洛阳市周围地区
颍川郡	206 人/方公里	今河南省长葛、许昌、襄城、平顶山地区
鲁国	112.5/方公里	今山东省曲阜、泗水、滕县地区
钜鹿郡	112.2/方公里	今河北省中南部地区即石家庄、邯郸以东，衡水、丘县以西
平原郡	416/方公里	今山东、齐河、禹城、平原、临邑、陵县、商河、惠民、阳信、吴桥境
菑川国	158/方公里	今山东省临淄与寿光之间
高密国	158/方公里	今山东省高密境
清河郡	194/方公里	今河北临清清河境
广平国	165.6/方公里	今河北省任县、南和、曲周境
陈留	138.6/方公里	河南省开封、兰考、杞县境

续表

郡国名称	人口密度	备注
东郡	122/方公里	今山东、河南的荏平、聊城、南乐、清丰、濮阳境
东平国	193/方公里	今山东东平、汶上、济宁
济阴郡	223/方公里	今山东菏泽、定陶境

以今日之行政区划来说,大致是今日之河南省的洛阳市、郑州市、许昌市、开封市、濮阳市,河北省的邢台市、邯郸市,山东的菏泽市、济宁市、聊城市、泰安市、德州市、济南市、淄博市、潍坊市西汉时期的人口在全国来说是最为稠密的地区。

注   释:

① 《先秦两汉时期河南人口的分布与变迁》,《人口科学研究》,1982 年 1 期。

② 《西晋隋唐时期河南人口的分布与变迁》,《人口科学研究》,1982 年 2 期。

③ 《宋元明清时期河南人口的分布与变迁》,《人口科学研究》,1983 年 2 期。

④ 《中国主要省区古代人口发展概况》,《人口科学研究》,1984 年 1 期。

⑤ 《中国古代人口发展概况续一》,《人口科学研究》,1984 年 2 期。

⑥ 《陕西、山西古代人口发展概况》,《经济与人口论坛》,1985 年 1 期。

⑦ 《江苏、安徽古代人口发展概况》,《经济与人口论坛》,1985 年 2 期。

⑧ 《山东、河北古代人口发展概况》,《经济与人口论坛》,1986 年 1 期。

⑨ 赵文林、谢淑君:《中国人口史》。

⑩ 《大学衍义补·蓄民之生》。

⑪ 《大学衍义补·傅算之籍》。

⑫⑬ 《史记》卷 129《货殖列传》。

⑭ 《中国地图册》,地图出版社 1961 年版 1981 年第 8 次印刷。

⑮ 魏郡中之"沙"县系《汉书·地理志》所载,而《历史地图集》作"涉",必有一误。

⑯ 平原郡中之"安陵",系《汉书·地理志》所载,而《历史地图集》作"安",必有一误。

⑰ 黄烈先生考证。在曹魏时期乌桓有 30 万口(《中国古代民族史研究》第 249 页),西汉末年乌桓势力并不大,估计约有 10 万口,在今河北和辽宁省境约有 3 万口,在河北省境 1 万口,在辽宁省境者有 2 万口,约有 7 万口在内蒙古境内。

⑱ 见河北乌桓下注文。

⑲ 鲜卑一族,据《后汉书》记载,与乌桓同属东夷的一支,因汉初被匈奴冒顿击破,各保鲜卑山和乌桓山即今内蒙古东北部地区。据"汉初,亦为冒顿所破,远窜辽东塞外,与乌桓相接,未尝通中国焉"。(《后汉书》卷 90《鲜卑列传》)可知,在西汉末年,它的势力和人口不如乌桓为盛,估计平帝时约有 5 万口人。

⑳ 夫余地处今黑龙江省的西部和吉林省的中、西部地区,是一个以农业为主的民族。《后汉书》卷 85《东夷列传》载,在安帝永初五年(公元 111 年)时,"夫余王始将步骑七八千人寇钞乐浪。"桓帝永康元年(公元 167 年)时,"王夫台将二万余人寇玄菟"。从其兵员状况估计,在顺帝永和五年(公元 140 年)时约有 15 万人口

（其处辽宁者约有 2 万口，其处黑龙江者约有 5 万口，其处吉林者约有 8 万口）。那么，西汉平帝元始二年时，夫余人口至多有 10 万。其处吉林部分的人口约有 6 万，其处黑龙江部分的人口约有 4 万。

㉑　肃慎地处黑龙江省和吉林省的东北部地区，从《后汉书·东夷列传》的记载可知，"自汉兴以后，臣属夫余"、"种众虽少，而多勇力"。说明其势力不如夫余强大，估计顺帝年间约有口 8 万，西汉平帝元始二年（公元 2 年）约有口 6 万，其处于境外的人口约有 1 万。其处黑龙江者约有 4 万，其处吉林者约有 1 万。

㉒　见黑龙江夫余注文。

㉓　见黑龙江肃慎注文。

㉔　东沃沮，地处今吉林的东部一线及朝鲜境。《后汉书·东夷列传》载，其在汉武帝之后设为县。汉时沿边郡县户口稀少，不过三四千户，一万五至二万人口。《三国志·东夷传》言其在三国时有 5 千户，约 2 万 5 千人。估计西汉元始二年之时，在今吉林省之东沃沮人口约有 5 千人，东汉顺帝年间，在今吉林之东沃沮人口约有 7 千。

㉕　见河北乌桓下注文。

㉖　海南岛系估计人口。

㉗　《汉书》卷 69《赵充国传》载，河湟羌在西汉宣帝时有兵 5 万人，因寇金城，被充国斩首 7600 余人，溺河饥死者五六千人。元帝时羌汉之间又发生过战斗，被冯奉世击破。此后至王莽辅政期间，汉羌彼此相安。从其游牧特点看，成年男子均可控弦为兵，估计在宣帝时有 15 万人，因遭宣元年间的战争损失很大，至西汉末，河湟羌人口充其量不过 20 万人。其中入编为郡县户口者有 15 万，未属郡县者约 5 万口。

㉘　无雷国约有三分之一领土在今中国境内，故取三分之一计算，1000÷3＝333（户），7000÷3＝2333（口）。

㉙　乌孙国约有二分之一领土在今中国境内，故取二分之一计算，120000÷2＝60000（户），630000÷2＝365000（口）。

以上数字来源于《汉书》卷 96《西域传》，其属国排列顺序按《传》中之顺序排列。

第三章　秦、西汉时期的人口迁徙

秦和西汉时期的人口迁徙有其突出的特点,主要表现在以下几个方面:其一,秦汉政府为达到某种目的发布政令,采取强迫措施令民迁徙。这主要表现在秦汉时期对于被灭掉的六国的王室、贵族及其后代很是放心不下,如何能高枕无忧,秦、汉政府认为,只有把他们迁到关中,置于自己视野的监视之下,才比较安全。所以从秦始皇到汉刘邦等都采取过措施,把大批的六国之人迁到关中,当时的一些大臣、地方上的豪强势力、高赀富人,乃至一些游侠义士也都难以避免。本书第九章第二节中的"强干弱枝"思想中有比较详细的考述可以参考,本章不作专论。其二,秦、汉时期,周边民族亦处于大发展阶段,特别是北方的草原民族常常给秦汉政权带来极大的威胁,为了抗击北方游牧民族的入侵,单单为了跋涉和运输就使汉政府损失折半,只有移民常住边塞,且耕且战才能有胜战之把握,所以自汉文帝开始至武、昭、宣帝都不停地向长城一线和西域移民。关于在此种思想指导下的移民,本章也不在此论述,可以参阅本书第九章第三节实边固塞思想的有关内容。其三,自秦开始的汉匈之间的战争持续一个多世纪,双方损失都很惨重,互相掳掠削弱对方乃是司空见惯的事情,如何安排这些被掳掠者,西汉政府主要是在沿边设置属国予以处之。长期的战争,造成了大量的俘虏,这批被安置的移民及其数量可以参阅本书第一章第四节——汉武帝末年人口并非减半的辨析一目中,初步统计,双方的掠杀都在 20 万以上,对于存活者的安置也造成大量徙民。其四,由于灾荒等也造成民众的流徙,而且数量也是很大的。汉武年间,有一次关东出现了 200 万口的流民,当然有些流民会在年景好转时返回原居,但有一部分会别居异乡,难以回归故里了。其五,新置郡县也造成了一部分人口的迁徙,特别是秦汉时期是推行郡县制的时期,新置郡县需要充实人口,也有人口之流动。其六,西汉时期,南方的越族常常作乱,给中央政权造成不稳,汉武帝曾把他们举族内徙。其七,其他形式的少量移民诸如对罪犯的贬徙、对王室家族内部犯法者的谪处其数量虽然不大,但也不失为迁徙种类中的一种形式,所以本书也作了探讨。

第一节　灾民的流徙与过剩人口的迁徙

一、灾民的自动流徙

灾民的流徙,不像政府所组织的有目的移民,其数量不可估算。秦、西汉时灾民流徙最严重的时期是秦汉之际、武帝时期和新莽执政时期。秦汉之际,由于楚、汉战争农民不能从事正常的生产活动,加之战争的严重破不造成粮价上涨,饥饿把百姓送上了流亡的道路。汉武帝时期山东的河患灾害十分频繁和严重,汉、匈之间的战争也影响到百姓的正常生活,岁若不登,便流民四起。王莽执政时期是西汉的末期,土地兼并十分严重,失地的农民数量庞大,加之统治阶级削剥加重,除了逃亡别无途径,所以也是一个流民高潮四起的时期。这些流民所到之处,如果想留下来生活政府是允许的,这样便形成了流民的迁徙群体。《汉书》卷24下《食货志》对于流民的留处选择——即迁徙选择介绍得十分清楚:

> (汉武帝时期)是时山东被河灾,及岁不登数年,人或相食,方二三千里。天子怜之,令饥民得流就食江淮间,欲留,留处。(师古曰:"流谓恣其行移,若水之流。至所在,有欲往者,亦留而处也。")

《食货志》讲的是汉武帝时期的事情,恐怕就整个汉代来说对于流民的选处问题其政策都是一致的。又如汉初的那次流民潮有不少难以再回故土。

> 汉兴,接秦之敝,诸侯并起,民失作业,而大饥馑。凡米石五千,人相食,死者过半。高祖乃令民得卖子,就食蜀汉[①]。

以上所述的是流向江淮和蜀地的民众,而西汉一代山东之民在遭灾后流入关中者较多。如《汉书》卷26《天文志》有流民入关的记载:

> 河平元年三月,流民入函谷关。

河平元年即公元前28年,西汉成帝时期所发生的事情。

《汉书》卷10《成帝纪》言:

> (阳朔二年)秋,关东大水,流民欲入函谷、天井、壶口、五阮关者,勿苛留。
> 遣谏大夫博士分行视。

根据应劭的注释,天井在上党高都,壶口在壶关,五阮在代郡。可以说这次流民的流向是关中地区以及山西的中北部地区。

成帝鸿嘉四年(前17年)也有流民入关的记载,《汉书》卷10《成帝纪》载:

春正月,诏曰:"数敕有司,务行宽大,而禁苛暴,讫今不改。一人有辜,举宗拘系,农民失业,怨恨者众,伤害和气,水旱为灾,关东流冗者众,青、幽、冀部尤剧,朕甚痛焉……流民欲入关,辄籍内,所之郡国,谨遇以理,务有以全活之,思称朕意。"

实际上,早在成帝之前的元帝时期,大规模的流民就不断发生,《汉书》卷71《于定国传》言说在元帝即位之初,

"关东连年被灾害,民流入关,言事者归咎于大臣。上于是数以朝日引见丞相、御史,入受诏,条责以职事"。

在汉平帝元始二年(公元2年)的时候,青州(今山东省境)的百姓流向关中,《汉书》卷12《平帝纪》载:

郡国大旱,蝗,青州尤甚,民流亡。安汉公、四辅、三公、卿大夫、吏民为百姓困乏献其田宅者二百三十人……罢安定呼池苑,以为安民县,起官寺市里,募徙贫民,县次给食。至徙所,赐田宅什器,假与犁、牛、种、食。又起五里于长安城中,宅二百区,以居贫民。

王莽地皇三年(公元22年)流民进入关中者数十万人,《汉书》卷99下《王莽传》载:

夏,蝗从东方来,蜚蔽天,……流民入关者数十万人,乃置养赡官稟食之。使者监领,与小吏共盗其稟,饥死者十七八。

《汉书》卷24上《食货志》记载得更为详细:

(王莽)末年,盗贼群起,发军击之,将吏放纵于外。北边及青徐地人相食,雒阳以东米石二千。莽遣三公将军开东方诸仓振贷穷乏,又分遣大夫谒者教民煮木为酪,酪不可食,重为烦扰。流民入关者数十万人,置养澹官以稟之,吏盗其稟,饥死者什七八。

上述所举例证,都是在发生饥荒时,流民从关东,不远千里涌向关中的具体实例,那么流民何以往往选择关中为就食之地呢? 这恐怕还是与关中的富庶有关。《史记》卷129《货殖列传》描述关中自汧(今陕西宝鸡市陇县)、雍(今陕西省宝鸡市凤翔县)以东至河、华即到今日的华阴县,土地肥沃,膏壤沃野千里,在虞夏的时候就是上等之田,从周的先祖公刘,到文王、武王都注意农业生产,秦之先人亦注意经营,而且其四周亦有优越的财富可以称道:

南则巴蜀。巴蜀亦沃野,地饶卮、姜、丹沙、石、铜、铁、竹、木之器。南御滇僰,僰僮。西近邛笮,笮马、旄牛。然四塞,栈道千里,无所不通,唯褒斜绾毂其口,以所多易所鲜。天水、陇西、北地、上郡与关中同俗,然西有羌中之利,北有戎

翟之畜,畜牧为天下饶。然地亦穷险,唯京师要其道。故关中之地,于天下三分之一,而人众不过什三,然量其富,什居其六。

难怪屡屡有大规模的流民涌入关中,有读万卷书、行万里路的司马迁实地考察并作出的结论是可信的。

除了关中之外,也有一些地方是人口流亡之选向,这主要是战乱导致的人口流动,而流动的目的是为了避乱,是为了寻求避风港。如江南的会稽等地,曾一度成为避难之所。《后汉书》卷76《循吏传·任延传》曾记载在更始帝的时候(公元23年)

时天下新定,道路未通,避乱江南者皆未还中土,会稽颇称多士。

另外,在汉匈关系破裂时发生,边民多流入内郡者很多。《汉书》卷99中《王莽传》载,在天凤元年(公元14年)时:

会匈奴使还,单于知侍子登前诛死,发兵寇边,莽复发军屯。于是边民流入内郡,为人奴婢,乃禁吏民敢挟边民者弃市。

除了有明确流动方向的流民外,文献还记载有许多不知流向的流民。史书仅仅称某某地发生了流民,但未载流民的逃奔所向,似此情况亦有不少。这里亦作简单考述。

关东出现流民:《史记》卷103《万石张叔列传》载,在元封四年(前107年)中,"关东流民二百万口,无名数者四十万"。

青州(今山东泰山以北等地)、徐州(今山东诸城、枣庄及江苏连云港等地区)出现流民:《汉书》卷99下《王莽传》载:在天凤六年(公元19年)时,"青、徐民多弃乡里流亡,老弱死道路,壮者入贼中"。

平州、并州出现流民:《汉书》卷99中《王莽传》载:在始建国三年(公元11年)的时候,

"诸将在边,须大众集,吏士放纵,而内郡愁于征发,民弃城郭流亡为盗贼,并州、平州尤甚"。

西汉时之并州就是地处今日之山西省境。

还有许多流民的出现,史书既缺载其流民发生地,亦缺载其流向何方,属于此种情况这里不再作赘述。

二、人口过剩而引发的徙民

当今我们谈人口过剩较易接受,因为目前世界及中国的人口数量太庞大了,已经造了经济发展的一种阻力。然而在2000多年前的西汉时期,全世界的人口估计约有2.5亿,中国的人口也不过5000多万,说那时出现人口过剩人们很难理解。其实,在

不同的生产方式下有不同的人口过剩,我们所说的人口过剩都是局部性的,在本书《制土分民思想》一节中,谈到从春秋战国时期古代的思想家们已经注意到了这一点。《商君书·徕民》篇谈到的三晋的情况就是如此,也就是当时的韩、赵、魏三国土狭民众,其土不足以生其民的情况比较严重。而秦国是个地广人稀的地方,谓之"地胜其民"。地胜其民的结果是经济发展缓慢,其土地的潜力得不到很好的开发和利用,所以商鞅主张招引三晋之民到秦国去,以促进秦国经济的发展。

以上所述是战国时期的情况已便是如此,那么到西汉时期,这种局部地区人口过剩的情况有所加剧。汉景帝时期曾不得不下诏,让那些人稠土狭地区的民众恣其意向迁往易于谋生的地方。《汉书》卷5《景帝纪》记述得非常明确:

> 郡国或硗陿,无所农桑系畜;或地饶广,荐草莽,水泉利,而不得徙,其议民欲徙宽大地者,听之。

自西汉以后,这种局部地区人口过剩的情况更加严重,王符的《潜夫论·实边》和崔寔的《政论》均有提及,且呼声甚高。总之,由于上述情况所出现的徙民现象及徙民数量不在少数。

第二节　灭国徙民与罪迁

一、灭国徙民

灭国徙民,主要是秦始皇在统一六国的过程中,对新征服的国家的部分人口进行迁徙。其主要目的还是为了动摇其基础,削弱其力量,分散其民众,这样便于控制与统治。见于记载的有:《史记》卷129《货殖列传》和《淮南子·泰族训》载秦始皇攻破赵国之后,把赵国的大家族、大商人迁到临邛、葭萌、房陵。《后汉书》卷33《冯鲂传》云:秦灭魏之后把一部分人迁到湖阳(今河南省唐河县南湖阳镇)。《史记》卷129《货殖列传》载秦灭魏之后,把魏国的孔氏迁到南阳(今河南省南阳市)。《太平御览》卷166引《蜀记》云:秦灭楚,把楚庄王的族人徙之于少数民族地区的严道(今四川峨眉山西荥经县)。《汉书》卷100《叙传》载,秦灭楚,把楚国令尹子文的后代徙之于晋、代间(今山西省)。《新唐书》卷73《宰相世系表》载:秦把武丁的裔孙权氏,徙之于陇西天水。《通志·氏族略》载:秦灭楚把楚王子兰上官氏一族,徙之于陇西上邽(今甘肃省天水市)。《史记》卷46《田敬仲完世家》载:秦灭齐,把齐王建等大族迁之于共(今河南省辉县境)。《通志·氏族略》载:秦灭齐,把齐国的来氏迁之于新野

（今河南省新野县）。《汉书》卷28下《地理志》载：

> 颍川、南阳，本夏禹之国……秦既灭韩，徒天下不轨之民于南阳。故其俗夸奢，上气力，好为商贾渔猎，藏匿难制御也。

《汉书》卷28《地理志》还载：

> 定襄、云中、五原，本戎狄地，颇有赵、齐、卫、楚之徙。（师古曰："言四国之人被迁徙来居之。"）

秦始皇灭掉魏国之后，把魏国的王族迁到丰地。《汉书》卷1上《高帝纪》记载了秦二年十月沛公让雍齿守丰（今安徽丰县），自己领兵到别处攻占，十二月：

> 楚王陈涉为其御庄贾所杀，魏人周市略地丰沛，使人谓雍齿曰："丰，故梁徙也。今魏地已定者数十城，齿今下魏，魏以齿为侯守丰。不下，且屠丰。"雍齿雅不欲属沛公，及魏招之，即反为魏守丰。沛公攻丰，不能取。沛公还之沛，怨雍齿与丰子弟畔之。

这段文字中的"丰，故梁徙也"。文颖的注释是：

> 晋大夫毕万封魏，今河东河北县是也。其后为秦所逼徙都，今魏郡魏县是也。至文侯孙惠王，畏秦，复徙都大梁，今浚仪县大梁亭是也。故世或言魏惠王，或言梁惠王。至孙假为秦所灭，转东徙于亍，故曰丰故梁徙也。

从文义看，丰与魏的关系十分密切，要不然周市的一席话竟使守卫丰地的雍齿倒戈沛公，投顺梁魏。梁惠王孙假被秦始皇灭魏后迁丰，这种迁徙恐怕不是自动的，而是秦始皇对灭国之君的一贯举措。其被迁的人数不在少数，可能是魏王假及其王室家庭，否则就谈不上"丰，故梁徙也"。

从上所载我们可以得出如下几点认识：其一，秦始皇对所灭之国，几乎都要进行徙民，削弱其势力，防止东山再起。其二，所徙民的主要成分是六国的王族、贵族，甚至在七国之前被灭国的政权秦始皇也不放心。其三，所迁徙的地方基本上都是人口稀少的边境地区或交通不便的地方，正如《汉书》卷31《项籍传》所言"巴、蜀道险，秦之迁民皆居之"。其四，秦始皇的灭国徙民为西汉作了范例。

二、罪犯的贬徙

在人口迁移当中，被动移民也是常见的，也就是说自己本无迁徙他乡的意见，而政府强迫其移居他地。这一般是犯罪者及其家属所遭受的贬谪和放逐，放逐的地方一般是边远崇山峻岭或荒凉之地。放逐这种形式，早在帝尧的时期便已出现了。《尚书·皋陶谟》云："何迁乎有苗"，疏："尧畏其乱政，故迁放之。"

秦始皇时期，迁徙犯罪者于边远地区的记载屡见不鲜，如在秦始皇八年（前239

年)的时候,

　　　长安君成蟜将军击赵,反,死屯留。军吏皆斩死,迁其民于临洮。(《史记》
张守节《正义》:"临洮水,故名临洮。洮州在陇右,去京千五百五十一里。言屯
留之民被成蟜略众共反,故迁之于临洮郡也。")②

此临洮郡约在今甘肃甘南之岷县。

　　秦始皇九年(前238年)长信侯嫪毐作乱,秦王政命相国昌平君,昌文君发卒攻
嫪毐战咸阳:

　　　毐等败走。即令国中:有生得毐赐钱百万;杀之,五十万。尽得毐等。卫尉
竭、内史肆、佐弋竭、中大夫令齐等二十人皆枭首。车裂以徇,灭其宗。及其舍
人,轻者为鬼薪。及夺爵迁蜀四千家,家房陵。③

此房陵就是今日湖北神农架林区的房陵县。

　　秦始皇十二年(前235年)

　　　文信侯不韦死,窃葬。其舍人临者,晋人也逐出之,秦人六百石以上夺爵,
迁;(张守节《正义》:"……若是秦人哭临者,夺其官爵,迁移于房陵")。五百石
以下不临,迁,勿夺爵(张守节《正义》:"若是秦人不哭临不韦者,不夺官爵,亦迁
于房陵。")④

　　除了因犯罪受惩处被迁徙之外,在秦始皇进行的统一六国的战争中,被征服国家
的民众,特别是那些工商业者或秦认为不轨之民,也有许多被徙往他地。《汉书》卷
91《货殖传》记载蜀地即今日之四川一位姓卓的大手工业者,他的先人是赵国人,当
时在赵国就冶铁致富。秦破赵后,把他们迁到蜀地,夫妻推车而行,秦把他们称为迁
虏。在诸多迁虏中,不少人贿赂押送他们的官吏,要求到不太远的地方去,有的留在
葭萌(今四川广元市南)。唯卓氏曰:

　　　"此地狭薄,吾闻岷山之下沃野,下有蹲鸱,至死不饥。民工作布,易贾"。
乃求远迁。致之临邛(今四川邛崃)。大喜,即铁山鼓铸,运筹算,贾滇蜀民,富
至僮八百人。

与卓氏齐名而且亦是同操冶铸业的程郑也是发了大财:

　　　程郑,山东迁虏也,亦冶铸,贾椎髻之民,富埒卓氏。⑤

从"贾魋佶民"来看,他是迁到了西南夷一带。

　　两汉时期南阳冶铁业的发展应该功归秦之迁虏。

　　　宛孔氏之先,梁人也,用铁冶为业。秦伐魏,迁孔氏南阳。大鼓铸,规陂池,
连车骑,游诸侯,因通商贾之利,有游闲公子之赐与名。然其赢得过当,愈于纤
啬,家致富数千金,故南阳行贾尽法孔氏之雍容。⑥

以上所举战败国之迁民,其地位虽比罪犯较高,但亦是政府所强制的对象。从日后南阳、蜀地经济之快速发展来看,与迁民有很大关系,特别是促进了手工业和商业的发展,进而促进了文化经济的发展。科圣张衡、医圣张仲景都是出自南阳。南阳也是后汉末人才向往和聚集的地方,如诸葛亮等。

所迁之民应该说是精英和智商高者,《汉书》卷28《地理志》言

"秦灭韩,迁不轨之民于南阳,故其俗夸奢,上气力。"

颜师古释"不轨之民"谓不循法度者,留在当地有其基础,秦政权恐其易于作乱,迁徙之举从本意上讲主要是从巩固和维护政权出发,但在客观上起到了推动迁入地经济开发的作用。

西汉时期流放罪人及其家属的现象不绝史籍,其主要地点是房陵县、上庸县、合浦郡、西海郡、敦煌郡、酒泉郡、辽西郡等。

房陵县和上庸县在西汉时属益州汉中郡,也就是今日之湖北省的十堰市以南、秭归县以北的神农架林区。这里的主峰虽然只有3100多米,但群山相连,崎岖难行,至今仍有人迹罕至的处女地——原始森林。正是由于其十分闭塞,所以被西汉政府选为流放王室贵族犯法者的最主要的地方,为简明介绍,今列表如下:

西汉王室罪迁表

时间	被迁徙者	迁入地	资料出处
元鼎元年	济东王彭离	上庸	《汉书》卷6《武帝纪》
元鼎三年	常山王教	房陵	《汉书》卷6《武帝纪》
地节四年	清河王年	房陵	《汉书》卷8《宣帝纪》
甘露四年	广川王海阳	房陵	《汉书》卷8《宣帝纪》
建昭元年	河间王元	房陵	《汉书》卷9《元帝纪》
建元三年	济川王明	房陵	《汉书》卷14《诸侯王表》
本始四年	广川王去	上庸与邑百户	《汉书》卷14《诸侯王表》
甘露四年	广川王汝阳	房陵	《汉书》卷14《诸侯王表》
元鼎三年	常山王勃	房陵	《汉书》卷14《诸侯王表》
	河间王刘元	房陵	《汉书》卷53《景十三王传》
	东平思王云	房陵	《汉书》卷80《宣元六王传》

从上表可以看到,王室后代犯罪者的迁徙地都在房陵和上庸,边远地区者无。那么边远地区如合浦、敦煌、酒泉、西海、辽西郡的被流放迁徙者又是哪一类人呢?他们是犯罪的大臣及其家属。

大臣及其家属罪迁表

时间	被迁徙者	迁入地	资料出处
哀帝时期	新成侯赵钦	辽西	《汉书》卷97《外戚传》
	成阳侯赵䜣		
	孔乡侯晏	合浦	
哀帝崩后	张由		
	史立		
王莽时期	中山王后		
	刘宗		
	吕宽		《汉书》卷99下《王莽传》
	王章妻、子		《汉书》卷98《元后传》
成帝时期	将作大匠万年	敦煌	《汉书》卷10《成帝纪》
哀帝时期	息夫躬妻及方阳侯宠、右师谭	合浦	《汉书》卷45《息夫躬传》
汉武帝	被栗太子劫略者	敦煌	《汉书》卷66《刘屈氂传》
宣帝时期	杨恽妻子	酒泉	《汉书》卷66《杨恽传》
哀帝时期	鲍宣	上党	《汉书》卷72《鲍宣传》
哀帝时期	李寻	敦煌	《汉书》卷75《李寻传》
哀帝时期	解光	敦煌	《汉书》卷75《李寻传》
成帝时期	陈万年、陈汤	敦煌	《汉书》卷70《陈汤传》
王莽时期	傅晏及妻子		《汉书》卷82《傅喜传》
平帝时期	冷襃、段犹		《汉书》卷86《师丹传》
成帝时期	浩商家属	合浦	《汉书》卷84《翟方进传》
成帝时期	淳于长妻子及当坐者		《汉书》卷93《佞幸传·淳于长传》
平帝时期	董贤父恭、弟宽信及家属		《汉书》卷93《佞幸传·董贤传》
王莽时	犯法者千万数	西海	《汉书》卷99上《王莽传》
	民挟弩铠者		《汉书》卷99中《王莽传》
平帝时	农民起义成重等二百余人	云阳赐公田	《汉书》卷12《平帝纪》
	徙天下犯罪者	西海郡	

　　西汉时之合浦,郡治在今广西壮族自治区北海市东北方不远的地方。敦煌即今甘肃之敦煌市。西海即今青海省青海湖周围地区。西海郡作为流放罪人的场所主要是王莽执政时所开辟的,被流放到那里的罪人是触犯新莽政权法律的民众,且数量

较大。

流放罪人,是中国历代王朝的传统做法,罪人及其家属生活在内地恐其继续作乱,政局不稳,故迁之远方或山高道险不易复出的地方。直到唐王朝时期仍效西汉之做法,把房陵作为流放犯罪的王室成员的迁徙地,那里的生活环境和条件极为恶劣,实乃是对他们的折磨。

第三节 其他形式的迁徙

一、新置郡、县的徙民

秦、西汉时期新开置了许多郡、县,其中对新设的郡、县有不少要进行移民充实。秦汉时期新设郡份的徙民从秦始皇到汉武帝都采取举措,本书第九章第三节实边固塞思想一节中已有论述。而对于新设县份一般(不包括强干弱枝实诸陵的县份)都是要进行徙民的,而且其徙民的数量不在少数。兹略举两例加以说明,《汉书》卷 28 上《地理志》弘农郡下记载了黾池县的设置及移民的简要情况:

> 高帝八年复黾池中乡民。景帝中二年初城,徙万家为县。

同书京兆尹下记载了关中的新丰县,为高祖刘邦七年(前 200 年)置。设置此县的由来,应劭的注文云:

> 太上皇思东归,于是高祖改筑城寺街里以象丰,徙丰民以实之,故号新丰。

这里的太上皇是指刘邦之父,不习惯长安大城市的生活,想回老家丰(今江苏省丰县),故刘邦才有徙民建丰县之举。也就是说把太上皇的故旧都搬来住,以减其思乡之情。至于徙了多少丰民,无从考证。为了安抚徙新丰的丰民,汉高祖十一年(前 196 年)刘邦还"令丰人徙关中者皆复终身"[⑦],可以说都是沾了太上皇的光。

细拣《汉书》卷28《地理志》,西汉时期新置的县份还有如下一些:

长安	高帝五年(前 202 年)置	属京兆尹
南陵	文帝七年(前 173 年)置	属京兆尹
奉明	宣帝时置	属京兆尹
池阳	惠帝四年置(前 191 年)	属左冯翊
祋祤	景帝二年置(前 155 年)	属左冯翊
万年	高帝时置	属左冯翊
新城	惠帝四年(前 191 年)置	属河南郡

宓高	武帝时置	属颍川郡
周承休	元帝时置	属颍川郡
新汲	宣帝神爵三年(前 59 年)置	属颍川郡
冠军	武帝时置	属南阳郡
阴馆	景帝后元三年(前 154 年)置	属雁门郡

总之,西汉时期新置的县份不少,从上述黾池、新丰的例子可知,新置县份要徙民,那么上述县份的开设肯定又有大批民众受到迁徙。

二、与越人杂处及东越的举国内徙

五岭以南,今日之两广等地,居住的是越人,《史记》有《南越列传》,南越就是指上所述。《史记》又有《东越列传》,东越包括闽越王和东海王(亦称东瓯),他们都是越王勾践的后代,姓驺氏,所处的地理位置约在今福建的福州市周围地区和浙江省温州市周围地区。班固在写《汉书》时把南越和东越并为《两粤传》,称"南粤王"、"闽粤王"和"粤东海王"可能会更准确一些。

秦始皇三十三年(前 214 年)的时候,

　　发诸尝逋亡人、赘婿、贾人为兵,略取南越陆梁地。置桂林、南海、象郡,以谪徙民五十万人戍五岭,与越人杂处。⑧

事发在公元前 214 年,秦始皇组织了逋亡人、赘婿和贾人三种成分的人为兵攻打南越,并占领之,以其地为郡县,且"谪"五十万人徙往五岭,和南越人一起杂处而生活。"谪"的本意是"过"也,"罚罪曰谪"。也就是说把犯罪的人徙往南越,可以说这是秦始皇占领南越后的第一次大规模移民。《史记》卷 6《秦始皇本纪》还载,在秦始皇三十四年(前 213 年)的时候,

　　谪治狱吏不直者,筑长城及南越地。

而后又派去 15000 名妇女。可以说这几次徙民,起到了很好的效果,首先是带去中原地区的先进文化和先进的生产力,促进了岭南的开发,使当时岭南某些民族由裸身向文明的转化。其次改变了南越诸族之间互相攻击的恶俗,这一点我们可以从汉高祖刘邦表彰南越王赵佗的诏书中得以了解。汉高祖十一年(前 196 年)五月,诏曰:

　　粤人之俗,好相攻击。前时秦徙中县之民南方三郡,(如淳曰:中县之民,中国县民也。秦始皇略取陆梁地以为桂林、象郡、南海郡,故曰三郡。)使与百粤杂处。会天下诛秦,南海尉佗居南方长治之,甚有文理,中县人以故不耗减,粤人相攻击之俗益止,俱赖其力。⑨

看来秦向南越的移民其积极作用是显而易见的。

以所举事例都是秦时向南越的移民,那么南粤之人是否有向北方迁徙者呢? 在回答这一问题之前我们先看一下《汉书》卷44《淮南王传》中的有关记载:

南海民处庐江界中者反,淮南吏卒击之。陛下遣使者赍帛五十匹以赐吏卒劳苦者。(淮南王)长不欲受赐,谬曰:"无劳苦者"。[10]

这里所述的是南海民处庐江界中者进行反叛,当时淮南国的吏卒把其镇压下去,南海是南越中的一个县名,在今广州附近,说明在文帝的时候就已经在庐江郡生活了。那么他们是何时到达庐江呢? 根据汉初的形势分析,因为刘邦刚刚建立王朝,无暇顾及周边的事情,惠帝、吕后时仍然如此局面,而且赵佗还宣在称南粤武帝,那么这些生活在庐江郡的南海民绝对不会是汉初迁来的,秦始皇时征服了南越并且派五十万人去戍守,估计在淮南国庐江郡反叛的南海民是秦始皇时期迁徙来的。

东瓯与闽越的举国内徙。据《汉书》卷95《两粤传》载:闽越和东瓯都是越王勾践之后,秦并天下,废为君长,以其地为闽中郡(今福建省境)。诸侯叛秦的时候,闽粤王和粤东海王归番阳令吴芮,从诸侯灭秦,楚汉战争时佐汉。高帝五年(前202年)时,汉立无诸为闽粤王,都冶(今福建省福州市)。孝惠帝三年(前192年)的时候追论闽君摇的功劳,封为东海王,都东瓯(今浙江省温州市),也称东瓯王。由于粤人之间有相攻击之俗,时常造成东南一隅的不稳。七国之乱时,吴王之子驹,亡走闽粤,常怨东瓯杀其父,劝闽粤击东瓯。武帝建元三年(前138年),闽粤受惑发兵击东瓯,东瓯告急于汉,于是天子

乃遣庄助以节发兵会稽。会稽太守欲距不为发兵,助乃斩一司马,谕意指,遂发兵浮海救东瓯。未至,闽越引兵而去。东瓯请举国徙中国,乃悉举众来,处江淮之间。(《集解》徐广曰:"年表云东瓯王广武侯望,率其众四万余人来降,家庐江郡。")[11]

从《史记》的记载来看,东瓯的人口有4万余人。汉时的庐江郡,即今日的安徽省安庆市以东、以北、以西区地区。这便是东瓯的内徙。

闽越的内徙,是在汉武帝元封元年(前110年)。在元鼎五年(前112年)的时候,南粤反,东粤王余善表面上助汉,又阴使人与南粤暗中联系。元鼎六年秋(前111年),汉准备进攻东粤,余善发兵距汉。元封元年(前110年)冬,攻入东粤,为了根除祸乱,于是天子曰:

"东粤陿多阻,闽粤悍,数反复",诏军吏皆将其民徙处江淮之间。东粤地遂虚。[12]

从《汉书》卷95《两粤传》的记载,这里的东粤和闽粤似为两个政权,其实不然,《汉书》卷6《武帝纪》的记载比较清晰,元封元年(前110年):

东越杀王余善降,诏曰:"东越险阻反复,为后世患,迁其民于江淮间。"遂虚其地。

最为清晰的记载应是《资治通鉴》卷20《汉纪十三》元封元年条:

上以闽地险阻,数反复。终为后世患,乃诏诸将悉其民徙于江淮之间。遂虚其地。

元封元年(前110年)灭国的是闽粤并遭全部迁徙。

上面所述的东瓯和闽粤的迁徙均处之在江、淮之间,而东瓯处庐江郡是非常明确的。其实越人之内迁何止在江、淮之间,当时已有渡过黄河到达并州河东郡的汾水流域者。《汉书》卷29《沟洫志》记载:因底柱水急,运粮不便,有人建议引河水溉汾阴田:

上以为然,发卒数万人作渠田。数岁,河移徙,渠不利,田者不能偿种。久之,河东渠田废,予越人,令少府以为稍入。(如淳曰:"时越人有徙者,以田与之,其租税入少府也。"师古曰:"越人习于水田,又新至,未有业,故与之也。稍,渐也,其入未多,故谓之稍也。")

汉时之汾阴地处今山西省侯马市万荣县之西的黄河东岸上,由此可知越人之徙并非仅处在江、淮之间。以诅军为功的丁夫人,也是一位内迁的越人。《汉书》卷25下《郊祀志》载:

是岁(太初元年),西伐大宛,蝗大起。丁夫人、雒阳虞初等以方祠诅匈奴、大宛焉。(注引应劭曰:"丁夫人,其先丁复,本越人,封阳都侯。夫人其后,以诅军为功。")

此阳都在今山东省沂南县南,丁复的封地在阳都,说明当时的越人也有迁到今山东境内者。

三、向琅邪、会稽的徙民

秦、西汉时期的移民去向,大都是由中部向西北、西南和南方流动。然而亦有特例者,这便是秦始皇二十八年(前219年)出巡郡县东行到琅邪(今山东胶南市)时的徙民举措,秦始皇三十七年(前210年)向山阴移民和汉武帝元狩四年(前119年)为安置灾民而徙之会稽的行动。

《史记》卷6《秦始皇本纪》记载了秦始皇于二十六年(前221年)统一天下之后,春风得意不断地进行出巡。秦始皇二十八年(前219年)东行郡县,上邹峰山(今山东省邹县境),立石颂秦德。上泰山进行祠祀。然后南登琅邪,大乐之,留三月。

乃徙黔首三万户琅邪台下,复十二岁。作琅邪台,立石刻,颂秦德,明得意。

据《吴越春秋》载,越王勾践25年,徙都琅邪。作为众诸侯国的霸主,号令秦、晋、齐、楚以尊辅周室,歃血盟,并在琅邪筑台以望东海。秦始皇的这次移民琅邪并免除其12年的赋税,大概也是为了彰显自己,亦带有布局郡县之思想。

秦始皇三十七年(前210年),也是秦始皇的最后一次出巡。由云梦(今湖北省境)浮江而下过丹阳(今南京市西南),至钱塘,临浙江,然后登上会稽山,祭大禹陵。在这次行程中,他对山阴县进行了置换式移民。《越绝书》卷8叙述得尤为详细。秦始皇三十七年(前210年):

> 东游之会稽,道渡牛渚。奏东安(东安,今富春),丹阳,溧阳,郫故,余杭轲亭南。东奏槿头,道度诸暨、大越。以正月甲戌到大越,留舍都亭。取钱塘浙江"岑石"。石长丈四尺,南北面广六尺,西面广尺六寸。刻文立于越东山上,其道九曲,去县二十一里。是时,徙大越民置余杭、伊攻、□故障。因徙天下有罪谪吏民,置海南故大越处,以备东海外越,乃更名大越曰山阴。[13]

秦始皇的这次出巡,大概是从芜湖市和马鞍山市之间的当涂过江,一直向东南行走,而到大越的。照例,秦始皇又刻石颂秦德一番。从大越改名山阴可知,秦时的山阴就是今日浙江之绍兴市,那么大越也就是绍兴周围地区了。秦始皇把大越的民众徙向余杭(今杭州西)、故障(今江苏湖州市西)。又把那些犯罪的官吏填充到山阴,大概是别有心意的,否则他不会反复进行折腾。

秦西汉时期,有明确记载的向沿海地区的移民发生在汉武帝时期,《汉书》卷6《武帝纪》载:

> 元狩四年冬,有司言关东贫民徙陇西、北地、西河、上郡、会稽凡七十二万五千口,县官衣食振业,用度不足,请收银锡造白金及皮弊以足用。初算缗钱。

《武帝纪》中的这段记载,只道出了陇西、会稽等5个地区共徙民725000口。那么会稽一地的徙民数量多少,《汉书》没有交代,王鸣盛的《十七史商榷》卷9《徙民会稽》则有较为详细的记载:

> 元狩四年,徙关东贫民于陇西、北地、西河、上郡、会稽凡七十二万五千口。会稽生齿之繁,当始于此,约增十四万五千口也。[14]

细演这段记载,我们可知:陇西、北地、西河、上郡、会稽每一个地方的徙民可能都是个平均数,即145000口。并强调这是会稽人口繁殖的开始。关于汉武帝时移民会稽一事,葛剑雄在其所著《西汉人口地理》中,专列《武帝时移民会稽辨正》一节,认为无论从史料角度分析,还是从当时实际情势研究,或从会稽地区的人口分布的变化观察,都证明汉武帝没有向会稽移民,因此《汉书·武帝纪》中所载之"会稽"二字是衍文,即搞错了,是后人加上去的。对此李邦儒同志提出了不同看法,他在《郑州大学学报》1998 年第 9 期上发表的《"武帝时移民会稽辨正"质疑》中进行了分析,认为从史料角度分析,《史记·平淮书》和《汉书·食货志》乃至《汉书·武帝纪》的关于此次移民的记载十分清楚,《武帝纪》较其他记载更为详细和具体,"会稽"二字不是衍文。若认为是衍文,后面的具体数字也应作衍文看待,衍文不会这么多。其二,由于会稽自然条件优越,自然资源丰盛,给江南人民生活提供了良好的保证,使这一地区的人民很少发生灾荒,而且往往有剩余的粮食,这种情况无疑具备了接纳移民的条件。而且这次移民是政治性移民,并阐述了这次移民是由于当时会稽的地理位置和与此密切相关的汉初政治形势,以及该地区民族习俗、人口等因素决定的,因而具有可能性和必要性。辨正深刻、分析透彻,我同意他的观点。

注　　释:

① 《汉书》卷 24 下《食货志》。

②③④ 《史记》卷 6《秦始皇本纪》。

⑤⑥ 《史记》卷 129《货殖列传》。

⑦⑨ 《汉书》卷 1 下《高帝纪》。

⑧ 《资治通鉴》卷 7《秦纪二》。

⑩ 《汉书》卷 44《淮南王传》。

⑪ 《史记》卷 114《东越列传》。

⑫ 《汉书》卷 95《两粤传》。

⑬ 《越绝书》,上海古籍出版社,1985 年版。

⑭ 王鸣盛:《十七史商榷》,中国书店,1987 年版。

第四章　秦、西汉时期的婚姻家庭、恤高年和人口生育的有关政策

第一节　婚姻与家庭

在论及秦、西汉人口问题的时候,我们不能不谈谈当时的婚姻家庭,因为这是人类的自身生产。没有人类的自身生产就不可能进行社会的延续。关于人类的自身生产问题,恩格斯早就有过精辟的论述,他指出:

> 根据唯物主义观点,历史中的决定性因素,归根结底是直接生活的生产和再生产。但是,生产本身又有两种。一方面是生活资料即食物、衣服、住房以及为此所必需的工具的生产,另一方面是人类自身的生产,即种的繁衍。(《马克思恩格斯全集》第 21 卷第 29—30 页)

根据恩格斯的这种观点,这两种生产相互依存、相互制约、相互影响、共同发展,使人类社会得以延续下来。马克思对人类社会的两种生产也有精当的论述:

> 一切人类生存的第一个前提,也就是一切历史的第一个前提,这个前提就是:人们为了能够创造历史,必须能够生活,但是为了生活,首先就需要衣、食、住以及其他东西。因此第一个历史活动就是生产满足这些需要的资料,即生产物质生活本身。(《马克思恩格斯全集》第 1 卷第 32 页)

为了生存要进行生产,要组织家庭,那么,秦、西汉时期的家庭如何呢? 根据史籍的记载我们估计约为五口之家,这样的家庭规模比先秦时期的家庭规模要小,先秦时期的家庭人口数量规模,孟子尝言为八口之家。为什么我们估计秦时的家庭人口是五口之家呢,其原因有二,其一是商鞅变法的时候曾立下规定,男子成人之后必须另立新家,不得与父母同居,这样原来的八口之家,现在却变成了五口左右规模的家庭

了。其二是《商君书》中曾说方百里之地可以食作夫五万，而方百里之地恰是一个县的范围大小，前引《汉书》卷 19 上《百官公卿表》又说秦时一个县的规模是约有一万户人家，那么这样我们可以肯定秦王朝时期的家庭人口数量规模是五口之家。

西汉时期的家庭人口数量规模根据多方史料可证也是五口之家。其一是《汉书·地理志》记载西汉平帝元始二年（公元 2 年）时西汉王朝有户 12233062，有口 59594978 人，那么户平均人口为 4.9 人。其二是《汉书》卷 24 上《食货志》晁错说皇帝时言：

> 今农夫五口之家，其服役者不下二人，其能耕者不过百亩，百亩之收不过百石。

晁错之语也印证了西汉时期是五口之家。其三是地下出土的简文也证明了西汉时期为五口之家。总之五口之家在中国封建社会自始至终是比较稳定的。

关于一夫一妇的子女数量问题。在西汉社会中，一夫多妻制的情况比较突出，其子女数量在有关章节中已有涉及，这里仅就一夫一妇的生育子女的情况作一考述。根据人的生理能力和抚养能力，秦西汉时期一夫一妇的子女数量约在五人左右，《韩非子·五蠹》篇中从韩非发出将有人口过剩危机出现的惊呼中可以看出每一代人的子女数量。如该篇云：

> 今人有五子不为多，子有五子，大父未死而有二十五孙，是以人民众而货财寡，事力劳而供养薄。

韩非是战国末期人，他之所述当然是战国时期之事，估计秦和西汉时期一夫一妇所抚育的子女数量与战国末期的情况差不远，亦应是五人左右。

秦西汉时期女子的婚配年龄问题。按照生育的自然规律，女子发育成熟后，便可婚配生子，但在不同的历史阶段女子的初婚年龄也不是完全一样的。在这里我引用《汉书》卷 2《惠帝纪》的一段文字，然后进行分析，《惠帝纪》载在惠帝六年（前 189 年）的时候，汉政府颁行一道政令，内容如下：

> 令民得卖爵。女子年十五以上至三十不嫁，五算。（应劭曰："《国语》越王勾践令国中女子年十七不嫁者父母有罪，欲人民繁息也。汉律人出一算，算百二十钱，唯贾人与奴婢倍算。今使五算，罪谪之也。"）

上述政令透漏出在春秋的时候，越地的婚配年龄是不能大于十七岁的，否则父母有罪。而惠帝朝的政令规定女子的婚配年龄不得大于十五岁，若大于十五岁杠杠，政府就要以经济的手段进行惩罚，由此看来更严于越王勾践时期。总的看来，秦西汉时期女子的婚配年龄是偏小的，从本书人口思想一章中所载当朝人王吉反对早婚之呼吁便是明证。

秦西汉时期,中央政府对于促使男女之间的婚配,还采取了不少得力的措施,这一点也是应予指出的。对于戍边人员的婚配便是一例,当然这种关注也是为了国家的庶民兴旺。史载,在秦始皇的时候曾派 50 万人戍南岭并与越人杂处,尔后又派去 15000 名妇女赴南越,名之为缝制衣服,实则是与戍边将士的婚配。再如,政治家晁错在上移民戍边疏的时候也特别注意到边地将士的婚配问题,《汉书》卷 49《晁错传》载晁错言:

> 臣闻古之徙远方以实广虚也,相其阴阳之和,尝其水泉之味,审其土地之宜,观其草木之饶,然后营邑立城,制里割宅,通田作之道,正阡陌之界,先为筑室,家有一堂二内,门户之闭,置器物焉。民至有所居,作有所用,此民所以轻去故乡而劝之新邑也。为置医巫,以救疾病,以修祭祀,男女有昏,生死相恤。坟墓相从,种树畜长,室屋完安,此所以使民乐其处而有长居之心也。

除了对戍边将士的婚配政府十分关注外,对于贫民的婚配政府也是尤为重视。例如,秦朝时候曾立下规定,对于那些家境贫穷娶不来媳妇的男子,长大后之必须出赘,也就是到女方去成家生活,这也是促进婚配的一项十分重要的措施。秦西汉时期,不要说皇帝,一般贵族有势之家都是妻妾满堂,这样造成了内多怨女外多旷夫的婚配失调的严重现象,当时的有识之士也多次呼吁要把后宫或皇帝园陵中的守陵女子放归民间以成其婚配。封建皇帝在多方面的呼吁下,也确实采取了一些措施,如《汉书》卷 4《文帝纪》记载在汉文帝前元十二年(前 168 年)二月的时候

> 出孝惠皇帝后宫美人,令得嫁。

类似上述情况的还有不少。到了东汉的时候,曹操还留下遗令,自己故世后让后宫女子出嫁。曹丕比其父还开明,在其故世的前一天,下谕让后宫女子返家。这些措施应该说是开明之举。

秦西汉时期婚姻双方门第观念并不突出。刘邦的结发妻吕雉,他的父亲是一个相面者,戚夫人的父母更是连姓名也没有留下来。汉文帝的母亲薄姬只说其父是吴地的人,也没有留下名字。孝文帝的窦太后,是以良家子选入后宫的,《汉书》卷 97 上《外戚传》还留下了窦后之家的穷困之状,《外戚传》云:

> 窦后兄长君,弟广国字少君,年四五岁时,家贫,为人所略卖,其家不知处。传十余家至宜阳,为其主人入山作炭。暮臣岸下百余人,岸崩,尽压杀卧者,少君独脱不死。

可见皇家选女是不讲门第的,以此例子还有许多,这里不再一一举例。既然皇帝选女不讲门第,那么民间的相互婚配,应该也是不看重门第的。需要指出的是,帝王选女不但不讲门第,而且对倡家之女并不忌讳,《汉书》卷 97 上《外戚传》言说汉武帝的卫

皇后子夫是平阳公主家的一位歌者,如众所知的汉武帝的李夫人,是"本以倡进"的。

　　秦西汉时期,由于国家的空前统一,在广大的版土之内生活着许多民族,但这些民族与汉族之间有一种特殊的关系,既不纳税服役,又不行汉之正朔,靠什么来维系双方的关系呢,当然模式很多,但民族之间的联姻是一个重要方面,这种以联姻形式来保持双方良好关系的办法对后世也颇有很大的影响。一般来说,都是汉朝宗室之女远嫁到草原民族,如《汉书》卷2《惠帝纪》载,在惠帝三年(前193年)的时候,

　　　　以宗室女为公主,嫁匈奴单于。

《汉书》卷5《景帝纪》载在景帝前元五年(前152年)的时候:

　　　　遣公主嫁匈奴单于。

《汉书》卷6《武帝纪》载汉武帝以女配单于但对方仍侵盗不已而感到恼火,如《纪》云元光二年(前133年):

　　　　春,诏问公卿曰:"朕饰子女以配单于,金币文绣赂之甚厚,单于待命加嫚,侵盗不已。边境被害,朕甚闵之。今欲举兵攻之,何如?"

除了上述的情况之外,也有以皇帝后宫之宫女妻单于者,那就是汉元帝竟宁元年(前33年)以待诏掖庭的王樯为单于阏氏。

　　关于秦、西汉时期有关婚姻家庭方面的问题需要述及还有不少,但多属社会学范畴方面,故这里不多述及。

第二节　恤高年政策

一、恤高年政策的基本概况

　　根据当今社会的标准,人到60岁便算是进入老年阶段,一个国家、一个地区如果年过60的人口占总人口的比重达到8%,便是该国家或该地区进入了老年社会。国家对老年人会有种种的优待政策,如可以退休不再继续工作,生活方面有诸种特殊照顾等。那么,在历史上是否也存在对老人的优待政策呢?从文献材料看,历史上确存在有优恤老人的诸种政策,如《汉书》卷24上《食货志》记载,早在周朝的时候就有明确之规定:

　　　　民年二十受田,六十归田。七十以上,上所养也;十岁以下;上所长也,十一以上,上所强也。

《汉书》卷23《刑法志》还载:

"凡有爵者,与七十者,与未龀者,皆不为奴。"

可见在周朝的时候这种政策便已存在了,不过当时优恤的是 70 岁以上的老人,而 70 岁以下 60 岁以上者,还未列入照顾优待之列。

从文献材料看,西汉时期,仍然承袭周代的做法,对高年者的优恤政策更加具体,优恤的内容更加广泛。在这里我们把西汉时期恤高年的政策和内容,以及有关方面作如下介绍。西汉共有十一帝,其中有六位皇帝都颁行有恤高年的政策或诏令,这便是高后时期,文帝、景帝、武帝时期,以及宣帝时期和汉元帝时期。颁行的诏令多寡不等,优恤程度也不一,大抵是后代在遵循前代的基础上有所增加。计有:张家山汉简吕后二年的诸项律令,汉文帝元年之诏令,汉景帝三年之诏令,汉武帝建元元年、元封元年、元封二年之诏令。汉宣帝元康二年、元康四年、神爵元年、神爵四年、五凤三年、甘露二年之诏令。以及汉元帝初元四年,永光二年所颁行的诏令。

二、恤高年政策的主要内容

（一）禀赐鬻米、肉、酒、帛、絮

张家山汉简二年（吕后二年,前 186 年）律令中的《傅律》规定:

> 大夫以上年九十,不更九十一,簪袅九十二,上造九十三,公士九十四,公卒、士伍九十五以上者,禀鬻米月一石。①

西汉时期根据功劳和贡献之大小,分为二十等爵制,《汉书》卷 19 上《百官公卿表》载:一级曰公士,二上造,三簪袅,四不更,五大夫,六官大夫,七公大夫,八公乘,九五大夫,十左庶长,十一右庶长,十二左更,十三中更,十四右更,十五少上造,十六大上造,十七驷车庶长,十八大庶长,十九关内侯,二十彻侯。从上可知,吕后时期优恤高年的政策,是根据爵位高低的不同而划分不同的年龄段。一般平民从 95 岁以上方能得到一月一石米的赐予。从有爵者开始,为 94 岁月得石米的赐予。此后每增爵一级,年龄杠杠下减一岁。但爵到大夫以后,不再有年龄的递减。即爵到大夫（第五级爵）,年 90,月得鬻米一石。此后,爵虽有增,但年龄不再递减。也就是说 90 岁是一个年龄杠杠。

文帝时期,对吕后时期的规定又有所增加,不但赐鬻米,而且还增加了赐高年肉、酒、帛、絮等。《汉书》卷 4《文帝纪》记载汉文帝前元元年三月（公元前 179）的诏令非常明确:

> "老者非帛不煖,非肉不饱。今岁首,不时使人存问长老,又无布帛酒肉之赐,将何以佐天下子孙孝养其亲? 今闻吏禀当受鬻者,或以陈粟,岂称养老之意哉? 具为令。"有司请令县道,年八十以上,赐米人月一石,肉二十斤,酒五斗。

其九十以上，又赐帛人二疋，絮三斤。赐物及当禀鬻米者，长吏阅视，丞若尉致。不满九十，啬夫、令史致。二千石遣都吏循行，不称者督之。刑者及有罪耐以上，不用此令。

汉文帝时期的禀鬻政策，与高后时期的禀鬻政策相比，不但增加了新的内容，如90岁者可赐肉酒、帛、絮，而且有很大不同的是把年龄杠杠降低到80岁。为了使这项政策能够得到真正的落实，汉文帝还作出了三项规定：凡90岁以上的老人，所受鬻物，县令长丞尉亲自致送。90岁以下者啬夫令史致送。二千石官吏需遣都吏循行检查，不实者要督办之。

（二）免除或不同程度减免徭役和赋税

西汉时期，最早免除或减免徭役的规定也是见于吕后时期。张家山汉简二年律令《傅律》中有这样两条记载：

> 大夫以上年五十八，不更六十二，簪袅六十三，上造六十四，公士六十五，公卒以下六十六，皆为免老。②
> 不更年五十八，簪袅五十九，上造六十，公士六十一，公卒、士伍六十二，皆为睆老。③

根据张家山汉简整理小组的注释，"免老"为全部免除徭役。"睆老"，为免除一半徭役。那么吕后二年的时候，凡爵在大夫以上者，到了58岁便可不再服役。爵位为不更者，58岁免除一半徭役，62岁全部免除徭役。爵位为簪袅者，年龄达到59岁可免除一半徭役，年龄达到63岁时可全部免除徭役。爵位达到上造者，年龄到60岁时，免除一半徭役，年龄到64岁时全部免除徭役。爵位为公士者，年龄到61岁可免除一半徭役，年龄到65岁可全部免除徭役。无爵位的公卒、士五，年龄到62岁可时免除一半徭役，年龄到66岁时可免除全部徭役。

上述根据爵位的不同，具体规定了百姓本人免役和半免役的年龄杠杠。汉文帝的时候又作了新的规定，《汉书》卷51《贾山传》记载有具体内容：

> 陛下即位，亲自勉以厚天下……礼高年，九十者一子不事，八十者二算不事。（师古曰："一子不事，蠲其赋役。二算不事，免二口之算赋也"。）

根据颜师古的注释，我们可以理解为：九十高寿者，其家可以有一个儿子不服徭役，在家侍养。80高寿者，可以免减该家两口人的算赋，作为优待。

汉武帝时期，对于高年者"复甲卒"、"复算赋"的记载更为详细。《汉书》卷6《武帝纪》记载建元元年：

> 春二月，赦天下，赐民爵一级。年八十复二算，九十复甲卒。（张晏注曰："二算，复二口之算也。复甲卒，不豫革车之赋也"。）

同书载：

> 夏四月己巳，诏曰："古之立教，乡里以齿，朝廷以爵，扶世导民莫善于德。然则于乡里先者艾，奉高年，古之道也。今天下孝子顺孙愿自竭尽以承其亲，外迫公事，内乏资财，是以孝心阙焉。朕甚哀之。民年九十以上，已有受鬻法，为复子若孙，令得身帅妻妾遂其供养之事。"（师古曰："有子即复子，无子即复孙也。"）

《汉书》卷6《武帝纪》所载武帝时的规定，似与《汉书》卷51《贾山传》所言文帝时的规定是一回事。究竟是重复以前的诏令或是别的原因，留待以后稽考。但从这两道相同的规定来看，它是对吕后二年诏令的进一步补充，特别优惠到高年家庭的其他成员，使他们免除徭役和赋税的负担，以便更好地照顾高年人的生活。

（三）恤刑政策

恤刑，就是减轻刑法的制裁。对于高年者的恤刑政策也是在吕后的时期便已制定了。张家山汉简二年律令《具律》中有对高年者优待恤刑的规定。

> 公士，公士妻及口口行年七十以上，若年不盈十七岁，有罪当刑者，皆完之。④

这项规定恤刑的对象是有爵位者，无爵位者并不在其列。

到了景帝时期，不管是否有爵位，年龄在80岁以上者一律给予恤刑，可以说这是刑法制度史上的又一进步。《汉书》卷23《刑法志》记载汉景帝三年（前154年）时下诏曰：

> 高年老长，人所尊敬也；鳏寡不属逮者，人所哀怜也。其着令：年八十以上，八岁以下，及孕者未乳，师、朱儒当鞠系者，颂系之。（师古曰："颂读曰容。容，宽容之，不桎梏。"）

械在手曰梏，械在足曰桎，不桎梏也就是说手脚可以不带刑具。

中兴之主汉宣帝在前代的基础上，在对高年恤刑方面又向前迈出了一步。也就是说，80岁以上的老人，如果不属于诬告人和杀伤人，其他一律不予问罪。《汉书》卷8《宣帝纪》记载了元康四年（前62年）所颁发的诏令：

> 朕惟耆老之人，发齿堕落，血气衰微，亦亡暴虐之心，今或罹文法，拘执囹圄，不终天命，朕甚怜之。自今以来，诸年八十以上，非诬告杀伤人，佗皆勿坐。

（四）关于高年受杖的规定

杖为老年人的拐杖，高年受杖也是一种较高的礼遇。受杖规定的制定也是在吕后时期，并且根据爵位的不同，到一定的年岁便可以受杖。张家山汉简二年律令《傅律》规定：

大夫以上年七十,不更七十一,簪袅七十二,上造七十三,公士七十四、公卒、士伍七十五,皆受杖。⑤

(五)高年者有子勿令分异,无子可准许归户入养的政策

为了照顾好70岁以上老人的生活,在吕后时期还作出了不准老人之子分异,如果老人无子者可以准许归户入养。具体的详细规定,仍然是见于张家山汉简二年律令中《户律》:

> 寡夫、寡妇毋子及同居,若有子,子年未盈十四,及寡子年未盈十八,及夫妻皆癃病,及老年七十以上,毋异其子。今毋它子,欲令归户入养,许之。⑥

(六)有时皇帝巡行时有赐沿途高年之举,见于记载的有武帝时期和元帝时期

《汉书》卷6《武帝纪》载:元封元年(前110年):

> 夏四月癸卯,上还,登封泰山,降坐明堂。诏曰:"……其以十月为元封元年。行所巡至,博、奉高、蛇丘、历城、梁父,民田租逋赋贷,已除。加年七十以上孤寡帛,人二匹……"

《汉书》卷6《武帝纪》载元封二年(前111年):

> 二年冬十月,行幸雍,祠五畤。春,幸缑氏,遂至东莱。夏四月,还祠泰山。至瓠子,临决河,命从臣将军以下皆负薪塞河堤,作瓠子之歌。赦所过徒,赐孤独高年米,人四石。

《汉书》卷9《元帝纪》载初元四年(前45年):

> 三月,行幸河东,祠后土。赦汾阴徒。赐民爵一级,女子百户牛酒,鳏寡高年帛。行所过无出租赋。

(七)有时改元时也偶有赐高年之举,主要发生在汉宣帝时期

《汉书》卷8《宣帝纪》载:

> 神爵元年……诏曰:"……其以五年为神爵元年。赐天下勤事吏爵二级,民一级,女子百户牛酒,鳏寡孤独高年帛……"

(八)祥瑞事件出现时有赐高年之举,主要集中在汉宣帝时期

《汉书》卷8《宣帝纪》载:元康元年(前65年)三月,

> 以凤皇甘露降集,赐天下吏爵二级,民一级,女子百户牛酒。鳏寡孤独高年帛。

《汉书》卷8《宣帝纪》载:神爵四年(前58年)诏曰:

> 乃者凤皇甘露降集京师,嘉瑞并见……其赦天下,赐民爵一级,女子百户牛酒,鳏寡孤独高年帛。

《汉书》卷8《宣帝纪》载，五凤三年（前55年），匈奴降，"甘露降、神爵集。"

> 赐民爵一级，女子百户牛酒，大酺五日。加赐鳏寡孤独高年帛。

《汉书》卷8《宣帝纪》载：甘露二年（前52年）诏曰：

> 乃者凤皇甘露降集，黄龙登兴，醴泉滂流，枯槁荣茂……赐民爵一级，女子百户牛酒，鳏寡孤高年帛。

（九）皇帝偶有感触，有赐高年之举，发生在汉元帝时期

《汉书》卷9《元帝纪》载：永光二年（前43年）春二月诏曰：

> 盖闻唐虞象刑而民不犯……其大赦天下，赐氏爵一级，女子百户牛酒，鳏寡孤独高年、三老、孝悌力田帛。

需要说明的是：皇帝改元、巡行、祥瑞事件出现，所进行的赐高年之举多是一次性的，而且赐物多为帛之类。

综观西汉时期恤高年政策，基本上在西汉初年的吕后时期便已奠定了。当时的恤高年，已经涉及禀米、免徭、恤刑、受杖、归户入养等方面。不过当时的规定特别照顾有爵位者，后世政策逐渐放宽，从年龄上逐渐低化，从身份上注意一般平民。赐高年这种遵老措施，应该说在当时起到了积极作用，对于封建王朝争取人心，稳定社会秩序，恢复经济发展生产是十分有益的。尽管有人认为高后对待韩信、彭越、戚夫人、齐悼王等有诸多残忍之处，但太史公在《史记》卷9《吕太后纪》中对其的评价还是公允的：

> 孝惠、高后之时，黎民得离战国之苦，君臣俱欲休息乎无为。故惠帝垂拱，高后女主称制，政不出房户，天下晏然。刑罚罕用，罪人是希，民务稼穑，衣食滋殖。

第三节　鼓励生育的人口政策

鼓励人口生育的思想贯穿我国古代社会，在科学技术十分落后的封建时代，人口就代表生产力，国家的强弱取决于人口的多少。所以封建统治者大力提倡多生多育，并采取种种措施奖励多生者，惩罚不嫁者。特别是在西汉王朝的初年尤为明显，《汉书》卷1下《高帝纪》载高祖七年（前200年），诏曰：

> 民产子，复勿事二岁。

对于这道令，颜师古注文曰："勿事，不役使也。"可以说这道诏令是奖励生育者，免除其两岁的徭役，使其在家专事抚育。类似于上述以措施促其生育的诏令还见于惠帝六年（前189年）。《汉书》卷2《惠帝记》载：

女子年十五以上至三十不嫁,五算。

对于这道诏令,应劭注曰:"《国语》:

> 越王勾践令国中女子年十七不嫁者父母有罪,欲人民繁息也。汉律人出一算,算百二十钱,唯贾人与奴婢倍算。今使五算,罪谪之也。"

无须多加细解,强迫早婚、早育,否则予以惩罚,可谓严厉!

汉武帝的时候,由于连年战争,财政开支庞大,于是便征收口钱税以缓政府之急,结果加重了百姓的负担,百姓生活穷困,无力赡养孩子,迫于无奈,生子便弃之不养,不利于人口的繁衍增长。汉元帝时贡禹上书皇帝,力陈其弊:

> 自禹在位,数言得失,书数十上。禹以为古民亡赋算口钱,起武帝征伐四夷,重赋于民,民产子三岁则出口钱,故民重困,至于生子辄杀,甚可悲痛。宜令儿七岁去齿乃出口钱,年二十乃算……天子下其议,令民产子七岁乃出口钱,自此始。⑦

这道诏令虽然不是直接鼓励百姓的生育,但它所起到的作用是同样的,因为只有在减轻人民的负担之后,百姓才有经济能力养家糊口,不至于因困于生活资料而自发淘汰。早在嬴秦的时候,就出台了种种严厉的政策制止和惩罚百姓在生育方面的自发淘汰,其目的也是为了保障人口的增殖,《睡虎地秦墓竹简·法律问答》中有政府颁行禁止溺婴的一系列规定:

> 擅杀子,黥为城旦舂。其子新生而有怪物其身及不全而杀之,勿罪。

不但对普通百姓杀子有此规定,而且对奴隶杀子亦要严惩:

> 人奴擅杀子,城旦黥之,畀(交还)主。

为了鼓励人口的增殖,对于那些家庭贫困娶不起媳妇者,政府要求他们入赘到女方去,也就是鼓励男到女方,破除旧俗,成立家庭,繁衍人口。《汉书》卷48《贾谊传》云:

> 商君遗礼义,弃仁恩,并心于进取,行之二岁,秦俗日败。故秦人家富子壮则出分,家贫子壮则出赘。

纵然这种规定和作法受到了贾谊的非议,但这样执行的结果,使秦国强大起来,终于"履至尊而制六合",实现了一统天下的愿望。

秦、汉时期何以会采取双管齐下——奖励与惩罚并行的措施,来促使人口之生育呢?这是与汉初的经济凋敝、人口锐减、满目荒凉,统治者亟待恢复生产的愿望有关。战国时期,全国人口约有三千来万⑧,秦王朝的严刑峻法和秦汉之际的战争,造成了人口的大量减少。经济社会受到了严重的摧毁,《汉书》卷24上《食货志》述及当时的情况时说:

汉兴，接秦之敝，诸侯并起，民失作业，而大饥馑。凡米石五千，人相食，死者过半。高祖乃令民得卖子，就食蜀汉。天下既定，民无盖藏，自天子不能具醇驷，而将相或乘牛车。

《史记》卷18《高祖功臣年表》也谓：

天下初定，故大城名都散亡，户口可得而数者十二三。

据我们估计，西汉初年的全国人口实际数字会降至1400万[⑨]。为了社会之安定，政权之稳固，生产力之较快恢复与发展，故高、惠二帝可以说在生育方面采取了强有力的措施。然而自西汉初期渡过难关之后，不见有如此严厉的措施来进行强制性的生育。文帝、景帝之际西汉全国人口数达2500多万，景帝和武帝之际西汉全国人口数达三千多万，生产力有了较快速度的发展，汉王朝渡过了难关，这都得益于高、惠二帝时期的生育政策。西汉中后期少见有类似前期的生育措施。当然贯穿于西汉一代的上计制度，把州郡户口之多寡作为政绩考核优劣的一部分也确实是存在的。

西汉政府鼓励生育的政策，还表现在对官吏的褒奖上，凡是地方官在任期之内经济发展、户口不断增长、人庶兴旺者，被视为有政绩、有治理能力的官吏，都要受到不同程度的奖励、重用和封赏。比较突出的例子是王成、黄霸和召信臣。

宣帝时期的王成，曾任胶东相，流民归附，工作勤劳不息，受到封侯增秩的赏赐。《汉书》卷89《循吏传》载：

王成，不知何郡人也。为胶东相，治甚有声。宣帝最先褒之，地节三年下诏曰："盖闻有功不赏，有罪不诛，虽唐虞不能以化天下。今胶东相成，劳来不息，流民自占八万余口，治有异等之效。其赐成爵关内侯，秩中二千石。"

地方上的官吏受到封侯的待遇是十分罕见的，而且把秩禄增为"中二千石"，中二千石的官吏一般是中央级的九卿之属。对于流民自占的数量问题，纵然当时有人认为有虚假成分，未必真实，但却反映了封建政府对人口发展的渴望，不然的话就不会进行奖励。

宣帝时期的另一位地方官黄霸，曾任颍川太守（今河南省许昌、禹州地），因为颍川人庶繁衍，户口岁岁增加，被提升为京兆尹，京兆尹就是当时西汉之国都长安市的最高领导。史书有明确记载：

霸以外宽内明得吏民心，户口岁增，治为天下第一。征守京兆尹，秩二千石。[⑩]

西汉时期，南阳太守召信臣在治理南阳郡时，社会安定，经济发展，百姓归之，户口增倍，受到了增秩赐金的赏赐，《汉书》中卷89《召信臣传》的记载较为详细：

信臣为人勤力有方略，好为民兴利，务在富之。躬劝耕农，出入阡陌，止舍离乡亭,稀有安居时。行视郡中水泉,开通沟渎,起水门提阏凡数十处,以广溉灌,岁岁增加,多至三万顷。民得其利,畜积有余。信臣为民作均水约束,刻石立于田畔,以防分争。禁止嫁娶送终奢靡,务出于俭约。府县吏家子弟好游敖,不以田作为事,辄斥罢之,甚者案其不法,以视好恶。其化大行,郡中莫不耕稼力田,百姓归之,户口增倍,盗贼狱讼衰止。吏民亲爱信臣,号之曰召父,荆州刺史奏信臣为百姓兴利,郡以殷富,赐黄金四十斤。迁河南太守,治行常为第一,复数增秩赐金。⑪

这些为地方经济、社会发展作出贡献的官吏,不但生前受到种种奖励,死后亦有殊荣,西汉末汉平帝即位四年即元始四年(公元 4 年)还下诏祭祀故世然有益于民的前代官吏,像蜀郡的文翁、九江的召父都在其列。南阳还为前太守信臣立祠,每年南阳郡的时任太守还要率郡府的官吏到召信臣的祠前祭拜。当然,秦汉时期鼓励生育的政策及其措施不限于上面所述,例如反对"内多怨女,外多旷夫"的多妻多妾现象也是为了让男女适时婚配,以利人口繁殖,这里不再赘述,可见本书第九章第四节中的有关内容。

注　释:

① 张家山二四七号汉墓竹简整理小组:《张家山汉墓竹简[二四七号墓]》,简 354,第 181 页,文物出版社,2001 年版。

② 张家山二四七号汉墓竹简整理小组:《张家山汉墓竹简[二四七号墓]》,简 356,第 181 页,文物出版社,2001 年版。

③ 张家山二四七号汉墓竹简整理小组:《张家山汉墓竹简[二四七号墓]》,简 357,第 181 页,文物出版社,2001 年版。

④ 张家山二四七号汉墓竹简整理小组:《张家山汉墓竹简[二四七号墓]》,简 83,第 146 页,文物出版社,2001 年版。

⑤ 张家山二四七号汉墓竹简整理小组:《张家山汉墓竹简[二四七号墓]》,简 355,第 181 页,文物出版社,2001 年版。

⑥ 张家山二四七号汉墓竹简整理小组:《张家山汉墓竹简[二四七号墓]》,简 342、343,第 179 页,文物出版社,2001 年版。

⑦ 《汉书》卷 72《贡禹传》。

⑧ 袁祖亮:《从人口数量规模变化规律看中国古史分期》,《郑州大学学报》(哲社版),1985 年 3 期。

⑨ 袁祖亮:《再论汉武帝末年人口并非减半——兼与葛剑雄同志商榷》,《学术月刊》,1985 年 4 期。

⑩⑪ 《汉书》卷 89《循吏传》。

第五章　秦、西汉时期人口结构的有关问题

第一节　官吏的设置及其相关方面的考察

一、官吏的设置及数量

关于两汉时期全国的官吏人数，《汉书》和《后汉书》给我们留下了清晰的记载，而地下出土的简文也给我们留下了西汉时期东海郡的员吏人数和每个县的员吏人数及员吏名簿。《汉书》卷 19 上《百官公卿表》载，西汉时期

> 吏员自佐史至丞相，十二万二百八十五人。

这大概是西汉末年之官吏人数，而西汉末年的全国人口数字《汉书》卷 28《地理志》记载为

> "民户千二百二十三万三千六十二，口五二九百五十九万四千九百七十八人。"

官吏占总人口之比为五百分之一，即千分之二，可以定下结论，这是中国封建社会中官与民之比最少的时期之一。东汉时期与西汉时期相比官吏人数虽有所增加，但数量不大。据《东汉会要》卷 22《职官四》载东汉的全国官吏数为 152986 人，不知这一数字为何时期的数字。若以《后汉书》卷 113《郡国五》所载的东汉全国人口数 49150220 计算，则官吏占总人口的千分之三点一。若以《晋书》卷 14《地理志》所载的东汉人口 56486856 计算，官吏占总人口的千分之二点七。

上述官吏与总人口之比还是比较可信的，我们可以从尹湾汉墓简文中得到证实。1993 年在江苏省连云港市东海郡尹湾所出土的木牍《集簿》中所载的数字可知，西汉末年的东海郡有员吏 2202 人，而东海郡当时的总人口为：男子 706064 人，女子

688132 人,男女之和是 1394196 人,官吏占总人口之比为千分之一点六。从尹湾《集簿》所反映的东海郡官吏占总人口比看来,还小于全国平均数字,这是因为集簿中所反映的只是地方政权的吏员状况,未包括中央一级吏员。当时最高官吏与乡间的最低级官吏的俸禄相差十分悬殊。《汉书》卷 19 上《百官公卿表》所载颜师古的注文可知,"汉制,三公号称万石,其俸月各三百五十斛谷"。而当时最下级官吏谓佐史,月俸才八斛谷。可以说,三公的俸录与佐史的俸禄相比竟高达近 45 倍。

通过我们对西汉官吏数量之考察大致可以得出如下结论:其一是西汉官吏的数量是不多的,在封建社会中官与民之比属最少的朝代之一;其二是西汉的吏员虽然不多,但能维持二百多年的稳固统治,说明当时的官吏队伍是比较精干的;其三是吏员人数不多相应地也减轻了百姓的负担。这些都是值得认真研究、探讨和借鉴的。

二、尹湾汉简中东海郡的官吏名册

为了进一步了解西汉时期地方政权的吏员状况,特别是吏员数量和吏员设置,我们不妨将尹湾木牍《东海郡吏员簿》中有关郡、县、乡的吏员设置情况列表如下:

县别＼官吏数量(人)	令	丞	尉	官有秩	乡有秩	令史	狱史	官啬夫	乡啬夫	游徼	牢监	尉史	官佐	乡佐	亭长	邮佐	狱丞	侯家丞	仆行人门大夫	洗马中庶子	佐	合计
海西	1	1	2	1	4	4	3	3	10	4	1	3	7	9	54							107
下邳	1	1	2	2	1	6	4	3	12	6	1	4	7	9	46	2						107
郯	1	1	2		5	5	5	3	6	3	1	3	9	7	41	2	1					95
兰陵	1	1	2	1		6	4	4	13	4	1	4	8	4	35							88
朐	1	1	2			1	3	2	6	2	1	2	4	6	47							82
襄贲	1	1	2			3	3	3	4	3	1	3	7	4	21							64
戚	1	1	2			2		3	4	1	1	3	5	5	27							60
费	1(长)		2		2	4	2	4	5	5	1	3	8	4	43	2						86
即丘	1(长)	1	2		4	2	2		8	4		2	6	4	32							68
厚丘	1(长)	1	2		4	2	1	2	9	2	1	3	4	1	36							67
利成	1(长)	1	2	1	3	3	2	3	3	1	3	5	5	32	1							65

续表

县别 ＼ 官吏数量(人)	令	丞	尉	官有秩	乡有秩	令史	狱史	官啬夫	乡啬夫	游徼	牢监	尉史	官佐	乡佐	亭长	邮佐	狱丞	侯家丞	仆行人门大夫	洗马中庶子	佐	合计
况其	1(长)	1	2			4	2	2	5	3	1	3	6	2	23							55
开阳	1(长)	1	2		1	4	3	2	4	3	1	3	6	2	19							52
缯	1(长)	1	2		1	4	2	2	3	2	1	2	4	2	23							50
司吾	1(长)	1	2			3	2	2	7	2	1	2	6		12							41
平曲(侯国)	1(长)	1	1		1	4	2	2		2		3	乙	2	4							27
临沂	1(长)	1	2			4	1		7	3	1	2	4	2	36	2						66
曲阳	1(长)	1	1		1	3	2	2	2	2	1	2	6	1	5							28
合乡	1(长)	1				3	2		2	1	1	2	5		7							25
承	1(长)	1				3	2		1	1	1	1	4	1	6							22
昌虑	1(相)	1	2		1	4	2	2	2	2	1	2	7	1	19			1	3	14		65
兰旗	1(相)	1	2			3	2	1	4	2	1	2	7	2	12	1		1	3	14		59
容丘	1(相)	1	1		1	4	2		2	2	1	2	5	2	11			1	3	14		53
良成	1(相)	1	1		1	4	2	1	1	2	1	2	5	3	7			1	3	14		50
南城	1(相)	1	1			4	2		2	1	1	2	3	2	18			1	3	14		56
阴平	1(相)	1	1			4	2	1	3	2	1	2	4	3	11			1	3	14		54
新阳	1(相)	1				3	2		2	2	1	1	4		12			1	3	14		47

续表

官吏数量(人) ＼ 县别	令	丞	尉	官有秩	乡有秩	令史	狱史	官啬夫	乡啬夫	游徼	牢监	尉史	官佐	乡佐	亭长	邮佐	狱丞	侯家丞	仆行人门大夫	洗马中庶子	佐	合计
东安	1(相)	1				3	2	1	1	1		2	5		9			1	3	14		44
平曲	1(相)	1	1			3	2	2	2	1	1		5		5			1	3	14		42
建陵	1(相)	1				3	2	1	1	1	1	1	4		6			1	3	14		39
山乡	1(相)	1				3	2	1	1	1	1	1	4		4			1	3	14		37
武阳	1(相)	1				2	1	1	1	1	1	1	3		3			1	3	14		33
都平	1(相)	1				2		1	1			1	3		3			1	3	14		31
郚乡	1(相)	1				3	2	1	1	1	1	2	5	1	5			1	3	14		41
建乡	1(相)	1				3	2	1	1	1	1	2	5	1	4			1	3	14		40
(于乡)	1(相)	1				3	1	1	1	1	1	1	6	1	2			1	3	14		37
建阳	1(相)	1				3	1	1	1	1	1	1	6	2	5			1	3	14		41
都阳	1(相)	1				2		1	1	1			4		3			1	3	14		32
伊卢盐官	1(长)	1				1	2														25	30
北蒲盐官		1				1	2														22	26
郁州盐官		1				1	1														23	26
下邳铁官	1(长)	1				3	5										1				9	20
合计																						2163

西汉时期的东海郡,共有县级单位设置38个(县、邑、侯国)。其中万户以上的

县有 7 个：海西、下邳、郯、兰陵、朐、襄贲、戚，这 7 个县均设置有县令。根据《汉书》卷 19《百官公卿表》载，秦汉时万户以上为大县，设县令 1 人。不满万户者设县长、侯国则设相 1 人。万户以下的县有 31 个，还有三处盐官和两处铁官。据统计，38 个县级单位和 5 个盐、铁官设置的总官吏人数为 2163 人，每县平均官吏数为 2163 ÷ 43 ≈ 50 人。而大县如海西、下邳两县的官吏为 107 人，而最小县如都平侯国其官吏人数才仅有 31 人。如果除去 5 个盐铁官单位的官吏不计，则 38 个县的县均官吏设置人数为 2056 ÷ 38 = 54 人。东海郡共有人口 1394196 人，每县平均人口数为 32423 人（5 个设盐铁官的单位，亦按县级单位计算）。

西汉东海郡官吏员数的另一个特点，是郡一级官吏的人数所占比例不大，《集簿》所载属于行政方面的郡级官吏共有 27 人：

　　　　大守一人，丞一人，卒史九人，属五人，书佐十人，啬夫一人。[①]

属于军事方面的郡级官吏共有 12 人：

　　　　都尉一人，丞一人，卒史二人，属三人，书佐五人。[②]

郡一级行政、军事方面的官吏共有 39 人。郡一级官吏占东海郡官吏总数的 1.77%。看了这个比例，觉得异常之小，一个有 38 个县级单位的郡，郡一级的官吏（包括军事方面的官吏）才只有 29 人，十分精简，说明西汉政府统治理念是特别重视县一级政权。

西汉时期，国都所在地的郡级官吏人数和国都所在地的县级官吏人数，因为资料奇缺，目前无法得知。但我们可以引用东汉时期，国都所在地的郡级官吏情况和国都所在地的县级官吏情况作为参考。《后汉书》卷 118《百官五》注引《汉官》曰：

　　　　河南尹员吏九百二十七人，十二人百石。诸县有秩三十五人，官属掾史五人，四部督邮吏部掾二十六人，案狱仁恕三人，监津渠漕水掾二十五人，百石卒史二百五十人，文学守助掾六十人，书佐五十人，修行二百三十人，干小史二百三十一人。

同书还引：

　　　　洛阳令秩千石，丞三人四百石，孝廉左尉四百石，孝廉右尉四百石。员吏七百九十六人，十三人四百石。乡有秩、狱史五十六人，佐史、乡佐七十七人，斗食、令史、啬夫、假五十人，官掾史、干小史二百五十人，书佐九十人，修行二百六十人。

从上面的所引东汉的资料看，首都所在地的市级机构的官吏不到 1000 人。而首都所在地的县的官吏才 796 人。根据西汉全国吏员要少于东汉时的全国吏员估计，西汉时的京兆和长安县的吏员不会超过 1000 人以上。无须多加说明，可以清楚看到西汉时期的吏员数量虽然很少，但队伍比较精干，在维持西汉长达二百多年的统治中，起到了重要作用。

三、高龄人口及有关方面的构成情况

1993 年江苏省连云港市东海县出土的尹湾汉简,内容相当丰富,谢桂华先生作过深入的探讨,高大伦先生对汉简中有关户口资料进行了全面的研究。本书仅就尹湾汉简中有关人口构成方面的情况作一简单分析,先将有关简文内容抄录如下:

> 户廿六万六千二百九十多前二千六百廿九,其户万一千六百六十二获流。
> □百卅九万七千三百卅三,其四万二千七百五十二获流。
> ……
> 男子七十万六千六十四,女子六十八万八千一百卅二人。女子多前七千九百廿六。
> 年八十以上三万三千八百七十一,六岁以下廿六万二千五百八十八,凡廿九万六千四百五十九。
> 年九十以上万一千六百七十人,年七十以上受杖二千八百廿十三人,凡万四千四百九十三,多前七百一十八。[③]

上面所引,是西汉时期东海郡的人口构成。西汉时期的东海郡,地处今江苏省徐州市以东的鲁南和苏北地区,大致在今山东省枣庄市和江苏省连云港市的辖区或部分辖区上。引文中给我们提供了这么一些数据:

东海郡的总户数:266290 户

    总人口:1397343 人

    男子数:706064 人

    女子数:688132 人

    年 80 岁以上人数:33871 人

    年 6 岁以下人数:262589 人

    年 90 岁以上人数:11670 人

需要说明的是,集簿中的东海郡的总人口数与分述中的男、女人口相加数不同,我们利用男、女相加数 1394196 人为东海郡的总人口数。

据上述各种数据我们可以求算出:

东海郡户平均人口数:$1394196 \div 266290 = 5.2$(人)

东海郡的男女比例:$706064 : 688132 = 102.6 : 100$

东海郡 80 岁以上人口占总人口之比:$33871 \div 1394196 = 2.43\%$

东海郡 6 岁以下儿童占总人口之比:$262589 \div 1394196 = 18.8\%$

东海郡 90 岁以上人口占总人口之比：$11670 \div 1394196 = 0.8\%$

从以上计算数字可以看出，西汉东海郡高龄人口占总人口之比重异常高，甚至高出现在国家平均数的许多倍，究竟这些数字是对是错，试作如下分析：

高龄人口的分布是有其地域性的，并不是说平均分布，每个地区都差不多。中国自古以来有许多地方是高龄区，而且这些高龄区随着时代的发展环境的演变是会发生变化的，并不是一成不变的。在这里将目前一些地区百岁老人占总人口情况列表如下：

地区名称	人口数	百岁以上老人数	比例/10 万
北京市	1456 万	311 （《北京日报》2006 年 10 月 28 日）	2.1
郑州市	300 万	130	4.3
南阳市	1000 万	241 （《南阳日报》2006 年 10 月 26 日）	2.4
漯河市	253 万	113 （《大河报》2006 年 10 月 30 日）	4.3
泌阳县	96 万	69 （《河南日报》2006 年 11 月 2 日）	7.2
上蔡县	138 万	45 （《大河报》2006 年 10 月 30 日）	3.2
台湾省	2260 万	872 （凤凰卫视资讯台，2006 年 10 月 13 晚 10:30 所播）	3.9

据《大河报》2006 年 10 月 30 日所刊的资料可知，目前全国百岁以上老人的比例是 1.44 人/10 万。上述地区百岁以上人口比远远高出现在全国的平均水平。很难用此地的标准去比彼地的情况以判断其是否真实。

在这里我们再举一些例子：

《健康报》2007 年元月 18 日刊载巴马村的情况。该村有 580 人，百岁以上的老人有 8 位，那么其比例应该是 1379.3 人/10 万。

四川电视台计划教育中心 2001 年 10 月 24 日播出一则消息，青城山乡有人口 16000 人，90 岁以上的老人有四五十位，若以 45 位计，则比例应该是 281 人/10 万。

《参考消息》2006 年 8 月 29 日刊载一条消息，言说法国的百岁以上的老人数量增长很快，目前有 20000 多人，而法国的人口大概是 6018.6 万人，那么其百岁以上老人占总人口之比为 33.2 人/10 万。

《大河报》2009 年 9 月 12 日刊载一条消息：日本百岁老人突破四万。文云："日本 11 日公布的官方统计数字显示,截至 9 月中旬,日本年龄超过百岁的老人数量将达到 40399 人,首次突破 4 万大关,且增速还在不断加快。厚生劳动省公布的这项年度调查显示,日本百岁老人数量已连续 39 年增长……在全部百岁老人中,有女性 34952 人,占 86.5%;男性 5447 人,占 13.5%。"2009 年日本约有人口 1.27 亿,那么日本百岁老人占总人口之比为 31.8 人/10 万。

　　据神农架管委会副书记介绍,从神农架主峰下山去十堰的途中,有一个两山之间的小村庄,名叫塔坪村,交通十分闭塞,村民几乎不与外界往来,生活上吃洋芋、玉米、农家菜等,很少吃肉,全村一百多人,平均死亡年龄是 93 岁左右,最高寿者为 119 岁。

　　总之,高寿是存在区域性差别的,高寿在某些方面与环境有关,所以我们目前对尹湾汉简中所载西汉东海郡 90 岁以上老人占总人口比重奇高的现象作出否定,还不是一件容易的事情。

　　此外,需要说明的一点是,长寿村不一定永远是长寿村,长寿村仅仅是指在不破坏其生活习惯和生活环境下才能维持的村落,《风俗通义》卷 10《山泽》载:

　　　　南阳郦县有甘谷,谷中水甘美,云其山上有大菊花,水从山流下,得其滋液,谷中三十余家,不复穿井,仰饮此水,上寿百二三十,其中百余,七十八十名之为夭,司空王畅、太尉刘宽、太傅袁隗为南阳太守,闻有此事,令郦月送水三十斛,用饮食澡浴,终然无益。

东汉时期的南阳郦县就是今日之河南省南阳市内乡县,其署衙保持之完好在我国目前独一无二,凡到过内乡县衙的人都知道衙署正门上方署"古菊潭县治",也就是说,郦县就是后来的菊潭县,后演变为今日之内乡县。而今日到过内乡县参观的人,不曾听说这里今日有长寿村,昔日的长寿村,今日不复存在了,原因是环境发生了变化。《参考消息》2007 年 4 月 8 日登载西班牙《世界报》4 月 6 日报道,题为:《现代生活习惯毁掉"长寿村"》(记者:吉列尔莫·格兰哈)。比尔卡班巴是厄瓜多尔著名的"长寿村"。但是现在,这个青春永驻的村子却越来越名不副实,村里的居民认为是现代生活习惯导致了村民寿命的减少。首先是紧张的现代生活导致的,主要是旅游者和寻找长寿秘诀的人所带来的;其次是现代生活正逐渐渗透到村里,打破以往的平静,该村脆弱的生态环境已经受到经济变化的影响。前面所举神农架塔坪村的例子也能说明问题,社会上得知这里有长寿村后,商家为了利益也争相而来,牛奶商家为宣传自己无偿送来了奶品,肉类商家为宣传自己无偿送来了火腿肠,目的是为了扩大自己产品之影响。但长寿村的老人吃了送来的富有营养的食品后反而不长寿,死掉了,并未赶上上一代的长寿记录。由此看来,长寿的秘诀挺深奥,特别是对历史上及现代的长寿区域需进行探讨,不可轻易否定其存在。

第二节　秦汉时期富人的概况

《汉书》卷4《文帝纪赞》有一段记述,彰显文帝的节俭,从中道出了西汉文帝时中产阶级的资产数量,十分难得。

　　孝文帝即位二十三年,宫室苑囿车骑服御无所增益。有不便、辄弛以利民。尝欲作露台,召匠计之,直百金。上曰:"百金,中人一家之产也。吾奉先帝宫室,常恐羞之,何以台为!"身衣弋绨,所幸慎夫人衣不曳地,帷帐无文绣,以示敦朴,为天下先。

汉代一金谓一万钱,百金即一百万钱。颜师古在释"中人十家之产"时曰:"中谓不富不贫",也就是说当时中等人家之财产是10万钱。汉文帝从节俭考虑,相当于中等人家十家訾产的露台计价他不建造,可谓十分节俭。中等人家的訾产如此,富人的情况如何呢?

一、秦时期的富人

秦汉时期最富有之人的资产有多少呢? 我们先来看看春秋时的情况。人们所熟知的越王句践的贤佐范蠡,他曾佐句践卧薪尝胆,十年生聚,遂报强吴,一雪会稽之耻。事成之后,他不恋官位,乘扁舟,浮江湖,变姓名,从事商业活动,成为后代商界敬奉的鼻祖。

　　适齐为鸱夷子皮,之陶为朱公。朱公以为陶天下之中,诸侯四通,货物所交易也。乃治产积居,与时逐而不责于人。故善治生者,能择人而任时,十九年之中三致千金,再分散与贫交疏昆弟⋯⋯子孙修业而息之,遂至巨万。故言富者皆称陶朱公[④]。

"巨万",《集解》引徐广曰:"万万",也就是1亿。

春秋战国时期"訾拟王公"的还有猗顿和邯郸的郭纵。猗顿是鲁国的穷士,耕则常饥,桑则常寒,闻朱公富,往而问术。

　　朱公告之曰:"子欲速富,当畜五牸。"于是乃适西河,大畜牛羊于猗氏之南,十年之间其息不可计,訾拟王公,驰名天下[⑤]。

此外,邯郸的郭纵从事冶铁业,"与王者埒富"。秦时的乌氏县(今陕西平凉西北地区)的一位名叫倮的畜牧业主,"畜至用谷量马牛"[⑥](《集解》注引韦昭曰:"满谷则具不复数。")

　　秦始皇帝令倮比封君,以时与列臣朝请[⑦]。

秦时的富人中间还有一位有名的女性,她便是当时巴蜀的一位穷乡寡妇名叫清。

　　其先得丹穴,而擅其利数世,家亦不訾[⑧]。

"家亦不訾",唐司马贞《索隐》释作:"谓其多,不可訾量"。对于这些工商业主、畜牧业主,可以说是当时的企业家,皇帝对待他们的态度如何呢?千古一帝的秦始皇对她们尊重有加,像对待朝臣一样对待她们,受到了"以时与列臣朝请"的待遇与礼节。对待以开矿致富巴蜀的寡妇清。

　　　　　秦始皇帝以为贞妇而客之,为筑女怀清台。[⑨]

张守节《正义》引《括地志》云:"寡妇清台山俗名贞女山,在涪州永安县东北七十里"。一般人都认为,秦汉时期对工商业主持打击态度,列为七科谪之中,明令不准他们穿丝制品等贬辱措施。但这只是问题的一个方面,从上面两个例证可以看出秦始皇对那些特大的富人,非但没有打击反而却给予鼓励,把他们的地位抬高到与朝臣同列的地位,筑台彰显,让人学习,这一点值得注意。

二、西汉时期的富人及对富人的起用

　　除了皇帝之外,西汉时期,有数字可鉴的最大的富翁当属汉景帝之弟,梁孝王刘武。他及其夫人的墓穴在今河南省商丘市永城北的芒砀山。早在三国时期墓藏的珠宝便被洗盗。其府库存金钱有"100个亿"。《汉书》卷47《文三王传》载:

　　　　　(梁孝王)而府库金钱且百鉅万,(师古曰:"鉅万,百万也。有百万者,言凡百也。")珠玉宝器多于京师。

从颜师古的注文看可能有误,或系转抄所致,这里的"鉅万"不应是"百万",因为颜师古在别段文字的注释中谓"鉅万"是"万万"。《汉书》卷24下《食货志》云:

　　　　　"又兴十余万人筑卫朔方,转漕甚远,自山东咸被其劳,费数十万鉅万。(师古曰:数十万乃至百万万)府库空虚。"

显而易见这里师古把"鉅万"释为"万万"。《史记》卷58《梁孝王世家》如淳和韦昭的注文则可参考。

　　　　　(梁孝王)而府库金钱且百巨万(《索隐》如淳曰:"巨亦大,与大百万同也。"韦昭曰:"大百万、今万万。")

以上诸家释文可以证明梁孝王的府库金钱有100个亿。

　　下面我们把秦汉时期的富人及其富有情况榜示如下,更便明了

姓名	富有情况	资料出处
卓氏 (秦时蜀地人)	富至童八百人,田池射猎之乐拟于人君	《汉书》卷91 《货殖传》
程郑 (蜀地人)	富埒卓氏	《汉书》卷91 《货殖传》

姓名	富有情况	资料出处
梁孝王刘武 (文景时期人)	多作兵弩弓数十万,而府库金钱且百钜万,珠玉宝器多于京师。 孝王未死时,财以钜万计,不可胜数。及死,藏府余黄金尚四十余万斤,他财物称是。	《汉书》卷47 《文三王传》
邓通 (汉文帝时人)	是时,吴以诸侯即山铸钱,富埒天子,后卒叛道。邓通,大夫也,以铸钱财过王者。故吴、邓钱布天下。 于是文帝赏赐(邓)通钜万以十数,(师古曰:每赏赐辄钜万,如此者十数)官至上大夫。	《汉书》卷24 《食货志》 《汉书》卷93 《佞幸传》
韩嫣 (汉武帝时人)	韩嫣,字王孙。弓高侯颓当之孙也。武帝为胶东王时,嫣与上学书相爱。及上为太子,愈益亲嫣……上即位,欲事伐胡,而嫣先习兵,以故益尊贵,官至上大夫,赏赐儗邓通。	《汉书》卷93 《佞幸传》
淳于长 (汉成帝时人)	(淳于长)后遂封为定陵侯,大见信用,贵倾公卿。外交诸侯牧守,赂遗赏赐亦累钜万。多畜妻妾,淫于声色,不奉法度。	《汉书》卷93 《佞幸传》
董贤 (汉哀帝时人)	(董)贤宠爱日甚,为附马尉侍中,出则参乘,入御左右,旬月间赏赐累钜万,贵震朝廷(董贤死后)县官斥卖董氏财,凡四十三万万。	《汉书》卷93 《佞幸传》
罗裒 (成、哀间成都人)	訾至钜万(1亿)	《汉书》卷91 《货殖传》
孔氏 (武帝时南阳人)	家致数千金(数千万)	《汉书》卷91 《货殖传》
东郭咸阳 (武帝时人)	齐之大鬻盐……致产累千金(千万)	《汉书》卷24下 《食货志》
丙氏(鲁人)	富至钜万(1亿)	《汉书》卷91 《货殖传》
刀间(齐人)	数千万	《汉书》卷91 《货殖传》
姓伟 (成、哀间临淄人)	訾五千万	《汉书》卷91 《货殖传》
师史 (洛阳人)	故师史能致十千万 (1亿)(《史记》谓七千万)	《汉书》卷91 《货殖传》

续表

姓名	富有情况	资料出处
张长叔 （成、哀、王莽时 洛阳人）	訾亦十千万 （1亿）	《汉书》卷91 《货殖传》
薛子仲 （成、哀、王莽时人）	訾亦十千万 （1亿）	《汉书》卷91 《货殖传》
桥桃	致马千匹，牛倍之，羊万，粟以万钟计。（颜师古曰： "以万钟计者，不论斗斛千万之数，……其饶多也。"）	《汉书》卷91 《货殖传》
毋盐氏 （景帝时关中人）	吴楚之兵起……唯毋盐氏出捐千金贷，其息十之。 三月，吴楚平，一岁之中，则毋盐氏息十倍，用此富关中。	《汉书》卷91 《货殖传》
田墙 （关中人）	鉅万 （1亿）	《汉书》卷91 《货殖传》
田兰 （关中人）	鉅万 （1亿）	《汉书》卷91 《货殖传》
栗氏 （关中人）	鉅万 （1亿）	《汉书》卷91 《货殖传》
杜氏 （关中安陵人）	鉅万 （1亿）	《汉书》卷91 《货殖传》
樊嘉 （西汉后期杜陵人）	五千万	《汉书》卷91 《货殖传》
挚纲 （西汉后期茂陵人）	鉅万	《汉书》卷91 《货殖传》
如氏 （西汉后期平陵人）	鉅万	《汉书》卷91 《货殖传》
苴氏 （西汉后期平陵人）	鉅万 （1亿）	《汉书》卷91 《货殖传》
王君房 （西汉后期长安人）	鉅万 （1亿）（卖丹致富）	《汉书》卷91 《货殖传》
樊少翁 （西汉后期长安人）	鉅万 （1亿）（卖豉致富）	《汉书》卷91 《货殖传》
王孙大卿 （西汉后期长安人）	鉅万 （1亿）（卖豉致富）	《汉书》卷91 《货殖传》

姓名	富有情况	资料出处
秦杨	以田农而甲一州	《汉书》卷91《货殖传》
翁伯	以贩脂而倾县邑	《汉书》卷91《货殖传》
张氏	以卖酱而隃侈	《汉书》卷91《货殖传》
质氏	以酒削而鼎食	《汉书》卷91《货殖传》
浊氏	以胃脯而连骑	《汉书》卷91《货殖传》
张里	以马医而击钟	《汉书》卷91《货殖传》

除了上述列表所述的高訾者外,还有一些高级官吏的訾产颇多,其中不少是属于皇帝赏赐所致。

周勃被汉文帝赏赐,家訾 5000 万[10]

灌婴被汉文帝赏赐,家訾 1000 万[11]

朱虚侯被汉文帝赏赐,家訾 1000 万[12]

东牟侯被汉文帝赏赐,家訾 1000 万[13]

杜延年,“为人安和,备于诸事,久典朝政,上信任之,出即奉驾,入给事中,居九卿位十余年,赏赐赂遗,訾数千万”。[14]

酷吏王温舒有訾 1000 万:

　　(王)温舒死,家累千金。[15]

酷吏杜周家訾 1 亿:

　　始(杜)周为廷史,有一马,及久任事,列三公,而两子夹河为郡守,家訾累巨万矣。治皆酷暴,唯少子延年行宽厚云。[16]

酷吏宁成,在汉武帝时曾为官内史,后豪霸一方,家訾达数千万:

　　(宁成),武帝即位,徙为内史。外戚多毁成之短,抵罪髡钳。是时九卿死即死,少被刑,而成刑极,自以为不复收,乃解脱,诈刻传出关归家。称曰:“仕不致二千石,贾不致千万,安可比人乎?”乃贳贷陂田千余顷,假贫民,役使数千家。

数年,会赦,致产数千万,为任侠,持吏长短,出从数十骑,其使民,威重于郡守。[17]

酷吏家訾甚高是可以理解的,因为他们掌握生死大权,广收贿赂,以增产业,这是不足为怪的。然而西汉时期的杨王孙,习黄老之术,家訾亦达1000万。

杨王孙者,孝武时人也。学黄老之术,家业千金,厚自奉养生,亡所不致。[18]

似杨王孙的情况,实则是为数寥寥。

富人之中,对于訾产的使用有两种不同的做法,有的挥霍无度,尽情享受,或留给子孙。有的则认为钱多并非是件好事,且广施恩惠,散尽为止。楚元王的后代刘德和曾做过太子太傅的东海兰陵人疏广便是如此。据《汉书》记载:

（刘）德宽厚,好施生,每行京兆尹事,多所平反罪人。家产过百万,则以振昆弟宾客饮食,曰:“富,民之怨也。”[19]

不但刘德有“富,民之怨也”,并赶快散财,而疏广亦有同样的看法。疏广年轻的时候勤于学习,熟悉春秋,居家授徒,后来任太子大傅,疏广后来回归乡里,每天让家人盛设酒席,邀请同族的人及以前的故旧亲朋宾客在一起饮酒娱乐,并且不断询问家里的钱现在还剩多少,赶快花销以供日娱。如此生活过了一年多,疏广的子孙们恐这样下去,钱会花光的,便请求平时与疏广关系好的兄弟们规劝疏广,留点钱给子孙们买些田宅,疏广听后不以为然,并说:

吾岂老誖不念子孙哉？顾自有旧田庐,令子孙勤力其中,足以供衣食,与凡人齐。今复增益之以为赢余,但教子孙急惰耳。贤而多财,则损其志;愚而多财则益其过。且夫富者,众人之怨也;吾既亡以教化子孙,不欲益其过而生怨。又此金者,圣主所以惠养老臣也,故乐与乡党宗族共享其赐,以尽吾余日,不亦可乎？[20]

疏广的一席话讲得十分深刻,而且富有哲理,同族的人都十分佩服他,细演疏广的看法亦有称道之处。

在高訾富人当中,有的还是能急国家所急,慷慨解囊的,如汉武帝时以畜牧发家的卜式便是如此。《汉书》卷58《卜式传》载:卜式是河南人（今河南洛阳）,汉武帝伐匈奴,卜式上书愿输家庭财产的一半以助边。皇帝觉得奇怪,派使者问卜式,你捐资输财是不是想当官？卜式说:从小牧羊,不会当官,也不愿当官。使者问,家里是不是有冤需要申冤报仇？卜式回答道:我平素与世无争,和村里的人相处很好,对穷人我贷钱给他们,对没有教养者我劝导他们,我所居之处,邻居们都听我的,我为什么会被蒙冤！使者说,不管怎么说,你这样做,肯定是有别的欲望和想法。卜式说:

天子诛匈奴,愚以为贤者宜死节,有财者宜输之,如此而匈奴可灭也。

使者把卜式的话告诉了汉武帝,汉武帝又把这些话告诉了当时的丞相公孙弘,弘曰:

此非人情,不轨之臣,不可以为化而乱法,愿陛下勿许。

总之,公孙弘认为卜式动机不纯,没有接受捐赠。过了一年多,贫民大徙,府库空虚,卜式捐赠 20 万钱给河南太守,汉武帝终于从"河南上富人助贫民者"簿中了解了他。卜式的慷慨行为与其他富人在国家困难时期争匿其财是截然不同的。汉武帝发动杨可告缗,鼓励检举揭发,被查出来的申报财产不实受到了严厉惩处者,可以说比比皆是。国家没收的财物以亿计,奴婢千万数,田大县数百顷、小县百余顷。

有的富人对自己及其家庭的要求还是比较注意的,如上表所列的宣曲(今西安市西南)任氏规定家约:

> 非田畜所生不衣食,公事不毕不得饮酒食肉。[21]

也许正是因为如此,能保持富贵达数世之久。

对于这些高訾者,西汉政府对之态度如何呢?以汉武帝为例来说,在外有匈奴入侵,内有天灾,流民四起,府库空虚的窘迫关头,重用东郭咸阳、南阳的孔仅为大农丞,重用洛阳大商人出身的桑弘羊为御史大夫。因为他们在理财方面颇有经验,"言利事析秋毫矣"[22],他们主张实行盐铁官卖,以增加政府的财政收入,被汉武帝所采纳。汉武帝还任用过卜式为御史大夫,赐爵关内侯。王莽时效发汉武帝,任用当时洛阳大富翁张长叔、薛子仲为纳言士。[23]"纳言士"为何职无法考证,不过从颜师古的注释中:"法武帝者,言用卜式、东郭咸阳、孔仅等为官也",可知也是一种官职。

司马迁,特别是班固对那些取财不讲道德,甚至犯奸成富者是持批评态度的。班固认为卓氏、孔氏、刀间等人为富是垄断了国家的部分资源——矿产品、渔业资源和盐业资源所致:

> 至于蜀卓,宛孔,齐之刀间,公擅山川铜铁鱼盐市井之入,运其筹策,上争王者之利,下锢齐民之业,皆陷不轨奢僭之恶。[24]

西汉时期犯奸成富的典型是曲叔、稽发等,司马迁认为:

> 掘冢,奸事也,而田叔以起。博戏,恶业也,而桓发用富。(《汉书》作稽发)。[25]

根据颜师古的注释,博戏大概是属一种赌博行为的事情,即"戏而赌取财物"。班固认为这些人的致富是伤化败俗,大乱之道。

西汉时期的富人究竟有多少,其占总人口的比例如何是难以估算的。秦始皇时徙天下富豪 12 万户于关中,秦时的人口约在 3000 万左右,以此计算约占总人口的 2%,而所徙这些富豪赀产的起点是多少也无从知道,不过从西汉徙陵的情况看,起码在百万以上。武帝时曾徙郡国豪杰及訾 300 万以上者茂陵。宣帝时两次徙、募訾百万以上者于陵。成帝鸿嘉二年(前 19 年)曾徙郡国豪杰訾 500 万以上者 5000 户于昌陵。成帝鸿嘉年间的人口约有5200万,当时訾500万以上者约占总人口的0.48‰,回过头来我们再来分析一下西汉武帝时訾300万以上者占全国人口的比重。《汉书》卷28上《地理志》载西汉末茂陵县的人口是277277人,武帝建元三年(前138年)、元朔二年(前127年)、太始元年(前96年)曾三次徙陵。其中元朔二年"徙郡国豪杰及訾三百万以上于茂陵"。那么,元朔二年徙陵的人数是多少呢,上言西汉末年武帝茂陵人口为277277人,根据前面探讨西汉一代的人口增长情况可知,西汉末年的人口是武帝末年的人口的2倍,若以此比例计算,则茂陵在武帝末年的人口约有14万人,武帝末年的人口与前期相比有下降趋势,而移陵人口是高訾者,生活条件相对要好,估计受影响不大,若把这14万人看作是当时从外迁来之民,而且是分三次迁徙,那么每次迁徙数量的平均数为近5万人,也就是1万户。前面言及武帝年间的最高人口数字为3400万,最低人口数字为3000万,平均以3200万计算,则武帝时訾300万以上者约占总人口的5万÷3200万=1.5‰,也就是说当时訾三百万以上者占全国总人口的1.5‰,这个数字与成帝时訾500万以上者所占总人口的比重0.48‰都反映了当时社会贫富构成的状况,可作参考。

司马迁还告诉我们:

> 千金之家比一都之君,巨万者乃与王者同乐。㉖

我们是否可理解为受封的诸侯王与公主们之财产约有1亿或1千万。

从富人的地域分布看,主要集中在关中地区,也就是说当时的首都富人最多、最为集中。其次散见于洛阳、临菑、南阳、蜀地。难怪司马迁说:

> 故关中之地,于天下三分之一,而人众不过什三,然量其富,什居其六。㉗

关中之所以集中了这么多财富,主要是与历代徙高訾者于关中的强干弱枝政策及其思想有关。从统计的资料看司马迁的结论还是有根据的。

西汉时期,江淮以南地区富人极少。

> 总之,楚越之地,地广人稀,饭稻羹鱼,或火耕而水耨,果隋蠃蛤,不待贾而足,地势饶食,无饥馑之患,以故呰窳偷生,无积聚而多贫。是故江、淮以南,无冻饿之人,亦无千金之家。㉘

西汉时期,富人最高的訾产是钜万即1亿钱(刘武和董贤由皇帝赏赐而富除外),而当时国家的财政状况又是如何呢?《太平御览》卷627引桓谭《新论》:

> 汉定(按丁印本严可均《全汉文》"定"为"宣字")以来,百姓赋敛,一岁为四十万万,吏俸用其半,余二十万万,藏于都内。少府所领园地作务之八十三万万,以给官室供养诸赏赐。(吕思勉先生之《秦汉史》十八章第三节引桓谭《新论》此文作"入"字。即"八十三万万"为"入十三万万")

另外，《汉书》卷86《王嘉传》还有一组数字，反映的是汉元帝时的情况，这组数字多了水衡的收入数，与《新论》中所述汉宣帝时的情况有别。

> 孝元皇帝奉承大业，温恭少欲，都内钱四十万万，水衡钱二十五万万，少府钱十八万万。尝幸上林，后宫冯贵人从临兽圈，猛兽惊出，贵人前当之，元帝嘉美其义，赐钱五万。掖庭见亲，有加赏赐，属其人勿众谢，示平恶偏，重失人心，赏赐节约。是时外戚赀千万者少耳，故少府水衡见钱多也。

《王嘉传》中少府之收入与《新论》中的数字不同。

简而言之，汉宣帝以来，国家在百姓的人头税收入方面一年是 40 个亿。少府一年的收入是 13 个亿，少府是皇帝的私钱。上述两项基本上是一年国家财政收入的大致概况。

西汉末年，郡、县官吏都家累千金，军吏也成了暴发户。

王莽称帝那一年，实行了职官改革：

> 莽以《周官》、《王制》之文，置卒正、连率、大尹，职如太守；属令、属长，职如都尉。置州牧、部监二十五人，见礼如三公。监位上大夫，各主五郡。公氏作牧，侯氏卒正，伯氏连率，子氏属令，男氏属长，皆世其官，其无爵者为尹。㉙

新莽八年(公元 12 年)又建五等封爵制，与此配套的是俸禄改革的有关规定，但却不能如数兑现，结果造成了：

> 天下吏以不得俸禄，并为奸利，郡尹县宰家累千金。㉚

不但郡尹、县宰如此，一些军队的官吏也为奸增产致富，从王莽的诏书中可以了解：

> "详考始建国二年胡虏猾夏以来，诸军吏及缘边吏大夫以上为奸利增产致富者，收其家所有财产五分之四，以助边急。"公府士驰传天下，考覆贪饕，开吏告其将，奴婢告其主，几以禁奸。㉛

告奸的结果并未收到理想的效果，其结果是"奸愈甚"！

第三节　关于判刑人口数量的考察

在封建社会，判刑人口的多少，反映了当时社会的治乱兴衰，也反映了统治者刑法的轻重与否，在文献资料当中，有不少关于秦、西汉时期的判刑人数的记载，现把有关这方面的资料加以集中，以便分析探讨。

西汉以前，刑罚最轻的时期，莫过于西周的成王、康王时期，也就是西周初年的第

二代、第三代国君的执政时期,西汉人严安曾说:

> 臣闻周有天下,其治三百余岁,成康其隆也,刑错四十余年而不用。㉜

另外,从董仲舒的说法中也证明了西周成王、康王时期天下大治狱中空空:

> 武王行大谊,平残贼,周公作礼乐以文之,至于成康之隆,囹圄空虚四十余年。㉝

秦王朝时期是历史上刑罚最重的时期之一,史书记载当时刑人半道,整个国家就像一个大监狱。根据《汉书》卷24上《食货志》的记载,每年死刑约万人:

> 至秦则不然,用商鞅之法,改帝王之制,除井田,民得卖买,富者田连阡陌,贫者亡立锥之地。又颛川泽之利,管山林之饶,荒淫越制,踰侈以相高;邑有人君之尊,里有公侯之富,小民安得不困?又加月为更卒,已,复为正一岁,屯戍一岁,力役三十倍于古;田租口赋,盐铁之利,二十倍于古。或耕豪民之田,见税什五。故贫民常衣牛马之衣,而食犬彘之食。重以贪暴之吏,刑戮妄加,民愁亡聊,亡逃山林,转为盗贼,赭衣半道,断狱岁以千万数。

秦朝约有人口2000万—3000万,那么每年死刑的比例为3.3%以内。

西汉初年,君臣都注意总结秦朝速亡的原因,废除秦的苛法,萧何将其简化为"杀人者死,伤人及盗抵罪"。孝惠帝、高后时期很少杀人。

> 当孝惠、高后时,百姓新免毒蠚,人欲长幼养老。萧、曹为相,填以无为,从民之欲,而不扰乱,是以衣食滋殖,刑罚用稀。㉞

从《汉书·刑法志》的记载看,只是说惠帝和吕后时期,很少动用刑罚,估计杀人不多,但看不出具体数字来。

继高后之后,汉文帝刘恒即位,文帝时期在我国封建社会中被称为盛世,百姓的负担一再受到减免,社会稳定,人民能够安居乐业,在刑罚方面也是比较慎用的,当朝人贾捐之、贡禹乃至东汉时期人班固都对汉文帝的慎用刑罚有过论述。《汉书》卷64下《贾捐之传》载:

> 赖圣汉初兴,为百姓请命,平定天下。至孝文皇帝,闵中国未安,偃武行文,则断狱数百,民赋四十,丁男三年而一事。

这里的"断狱"我们的理解可能是死罪,贾捐之没有说出具体的数字,只是说一年杀了数百人。西汉后期人贡禹道出了文帝时一年的死刑数量是四百来人:

> 孝文皇帝时,贵廉洁,贱贪污,贾人、赘婿及吏坐赃者皆禁锢不得为吏,赏善罚恶,不阿亲戚,罪白者伏其诛,疑者以与民,亡赎罪之法,故令行禁止,海内大化,天下断狱四百,与刑错无异。㉟

东汉时期人班固,在作《汉书》的时候,采用了贡禹的说法,认为文帝时一年的死罪才

400人：

> 及孝文即位，躬修玄默，劝趣农桑，减省租赋。西将相皆旧功臣，少文多质，惩恶亡秦之政，论议务在宽厚，耻言人之过失。化行天下，告讦之俗易。吏安其官，民乐其业，畜积岁增，户口寝息。风流笃厚，禁罔疏阔。选张释之为廷尉，罪疑者予民，是以刑罚大省，至于断狱四百，有刑错之风。㊱

汉文帝末年全国人口约二千八九百万，那么死罪在全国总人口中只占0.14‰，即万分之0.14，在我国历史上，有案可查的年判死刑最少的时期是唐朝李世民在位的贞观年间，当时的年判死罪不到30人。疑罪从无，大概就是从汉开始的。

文景之后，情况大变。西汉政府每年判处死罪的人数与前相比大有增加，竟达一万人之多，那么从何时开始西汉全国死罪的判决数达一万人呢，根据贾捐之的说法，在汉武帝在位期间就已经如此了。

> （汉武帝时）西连诸国至于安息，东过碣石以玄菟、乐浪为郡，北却匈奴万里，更起营塞，制南海以为八郡，则天下断狱万数。民赋数百，造盐铁酒榷之利以佐用度，犹不能足。㊲

不但贾捐之有如此说法，而西汉时期的一代大儒董仲舒也言及武帝时期的断狱数岁为万人，董仲舒云：

> 古者修教训之官，务以德善化民，民已大化之后，天下常亡一人之狱矣。今世废而不修，亡以化民，民以故弃行谊而死财利，是以犯法而罪多，一岁之狱以万千数。㊳

汉武帝时全国人口约3000万，那么死罪犯在全国人口中所占之比重为3.3‰，即万分之3.3，这个比例是很高的。

汉武帝之后相继是汉昭帝（前86—前74年）和汉宣帝（前73—前49年），这一时期社会较为安定，经济又有恢复和发展，史家称为"昭宣中兴"。然而，即使是在中兴时期，西汉政府每年判处死罪的人数仍然不减武帝时期的数量，也有万人之多，我们可以从西汉人路温舒给汉宣帝的上书中得到这一数字：

> 故治狱之吏皆欲人死，非憎人也，自安之道在人之死。是以死人之血流离于市，被刑之徒比肩而立，大辟之计岁以万数，此仁圣之所以伤也。太平之未洽，凡以此也。㊴

实际上不单单是宣帝时期如此，昭帝、元帝、成帝、哀帝、平帝时期，每年判处死刑的人数都是万人，我们可以从《汉书》卷23《刑法志》中得到证实。

> 今汉道至盛，历世二百余载，考自昭、宣、元、成、哀、平六世之间，断狱殊死，率岁千余口而一人（如淳注曰："率天下犯罪者千口而有一人死。"）耐罪以上至

右止,三倍有余。(李奇注曰:"耐从司寇以上至右止,为千口三人刑。")古人有言:"满堂而饮酒,有一人乡隅而悲泣,则一堂皆为之不乐"。王者之于天下,譬犹一堂之上也,故一人不得其平,为之凄怆于心。今郡国被刑而死者岁以万数,天下狱二千余所,其冤死者多少相复,狱不减一人,此和气所以未洽者也。

从总体上来说,西汉后期每年判处死刑的人数虽然不变,维持在1万人,但实际上随着人口的增长,每年判处死刑人数占总人口的比重在不断减少。平帝元始二年(公元2年)全国的总人口是五千九百多万,那么死刑犯占当时全国总人口的比重应该是1.7‰,与武帝时期的3.3‰相比几乎下降了一半。

上面所言是全国每年判处死刑的人员数,前已言及,当时西汉政府有遍布全国的二千来个监狱,那么监狱的具体情况又有很大的不同,这与每个地方的治乱情况不同、官吏的治理方法有别关系很大。如西汉定襄郡的监狱就有死罪囚二百余人,《汉书》卷90《酷吏传》云:

> "军数出定襄,定襄吏民乱败,于是徙纵为定襄太守。纵至,掩定襄狱中重罪二百余人,及宾客昆弟私入相视者亦二百余人。纵壹切捕鞠,曰'为死罪解脱'。是日皆报杀四百余人。郡中不寒而栗,猾民佐吏为治。"

这里的纵就是指酷吏义纵。他到定襄郡任太守后将关押的二百多重罪即死罪囚包括当时到监狱探视人员二百多人全部杀掉。定襄郡监狱的死罪犯甚多,这与定襄当时是西汉北边的沿边郡份与匈奴接壤,情况复杂,社会秩序不稳有关。但有的郡份八年当中未判一名死刑的也有,这便是当时的颍川郡(今河南省许昌、禹州等地)。西汉后期在颍川担任太守的人物是有名循吏黄霸,他在汉宣帝时担任颍川太守,外宽内明得吏民心,户口岁增,在全国一百多郡国的综合评比中名列第一,《汉书》卷89《循吏传》记载:当时的天子——汉宣帝以霸治行终长者,下诏称扬曰:

> "颍川太守霸,宣布诏令,百姓乡化,孝子弟弟贞妇顺孙日以众多,田者让畔,道不拾遗,养视鳏寡,赡助贫穷,狱或八年亡重罪囚,吏民乡于教化,兴于行谊,可谓贤人君子矣。《书》不云乎?'股肱良哉。'其赐爵关内侯,黄金百斤,秩中二千石。"

《汉书》卷28下《地理志》也有同样记载:

> "颍川,韩都。士有申子、韩非,刻害余烈,高仕宦,好文法,民以贪遴争讼生分为失。韩延寿为太守,先之以敬让;黄霸继之,教化大行,狱或八年亡重罪囚"。

无重罪囚似应是颍川郡连续八年没有判死刑的,颍川郡是大郡,人口多,8年中没有杀一个罪人也是不容易的,说明黄霸教化有方。有的郡份的监狱里被判死刑的囚犯

不到 20 人。与郡一级平行的还有诸侯王国,西汉时期的淮南国,死罪犯就不到 20
人。汉高祖八年(公元前 199 年),高祖过赵地,当时的赵王张敖献美人于高祖,后生
下刘长,被封为淮南王。据《汉书》卷 44《淮南王传》载,汉高祖十一年(前 196 年),
淮南王刘长

> "废先帝法,不听天子诏,居处无度,为黄屋盖拟天子,擅为法令,不用汉
> 法……为亡命弃市诈捕命者以除罪。(晋灼曰:'亡命者当弃市,而王藏之。')擅
> 罪人,无告劾系治城旦以上十四人。赦免罪人死罪十八人……"

根据刘长骄横的性格判断,估计把淮南监狱的全部死罪囚都赦免了。

另外,从文献所载我们发现,西汉中期,郡以上的高级官吏入狱者甚多,这是在酷
吏——杜周任廷尉的治狱时期。

> 至周为廷尉,诏狱亦益多矣。二千石系者新故相因,不减百余人。郡吏大府
> 举之廷尉,一岁至千余章。章大者连逮证案数百,小者数十人;远者数千里,近者
> 数百里。会狱,吏因责如章告劾,不服,以掠笞定之。于是闻有逮证,皆亡匿。狱
> 久者至更数赦十余岁而相告言,大氐尽诋以不道,以上廷尉及中都官,诏狱逮至
> 六七万人,吏所增加十有余万。[40]

二千石官吏系郡太守以上的高级官吏(相当于明、清时期省一级的官吏),直到西汉
末年,西汉全国的郡级单位也不过 103 个,当然中央一级的二千石官吏亦不在少数。
而当时二千石高官新故相因被系入狱者竟达 100 人之多,且罪名大多是诋毁不道罪,
难怪人们把当时的廷尉杜周划入酷吏之列。

此外,还需提及的是,西汉时期特别重视那些违背伦理的凶杀案件,把其视为社
会风俗败坏的剧变,不可等闲视之。西汉时期人魏相的看法便是如此:

> 今郡国守相多不实选,风俗尤薄,水旱不时。案今年计,子弟杀父兄、妻杀夫
> 者,凡二百二十二人,臣愚以为此非小变也。[41]

魏相所说的是元康年间的事情,元康是西汉宣帝的年号(前 65—前 61 年)。亲情之
间大量凶杀案件的出现,反映了社会中深层次的问题,怪不得魏相发出了见微知著
"此非小变"的惊呼,意在引起朝廷在社会风俗教育方面的重视,否则家庭不稳则会
引起社会的不稳。

从上所引,我们知道西汉自武帝到平帝时期,每年被判死罪的人数高达 10000
人,其原因为何呢? 其主要原因之一,还是封建社会的刑法严酷,其他方面的判刑我
们不大了解,在这里仅就西汉时期对受贿罪的判处作一简单介绍,从中可以看到其打
击力度之大、判处之严厉令人惊骇。

早在景帝即位以前,就有官吏接受下属贿遗饮食者遭免官职的处分。景帝即位

以后,觉得官吏接受下属人员贿遗饮食就被坐免官爵于法太重,而接受下属贿遗赃物者处理太轻,故令议改之:

> 诏曰:"吏受所监临,以饮食免,重;受财物,贱买贵卖,论轻。"(师古曰:"帝以为当时律条吏受所监临赂遗饮食,即坐免官爵,于法太重,而受所监临财物及贱买贵卖者,论决太轻,故令更议改之。")廷尉与丞相更议著令。廷尉信谨与丞相议曰:"吏及诸有秩受其官属所监、所治、所行、所将,其与饮食计偿费,勿论。(师古曰:"计其所费,而偿其值,勿论罪也。")它物,若买故贱,卖故贵,皆坐臧为盗,没入臧县官。(师古曰:"它物,谓非饮食者。")吏迁徙免罢,受其故官属所将监治送财物,夺爵为士伍,免之。(师古曰:"……谓夺其爵,令为士伍,又免其官职,即今律所谓除名也。谓之士伍者,言从士卒之伍也。")无爵,罚金二斤,令没入所受。有能捕告,畀其所受赃。"(师古曰:"畀,与也,以所受之臧与捕告者也。")④

这道诏令是西汉景帝前元元年(前156年)即景帝刚即位那一年颁布的。从诏令的内容看,有如下几层含义:其一是,早在景帝前元元年之前,官吏包括最底层有秩禄之吏,也就是说只要是有俸禄的官吏(不管秩禄高低)凡是接受下属人员的饮食贿赂者,就会受到免官的处分。其二是,景帝认为,这样处罚太重让廷尉和丞相商议进行修改,修改后规定为各级官吏接受下属人员的吃请,如果按价付费,就可以不再论罪。其三是,官吏如果经商贱买贵卖,判为坐赃为盗,没收非法所得,上缴国家,并且还要被免官。其四是,景帝认为对于接受财物者处罚太轻,这一条重新规定为:官吏如果接受下级贿赂的财物,就会受到夺其爵位、免其官职的处罚。没有爵位者,罚金二斤,也就是说相当于二万钱的罚款,并没收赃物。并且还鼓励告发者,凡是检举告发者,把全部赃物给予告发者。

　　从上所述,我们可以看出,景帝时处理官吏接受贿赂案就已经十分严厉,而在景帝之前官吏接受贿赂案的处理又甚于景帝时期。也许正因为如此,汉文帝时每年才断狱四百,而吕后执政时期也是——

> 天下晏然,刑罚罕用,民务稼穑,衣食滋殖。㊸

　　西汉时期还规定,官吏任职期间,如果贪污250钱就会受到逮捕,《汉书》对此的记载十分明确:

> 案(萧)望之大臣,通经术,居九卿之右,本朝所仰,至不奉法自修,踞慢不逊攘,受所监臧二百五十以上,(师古曰:二百五十以上者,当时律令坐罪之次,若今律条言一尺以上,一疋以上矣。)请逮捕系治。㊹

250钱的数额是很低的,当时普通百姓每人每年要交120钱的人头税,那么逮捕系治的起点线才仅仅相当于两个人一年交的人头税。这条法律究竟是何时制定的已无从考证了,起码说在西汉后期已经存在了。

贪污受贿数额达到 10 万,就会被判死刑,当时称谓"十金法"。根据汉时之规定:"黄金重一斤,直钱万"[45],那么"十金"也就是 10 万钱。"十金法"何时制定亦无从考证,《汉书》当中起码有两处谈及"十金法"。其一是:

> (薛)宣察湛有改节敬宣之效,乃手自牒书,条其奸臧,封与(杨)湛曰:"吏民条言君如牒,或议以为疑于主守盗。冯翊敬重条,又念十金法重,(师古曰:'依当时律条,臧直十金,则至重罪。')不忍相暴章。牧密以手书相晓……"[46]

这条记载言及贪污受贿"十金"要被判重罪,那么"重罪"是何含义呢? 当时的所谓"重罪"就是死刑,我们可以从汉景帝的诏令中了解其内容:

> 景帝元年,下诏曰:"加笞与重罪无异,(孟康曰:'重罪谓死刑')幸而不死,不可为人。其定律:笞五百曰三百,笞三百曰二百"。[47]

景帝元年的这道诏令我们还需稍加解释。这里的景帝元年,估计为景帝后元元年(前 143 年)。自从汉文帝感悟缇萦的上书之后,把肉刑罪改为笞罪,但笞的数量多了,也会把罪人打死的,所以景帝下诏减少"笞"的数量。由上我们弄清了"重罪"就是死刑,那么"十金法重"就是死刑之罪。其实 10 万钱在当时来说并不是什么大数字,也不过相当于西汉前期一个中等人家的资产。即使西汉后期亦是如此,10 万钱在人们的心目中算不上什么大数额,《扬雄传》言:

> 雄少而好学,不为章句,训诂通而已,博览无所不见……家产不过十金,乏无儋石之储,晏如也。(师古曰:"儋者,一人之所负担也。")[48]

单单通过《扬雄传》的述说我们还是不易理解汉代的 10 万钱,或汉代的 10 斤黄金的价值概念,最好用物价作参照物来加以剖析,或以黄金的价位来作剖析。以黄金的价位来剖析的话,汉代的重量 1 斤等于现在的 240 克。[49]也就是说连今日的半市斤也不到,汉代文献中常说的汉代 1 斤黄金值 1 万钱,那么汉代 1 克黄金值钱的数量为:10000÷240＝41.66 钱。而 2006 年市场上的黄金价位是 1 克黄金值 213 元人民币。反过来说汉代的官吏要贪污 2400 克黄金(100000 钱÷41.66 钱＝2400 克黄金)就会被判处死刑。2006 年的 2400 克黄金约合 50 多万人民币。

再以当时的肉价来剖析,更可明了。可喜的是居延汉简中,却有一条西汉河西地区肉价的记载:

> 肉百斤,直七百。[50]

由上可知,当时肉的单价是每斤 7 钱,而汉代的 1 斤上面已交代约合今 240 克,即接近今日的半市斤。以上的分析,说明汉代刑罚之重,随着时代的发展,判刑渐轻,当今世界上许多国家已取消了死刑,我们国家目前也掌握"慎杀"的原则。

既然 10 万钱根本算不上巨额,然而要重判死罪的原因恐怕是国家特别重视对吏治的整肃。汉代对贪污受贿者凡经查出,要禁锢子孙不得为吏,这条规定在汉文帝时已经存在了,当初禁锢赃吏子孙不得为吏是没有期限的,即子子孙孙不得为吏。到东汉时期改为禁锢赃吏子孙三代不能步入官场,当然后来三世之禁也解冻了。从这些分析中,我们可以看到封建政府对赃吏打击之态度是毫不手软的。

注　释:

①②③　连云港市博物馆等:《尹湾汉墓简牍》,第 77、77、77—78 页,中华书局,1997 年版。

④⑥⑦⑧⑨㉑㉓㉔　《史记》卷 129《货殖列传》。

⑤　《史记》卷 129《货殖列传》。注引《集解》。

⑩　《汉书》卷 40《周勃传》。

⑪　《汉书》卷 41《灌婴传》。

⑫⑬　《汉书》卷 38《高五王传》。

⑭⑯　《汉书》卷 60《杜周传》。

⑮⑰　《汉书》卷 90《酷吏传》。

⑱　《汉书》卷 67《杨王孙传》。

⑲　《汉书》卷 36《楚元王传》。

⑳　《汉书》卷 71《疏广传》。

㉒　《汉书》卷 24《食货志》。

㉕㉖㉗㉘　《史记》卷 129《货殖列传》。

㉙　《汉书》卷 99 中《王莽传》。

㉚㉛　《汉书》卷 99 下《王莽传》。

㉜　《汉书》卷 64《严安传》。

㉝㊳　《汉书》卷 56《董仲舒传》。

㉞㊼　《汉书》卷 23《刑法志》。

㉟　《汉书》卷 72《贡禹传》。

㊱　《汉书》卷 23《刑法志》。《贡禹传》和《刑法志》所言文帝时断狱四百,未说明究竟是文帝时期总共断狱 400,抑或是每年断狱 400 人。联系其他有关断狱记载分析,本文拟作为年判死罪 400 人理解,若以文帝在位期间共判死罪 400 人的话,文帝在位共 22 年,那么每年判死罪者全国不到 20 人,与下文唐太宗时年判死罪 30 人还要低!

㊲　《汉书》卷 64 下《贾捐之传》。

㊴　《汉书》卷 51《路温舒传》。

㊵　《汉书》卷 60《杜周传》。

㊶　《汉书》卷 74《魏相传》。

㊷　《汉书》卷 5《景帝纪》。

㊸　《汉书》卷 3《高后纪》。

㊹　《汉书》卷 78《萧望之传》。

㊺　《汉书》卷 24 下《食货志》。

㊻　《汉书》卷 83《薛宣传》。

㊽　《汉书》卷 87 上《扬雄传》。

㊾　梁方仲:《中国历代户口、田地、田赋统计》,第 546 页,上海人民出版社,1980 年版。

㊿　劳干:《居延汉简考释》,第 351 页,商务印书馆,1949 年版。

第六章　秦、西汉时期的人口素质

第一节　人体身高的考察

身高是人体体质的一个重要指标,一般人认为,随着生产力的发展,生产方式的进步,膳食结构的变化,对发育规律认识的逐步提高,乃至医学的逐渐进步,人们平均身高也在逐步增长。遗憾的是,有关古代人体身高的记载十分罕见。现把从《睡虎地秦墓竹简》、《史记》、《汉书》中所收集的有限的材料进行整理,并作简要分析。

(1)《睡虎地秦墓竹简·秦律十八种·仓律》载:

> 隶臣、城旦高不盈六尺五寸,隶妾、舂高不盈六尺二寸,皆为小,高五尺二寸,皆作之。

对于上面这段话,睡虎地秦墓竹简整理小组的注释为:

> 城旦,刑徒名,男为城旦,女为舂,参看《汉旧仪》:"城旦者,治城也;女为舂,舂者,治米也。"

> 秦一尺约合今 0.23 米,六尺五寸约今 1.5 米。下文六尺二寸约合今 1.4 米,五尺二寸约合今 1.2 米。

(2)《睡虎地秦墓竹简·秦律十八种·仓律》又载:

> 隶臣欲以人丁粼者二人赎,许之。其老当免老、小高五尺以下及隶妾欲以丁粼者一人赎,许之。赎者皆以男子,以其赎为隶臣。

睡虎地秦墓竹简整理小组的释文为:

> 要求以壮年二人赎一个隶臣,可以允许。要求以壮年一人赎一个已当免老的老年隶臣,身高在五尺以下的小隶臣以及隶妾,可以允许。用来赎的必须是男子,就以用赎的人作为隶臣。

《汉书》卷48《贾谊传》在言及边患严重时云：

"今西边北边之郡，虽有长爵不轻得复，五尺以上不轻得息"。

注引如淳曰："五尺谓小儿也"，汉时之五尺约合今1.15米高。

（3）《睡虎地秦墓竹简·法律问答》载：

甲盗牛，盗牛时高六尺，系一岁，复丈，高六尺七寸，问甲何论？当完城旦。

睡虎地秦墓竹简整理小组的注释为：

古时一般认为男子十五岁身高六尺，详见孙诒让《周礼正义》卷二十一。简文常说"六尺"、"不盈六尺"，可能六尺在判刑时是一种界限。秦六尺约合今1.38米。

（4）《睡虎地秦墓竹简·法律问答》载：

甲小未盈六尺，有马一匹自牧之，今马为人惊，食人稼一石，问当论不当？不当论及偿稼。

睡虎地秦墓竹简整理小组的译文为：

甲年小，身高不满六尺，有马一匹，自己放牧，现马被人吓惊，吃了别人的禾稼一石，问应否论处？不应论处，也不应赔偿禾稼。

（5）《睡虎地秦墓竹简·封诊式》载：

《封守》乡某爰书：以某县丞某书，封有鞫者某里士伍甲家室、妻、子、臣妾、衣器、畜产……子大女子某，未有夫。子小男子某，高六尺五寸。臣某，妾小女子某。

睡虎地秦墓竹简整理小组的译文为：

乡某爰书：根据某县县丞某的文书，查封被审讯人某里士伍甲的房屋、妻、子、奴婢、衣物、畜牧……女儿大女子某，没有丈夫。儿子小男子某，身高六尺五寸。奴某，婢小女子某。

（6）《睡虎地秦墓竹简·封诊式》又载：

男子丁壮，析（皙）色，长七尺一寸，发长二尺；其腹有久故瘢二所。

睡虎地秦墓竹简整理小组的译文为：

男子系壮年，皮色白，身长七尺一寸，发长二尺，腹部有灸疗旧疤两处……

以上是有关秦简中所见秦时人的不同身高，下面我们把从其他方面所收集到的有关人物身高数据罗列于下，然后再作分析。

（1）《太平御览》86 皇王部——始皇帝：

《河图》曰："秦帝名政，虎口目角，大目隆鼻，长八尺六寸，大七围，手握兵执矢名祖龙。"

身高接近两米,体型魁梧的秦始皇确实让人钦慕不已,难怪在咸阳服役的刘邦在纵观秦始皇时佩服有加,喟然叹息道:"嗟乎,大丈夫当如此!"(《汉书》卷 1 上《高帝纪》)。

(2)《太平御览》卷 87 皇王部一二汉高祖皇帝:

《河图》曰:"帝刘季,日角戴胜,斗胸龟背,龙眼,长七尺八寸,圣明而宽仁。"

(3)《汉书》卷 31《项籍传》记载项羽:

长八尺二寸,力扛鼎,才气过人,吴中子弟皆惮籍。

(4)《汉书》卷 33《韩王信传》记载:

韩王信,故韩襄王孽孙也,长八尺五寸。

(5)《汉书》卷 42《张苍传》记载:

初苍父不满五尺,苍长八尺余,苍子复长八尺,及孙类长六尺余。

(6)《汉书》卷 43《郦食其传》载郦食其:

年六十余,长八尺。

(7)《汉书》卷 65《东方朔传》记载东方朔与皇帝语,言说自己的身高远远高于侏儒,但是其待遇与侏儒相同,心里不平衡:

侏儒长三尺余,奉一囊粟,钱二百四十。臣长九尺余,亦奉一囊粟,钱二百四十。

并且《东方朔传》还言说:

臣朔年二十二,长九尺三寸。

(8)《汉书》卷 66《车千秋传》记载:

千秋,长八尺余,体貌甚丽,武帝见而悦之。

(9)《汉书》卷 67《朱云传》记载朱云也是一位身材高大者:

朱云字游,鲁人也……长八尺余,容貌甚壮,以勇力闻。

(10)《汉书》卷 68《霍光传》记载霍光:

为人沉静详审,长财七尺三寸。白皙、疏眉目、美须髯。

(11)《汉书》卷 68《金日磾传》记载匈奴人金日磾也是个高个子。

日磾长八尺二寸,容貌甚伟。

(12)《汉书》卷 82《王商传》记载:

商为人多质有威重,长八尺余,身体鸿大,容貌甚过绝人。

(13)《汉书》卷 97 上《外戚传》记载成年时的汉昭帝也很高:

是时昭帝始冠,长八尺二寸。

(14)《汉书》卷 92 记载游侠陈尊时云:

陈遵,字孟公,杜陵人也……长八尺余,长头大鼻,容貌甚伟,略涉传记,赡于文辞。

(15)《汉书》卷99下《王莽传》记载了夙夜连率名叫韩博的人,向王莽推荐一位身长一丈的奇士巨毋霸愿奋击胡虏:

夙夜连率韩博上言:"有奇士,长丈,大十围,来至臣府,曰欲奋击匈奴。自谓巨无霸,出于蓬莱东南,五城西北昭如海濒,轺车不能载,三马不能胜。即日以大车四马,建虎旗,载霸诣阙。霸卧则枕鼓,以铁箸食,此皇天所以辅新室也。愿陛下作大甲高车,贲育之衣,遣大将一人与虎贲百人迎之于道。京师门户不容者,开高大之,以视百蛮,镇安天下。"博意欲以风莽,莽闻恶之,留霸在所新丰,更其姓曰巨母氏,谓因文母太后而霸王符也。征博下狱,以非所宜言,弃市。

(15)《汉书》卷99中《王莽传》记载王莽身高为七尺五寸。

《汉书》当中除了记载时人具体身高尺寸之外,也有一些不记具体尺寸者,仅载其高矮程度。《汉书》卷92《游侠传》记载游侠楼护便属此例,楼护是齐地人,出身于行医世家"为人短小精辩,论议常依名节,听之者皆竦"。原来这位显名天下呼风唤雨,"母死,送葬者致车二三千辆"的楼护是个小矮子。似此记载还有田蚡。田蚡是孝景帝王皇后的同母弟,汉武帝的舅舅,曾官至西汉的太尉、丞相,而且也是当时的一位知名的今文学家,《汉书》卷52《田蚡传》言其"辩有口,学《盘盂》诸书(应劭曰:'黄帝史孔甲所作也,凡二十九篇,书盘盂中,所以为法戒也。'王皇后贤之。)""田蚡为人貌侵"。师古注曰:"侵,短小也"。可见田蚡身材不及中人。

从上所收集到的材料分析,我们大致可以得出如下结论和认识:

其一,侏儒自古有之,据东方朔所言,汉代之侏儒高三尺余。汉代一尺约合今0.23米,那么汉代的侏儒高69公分。当今世界上最矮的男人只有61厘米高,可见《大河报》2009年10月15日由梁山编译整理,《中国日报》供《大河报》的特稿——《准"世界最矮男人"过18岁生日》一文。文载:

在2009年版《吉尼斯世界纪录大全》中,"世界最矮男人"称号的拥有者是中国内蒙古乌兰察布市化德县20岁的何平平,他于2007年获得这一称号。吉尼斯世界纪录认证官员2008年3月对他的身高进行复核,测得其身高为74.61厘米,体重为7公斤。2009年10月14日,尼泊尔少年卡根德拉·塔帕·马加尔终于迎来了18岁生日,他将正式向吉尼斯世界纪录委员会提出申请,希望能为自己赢得"世界最矮男生"的称号。

现在他只有4.5公斤,身高也只有61厘米。

其二,西汉时期,人的身高达到八尺以上谓之高大身材,受人羡慕,如:车千秋,长八尺余,容貌甚伟;王商,长八尺余,身体鸿大,容貌甚过绝人;还有陈遵、项籍等也是如此。西汉时的八尺约约合今1.84米。

其三,见于记载西汉时期身材最高者是巨毋霸和东方朔,出自蓬莱的山东大汉,巨毋霸身高一丈约合今2.3米,这是出自西汉郡太守级官吏韩博之言,博的用意亦有讽王莽毋得篡盗而霸之意,不一定完全真实。而今日当代人确有超出巨毋霸身高者,据《河南商报》2005年6月18日所刊,内蒙古自治区赤峰市的蒙古族巨人喜顺获得吉尼斯世界纪录签证官图尔特·纽伯特颁发的世界自然生长第一高人的吉尼斯世界纪录证书。53岁的喜顺身高2.361米,他是16岁后开始迅速长高,23岁时达到现在的高度,据内蒙古自治区医学院附属医院检查结果显示,牧民喜顺身体各器官均无异常,没有患"巨人症",属于正常健康的人。最近,见于报端虽未颁布纪录证书,但比喜顺高的人还有两位。其一是《大河报》2007年8月3日所刊之山东薛城人王冬冰,身高2.38米。另一位是2007年8月12日《参考消息》社会文教版所刊之乌克兰人——列昂尼德·斯塔德尼克,身高2.57米。凡此仅供参考吧。西汉的另一位高人是东方朔,自言其身高为九尺三寸,约合今2.07米。

至于《汉书》卷25上《郊祀志》所载之求仙者之所见所闻实为荒诞:

> 公孙卿持节先行候名山,至东莱,夜见大人,长数丈,就之则不见,见其迹甚大,类禽兽云。

上述说法是求仙者欺骗汉武大帝罢了。

其四,汉代男子之身高1.68米者谓中等偏矮之躯。我们可以从霍光"长财七尺三寸"分析,不是称慕之言,似有嫌意,汉尺七尺三寸的合今1.68米。另见于《后汉书》卷1上《光武帝纪》言说刘秀

> "身长七尺三寸,美须眉,大口,隆准,日角,性勤于稼穑"。

既看不出褒意,亦无贬义。可能此身高为当时中等身材。

其五,上述材料中,难得一见的是我们收集到了不同民族即匈奴人的身高情况。金日磾本匈奴休屠王太子,武帝时河西昆邪王杀休屠王并其众降汉,昆邪王被封为列侯,日磾以父不降见杀,与其母阏氏俱没入官,输黄门养马。金日磾身高八尺二寸,约合今1.89米,此便是匈奴人有高大身材的例证。根据文献所载并非所有的匈奴人的身高都是如此,也有较矮者,由于收继婚习俗复妻乌累若鞮单于个子就不高。我们可以从《汉书》卷82《王商传》的有关记载可以看出来。

> "明年,(王)商代匡衡为丞相,益封千户,天子甚尊任之。为人多质有威重,长八尺余,身体鸿大,容貌甚过绝人。河平四年,单于来朝,引见白虎殿。(师古曰:'在未央宫中'。)丞相商坐未央廷中,单于前,拜谒商。(师古曰:'单于将见

天子,而经未央廷中过也。'）商起,离席与言,单于仰视商貌,大畏之,迁延却退。
天子闻而叹曰:'此真汉相矣。'"

从上述记载来看,王商的身高约有1.84米,而单于见之需仰视,并有迁延退却的畏惧之感,可见单于的个子是不高的。汉成帝也为汉有这样一位身材高大的汉相发出了感叹。

其六,除了侏儒之外,汉代成年男子身高较矮的记录莫过于西汉的丞相张苍的父亲,以上史料可知,张苍的父亲身高不满五尺,约合今1.15米。当然汉代人身高短小的记录不限于张苍之父,还有《汉书》卷66《蔡义传》所载,差不多与霍光同时代的人——宰相蔡义,

　　　"短小无须眉,貌似老妪,行步伛偻,常两吏扶夹乃能行"。

《汉书》卷52《田蚡传》所载之汉武帝的舅舅"田蚡为人貌侵"。师古注曰:"侵,短小也。"遗憾的是不见其身高几许的记录。

其七,父辈与子辈在身高方面的遗传规律并不明显,《汉书》张苍本传言其父不满5尺,而张苍身高8尺多,张苍的儿子也是8尺多高的身材,但张苍的孙子身高6尺多,当然这几代人的妇人的身高我们无材料可资分析。

其八,汉代高不满6.2尺为"罢癃"。"罢癃"大意为残废,《史记》卷76《平原君列传》:"臣不幸有罢癃之病",《索隐》曰:"罢音皮。罢癃,背疾,言腰屈而背隆高也。"《说文》癃下段注云:"罢者,废置之意,凡废置不能事事曰罢癃。"十分清楚,各家解释都寓有残废之意,6.2尺的约合今不到1.43米。怪不得《史记》卷7《项羽本纪》中"萧何亦发关中老弱未傅悉诣荥阳,复大振"一语如淳注曰:

　　　"律年二十三傅之畴官,各从其父畴内学之。高不满六尺二寸以下为
　　　罢癃。"

其九,秦时处于发育时期的男子一年之内可能长高7寸,约合今16公分。详见上引《睡虎地秦墓竹简·法律问答》。

其十,秦时男女之间的身高差约为7公分,当然这不是平均数字,只是个别例证。详见上引《睡虎地秦墓竹简·秦律十八种·仓律》所载之"隶臣、城旦高不盈六尺五寸,隶妾、舂不盈六尺二寸,皆为小"一语,其差为3寸,约合今7公分。

其十一,秦时常常以身高之尺寸作为判断是否为成年人或是否应该判罪之标准,很少见有记载以年龄为根据者。如上引《睡虎地秦墓竹简·秦律十八种·仓律》中所载"隶臣、城旦不盈六尺五寸,隶妾、舂不盈六尺二寸,皆为小"的记录,也就是说男的1.5米以下,女的1米43以下,都不看作为大人,而被视为小孩。

其十二,秦时把犯法者是否应予判罪在身高方面定为六尺(约合1.38米)为界,

即 6 尺以下可免,6 尺以上需判。我们可以从上引《睡虎地秦墓竹简·法律问答》中所引甲盗牛,盗牛时不满 6 尺和甲年小,身高不满 6 尺,牧马时食人庄稼的案例处理中得到证实。

其十三,汉时身高 5 尺为小儿,前引《汉书》卷 48《贾谊传》云:

"今西边北边之郡,虽有长爵不轻得复,五尺以上不轻得息,斥候生烽燧不得卧,将吏被介胄而睡"。(如淳注曰:"五尺谓小儿也,言无大小皆当自为战备"。)

另《汉书》卷 87《扬雄传》也有"五尺童子羞比晏婴与夷吾"的说法。

其十四,汉时身高 6 尺谓未能自立者。《汉书》卷 48《贾谊传》载贾谊上书中所言

"彼且为我死,故吾得与之俱生;彼且为我亡,故吾得与之俱存;夫将为我危,故吾得与之皆安。顾行而忘利,守节而仗义,故可以托不御之权,可以寄六尺之孤"。(注引应劭曰:"六尺之孤,未能自立者也"。)

上面我们对《汉书》纪、传及有关文献中人物的身高情况进行了收集和分析,下面我们把居延汉简中所见戍边卫士的身高情况和肤色情况加以收集和分析,二者之所以分别进行单独分析,因为居延汉简中的材料是一典型的群体,具体情况如下:

(1)□□□□上造王福年六十,长七尺二寸黑色(一四·一三)[1]

(2)年廿三,长七尺四□(一九二·二五)[2]

(3)☑安国年卅,长七尺二寸黑色(一二六·一九)[3]

(4)☑和侯长公乘、蓬士长当,中劳三岁六月五日能书会计治官民颇知律令,武,年卅七,长七尺六寸(五六二·二)[4]

(5)肩水侯官并山隧长公乘司马成,中劳二岁八月十八日,能书会计,治官民颇知律令,武,年卅二岁,长七尺五寸(一三·七)[5]

(6)☑都皇不更司马秦德年廿,长七尺二寸黑色(三八七·三)[6]

(7)☑黑王望,年廿五岁,长七尺五寸黑色(三二三·三)[7]

(8)☑李则年卅五,长七尺三寸黑色(三四〇·九)[8]

(9)☑年卅八,长七尺二寸(六三四·三一)[9]

(10)☑□□觬得安世里公乘工米央年卅,长七尺二寸黑色(三三四·一三)[10]

(11)☑公乘孙辅年十八,长七尺一寸黑色(三三四·四一)[11]

(12)给车觬得郡都里都毋伤卅六岁,长七尺二寸黑色(三三四·三六)[12]

(13)河内郡温西故里大夫苏罢军年卅五,长七尺三寸黑色(三三四·二八)[13]

(14)肩水侯官执胡隧长公大夫奚路人,中劳三岁一月,能书会计,治官民颇知律,文,年卅七岁长七尺五寸(一七九·四)⑭

(15)☑小勃里唐宣年廿三,长七尺三寸黑色⑮

(16)葆鸾鸟宪众里上造顾收,年廿二长六尺黑色(一五·五)⑯

(17)戍卒汝南郡西平中信里公乘李参年廿五,长七尺一寸(一五·二二)⑰

(18)魏郡□阳高武里、大夫谢牧年卅长七尺二寸黑色(一五·四)⑱

(19)肩水候官始安隧长许宗……能书会计,治官民颇知律令,文,年卅六长七尺二寸(三七·五七)⑲

(20)河东襄陵阳门亭长邮里郭疆长七尺三寸(三七·四二)⑳

(21)东郡田卒清灵里一里大夫聂德年廿四,长七尺三寸黑色(三七·三八)㉑

(22)居延西道里不更许宗年卅五,长七尺二寸(三七·二三)㉒

(23)河南郡河南县北中里公乘史存年卅二长七尺二寸黑色(四三·七)㉓

(24)居延都尉给事佐居延始至里万赏年廿四,长七尺五寸黑色(四三·二七·八一)㉔

(25)□年廿长七尺五寸黑色(七五·五)㉕

(26)☑□长七尺(三四六·一四)㉖

(27)☑七尺二寸黑色……(四三·一八)㉗

(28)卅长七尺七寸黑色(三四〇·一九)㉘

(29)田卒东郡东阿昌国里官大夫路寿年廿八,长七尺☑(四三·二四)㉙

(30)□□□□年卅七长七尺二寸黑色(三七·二三)㉚

(31)觚得成汉里大夫龚建德年卅二,长七尺二寸黑色(三七·三二)㉛

(32)☑里上造史赐年廿五,长七尺二寸黑色(一四·一二)㉜

(33)奉世妻倚郎年十六,长六尺二寸□□(五四·一九)㉝

(34)候官穷虏隧长簪袅单立中功五劳三月,能书会计,治官民颇知律令,文,年卅岁,长七尺五寸(八九·四二)㉞

(35)☑一长七尺五寸黑色(四〇七·一五)㉟

(36)☑□□能书会计治官民颇知律令,文,年五十一岁,长七尺五寸(四九·九)㊱

(37)☑里贾胜年卅,长七尺三寸(一一·四)㊲

(38)前阳里唐芝年十九,长七尺三寸黄黑色(六二·三四)㊳

(39)候大□非子,长七尺黑色(三七·三)㊴

（40）骊靬万岁里公乘儿仓年卅，长七尺二寸黑色（三三四·三三三三四·一三）⑩

（41）☑书佐忠时年二十六，长七尺三寸黑色（二八〇·三）⑪

（42）□部吏阳里大夫封□年廿八，长七尺二寸黑色（四三·一三）⑫

（43）☑长七尺黑□（一一九·二七）⑬

以上共收集到 43 人的身高情况和肤色情况，为了便于直观观察，我们还是把这 43 位的身高情况制一综合表格：

身高（汉尺）	人数
6（约合 1.38 米）	1
6.2（约合 1.43 米）	1
7（约合 1.61 米）	4
7.1（约合 1.63 米）	2
7.2（约合 1.66 米）	16
7.3（约合 1.68 米）	8
7.4（约合 1.7 米）	1
7.5（约合 1.73 米）	8
7.6（约合 1.75 米）	1
7.7（约合 1.77 米）	1

上述 43 人全是劳动者，与前面所收的纪传人物不同，前者属官吏。在这 43 人中身高最高者为 7.7 汉尺，约合 1.77 米，最矮者为 6 汉尺，约合 1.38 米，收到女性一位，身高 6.2 汉尺，约合 1.43 米。这 43 人的平均身高是 7.23 汉尺，约合 1.66 米。这个平均数可能低于今天男子的平均身高数。令人感到奇怪的是这 43 人中，没有一位超过 1.8 米者，而《汉书》中记载身高超过 1.8 米者不乏人在。是否是戍边者根据身高的不同而分配不同的工作和任务，现在看来还找不到这方面的根据。参观过西安秦始皇陵兵马俑者，我们就会发现，兵马俑队伍中的武士身材都是比较高的，起码他们的平均身高要大大超过居延汉简中戍边卫士的平均身高——1.66 米。进而分析，兵马俑的身高带有夸张性，他不是按照一比一的比例建造的，是为了突出秦兵的威武，匠人们采用了虚拟的手法。

从这 43 人身高中均未突破 1.78 米分析，当时劳动人民的生活十分艰苦，因为处在孩童时期身体的发育特别是身高的增长，是需要大量的营养的，没有足够的营养或缺乏营养孩童的身高是会受到很大的影响，那么居延汉简戍边卫士的平均身高情况正好说明了这一点。

从平均身高看,男子要比女子平均高出 10 公分。

再者,居延汉简在记载卫士身高的同时,还记录了当时戍边卫士的肤色,但有的也未记肤色,在 43 人中有肤色记录者 27 人,超过半数以上。其中记载为黑色者有 26 人,占有身高记录者的 60.5%,有黄黑色记录者 1 人,占 2%。但在这部分人群中无一例肤色为白色者。我们是黄种人,皮肤应为黄色或者黄白色居多,但居延汉简中的这部分人群肤色为黑色者超过了 60% 以上,汉代文献中也不是没有时人有好肤色的记录,如张苍和陈平的皮肤就很好,很白。《汉书》卷 42《张苍传》载:

> 张苍,阳武人也,好书律历……及沛公略地过阳武,苍以客从攻南阳。苍当斩,解衣伏质,身长大,肥白如瓠,时王陵见而怪其美士,乃言沛公,赦勿斩。[44]

陈平也是一个美色的男子,《汉书》卷 40《陈平传》言说陈平家有 30 亩田,与其哥哥在一起生活,哥哥在家耕田,让陈平出去游学。

> 平为人长大美色,人或谓平:"贫何食而肥若是?"其嫂疾平不亲家生产,曰:"亦食糠覈耳。有叔如此,不如无有",伯闻之,逐其妇弃之。[45]

霍去病的同父异母弟霍光,也是一位皮肤洁白者,《汉书》卷 68《霍光传》载:

> "光为人沉静详审,长财七尺三寸……白晰、疏眉目,美须髯。"(师古曰:'晰,洁白也。')

可见霍光的皮肤也是白色的。

《睡虎地秦简·封诊式》中有关《贼死》一目中,记载死者为:

> 男子丁壮,析色,长七尺一寸,发长二尺,其腹有久故瘢二……

说明秦时期的人亦有白肤色者。

总之,秦汉时期亦有皮肤细白者的有关记载,但数量不多,绝大部分的劳动者的皮肤是黑色。难怪《史记》卷 6《秦始本纪》中言说秦始皇统一六国之后,分天下为三十六郡,郡设郡守、郡尉、郡监,而且还:

> 更名民曰"黔首"。[46]

对于"黔"字的解释,裴骃《集解》引应劭的话说是"黔亦黎黑也"。东汉人许慎作《说文》,《说文》的解释是:

> 黎也,从黑,今声。秦谓民为黔首,谓黑色也,周谓之黎民,易曰为黔喙。[47]

仔细翻检,夏朝的创始人大禹也是也是一位黑支肤者。《史记》卷 87《李斯列传》载秦二世责问李斯的话语,从中传递出大禹的黎黑面孔:

> 吾有私议而有所闻于韩子也,曰"尧之有天下也,堂高三尺……禹凿龙门,通大夏,疏九河,曲九防,决渟水致之海,而股无拔,胫无毛,手足胼胝,面目黎黑,遂以死于外,葬于会稽,臣虏之劳不烈于此矣"。然则夫所贵于有天下者,岂欲

苦形劳神,身处逆旅之宿,口食监门之养,手持臣虏之作哉。

当然我们会说,大禹面孔之黑不排除是由于长期在外领导治水,风刮日晒的结果。

不但大禹,舜帝亦是黑皮肤。《天平御览》卷 81《皇王部六》,《帝舜有虞氏》引《帝王世纪》云:

> 舜生姚墟,故姓姚。名重华,字都君,龙颜大口,黑色,长六尺一寸,有圣德,始迁于夏於顿丘。

晋文公重耳返国的流浪队伍中有相当一部分人是黧黑面孔。《韩非子》卷十一《外储说左上》载:

> 文公反国至河,令笾豆捐之,席蓐捐之,手足胼胝面目黧黑者后之。咎犯闻之而夜哭,公曰:"寡人出亡二十年乃今得反国,咎犯闻之不喜而哭,意不欲寡人反国耶?"犯对曰:"笾豆,所以食也;而君捐之。席蓐,所以卧也,而君弃之。手足胼胝、面目黧黑,劳有功者也,而君后之。今臣与在后中,不胜其哀,故哭。"

晋文公让其流浪队伍中黑面孔者靠后站,说明还有一部分不是黑面孔。史书记载连横家苏秦也是一位黧黑面孔者,《战国策·秦一》载:

> (苏秦)说秦王书十上而说不行,黑貂之裘弊,黄金百斤尽,资用乏绝,去秦而归,羸縢履蹻,负书担橐,形容枯槁,面目黧黑,状有愧色。归至家,妻不下纴,嫂不为炊,父母不与言。

有人会发问,古代人生活条件差,对紫外线照射防护不够,把脸都晒黑了呢? 恐怕确实有这方面的原因,此外肤色也有天生的成分。王充《论衡·本性篇》云:

> "面色或白或黑,身形或长或短,至老极死不可变易,天性然也。"

《论衡·济世篇》还说:

> "人生长六七尺,大三四围,面有五色,寿至于百,万世不移。"

汉代史籍记载,有人具有青黑的肤色,这便是在汉昭帝死后,即位仅二十多天就被霍光废除的昌邑王刘贺。据《汉书》卷六十三《武五子传》记载,大臣对他的印象是:

> 故王年二十六七,为人青黑色,小目,鼻末锐卑,少须眉,身体长大,疾痿,行步不便。

由此可见,对其肤色的记载十分清晰。

可见起码自周代以来,绝大部分的老百姓的肤色是黑色,不然的话,周代不会把百姓称为黎民。秦汉时期的绝大多数人的肤色亦然如此,不然的话就不会把百姓称为"黔首"。而且这种黑色不是一般的黑,我们常说的"黎明前的黑暗"它比一般的黑夜还要黑。为什么居延汉简中对卫士肤色的记载竟有那么多黑色者呢? 是否是当时人们对黑色鉴别不清,据分析还不是这种情况,因为上引有肤色记载者中有一例是"黄黑色",而《张苍传》、《霍光传》等所载是白色,看来当时人对肤色还是能作出区别而且还是区别较细的。如此说来,这与今天中国人绝大部分是黄色,或黄白色,只有一小部分是黄黑色或黑色的现实是大相径庭的。其原因何在呢? 中国人的肤色是由什么时候起渐渐发生变化的,变化的原因又是什么呢? 这些疑问留待以后探讨。

总之,身高是人口诸种素质中的一个重要侧面,研究古代人口史的人,罕有触及者,我们引述了以上难得的一些史料记载,并进行分析,从中可以给人以一些启示和提示,有助于今后进一步对此方面进行比较深入的探讨,同时也略加提及古人的肤色。

第二节　死亡年龄的考察

人的寿命高低,是人口素质的一个很重要方面。就目前所知的情况看,愈是古代,人口的平均寿命愈低,在中国封建社会的早期阶段,中国人口寿命在20—25岁之间。新中国成立前中国人口的平均寿命仅有35岁,新中国成立后中国人的平均寿命在逐年增高,1982年预期寿命到67.88岁,2000年就到72.43岁[38]。就世界范围来说,日本的人口寿命是最高的。女性的平均寿命为85.52岁,男性的平均寿命为78.56岁[39]。为什么人口寿命愈是古代则呈现愈低的现象呢? 总的来说,人口寿命与生产方式密切相关,愈是原始的生产方式,人口的平均寿命愈低,随着生产方式由低级向高级阶段的发展,人口的平均寿命在不断增长。这是因为,在不同的生产方式下,人们的生活质量是不相同的。想必大家会了解这一点,正是因为生产力愈发展、生产方式愈先进,人们的生活质量愈提高,所以才造成了人们的平均寿命在不断攀升。当今世界,差不多每个国家和地区隔一段时间要进行一次人口普查,以便了解人口的有关方面的数据。在我国古代社会,特别是在秦汉时期人口的普查和登记制度已比较先进,然而保存下来的史料却数据寥寥,不可能反映当时人口的平均寿命。在这里,我们通过努力,仅收集40来位秦汉时期的皇帝、官吏的死亡年龄,今列表如下,并稍加分析。需要加以说明的是,史书当中有的虽然记载有死亡年龄,但属于非正常死亡者,我们不予收集,因为它不能反映一个人的自然寿命。如自杀、他杀等等,用之论证问题是不科学的,故舍之。

姓名	身份	年龄	备注
秦始皇嬴政	皇帝	50[50]	《史记》卷6《秦始皇本纪》
高祖刘邦	皇帝	53	《汉书》卷1《高帝纪》
惠帝刘盈	皇帝	23	《汉书》卷2《惠帝纪》
文帝刘恒	皇帝	46	《汉书》卷4《文帝纪》
景帝刘启	皇帝	48	《汉书》卷5《景帝纪》
武帝刘彻	皇帝	71	《汉书》卷6《武帝纪》
昭帝刘弗陵	皇帝	22	《汉书》卷7《昭帝纪》
宣帝刘询	皇帝	43	《汉书》卷8《宣帝纪》
元帝刘奭	皇帝	43	《汉书》卷9《元帝纪》
成帝刘骜	皇帝	45	《汉书》卷10《成帝纪》
哀帝刘欣	皇帝	25	《汉书》卷11《哀帝纪》
刘　向	楚元王后代学者	72	《汉书》卷36《楚元王传》
张　苍	丞相、好律历	100	《汉书》卷42《张苍传》
贾　谊	学者、王国太傅	33	《汉书》卷48《贾谊传》
公孙弘	丞相	80	《汉书》卷58《公孙弘传》
终　军	—	20	《汉书》卷64下《终军传》
董　偃	侍者	30	《汉书》卷65《东方朔传》
蔡　义	丞相	84	《汉书》卷66《蔡义传》
朱　云	学者	80	《汉书》卷67《朱云传》
赵充国	将军	86	《汉书》卷69《赵充国传》
段会宗	将军	76	《汉书》卷70《段会宗传》
于定国	廷尉	70余	《汉书》卷71《于定国传》
贡　禹	御史大夫	81	《汉书》卷72《贡禹传》
龚　胜	学者	79	《汉书》卷72《龚胜传》
韦　贤	丞相	82	《汉书》卷73《韦贤传》
韦　赏	太傅	80	《汉书》卷73《韦贤传》
夏侯胜	学者	90	《汉书》卷75《夏侯胜传》
孙　宝	刺史、京兆	70余	《汉书》卷77《孙宝传》
冯　逡	太守	40余	《汉书》卷79《冯奉世传》
孔　光	孔子之后	70	《汉书》卷81《孔光传》
扬　雄	文人	71	《汉书》卷87《扬雄传》
解忧公主	—	72	《汉书》卷96下《西域传》
上官皇后	皇后	52	《汉书》卷97上《外戚传》
邛成太后	皇后	70	《汉书》卷97上《外戚传》
元　后	皇后	84	《汉书》卷98《元后传》
京　房	—	41	《汉书》卷75《京房传》
严君平	—	90余	《汉书》卷72《王贡两龚鲍传》
范　增	谋士	70[51]	《汉书》卷31《项籍传》

续表

姓名	身份	年龄	备注
卢　绾	—	54[52]	《汉书》卷34《卢绾传》
刘辟强	—	80[53]	《汉书》卷36《楚元王传》
张　良	谋士	61[54]	《汉书》卷40《张良传》
王　陵	太傅	70[55]	《汉书》卷40《王陵传》
石　奋	丞相	约96岁[56]	《汉书》卷46《万石君传》
刘　德	诸侯王	约61岁[57]	《汉书》卷36《楚元王传》
刘　非	诸侯王	约41岁[58]	《汉书》卷53《景十三王传》

《后汉书》卷87《西羌传》记载：

　　　　"时烧何豪有妇人比铜钳者,年百余岁,多智算"。

这说明少数民族中,特别是女性也有高寿者。

　　上面共收集到有可考死亡年龄者共45人,其中皇帝11人,皇帝的平均死亡年龄是42.6岁。其他34人的平均死亡年龄是68.7岁。皇帝的平均死亡年龄比较可靠,因为秦汉时期的皇帝除了非正常死亡者外——如秦二世是被杀的,汉平帝是被毒死的,其他皇帝的死亡年龄都全部收集到了,这个平均值还是能说明一定问题的。皇帝的平均死亡年龄大大低于官吏的平均死亡年龄的原因,恐怕主要的还是心理负担重,政权的安危时时萦绕在他们的心间,当然生活的糜烂也是其中之一。由于资料所限,收集到的官吏的死亡年龄者才三十多位,其中偶然性很大,很难进行综合分析。但就个人来说,年寿最高者能达到100岁,张苍便是其例,活到九十多岁,八十多岁的官吏亦不乏人在。结合以后若干朝代所收集到的资料来看,西汉时期官吏的平均死亡年龄是偏高的,其原因是刚才上面所述的偶然性很大。估计整个封建社会官吏的平均死亡年龄会基本相同的,高低不会相差太远。总之是与一定生产方式下医疗条件等社会因素有关,但随着封建制的解体,资本主义萌芽的产生、发展以及新技术革命所带来的推动力会使人口的平均寿命迈上一个新的台阶。但人的寿命究竟能提高到何种程度,目前所见多为猜测和估想,特别是医学界人士,持乐观态度,不断见到报端刊文,言说将来人活到一百五六十岁不是梦想,我却赞成嵇康的说法。嵇康在其《养生论》中云:

　　　　或云上寿百二十,古今所同,过此以往,莫非妖妄者。[59]

考之史实,的确如此,史书记载中国人之寿命超过120岁者寥寥,但120岁以下者不乏人在,那么史书所载尧舜禹高寿也不是没有可能。嵇康所述之"古今所同"是经过他的观察,认为从古以来最高寿命的存活年限是不变的。

　　东汉时期的大哲学家王充在其著作《论衡》的《无形篇》、《偶会篇》、《气寿篇》中均谈及了人寿的极限。他在《无形篇》中指出：

　　　　"牛寿半马,马寿半人"。

也就是说：牛的寿命是马的一半,而马的寿命是人的一半。在《偶会篇》中又说："人生百岁而终,物生一岁而死。"王充在《气寿篇》中对人年以百为寿的论述更为具体,他说：

　　　　何以明人年以百为寿也？世间有矣。儒者说曰："太平之时,人民侗长百岁左右",气和之所生也。《尧典》曰："朕在位七十载,求禅得舜",舜征三十岁在位,尧退而老,八岁而终,至殂落九十八岁,未在位之时必已成人,今计数百有余年矣。又曰："舜生三十征庸,三十在位,五十载陟方乃死",适百岁矣。文王谓武王曰："我百,尔九十,吾与尔三焉。"文王九十七而薨,武王九十三而崩。周公,武王之弟也,兄弟相差不过十年,武王崩,周公居摄七年,复政退老,出入百岁矣。邵公,周公之兄也,至康王之时尚为太保,出入百有余岁矣。圣人禀和气,故年命得正数,气和为治平,故太平之世多长寿人。百岁之寿,盖人年之正数也,犹物至秋而死,物命之正期也。物先秋后秋则亦如人死,或增百岁或减百也。先秋后秋为期,增百减百为数。物或出地而死,犹人始生而夭也。物或逾秋不死,亦如人年多度百至于三百也。传称老子二百余岁,邵公百八十岁,高宗享国百年,周穆王享国百年,并未享国之时,皆出百三十四十岁矣。

　　到目前世界上最长寿者的纪录恐怕是南非的一名名叫蒂莫的妇女,132岁,生于1874年7月4日,有8个孩子,29个孙子辈,54个重孙辈。[⑥]在文献资料中,中国古代目前见到的最高寿者是辽代的李在宥,男,霸州人,平民,活了133岁。其次是拓跋魏的罗结,男,代地人,活了120岁。清代的杨氏,女,永年人,活了120岁等。(参见拙著《中国古代人口史专题研究》第118页。中州古籍出版社1994年10月版)科学的发展只能使人的平均寿命提高,使那些不该早去世的人逐渐减少,但却不能助长人的最高寿限,因为这是规律,人类能否挑战规律或改变规律并获成功,目前还需拭目观察,当然史书上也有一些十分离谱、十分离奇的记载,也可摘录如下,以供了解。《汉书》卷64下《王褒传》载王褒语曰：

　　　　恩从祥风翱,德与和气游,太平之责塞,优游之望得；遵游自然之势,恬淡无为之场,休征自至,寿考无疆,雍容垂拱,永永万年,何必偃卬诎信若彭祖,呴嘘呼吸如侨、松。(如淳曰："《五帝纪》彭祖,尧舜时人。《列仙传》彭祖殷大夫也,历夏至商末,寿年七百。")

《列仙传》所载彭祖年寿,十分离奇。《史记》卷12《孝武本纪》载李少君"数百岁人也"。《史记》卷12《孝武本纪》载东瓯王寿至百六十岁：

> 是时既灭南越,越人勇之乃言:"越人俗信鬼,而其祠皆见鬼,数有效。昔东瓯王敬鬼,寿至百六十岁。后世谩怠,故衰耗。"

《后汉书》卷82下《方术传》载冷寿光也是一位高寿者,

> "冷寿光、唐虞、鲁女生三人者,皆与华佗同时。寿光可百五六十岁……须发尽白,而色理如三四十时,死于江陵"。

《后汉书》卷82下《方术传》还载甘始、东郭延年、封达君三人也是高寿者:

> "甘始、东郭延年、封君达三人者,皆方士也,率能行容成御妇人术,或饮小便,或自倒悬,爱啬精气,不极视大言。甘始、元放、延年皆为(曹)操所录,问其术而行之。君达号'青牛师'。凡此数人,皆百余岁及二百岁也"。

曹植曾与甘始接触过,曹植在其著作《辩道论》中有记载,言说甘始者,老而有少容,自诸术士咸共归之,然始辞繁寡实,颇切怪言。并感叹说,如果甘始生在秦始皇汉武帝时期,肯定会成为徐市、栾大式的行骗之徒。看来曹植对其是不相信的。

从收集到的资料看,人的寿命与体形有一定的关系,传说尧舜是长寿之君,而尧舜的体形就很瘦,我们可以从王充《论衡·语增篇》中窥知:

> 传语曰:"圣人忧世,深思事勤,愁扰精神,感动形体,故称尧若腊,舜若腒,桀纣之君垂腴尺余。"夫言圣人忧世念人,身体羸恶,不能身体肥泽,可也。言尧舜若腊与腒,桀纣垂腴尺余,增之也。

说尧舜瘦成了肉干,说桀纣肥得腹肉下垂一尺多,王充认为这里有夸张的成分,但他还是承认圣人"忧世念人,身体羸恶"。联系前面关于尧舜寿命的传说,我们可以认为,长寿与勤劳、瘦身确有一定的关系。

第三节　人口患病种类的考察

当今社会,人们对人类健康状况愈来愈重视,我们国家的卫生部门,对每年各种疾病所造成的死亡情况不断进行公布,以期对致命性最强的疾病予以重视、预防和治疗。然而在两千年前的秦汉时期,其患病种类有哪些呢,在这里我们作一简略的考察和分析。

1. 关于糖尿病的记载

西汉时期,著名的大文学家司马相如大概患有糖尿病,《汉书》卷57下《司马相如传》载:

> 相如口吃而善著书。常有消渴病。与卓氏婚，饶于财。故其仕宦，未尝肯与
> 公卿国家之事，常称疾闲居，不慕官爵。

从本传载其常称疾，患消渴病病况分析，他十有八九是患上了富贵病——糖尿病。

2. 关于高血压、心脏病的记载

风流且沉湎于酒色的西汉成帝可能就是死于脑溢血、心脏病的。《汉书》卷97
下《外戚传》载：

> 帝素强，无疾病。是时楚思王衍、梁王立来朝，明日当辞去，上宿供张白虎
> 殿。又欲拜左将军孔光为丞相，已刻侯印书赞。昏夜平善，乡晨，傅绔韤欲起，因
> 失衣，不能言，昼漏上十刻而崩。

从这段记述来看，成帝平时高大强壮，似无疾病。只是两位诸侯王来朝，第二天要回
去，又打算拜孔光为丞相一直忙乎到深夜。第二天早晨起床的时候疾病突然发作，手
也拿不起衣服，掉到地上，进入昏迷状态，不能说话，当天便死了。上述症状，很可能
是脑溢血、心脏病发作而毙命的。但由于宫廷朝医对这种疾病无认识，都归罪于赵飞
燕赵皇后，可怜这位能歌善舞的赵昭仪被逼自杀，死得有点冤枉。

3. 关于霍乱病的记载

上吐下泻的霍乱病，使病者很快脱水而死亡，汉代这种疾病已见于记载，特别夏
日之南方地区比较严重。生于会稽吴地的严助，对南方之情况十分了解，汉武帝征伐
南越，他上书劝阻，其文云：

> 今发兵行数千里，资衣粮，入越地，舆桥而隃岭，挖舟而入水，行数百千里，夹
> 以深林丛竹，水道上下击石，林中多蝮蛇猛兽，夏月暑时，呕泄霍乱之病相随属
> 也，曾未施兵接刃，死伤者必众矣。[61]

可见，南方夏天霍乱病的发病率是比较高的，不然的话，严助不会发出"死伤必众"的
警告。

4. 关于病"疽"的记载

《汉书》当中，关于病"疽"的记载不止一处，大家所熟知的项羽的谋士范增就是
病"疽"而死的。《汉书》卷31《项籍传》载，刘邦为了离间项羽和其谋士——亚父范
增之间的关系，"乃与陈平金四万斤以间其君臣关系"，并且起到了作用。"项羽以故
疑范增，稍夺之权"。

> 范增怒曰："天下事大定矣，君主自为之，愿赐骸骨归。"行未至彭城，疽发
> 背死。

在病名的记录当中，有一种叫病"痈"。许慎的《说文解字》把此字释为"肿也，从病，
雝声"，可见也是疮一类的疾病。汉文帝曾病痈。《汉书》卷93《佞幸传》曾有过

记载：

> 文帝尝病痈，邓通常为上嗽吮之。上不乐，从容问曰："天下谁最爱我者乎？"通曰："宜莫若太子。"太子入问疾，上使太子齰痈，师古曰："齰，啮也，啮出其浓血……"）太子齰痈而色难之。已而闻通尝为上齰之，太子惭，由是心恨通。

上面所述是佞幸邓通和太子刘启为汉文帝病痈时噬出脓血的不同表情，说明痈病的存在。《汉书》卷35《荆燕吴传》，言说周丘是痈发背而死的，大概"疽"和"痈"是同类疾病。

5. 关于掖伤的记载

《史记》卷9《吕太后本纪》记载了这么一件事，而且吕后因此而得病的。

> 吕后被，还过轵道，见物如苍犬，据高后掖，忽弗复见。卜之，云赵王如意为祟。高后遂病掖伤。

大概过了几个月的时间，高后因"掖伤"崩。从上述记载分析，高后祭祀回来，路过轵道，恍惚看见一只苍犬咬了一下腋下，忽然又不见了，感到十分恐慌，占卜的结果说是赵王如意在作祟（赵王如意先前被吕后所鸩杀），后来高后就得了掖伤病。而高后也是因此掖伤病而死的。如果剔除其迷信的成分，吕后的掖伤病很可能是癌症。

6. 关于病"瘘"的记载

《史记》卷59《五宗世家》记载汉景帝的儿子——胶西于王瑞，在孝景帝前三年（前154年）的时候被立为王：

> 为人贼戾，又阴瘘，一近妇人，病之数月。

7. 关于风疾病的记载

《汉书》卷52《灌夫传》云：

> （窦）婴良久乃闻有劾，即阳病痱，（师古曰："风疾也"）不食欲死。

8. 关于"呕血"的记载

《汉书》卷82《王商传》云：

> （王）商免相三日，发病呕血薨，谥曰戾侯。

9. 关于"寒泄"病的记载

《汉书》卷69《赵充国传》云：

> 其秋，充国病，上赐书曰："制诏后将军：闻苦脯胫，寒泄，（师古曰：'胫，膝以下骨也。寒泄，下利也。言其患足胫又苦下利……'）将军年老加疾，一朝之变不可讳，朕甚忧之……"

10. 关于"寒病"的记载

《汉书》卷70《陈汤传》言：

上召(陈)汤见宣室。汤击郅支时中寒病,两臂不诎申。汤入见,有诏毋拜,示以会宗奏。

11. 关于"风痹"病的记载

《汉书》卷63《武五子传》载:

(昌邑王)为人青黑色,小目,鼻末锐卑,少须眉,身体长大,疾痿,行步不便。(师古曰:"痿,风痹疾也。")

12. 关于"病痹"的记载

冯奉世之子名叫冯立,他是汉元帝时人。

后迁为东海太守,下湿病痹。(师古曰:"东海土地下湿,故立病痹也。")天子闻之,徙立太原太守。⑫

关于风痹病病状问题,《晋书》卷31《宣穆张皇后传》中有一段文字,颇能帮助我们了解:

"宣帝初辞魏武之命,托以风痹,尝暴书,遇暴雨,不觉自起收之。家惟有一婢见之,后乃恐事泄致祸,遂手杀之以灭口,而亲自执爨。帝由是重之。"

上述引文说的是司马懿没病装病,他以有风痹病而辞朝,有一天在家晾书籍,突然来雨,他急忙起来收书,被一个奴婢看见,发现原来有病是假。皇后恐怕事情败露,就杀死了奴婢以达灭口。看来风痹病就是肢脚瘫痪,不能行动之病。

13. 关于"颈痈"的记载

《汉书》卷77《郑崇传》记载,郑崇是高密(治所在今山东高密)的大族,哀帝时期人。

崇又以董贤贵宠过度谏,由是得重罪。数以职事见责,发疾颈痈,欲乞骸骨,不敢。

14. 关于"痛症"的记载

《汉书》卷52《田蚡传》云:

(田)蚡疾,一身尽痛,若有击者,呼服谢罪……竟死。

15. 关于"痤"、"痔"、"背肿"等有关疮类疾病的记载

《尸子》下(见《太平御览人事部》、《方术部》及《疾病部》)记载:

有医竘者,秦之良医也。为宣王割痤,为惠王疗痔,皆愈。张子之背肿,命竘治之,谓医竘曰:'背非吾背也,任子制焉。'治之遂愈。竘诚善治疾也,张子委制焉。

16. 关于麻风病的记载

《睡虎地秦墓竹简·封诊式》中有关时人患有麻风病的记载其原文为:

爰书:某里典甲诣里人士五(伍)丙,告曰:"疑癞(疠),来诣。"讯丙,辞曰:'以三岁时病疕,麋(眉)突,不可智(知)其可(何)病,毋(无)它坐。'令医丁诊之,丁言曰:"丙毋(无)麋(眉),艮本绝,鼻腔坏。刺其鼻不嚏(嚏)。肘(膝)□□□到□两足下奇(踦),溃一所。其手毋肢。令癞号(号),其音气败。癞(疠)殹(也)。"

以上原文非常难懂,这里把整理小组的释文全部录下:

爰书:某里的里典甲送来该里士伍丙,报告说:"怀疑是麻风病,将他送到。"讯问丙,供称:"在三岁时患有疮疡,眉毛脱落,不知道是什么病,没有其他过犯。"命医生丁进行检验,丁报告说:"丙没有眉毛,鼻梁断绝,鼻腔已坏,探刺到他的鼻孔,不打喷,臂肘和膝部……两脚不能正常行走,有溃烂一处,手上没有汗毛,叫他呼喊,其声嘶哑,是麻风病。"

关于重复的病例在这里不一一详举了,如《汉书》卷52《韩安国传》也说韩安国是呕血而亡的等等。从所收集到的14个病例分析,当时人们患风湿一类的疾病最多,这大概是当时医疗条件以及气候潮湿所致,加之当时湖泊多,河流多,水域面积比现在广大,人们的御防潮湿的手段有限或条件不具备,故患风湿一类的疾病较多。当时人口密集的黄河中下游地区其年平均温度比现在高、降雨量大,黄河又屡屡决口,有时长期未能堵塞,任其浸漫,总之环境潮湿乃是秦汉时期人们所患风湿类疾病较多的原因之一。除患风湿类疾病多者外,患病痈的亦多,这与当时卫生条件差有一定关系,病痈如同今天的疮类疾病,现在卫生条件好,疮的发病率并不高,当然有些疮属癌症者除外。

《居延汉简考释》中《疾病死丧类》记载有当时患病情况,有的载有姓名,有的姓名已失,但有病情记录,具体情况如下:

田卒平干国广平右安里孟强年廿七,本始五年二月丁未疾心腹支满充右塞前丞报(二九三·五)[63]

昌邑方与士里陈系十二月癸巳病伤头右手膊膏药(一四九·一九)[64]

武长伯盛寒佗伤苦视□(一八一·九)[65]

四月戊寅病肠庚辰治☑(五○四·九)[66]

第十隧卒高同病伤汗饮药五齐(三六五·四三)[67]

谷口隧左道,十月丙寅病在有胫(二七三·三五)[68]

□陶宜和里谢冠遒巳一日病头痛寒炅不能(四九·一八)[69]

□当远里公乘王同即日病头痛寒炅小子与同麑……(五二·一二)[70]

第廿四隧卒高自当以四月七日病头痛四节不举,餅庭隧卒四月三日病苦☑

第二隧卒江淳以四月六日病苦此服支满第一隧卒孟庆以四月四日病苦伤寒。

第卅一隧卒王章以四月一日病苦伤寒(四·四)⑦

第廿七隧卒蒋赏三月旦病两肱前急少愈。

第卅三卒公孙谭三月廿七日病两肱箭急未愈。

第卅一隧卒尚武四月八日病头疼寒炅饮药五齐未愈(四·四)⑫

当北隧卒冯毋护三月乙酉病心腹丸药卅五(二七五·八)⑬

治伤寒满三日转为□(一三六·三)⑭

白昨日病心腹第十二卒李同昨日病

□曰病心腹……(二一一·六)⑮

□病左股积五日(二一一·六)⑯

破胡敢言之候官即日疾比腹四节不幸☑(五·一〇一〇·一一七)⑰

日移府者狼孺病并数元年以来□(二一四·七四)⑱

□遁戊戌病头痛□炅不能(一一四·一九)⑲

河平五年正月己酉朔丙寅甲渠鄣候谊敢言之府移举书曰第十三隧长解宫病背一伤右舷(三五·二二)⑳

从以上所收这近20例的有关疾病的记载看,大致可以分为三类,其一是风寒发热头疼之类的疾病是最为常见的,如:"病头痛寒炅"、"病头痛"、"痛苦伤寒"等。其二是属于肠胃消化方面的疾病如:"疾心腹支满"、"病心腹"等。其三是属于四肢方面的疾病如:"病在有胫"、"病两肱前急"、"病左股"等。上述疾病与《汉书》人物传记中所录之疾病类型有别,《汉书》传记中的人物多患病"疽",即"疮"类方面的疾病和风湿之类的疾病,这恐怕反映疾病与地域方面的关系。西北边塞地区高寒干燥,不像中原地区温热潮湿,故患病的种类有不同。边塞地区生活难苦,戍卒生活无规律、暴饮暴食的情况恐怕时而有之,故肠胃病较多;另外风餐露宿,人们也易患伤风感冒之类的疾病;强体力的劳动,四肢受伤也易患病。故上述三种病疾较多,实乃与地域气候有关,与从事的劳动种类有关。人们得病之后需要治疗,从居延汉简的简文发现,当时疗病的方法有进汤药者,这是主要的疗法,如前引高同病伤汗,"饮药五齐"。第卅六隧长司马章及伤病医宋昌治饮药。卅一隧卒尚武"病头痛寒炅饮药五齐未愈"。其二,当时的疗病方法有服丸药者:如当时隧卒冯毋护"三月乙酉病心腹丸药卅五"。其三,当时的疗病方法有用"膏药"者,如昌邑方与士里陈系,十二月癸巳"病伤头右手膊膏药"。其四,当时的疗病方法还有用针灸治病者,如"☑奴□病□女二锥灸卅一卒□□少伤(七〇·二〇)"㉑,虽然简文缺字较多,但仍然可以看出当进用针灸治病的事实。

第四节　"汉之得人于兹为盛"的考察

西汉时期是一个人才辈出的时期,造就了一大批在历史上非常有名的政治家、军事家、外交家、经济学家、史学家、文学家、天文学家、音乐学家、探险家……其影响至今不衰,《公孙弘卜式儿宽传》中的赞语集中把西汉中后期的人才作了一个总体性的介绍。赞曰:

> 汉之得人,于兹为盛,儒雅则公孙弘、董仲舒、儿宽,笃行则石建、石庆,质直则汲黯、卜式,推贤则韩安国、郑当时,定令则赵禹、张汤,文章则司马迁、相如,滑稽则东方朔、枚皋,应对则严助、朱买臣,历数则唐都、洛下闳,协律则李延年,运筹则桑弘羊,奉使则张骞、苏武,将率则卫青、霍去病,受遗则霍光、金日磾,其余不可胜纪。是以兴造功业,制度遗文,后世莫及。孝宣承统,纂修洪业,亦讲论六艺,招选茂异,而萧望之、梁丘贺、夏侯胜、韦玄成、严彭祖、尹更始以儒术进,刘向,王褒以文章显,将相则张安世、赵充国、魏相、丙吉、于定国、杜延年,治民则黄霸、王成、龚遂、郑弘、召信臣、韩延寿、尹翁归、赵广汉、严延年、张敞之属,皆有功迹见述于世。㉒

关于武帝时期的人才,班固将其分为 14 类,计 27 人,宣帝时称颂的人才共分 4 类 25 人。当然这仅是代表人物而已,其余不可胜记。

被称为"儒雅者"共 3 位。

公孙弘,曾为汉相,淄川薛人(今山东省枣庄市滕县东南)。《汉书》卷58《公孙弘传》称弘为:

> 汉兴以来,股肱在位,身行俭约,轻财重义,未有若公孙弘者也。位在宰相封侯,而为布被脱粟之饭,俸禄以给故人宾客,无有所余,可谓减于制度,而率下笃俗者也,与内富厚而外为诡服以钓虚誉者殊科。

董仲舒,广川人(今河北省枣强县东),汉武帝即位,举贤良文学之士前后百数,唯董仲舒的对策让汉武帝感到满意。班固十分称道这位治《春秋》者,《汉书》卷 56《董仲舒传》云:

> 及仲舒对策,推明孔氏,抑黜百家。立学校之官,州郡举茂材孝廉,皆自仲舒发之。

儿宽,千乘人(今山东省高青县东北),治《尚书》,家庭贫困,学习没有资用,所以就为那些博士子弟们干些烹炊之类的活。秦汉时期存在雇佣劳动,他常常带着经书去干活,休息的时候就读诵。《汉书》卷58《儿宽传》说他的贡献是与司马迁一起共定了汉《太初历》,挽救了历纪的坏废。

在精通儒学的程度方面,董仲舒的名气要在公孙弘之上,为什么班固却把公孙弘排在董仲舒之前呢?这恐怕又与"儒雅"的"雅"字有关,雅是否有一种雅量涵养的气质之美。汲黯当时是九卿之一,与公孙弘的私交很好,在朝廷上同着汉武帝面诘公孙弘位在三公,俸禄甚多,但盖的是麻布布被,是欺诈,为的是沽名钓誉。当汉武帝问及公孙是否有此事时,弘的回答很有雅量和君子之风,承认事实,并不辩护,且说要不是挚友揭短,皇上怎能知道自己却如此简朴呢?让汉武帝感到十分满意。《汉书》卷58《公孙弘传》云:

> 弘对曰:"有之。夫九卿与臣善者无过黯,然今日庭诘弘,诚中弘之病。夫以三公为布被,诚饰诈欲以钓名。且臣闻……晏婴相景公,食不重肉,妾不衣丝,齐国亦治,亦下比于民。今臣弘位御史大夫,而为布被,自九卿以下至于小吏无差,诚如汲黯言。且无汲黯,陛下安得闻此言?"上以为有让,愈益贤之。

被称为"笃行"者有两位。

石建,河内温人(今河南省焦作市温县)。为二千石官吏。

石庆,石建之弟弟,亦为二千石官吏,相当于郡守一级的官吏。

"笃行"之意,根据班固的解释是"驯行孝谨"。石建老的时候他的父亲石奋还健在,作为两千石官吏的满头白发的石建还经常亲自为父亲洗衣服,那么他们对待皇上的恭谨态度就更不用说了。

被称为"质直"者有两位。

汲黯,濮阳人(今河南省濮阳市),《汲黯传》载他是位以严见惮、戆厚且爽,敢于犯主之颜的官吏,位列九卿。黯本传载黯云:

> 天子置公卿辅弼之臣,宁令从谀承意,陷主于不宜乎?且已在其位,纵爱身,奈辱朝廷何![⑧]

严助评价汲黯,认为他任职居官,无人能胜之者,若让他辅佐少主守成,即便是像孟贲、夏育那样的上古勇士也难以把政权夺走。汉武帝对其的评价是社稷之臣,乃至衣冠不整时不敢见黯。

卜式,河南人(今河南省洛阳市),他也是一位属于班固所说的"质直"一类的人物。《卜式传》载卜式捐资助边的事。

> 时汉方事匈奴,式上书,愿输家财半助边。上使使问式:"欲为官乎?"式曰:"自小牧羊,不习仕宦,不愿也。"使者曰:"家岂有冤,欲言事乎?"式曰:"臣生与人亡所争,邑人贫者贷之,不善者教之,所居,人皆从式,式何故见冤!"使者曰:

"苟,子何欲?"（师古注曰:'言子苟如此输财,必有所欲。'）式曰:"天子诛匈奴,
愚以为贤者宜死节,有财者宜输之,如此而匈奴可灭也。"使者以闻。上以语丞
相弘。弘曰:"此非人情。不轨之臣不可以为化而乱法,愿陛下勿许。"上不报,
数岁乃置式。式归,复田牧。㉞

由于连年战争,西汉府库空虚,流民四起,政府也没钱安置流民,卜式持钱20万捐给
河南太守,用于安置流民。汉武帝后来在河南郡所上的富人助贫簿上发现了卜式的
名字,知道他就是那位前些年"愿输家财半助边"的卜式。当时许多富豪皆争匿财,
而唯卜式愿出费帮助政府解决困难,汉武帝十分感慨,终于认识到卜式是位长者。为
了尊显卜式,表彰事迹,汉武帝拜卜式为中郎。当初,卜式不愿为郎,《汉书》式本
传云:

> 上曰:"吾有羊上林中,欲令子牧之。"式乃拜为郎,布衣草躟而牧羊（师古注
> 曰:'躟,即今之鞋也。'）。岁余,羊肥息（师古注曰:'言羊肥而生多也。'）。上
> 过见其羊所,善之。式曰:"非独羊也,治民亦犹是矣。以时起居,恶者辄斥去,
> 毋令败群。"上奇其言……

尔后汉武帝试之让式治民,政绩亦很好。

被称为"推贤"者两位。

韩安国,梁成安人,后徙睢阳（今河南省商丘市）,尝学《韩子》的学说,位至御史
大夫。《韩安国传》言其为人多大略,在处事方面能根据情势,可取则取,可止则至。
所举荐者皆廉士、贤于己者。

> 于梁举壶遂、臧固、至它,皆天下名士,士亦以此称慕之,唯天子以为国器。㉟

郑当时,陈人（今河南省周口市淮阳县）,位列九卿,好黄老之学。《汉书》卷50
《郑当时传》云:

> 当时为大吏,戒门下:"客至,亡贵贱亡留门下者。"执宾主之礼,以其贵下
> 人。性廉,又不治产……每朝,候上间说,未尝不言天下长者。其推毂士及官属
> 丞史,诚有味其言也。（师古注曰:'推毂,言荐举人,如推毂之运转也。有味者,
> 言其甚美也。'）常引以为贤于己。未尝名吏,与官属言,若恐伤之。闻人之善
> 言,进之上,唯恐后。山东诸公为此翕然称郑庄。

被称为"定令"者两位。

赵禹,邰人（今陕西省武功县西）,班固将其列入酷吏行列,武帝时以刀笔吏积
劳,迁为御史,后为中大夫。《酷吏传》云:

> （赵禹）与张汤论定律令,作见知,吏传相监司以法,尽自此始。㊱

张汤,杜陵人（今陕西省西安市）,当其为小儿的时候就模仿老狱吏逮治盗肉之

鼠进行审判。其父大警,觉得其有治狱的才能,于是便让汤学习律令及治狱之书。《张汤传》言其与赵禹共同制定了许多律令,指导思想是从严执法,特别是对守职之官吏。汤本传还载:

> (为了)排富商大贾,出告缗令,鉏豪强并兼之家……汤每朝奏事,语国家用,日旰(师古注曰:"旰,晚也,论事既多,至于日晚。"),天子忘食。丞相取充位,天下事皆决于汤。⑧

告缗令出台的背景是,汉兴六十余年,经济社会有了很大的发展,但贫富之不均亦非常严重,董仲舒言:富者田连阡陌,而贫无立锥之地。加上武帝连年对匈奴战争,支出很大,山东等地又出现水旱灾害,贫民流亡,皆靠政府赈给,府库空虚,武帝于是便加征财产税来缓解财政困难,谓之算缗。即让人们自报财产,按财产的多少比例纳税,富人怕多纳税往往隐匿财产不报,或以多报少。张汤为汉武帝制定了告缗令,即发动检举揭发,若举报属实,便行没收,把没收得来的财产的一半给检举者,力度可谓大矣。经过这次打击,中等财富以上的人家大抵皆破产,缓解了社会的矛盾,武帝之后数十年间,西汉又平安了。

关于被称为"文章"者有两位。

司马迁,迁生龙门(今陕西省韩城县),大史学家、大文学家,作《史记》,记述了黄帝至武帝三千年间的历史。《汉书》评价《史记》:不虚美、不隐恶,其文直、其文核。宋人郑樵《通志》评价《史记》:使百代而下,史官不能易其法,学者不能舍其书。清人崔适《史记探源》谓:《史记》者,《五经》之囊钥,群史之领袖也。鲁迅《文学史纲》评价《史记》谓:虽背春秋之义,固不失为史家之绝唱,无韵之离骚。

司马相如,蜀郡成都人(今四川省成都市),大文学家。班固为司马相如所立之传是《汉书》之《纪》、《传》人物中篇幅最长、着墨最多者,可见对其推崇。《司马相如传》的赞语中,引司马迁称:

> 《春秋》推见至隐,《易本》隐以之显,《大雅》言王公大人,而德逮黎庶,《小雅》讥小己之得失,其流及上。所言虽殊,其合德一也。相如虽多虚辞滥说,然要其归引之于节俭,此亦《诗》之风谏何异?⑧

被称为滑稽者有两位。

东方朔,平原厌次人(今山东惠民县东北)。

枚皋,不知籍里,班固未对其立传,在《汉书》卷65《东方朔传》中曾提及,言说东方朔"尝至太中大夫,后常为郎,与枚皋、郭舍人,俱在左右,诙啁而已。(师古注曰:"啁与嘲同。")"总之他们的共同特点是口谐倡辩,诙达多端。

被称为应对者有两位。

严助,会稽吴人(今江苏省苏州市)。朱买臣亦是会稽吴人。

应对,就是辩论是非。武帝建元三年(前138年)的时候,闽越(今福建省境)举兵围东瓯(今浙江温州境),当时汉武帝还不到20岁,以问太尉田蚡,田蚡认为越人之间相互攻击是常常发生的事,而且反复无常,不值得国家发兵往救,况且秦朝的时候就弃之不属。严助便反驳田蚡,《汉书》卷54上《严助传》载严助云:

> 特患力不能救,德不能覆。诚能,何故弃之!且秦举咸阳而弃之,何但越也!

今小国以穷困来告急,天子不振,尚安所愬,又何以子万国乎?这段反驳虽然很短,但很精辟,很精彩,汉武帝觉得田蚡不足与计,便派严助发兵救东瓯,兵未到闽越便撤兵了。凡应对者都有广博的学识和一定的才华。严助当初被会稽举为贤良,对策者百余人,武帝最赏识严助,故以重用。朱买臣的知识也很渊博,他被严助引见给汉武帝,论《春秋》、言《楚辞》,使汉武帝大为赞赏,被任命为中大夫。朱买臣的知识来源于他孜孜不倦的学习。《汉书》卷64上《朱买臣传》云:

> 家贫,好读书,不治产业,常艾薪樵,卖以给食,担束薪,行且诵书。其妻亦负戴相随,数止买臣毋呕歌道中。买臣愈益疾歌。妻羞之,求去。买臣笑曰:"我年五十当富贵,今已四十余矣。女苦日久,待我富贵报女功。"妻恚怒曰:"如公等,终饿死沟中耳,何能富贵?"买臣不能留,即听去。

被称为历数者有两位。

唐都,不知籍里。《史记》卷26《历书》载其为方士。《太史公自序》言说太史公司马迁

> "学天官于唐都"。⑧

落下闳,据《史记》卷26《历书》唐司马贞《索隐》引姚氏案:《益都耆旧传》云:

> "闳,字长公,明晓天文,隐於落下,武帝徵待诏太史,於地中转浑天,改《颛顼历》作《太初历》,拜侍中不受。"

总之,他们二位的功劳是修正了以前的日历,颁行了《太初历》。日历的修订,使人们更加准确掌握农时,便于从事农业活动,在农业社会中,对社会经济的发展有不可估量的作用。需要提及的是,推贤当中韩安国所举荐的壶遂也参与了这项事情,故知壶遂是位天文学家。

被称为协律者1人。

李延年,中山人(今河北省定县),司马迁将其列入《佞幸传》,班固肯定他是西汉时期音乐方面的杰出人才。李延年出身音乐世家,全家上下几代人男女老少都操此业。《佞幸传》云:

> 延年坐法腐,给事狗中(司马贞《索隐》曰:'犬监也。")。而平阳公主言延

年女弟善舞,上见,心说之,及入永巷,而召贵延年。延年善歌,为变新声,而上方
兴天地祠,欲造乐诗歌弦之。延年善承意,弦次初诗(司马贞《索隐》曰:"初诗,
即新造乐章。")。其女弟亦幸,有子男。延年佩二千石印,号协声律。与上卧
起,甚贵幸。⑨

音乐确有助打动人心之处,刘邦衣锦还乡,作《大风歌》,令沛中僮儿百二十人习而歌
之,歌罢"泣数行下",的确感人至深。《礼乐志》云:

> 至武帝定郊祀之礼,祠太一于甘泉,就乾位也。祭后土于汾阴,泽中方丘也,
> (师古曰:"祭地,以方象地形。")乃立乐府,采诗夜诵,有赵、代、秦、楚之讴。以
> 李延年为协律都尉,多举司马相如等数十人造为诗赋,略论律吕,以合八音之调,
> 作十九章之歌。以正月上辛用事甘泉圜丘,使童男女七十人俱歌,昏祠至明。夜
> 常有神光如流星止集于祠坛,天子自竹宫而望拜,百官侍祠者数百人皆肃然动
> 心焉!⑩

看来,通宵达旦的祭天活动,百官们并不感到疲惫,且心情激动不已。乐舞之力量于
此可见一斑。

被称为运筹者1人。

桑弘羊,洛阳人,《史记》卷30《平准书》云:

> 于是以东郭咸阳、孔僅为大农丞,领盐铁事。桑弘羊以计算用事,侍中。咸
> 阳,齐之大煮盐,孔僅,南阳大冶,皆致生累千金,故郑当时进言之。弘羊,洛阳贾
> 人子,以心计,年十三侍中。故三人言利事析秋豪矣。(司马贞《索隐》:"今言弘
> 羊等三人言利事纤悉,能分析秋毫也。")

汉武帝的中期,由于连年战争加上天灾不断,政府的财政收支相当困难,物价腾跃,矛
盾突出,作为商人的儿子,善于运筹的桑弘羊于元封元年(前110年)出任治粟都尉,
领大农,主管国家的财政事务,他的突出政绩是实行均输法和平准法。均输法的内容
是国家在郡县置均输官,由国家统一征购和运输货物。平准法是抑天下物品,不得腾
踊涨价,故谓之"平准"。具体办法是国家笼天下之物资,贵即卖之,贱则买之。打击
富商大贾囤积居奇的牟利行为,这两项政策颁布的结果,"民不益赋而天下用饶"。

被称为奉使者有两位。

张骞,汉中人(今陕西汉中市),是凿空西域第一人。先后两次出使,第一次出使
往返历时13年,去时百余人,回来时只剩下两人,缺乏食物时,不得不射禽兽以给食,
可以说九死一生。西域有五十余国,自张骞通西域后,皆佩汉之印绶,西域正式纳入
中国版图,从此之后东西方经济文化交流日趋频繁,出现了商胡客贩络绎不绝,日款
于塞下的局面。⑫

苏武,杜陵人(今陕西省西安市),奉诏出使匈奴,被扣留19年,并置之极其荒凉的贝加尔湖一带。威武不屈的苏武杖汉节牧羊,卧起操持,时间久了,节旄尽落。无人给食,不得不掘野鼠洞里所藏的草籽充饥,这和不辱使命的精神代代留传。[93]

被称为将率者有两位。

卫青,河东平阳人(今山西省临汾市),他的母亲称卫媪,是汉武帝姐姐家的一位奴婢,因与郑季通而非婚生下卫青,小的时候很是被人瞧不起。[94]

霍去病,河东平阳人(今山西省临汾市),是卫青姐姐卫少儿的儿子,其父名霍仲儒,舅甥两位都是非婚生子,他有一句名言:

"匈奴不灭,无以家为也。"[95]

自卫青、霍去病率兵讨伐匈奴后,汉朝基本上解除了来自北方的威胁,为元帝时期南匈奴呼韩邪单于归汉创造了条件。使得此后长城内外数十年无烟火之警,牛马布野,呈现一派欣欣向荣的景象。

被称为受遗者有两位。

霍光,河东平阳人(今山西省临汾市),是霍去病的同父异母弟弟。

金日磾,本匈奴休屠王太子,由于汉对匈奴战争的节节胜利,单于对驻守在今河西走廊一带的昆邪王和休屠王连吃败仗表示不满,召其二位欲诛之。《汉书》卷68《金日磾传》云:

> 昆邪、休屠恐,谋降汉。休屠王后悔,昆邪王杀之,并将其众降汉。封昆邪王为列侯。日磾以父不降见杀,与母阏氏、弟伦俱没入官,输黄门养马,时年十四矣。

金日磾是一位非常笃慎的人,在武帝左右,目不忤视者数十年。赐出宫女,不敢近。上欲纳其女后宫,他又不肯,汉武帝尤奇异之。汉武帝觉得金日磾是位值得信任的人,故在病危之际把一个不到10岁的孩子托孤于霍光和他,这便是后来的汉昭帝。昭帝即位不到13年便去世了,昭帝无子,立汉武李夫人之子昌邑王刘贺为帝。贺立不到一个月,霍、金发现其淫乱不惠,作为大臣力主废立,迎立宣帝即位,这才有了西汉后期的宣帝中兴。如此看来,若霍光、金日磾没有一定的胆识是难以力挽狂澜的,也说明汉武在用人方面还是有一定眼力的。[96]

被称为儒术者有6人。

肖望之,东海兰陵人(今山东省枣庄东南),后徙杜陵(今陕西省西安市)。家世以田为业,至望之,为学,治《齐诗》又从夏侯胜问《论语》《礼服》,曾以射策甲科为郎,被称为儒宗,有辅佐之能,称社稷之臣。[97]

梁丘贺,琅邪诸人(今山东省诸城市),从京房学习《易》,宣帝有事尝让贺筮之。

班固将其列入《儒林传》。⑱

夏侯胜,东平人(今山东省汶上县北)。胜少孤,好学,从夏侯始昌学习《尚书》、《洪范五行传》,说灾异。给皇太后讲授过《尚书》,官至太子太傅。受诏注释《尚书》、《论语》。《汉书》卷75《夏侯胜传》云:夏侯胜有句名言,他常常给学生说:

> 士病不明经术,经术苟明,其取青紫如俯拾地芥耳。(师古曰:"谓草芥横在地上者。俛而拾之,言其易而必得也。青紫,卿大夫之服也。俛即俯字也。")。

韦玄成,鲁国邹人(今山东邹县东南),后徙杜陵(今陕西省西安市)。官至丞相,谦逊下士,其接人待物,对贫贱者宜加敬重,因此名誉日广。曾受诏与太子太傅肖望之及《五经》诸儒杂论同异于石渠阁。⑲

严彭祖,东海下邳人(今江苏省邳县南),与颜安乐俱事眭孟。孟死,彭祖、安乐各专门教授,因此《公羊春秋》有颜、严之学。官至太子太傅,廉直不事权贵。当时有人劝说彭祖,望其注意人事关系,不然的活,学问虽大也难升迁,但彭祖认为不能委屈从俗。《汉书》卷88《严彭组传》载:

> 或说曰:"天时不胜人事,君以不修小礼曲意,亡贵人左右之助,经谊虽高,不至宰相。愿少自勉强!"彭祖曰:"凡通经术,固当修行先王之道,何可委曲从俗,苟求富贵乎!"⑳

尹更始,汝南人(今河南省汝南县),事车千秋,为《谷梁春秋》议郎,后官至谏大夫,当时《谷梁春秋》有尹、胡、申章、房氏之学,尹更始便是其中之一家。班固将其列入《儒林传》。

被称为以文章显者有两位。

刘向,楚国人(今江苏人徐州市),宗室后代,为刘邦的弟弟楚元王刘交的四世孙。著有《洪范五行传》、《列女传》、《列仙传》、《新序》、《说苑》等著作。㉑

王褒,蜀人(今四川省)。《王褒传》言其为汉宣帝作政治和平、百官各得其职、风化普洽无所不被的《中和》、《乐职》、《宣布诗》。曾赴太子宫朝夕诵读奇文及所自造作,《甘泉》及《洞箫颂》亦为褒所作。㉒

张安世,杜陵人(今陕西省西安市)。张汤之子,被封为富平侯,事汉武帝30余年,昭帝时期为光禄勋,宣帝元康四年(前62年)病故。他活跃在政坛上约50余年,没出问题,实属不易,《张安世传》云:

> 汉兴以来,侯者百数,保国持宠,未有若富平者也。㉓

究其原因,班固谓张安世是位匿名迹,远权势的聪明人。张安世尝举荐一些人,升迁者要来感谢,安世认为举贤达能是自己的职责,难道还需要私谢吗,始终拒绝不见。有一次一位郎官觉得自己的功劳也不小,但长期得不到升迁,便亲自向张安世明言此事。安世本传载安世回答道：

　　君之功高，明主所知。人臣执事，何长短而自言乎！⑩

张安世虽然当面拒绝，而事后很快将郎官的事情解决了，这可算是张安世"匿名迹"做好事且不露声色的高明。

赵充国，陇西上邽人（今甘肃省天水市）。武帝时他随贰师将军击匈奴，被虏所困，乏食数日，死伤甚重，充国与百余人溃围陷阵，贰师引兵随之，乃得脱。身被二十余创，汉武帝亲视其伤口，感慨系之！赵充国有沉勇大略，通知四夷事。在他的率领和指挥下，平息了西羌之乱。⑩

魏相，济阴定陶（今山东省菏泽市定陶县）人，他是少学《易》，因以对策高第而出任茂陵令，茂陵大治。迁河南太守，禁止奸邪，豪强畏服。后为丞相。班固对魏相和丙吉有一个整体的评价，《魏相丙吉传》云：

　　古之制名，必由象类，远取诸物，近取诸身。故经谓君为元首，臣为股肱，明其一体，相待而成也。是故君臣相配，古今常道，自然之势也。近观汉相，高祖开基，萧、曹为冠，孝宣中兴，丙、魏有声。是时黜陟有序，众职修理，公卿多称其位，海内兴于礼让。览其行事，岂虚虖哉！⑩

丙吉，鲁国人（今山东省曲阜）。治律令，起自狱法小吏，后学《诗》、《礼》皆通大义。居丞相位，思路清晰，懂得抓大事，时人称颂的"陈平不知钱谷之数，丙吉道旁不问死人"便是形象的说明。《丙吉传》云：

　　吉又尝出，逢清道群斗者，死伤横道，吉过之不问。掾史独怪之。吉前行，逢人逐牛，牛喘吐舌。吉止驻，使骑吏问："逐牛行几里矣？"掾史独谓丞相前后失问，或以讥吉。吉曰："民斗相杀伤，长安令、京兆尹所当禁备逐捕，岁竟丞相课其殿最，奏行赏罚而已。宰相不亲小事，非所当于道路问也。方春少阳用事，未可大热，恐牛近行，用暑故喘，此时气失节，恐有所伤害也。三公典调和阴阳，职当忧，是以问之。"掾史乃服，以吉知大体。⑩

于定国，东海郡郯人（今山东省临沂市郯城县）。其父亲是名狱吏，他所办理的案件，涉案双方都感觉很公平。《于定国传》记载了东海郡百姓对于公大敬重的一个故事，那就是纠正了孝妇没有杀害自己的婆婆，屈打成招，竟被官府处死的怨案：

　　东海有孝妇，少寡，亡子，养姑甚谨，姑欲嫁之，终不肯。姑谓邻人曰："孝妇事我勤苦，哀其亡子守寡。我老，久累丁壮，奈何？"其后姑自经死，姑女告吏："妇杀我母。"吏捕孝妇，孝妇辞不杀姑。吏验治，孝妇自诬服。具狱上府，于公以为此妇养姑十余年，以孝闻，必不杀也。太守不听，于公争之，弗能得，乃抱其具狱，哭于府上，因辞疾去。太守竟论杀孝妇。郡中枯旱三年。后太守至，卜筮

其故,于公曰:"孝妇不当死,前太守强断之,咎党在是乎?"于是太守杀牛自祭孝
妇冢,因表其墓,天立大雨,岁孰。郡中以此大敬重于公。[⑩]

孝妇冤死,大旱三年恐怕是根据百姓之意而演义出来的天之惩罚,不过,百姓对冤狱
的公平处理是多么的希冀!定国本传还载:

> 其决疑平法,务在哀鳏寡,罪疑从轻,加审慎之心。朝廷称之曰:"张释之为
> 廷尉,天下无冤民,于定国为廷尉,民自以不冤。"(师古曰:"言知其宽,皆无冤枉
> 之虑。")[⑩]

杜延年,南阳杜衍人(今河南省南阳市西南)。他的父亲杜周是西汉有名的酷
吏,但延年行宽厚,论议持平。延年知道皇曾孙的美德,劝霍光和张安世立之,这便是
后来的汉宣帝。[⑩]

被称为治民者有 10 位。

黄霸,淮阳阳夏人(今河南省周口市太康县)。曾为颍川太守,守京兆尹,后为丞
相。他是一位习知律令者,在治民方面主张先力行教化而后诛,也就是说先以德教
化,若有不从然后用刑罚。《汉书》卷 89《循吏传》载皇帝对其评价如下:

> 下诏称:"颍川太守霸,宣布诏令,百姓向化,孝子弟弟贞妇顺孙日以众多,
> 田者让畔,道不拾遗,养视鳏寡,赡助贫穷,狱或八年亡重罪囚,吏民向于教化,兴
> 于行谊,可谓贤人君子矣。"

治理一个 200 万人口的大郡,八年之中没有一个重罪囚,也就是说没有一个人被判处
死刑,充分说明颍川郡当时百姓的向化程度及社会之安定。

王成,不知籍里,出任过胶东相,他的功劳在于劝勉招怀百姓,流民归附,数量很
大,稳定了社会。班固将其归于循吏之列。[⑪]

龚遂,山东南平阳人(今山东省邹县),以明经为官,《汉书》卷 89《循吏传》载其
治渤海时:

> 乃躬率以俭约,劝民务农桑,令口种一树榆、百本薤、五十本葱、一畦韭,家二
> 母彘、五鸡。民有带持刀剑者,使卖剑买牛,卖刀买犊,曰:"何为带牛佩犊!"春
> 夏不得不趋田亩,秋冬课收敛,益蓄果实菱芡。

这些政策实行的结果,郡中皆有蓄积,吏民皆富贵,狱讼也止息了。

郑弘,泰山刚人(今山东省宁阳县北)。弘通法律政事,明经,曾为南阳太守,《汉
书》卷 66《郑弘传》言其"弘为南阳太守,皆著治迹,条教法度,为后世所述"。

召信臣,九江寿春人(今安徽寿县)。以明经甲科为郎,当过谷阳长、上蔡长、零
陵太守、南阳太守。元始四年(公元 4 年),皇帝下诏祭祀百官卿士有益于民者,召信
臣入选,每年郡太守要率郡里的官员去行礼祭拜于信臣冢前,南阳亦为之立祠。召信

臣的政绩《汉书》卷 89《循吏传》云：

> 信臣为人勤力有方略，好为民兴利，务在富之。躬劝耕农，出入阡陌，止舍离
> 乡亭（师古曰："信臣休息时，皆在野次。"），稀有安居时。行视郡中水泉，开通沟
> 渎，起水门提阏凡数十处，以广灌溉，岁岁增加，多至三万顷，民得其利，蓄积有
> 余……禁止嫁娶送终奢靡，务出于俭约，府县吏家子弟好游敖，不以田作为事，辄
> 斥罢之，甚者案其不法，以视好恶。其化大行，郡中莫不耕稼力田，百姓归之，户
> 口倍增，盗贼狱讼衰止。

郡中的吏民亲爱信臣，称其为召父，是位名副其实的父母官。

韩延寿，燕人（今北京市），后徙杜陵（今陕西省西安市）。历官淮阳太守、颍川太
守、东郡太守、左冯翊。黄霸治颍川政绩很大，就是在韩延寿前任的基础上继续取得
的。韩延寿治东郡三年，令行禁止，断狱大减，为天下最。韩治郡的主要办法是教化
劝善，后来在官场内部的斗争中失败，竟坐弃市。《韩延寿传》记述了赴刑场时百姓
争为相送的动人场面。

> 延寿竟坐弃市，吏民数千人送至渭城，老小扶持车毂，争奏酒炙（师古曰：
> "奏，进也。"），延寿不忍距逆，人人为饮，计饮酒石余。使掾史分谢送者："远苦
> 吏民，延寿死无所恨！"百姓莫不流涕。[112]

由此看来，韩延寿的治绩还是深得百姓的认可的，千人相送便是明证，怪不得班固称
其为善于治民的榜样。

尹翁归，河东平阳人（今山西省临汾市），后徙杜陵（今陕西省西安市）。少孤，与
季父在一起生活，为狱小吏，晓习文法，文武兼备，历官东海太守、右扶风，他的主要政
绩是铲除奸猾豪强势力。任右扶风时他的政绩是三辅当中最好者，能做到案发即破，
没有遗失。尹翁归还做过管理市场的官吏，没有敢犯法者，商人们都怕他，因为他非
常廉洁，不接受商人的馈送。死的时候，家无余财。[113]

赵广汉，涿郡蠡吾县人（今河北定县东）。少为郡吏，举茂才，历颍川太守、京兆
尹。虽然身为二千石官吏，但以和颜接士。广汉聪明，天性精于吏职，他的政绩同尹
翁归一样是铲除豪强奸猾势力，维护国都的治安。帝都权贵很多，但他敢于以法处
事。《汉书》卷 76《赵广汉传》云：

> 京兆政清，吏民称之不容口。长老传以为自汉兴以来治京兆者莫能及。

本传还载：

> （广汉）为京兆尹廉明，威制豪强，小民得职（师古曰："得职，各得其常所
> 也。"）。百姓追思，歌之至今。

遗憾的是他也是一位在官场斗争中落败而遭诛者。

严延年,东海下邳人(今江苏邳县南)。少学法律,历官涿郡太守、河南太守。《汉书》卷90《酷吏传》云:

> 其治务在摧折豪强,扶助贫弱。贫弱虽陷法,曲文以出之;其豪杰侵小民者,以文内之(师古曰:"饰文而入之为罪。")。

严延年素与张敞善,敞曾劝其少杀戮,学习黄霸宽恕为治,但终不纳。

张敞,河东平阳人(今山西省临汾市),后徙茂陵。历官山阳太守、胶东相、京兆尹、冀州刺史、太原太守。张敞的政绩也主要是在京兆尹任上,京城向为难治,权贵很多,不少京兆尹难有善终。《汉书》卷76《赵尹韩张两王传》的赞语对其评价如下:

> 张敞衎衎,履忠进言(师古:"衎衎,强敏之貌也。"),缘饰儒雅,刑罚必行,纵赦有度,条教可观。

从以上所述可以看出,"汉之得人于兹为盛"的基本概况,为什么在这一时期涌现出这么多方方面面的人才呢,值得思考和探索。

人才的出现与成长,与政治环境有很大关系,西汉的统治者,汲取了秦朝的暴政致使众叛亲离二世而亡的教训,多次下诏求贤,听取治国的方略与意见。有的上疏言辞十分激烈,但皇帝都能善而待之,与坑儒作法则完全相反。《汉书》卷4《文帝纪》载,在汉文帝即位的第一年,借助于日食的发生,下诏:

> 及举贤良方正能直言极谏者,以匡朕之不逮。(师古曰:"匡,正也。逮,不及。不逮者,意虑所不及。")

汉文帝前元十五年(前165年),再次下诏求贤,《汉书》卷49《晁错传》载皇帝曰:

> 昔者大禹勤求贤士,施及方外,四极之内,舟车所至,人迹所及,靡不闻命,以辅其不逮……朕既不德,又不敏,明弗能烛,而智不能治,此大夫之所著闻也。故诏有司、诸侯王、三公、九卿及主郡吏,各帅其志,以选贤良明于国家之大体,通于人事之终始,及能直言极谏者,各有人数,将以匡朕之不逮。二三大夫之行当此三道,朕甚嘉之,故登大夫于朝,亲谕朕志。大夫其上三道之要,及永惟朕之不德,吏之不平,政之不宣,民之不宁,四者之阙,悉陈其志,毋有所隐……著之于篇,朕亲览焉,观大夫所以佐朕,至与不至。书之,周之密之,重之闭之。兴自朕躬,大夫其正论,毋枉执事。乌呼,戒之!

晁错把上述诏令排列为"明于国家大体"、"通于人事之终始"、"直言极谏"、"吏之不平,政之不宣,民之不宁"、"永惟朕之不德"等五项内容进行对策。阐述己见,深得汉文帝的赏识,在百余名对策中,晁错为高第,由是迁为中大夫。后来晁错为汉景帝所献之削藩建议,实施结果,巩固了西汉中央的统治。特别值得称道的是,汉文帝让对策者可以"周之密之,重之闭之。兴自朕躬"。即皇帝个人亲自拆封视之的作法令人感慨,也让对策上书者感到放心,安全感增加了!

汉武帝是位心怀雄才大略、有作为的皇帝,他不愿无所事事,在位时间长达54年,他对各项制度的恢复建立、创新及中央政权的建设采取了许多强有力的措施。这样就需要方方面面的呼之欲出的人才,汉武帝在下诏求贤方面与汉文帝相比,有过之而无不及。在即位的第一年,汉武帝便下了求贤诏,《汉书》卷6《武帝纪》载建元元年(前140年)诏书曰:

> 诏丞相、御史、列侯、中二千石、二千石、诸侯相举贤良方正直言极谏之士。

元光元年(前134年)汉武帝在西汉历史上作了一件有开创性的事情,那就是在选拔人才方面,新辟了"孝廉"一目,《汉书》卷6《武帝纪》载:

> 元光元年冬十一月,初令郡国举孝廉各一人。(师古曰:"孝谓善事父母者,廉谓清洁有廉隅者。")

针对礼坏乐崩的局面,汉武帝为了导民以礼,风之以乐,重建礼乐制度,元朔五年(前124年)下诏推荐有道博闻之士,《汉书》卷6《武帝纪》载:元朔五年夏六月诏曰:

> "盖闻导民以礼,风之以乐。今礼坏乐崩,朕甚闵焉。故详延天下方闻之士,咸荐诸朝。其令礼官劝学,讲议洽闻,举遗举礼,以为天下先。太常其议予博士弟子,崇乡党之化,以厉贤材焉。"丞相弘请为博士置弟子员,学者益广。

汉武帝认为凡能立非常之功者,绝非一般的民众,而是非常之人,元封五年(前106年)汉武帝下诏推举吏民有超等轶群不与凡同者及可为将相使绝国者。《汉书》卷6《武帝纪》载武帝诏曰:

> 盖有非常之功,必待非常之人,故马或奔踶而致千里(师古曰:"奔踶者,乘之即奔,立则踶也。"),士或有负俗之累而立功名(晋灼曰:"负俗,谓被世讥刺论也。")。夫泛驾之马(师古曰:"言马有逸气而不循轨辙也。"),跅弛之士(如淳曰:"士行有卓异,不入俗检而见跅逐者也。"),亦在御之而已(师古曰:"在人所以制御之。")。其令州郡察吏民有异材异等可为将相及使绝国者。

在这里,汉武帝之人才观可以说是客观的,人无完人,人总是有点毛病的,特别是那些才干非同一般的人,更是有这样那样缺陷的。但这不影响利用。关键在于如何御之,即如何使用,使其发挥其潜能和作用。

武帝之世,大约先后四次下诏举荐人才,但也可能是地方官执行不力,汉武帝大为震怒,他引用《论语》孔子的话说,不是没有人才可举,三人行必有我师,十室之邑必有忠信,如果地方官不举孝就是不奉诏从命,当以对皇帝不敬论处,如果不察廉,就是不称职,要受到免官的处分。我们不妨把汉武帝之诏令照录如下,仔细体味一下武

帝对人才所起作用之认识及要求各级官吏大力举荐人才之决心。《汉书》卷6《武帝纪》载元朔元年(前128年)冬十一月,诏曰:

> "公卿大夫,所使总方略,壹统类,广教化,美风俗也。夫本仁祖义,褒德禄贤,劝善刑暴,五帝三王所由昌也。朕夙兴夜寐,嘉与宇内之士臻于斯路。故旅耆老,复孝敬,选豪俊,讲文学,稽参政事,祈进民心,深诏执事,兴廉举孝,庶几成风,绍休圣绪。夫十室之邑,必有忠信;三人并行,厥有我师。今或至阖郡而不荐一人,是化不下究,而积行之君子雍于上闻也(师古曰:"究,竟也。言见雍遏,不得闻达于天子也。")。二千石官长纪纲人伦(师古曰:"谓郡之守尉,县之令长。"),将何以佐朕烛幽隐,劝元元,厉蒸庶,崇乡党之训哉?且进贤受上赏,蔽贤蒙显戮,古之道也。其与中二千石、礼官、博士议不举者罪。"有司奏议曰:"古者,诸侯贡士,壹适谓之好德(服虔曰:"适得其人"),再适谓之贤贤,三适谓之有功,乃加九锡;不贡士,壹则黜爵,再则黜地,三而黜爵地毕矣(李奇曰:"爵地俱削尽。")。夫附下罔上者死,附上罔下者刑,与闻国政而无益于民者斥(师古曰:"斥谓逐弃之。"),在上位而不能进贤者退,此所以劝善黜恶也。今诏书昭先帝圣绪,令二千石举孝廉,所以化元元,移风易俗也。不举孝,不奉诏,当以不敬论(张晏曰:"谓之不勤求士报国。"),不察廉,不胜任也,当免(张晏曰"当率身化下,今亲宰牧而无贤人,为不胜任也。")。奏可。"

汉武帝在日理万机的情况下,还亲自披阅国家财政困难时期各个郡国所上的富人助贫簿,不然的话,他就发现不了那么执著、那么质直的河南人卜式。毫无私念的卜式险些被公孙弘诬为别有用心的"不轨之臣"。汉武帝使用人才,可以说不拘常次,超擢者大有人在,他的开明之处还在于能让四方之士把个人的见解得失主张写出来,自己亲览,以便进行酌选,有些一时定不下来者,舍不得立即罢之,留下来再进行观察。西汉时期有名的语出诙谐的滑稽者之一东方朔就属于此例,他在上书当中把自己大肆吹嘘了一番,有些甚至是不着边际,但汉武帝认为他的言辞甚奇,并不反感,还是留下来以作观察,最后还是被惜才的武帝所用。《汉书》卷65《东方朔传》载东方朔的上书云:

> 臣朔少失父母,长养兄嫂。年十三学书,三冬文史足用。十五学击剑。十六学《诗》、《书》,诵二十二万言。十九学孙吴兵法,战阵之具,钲鼓之教,亦诵二十二万言。凡臣朔固已诵四十四万言。又常服子路之言。臣朔年二十二,长九尺三寸,目若悬珠,齿若编贝,勇若孟贲(师古曰:孟贲,卫人,古之勇士也。《尸子》说云:"……能慴三军,服猛兽也。"),捷若庆忌(师古曰:王子庆忌也。射之,矢满把不能中,驱马追之不能及也。),廉若鲍叔(师古曰:齐大夫也,与管仲分财,

自取其少。），信若尾生（师古：尾声，古之信士，与女子期于梁下，待之不至，遇水
而死。）。若此，可以为天子大臣矣。臣朔冒死再芟以闻。

正是由于武帝不拘一格选拔使用人才，他对西汉一代的制度创新贡献非凡，《汉书》
卷6《武帝纪》赞曰：

汉承百王之弊，高祖拨乱反正，文、景务在养民，至于稽古礼文之事，犹多阙
焉。孝武初定，卓然罢黜百家，表彰六经。遂畴咨海内，举其俊茂，与之立功。兴
太学，修郊祀，改正朔，定历数，协音律，作诗乐，建封禅，礼百神，绍周后，号令文
章，焕然可述。后嗣得遵洪业，而有三代之风。如武帝之雄才大略，不改文景之
恭俭以济斯民，虽《诗》、《书》所称何有加焉！

也可以这样说，正是由于"汉之得人于兹为盛"方助汉武帝成就帝王伟业。

人所共知的《三字经》给我们讲述了一个最普通的道理："人之初，性本善，性相
近，习相远，苟不教，性乃迁……"也就是说人的素质的形成，后天的教育和培养将起
到非常重要的作用。如果说汉武帝得人为盛的原因是他制定的选拔、推荐人才的政
策和措施得力，那么，汉宣帝时得人为盛之原因除了继续奉行汉武所制定的一系列选
拔人才的措施外，在官吏的考核任用培养上亦有超出前代之处。在这里我们不妨把
《汉书》卷89《循吏传》中有关对汉宣帝吏治的总体论述照录于下：

及至孝宣由仄陋而登至尊，兴于闾阎，知民事之艰难，自霍光薨后始躬行万
机，励精为治，五日一听事，自丞相以下各奉职而进。及拜刺史守相，辄亲见问，
观其所由，退而考察所行以质其言，有名实不相应，必知其所以然。常称："庶民
所以安其田里而亡叹息愁恨之心者，政平讼理也（师古曰："讼理，言所讼见理而
无冤滞也。"），与我共此者，其唯良二千石乎！（师古曰："谓郡守、诸侯相。"）以
为太守，吏民之本也，数变易则天下不安，民知其将久，不可欺罔，乃服从其教化。
故二千石有治理效，辄以玺书勉励，增秩赐金，或爵至关内侯，公卿缺则选诸所表
以次用之。（师古曰："所表，谓增秩赐金爵也。"）是故汉世良吏，于是为盛，称中
兴焉。若赵广汉、韩延寿、尹翁归、严延年、张敞之属，皆称其位，然任刑罚，或抵
罪诛。王成、黄霸、朱邑、龚遂、郑弘、召信臣等，所居民富，所去见思，生有荣号，
死见奉祀，此廪廪庶几德让君子之遗风矣。

汉宣帝时期之所以会出现大批各方面素质较高的官吏我们认为有如下一些
原因。

其一，汉宣帝刘询是戾太子刘据之孙，汉武帝之曾孙，因为江充制造巫蛊事件，一
时糊涂的汉武帝逼得自己的儿子自杀，皇孙遭害。因此之故，刘询小的时候不得不长
期在民间生活，深知百姓之艰苦，吏治之重要。登极亲政之后，在官吏的选拔、考核、

任用、奖励等方面采取了一系列措施,也可以说培养了一批能够关心百姓疾苦、持法公平、注意发展社会生产的循吏,也就是民间谓之的清官。

其二,汉宣帝在选拔官吏方面,事必躬亲,特别是对高级官吏——刺史(监察官吏,每部州设一人,共十三人,其职责是监察郡国守相是否有贼民及违法之事)、守相(相当于明清时期省一级高官)的任用,他总是不辞辛劳,召而见之,了解情况,观其行能,这在封建时代的皇帝中也是难能可贵的。因为西汉时期共有一百多个郡、国。郡设太守,诸侯王国设相,加上十三部州刺史的人数有一百好几十人。这些官吏任命之后每个人都要约见,工作量之大是可以想见的。这种做法,对官吏来说无疑会受激励,对汉宣帝来说可以面见其人亲自考察,防止南郭先生的混入。韩非曾言:

> 明主治吏不治人。[114]

难怪宣帝深有感慨地说:

> 庶民所以安其田里而亡叹息愁恨之心者,政平讼理也,与我共此者,其唯良二千石乎!

所以他对二千石高官的选拔任用特别重视。

其三,汉宣帝特别强调"吏务平法",即官吏执法要公平,如果执法不公平就像践薄冰以待白日一样是非常危险的。《汉书》卷8《宣帝纪》所载:元康二年(前64年)的诏令,最能体现宣帝的吏治思想,夏五月,诏令曰:

> 狱者万民之命,所以禁暴止邪,养育群生也。能使生者不怨,死者不恨,则可谓文吏矣。今则不然,用法或持巧心,析律贰端,深浅不平,增辞饰非,以成其罪,奏不如实,上亦亡由知。此朕之不明,吏之不称,四方黎民将何仰哉! 二千石各察官属,勿用此人。吏务平法。

宣帝在位期间关于刑狱方面多次下诏,不得掠笞逼供。[115]元康二年(前64年)其赦天下。[116]元康四年(前62年),下诏宽免年龄大的罪人。[117]五凤四年(前54年)下诏举冤狱。[118]上述措施对于达到政平讼理,起到了重要的作用。

其四,注意大兴教化之风,提倡孝悌。《汉书》卷8《宣帝纪》载地节三年(前67年)十一月诏曰:

> 朕既不逮,导民不明,反侧晨兴,念虑万方,不忘元元。唯恐羞先帝圣德,故并举贤良方正以亲万姓,历载臻兹,然而俗化阙焉。传曰:"孝弟也者,其为仁之本与!"其令郡国举孝弟有行义闻于乡里者各一人。

地节四年(前66年)汉宣帝为了提倡孝悌再次下诏,认为父子之亲,夫妇之道是天性,虽罹祸难冒死也会相救,从今以后子匿父母,妻匿夫,孙匿祖父母者皆勿坐也,就是藏匿首谋罪人不连坐。[119]总之,宣扬孝道,宣扬仁爱,以此作为风化教育的一项重要内容。

其五,注意对官吏的考核。《汉书》卷8《宣帝纪》载宣帝亲政以后,

> 五日一听事,自丞相以下各奉职奏事,以傅奏其言,(注引应劭曰:"敷,陈也。各自陈奏其言,然后试之以官,考其功德也。")考试功能,侍中尚书功劳当迁及有异善,厚加赏赐,至于子孙,终不改易。枢机周密,品式备具,上下相安,莫有苟且之意。

从上述记载来看,汉宣帝对国家最高一级官吏——丞相尚且进行考核,那么对丞相以下的各级官吏进行层层考核,更无疑问。这可以说是汉宣帝一大开创。他对东汉的吏治亦有很大影响,史载:光武帝刘秀和明帝刘庄

> 躬好吏事,亦以课覈三公。(刘昭注曰:"课其殿最,覈其得失。")[120]

这里的"课覈三公"就是对三公实行考课考核。从刘昭注文"课其殿最"可知,考核之后还要排列名次,"殿"是末位,"最"是第一。宣帝不但对官吏进行考核,而且考核与奖惩相结合,如同时人谷永所说"治天下者尊贤考功则治"。东汉人王符在《潜夫论·考绩》中也有同样精当的论述。[121]汉宣帝最先褒奖的官吏是胶东相王成。赐爵关内侯,增秩为中二千石。[122]颍川太守黄霸,因治行第一,徵守京兆尹,增秩为中二千石。[123]北海太守朱邑以"治行第一,入为大司农",也就是由地方官步入九卿的行列。[124]南阳太守召信臣因"治行常为第一,复数增秩赐金。"[125]对官吏的考核,不但有奖亦有惩罚。《汉书》卷76《尹翁归传》言其治东海郡每年秋冬举行课吏大会:

> 县县收取黠吏豪民,案致其罪,高至于死。收取人必于秋冬课吏大会中。

褒善扬恶,奖惩并举的结果,它对官吏为吏素质的形成也起到了约束和激励作用,难怪宣帝时期出现了那么多在封建社会中有名的其素质为人称道的清明勤政之官。

注　释:

①②③④⑤⑥⑦⑧⑨⑩⑪⑫⑬⑭⑮⑯⑰⑱⑲⑳㉑㉒㉓㉔㉕㉖㉗㉘㉙㉚㉛㉜㉝㉞㉟㊱㊸　劳干:《居延汉简考释》,名籍类,第432、434、438、439、439、440、441、442、443、443、443、444、444、446、448、451、451、455、455、455、456、456、456、473、473、457、473、475、475、476、476、478、481、481页,商务印书馆,1949年版。

㊲　劳干:《居延汉简考释》,文书符券类,第168页,商务印书馆,1949年版。

㊳㊴　劳干:《居延汉简考释》,簿录燧燧类,第184、215页,商务印书馆,1949年版。

㊵　劳干:《居延汉简考释》,器物类,第369页,商务印书馆,1949年版。

㊶㊷　劳干:《居延汉简考释》,车马类,第419、426页,商务印书馆,1949年版。

㊹　《汉书》卷42《张苍传》。

㊺　《汉书》卷40《陈平传》。

㊻　《史记》卷6《秦始皇本纪》。

㊼　许慎:《说文解字》。

㊽　《我国计生政策并未导致人口逆淘汰》,《人民政协报》,2007 年 1 月 18 日。

㊾　《河南日报》,2007 年 3 月 2 日。

㊿　《史记》卷 6《秦始皇本纪》云:秦王政 13 岁时秦庄襄王死,政代立为秦王,立 37 年死于沙丘,故寿为 50 岁。

51　《汉书》卷 31《项籍传》言说范增年 70 好奇计,为项羽谋士,多次为项羽献策,项羽受人离间,范增辞项而去,背发痈死,估计为 70 多岁。

52　卢绾与高祖刘邦同日生,他得知高祖死亡的消息后逃入匈奴,过了一年多死去,故估计 54 岁。

53　辟强在拜为光禄大夫的时候已经 80 岁了,不久又担任管理宗室王族的官吏——宗正,任宗正数月而卒,故估计为八十余岁。

54　张良的父亲叫张平,张平死后 20 年秦国灭掉韩国,史书记载秦国灭韩的时间是公元前 230 年,那么张平去世的时间约在公元前 250 年,西汉建立后张良被封为留侯,他不慕官场,信神仙之术,长期不吃饭,进行修炼,瘦得不像样子,高帝死后,惠帝继位,因为吕后感激张良在刘盈继位问题上立了功,所以劝张良强食之,惠帝六年即前 189 年惠帝去世,故估计张良约有 60 余岁。

55　秦末战乱,王陵与刘邦都参与到反秦的行列中,刘邦对待王陵是“兄事之”,估计王陵比刘邦年长,汉惠帝死了以后,王陵坚持刘邦的遗训,非刘氏不能封王,反对吕后封吕家子弟为侯,于是吕后就“迁王陵为太傅”,王陵不就职,谢病免,免后 10 余年而薨。其死时间约在公元前 178 年,那么刘邦的出生时间约在前 248 年,故刘邦以兄弟事之的王陵约有 70 岁。

56　《汉书》卷 46《万石君传》载,万石君石奋其父为赵国人,赵灭亡之后迁徙到河内之温县,高祖刘邦东击项羽,过河内时,石奋年十五,高祖过河内之时间在高祖二年(前 205 年),可见《汉书》卷 1 上《高祖本纪》。万石君去世的时间在元朔五年(前 124 年),故推测石奋寿 96 年。

57　《汉书》卷 36《楚元王传》载,昭帝即位之初,刘德待诏丞相府,年三十余。昭帝是前 86 年即位的,昭帝死后曾参与定策立汉宣帝,故在地节(前 69—前 66 年)立为城阳侯。立 11 年其子刘向坐铸伪黄金,当伏法,德上书讼罪,旋即薨。若以地节元年立,则薨时在前 58 年,若以地节四年立,则薨时在前 55 年,故刘德的年龄约在 61 岁以上。

58　江都易王刘非,《汉书》卷 53《景十三王传》载吴楚七国之乱时(前 154 年)15 岁。在景帝前元二年(前 155 年)立为王,立 27 年薨,寿命约 41 岁。

59　《全上古三代秦汉三国六朝文》,第 1324 页,中华书局,1958 年版。

60　《河南日报》2006 年 7 月 8 日。

61　《汉书》卷 64 上《严助传》。

62　《汉书》卷 79《冯奉世传》。

63 64 65 66 67 68 69 70 71 72 73 74 75 76 81　劳干:《居延汉简考释》,疾病死丧类,第 241、241、241、241、241、241、242、242—243、243、243、243、243、243 页,商务印书馆,1949 年版。

77 78 79 80　劳干:《居延汉简考释》,书檄类,第 5、96、103、104 页,商务印书馆,1949 年版。

82　《汉书》卷 58《公孙弘卜式儿宽传》。

83　《汉书》卷 50《汲黯传》。

84　《汉书》卷 58《卜式传》。

85　《汉书》卷 52《韩安国传》。

⑧⑥ 《汉书》卷90《酷吏传》。

⑧⑦ 《汉书》卷59《张汤传》。

⑧⑧ 《汉书》卷57下《司马相如传》。

⑧⑨ 《史记》卷130《太史公自序》。

⑨⓪ 《史记》卷125《佞幸传》。

⑨① 《汉书》卷22《礼乐志》。

⑨② 《汉书》卷61《张骞传》。

⑨③ 《汉书》卷54《苏武传》。

⑨④ 《汉书》卷55《卫青传》。

⑨⑤ 《汉书》卷55《霍去病传》。

⑨⑥ 《汉书》卷68《霍光传》。

⑨⑦ 《汉书》卷78《肖望之传》。

⑨⑧ 《汉书》卷88《儒林传》。

⑨⑨ 《汉书》卷73《韦玄成传》。

⑩⓪ 《汉书》卷88《严彭祖传》。

⑩① 《汉书》卷36《楚元王传》。

⑩② 《汉书》卷64《王褒传》。

⑩③⑩④ 《汉书》卷59《张安世传》。

⑩⑤ 《汉书》卷69《赵充国传》。

⑩⑥ 《汉书》卷74《魏相传》。

⑩⑦ 《汉书》卷74《丙吉传》。

⑩⑧⑩⑨ 《汉书》卷71《于定国传》。

⑩⑩ 《汉书》卷60《杜周传附子杜延年传》。

⑪① 《汉书》卷89《循吏传》。

⑪② 《汉书》卷76《韩延寿传》。

⑪③ 《汉书》卷76《尹翁归传》。

⑪④ 《韩非子·外储右下》。

⑪⑤ 《汉书》卷8《宣帝纪》载地节四年(前66年)诏令:"令曰,死者不可生,刑者不可息。此先帝之所重,而吏未称,今系者或以掠辜若饥寒瘐死狱中,何用心逆人道也!朕甚痛之。其令郡国岁上系囚以掠笞若瘐死者所坐名、县、爵、里,丞相、御史课殿最以闻。"

⑪⑥ 《汉书》卷8《宣帝纪》载元康二年(前64年)春正月,诏曰:《书》云:"文王作罚,刑兹无赦",今吏修身奉法,未有能称朕意,朕甚愍焉,其赦天下,与士大夫励精更始。

⑪⑦ 《汉书》卷8《宣帝纪》载元康四年(前62年)春正月,诏曰:"朕惟耆老之人,发齿堕落,血气衰微,亦亡暴虐之心,今或罹文法,拘执囹圄,不终天命,朕甚怜之。自今以来,诸年八十以上,非诬告杀伤人,佗皆勿坐。"

⑪⑧ 《汉书》卷8《宣帝纪》五凤四年(前54年)夏四月辛丑晦,日有蚀之。诏曰:"皇天见异,以戒朕躬,是朕之不逮,吏之不称也。以前使使者问民所疾苦,复遣丞相、御史掾二十四人循行天下,举冤狱,察擅为苛禁深刻不改者。"

⑲　《汉书》卷8《宣帝纪》载地节四年夏五月诏曰："父子之亲,夫妇之道,天性也。虽有患祸,犹蒙死而存之,诚爱结于心,仁厚之至也,岂能违之哉！自今子首匿父母,妻匿夫,孙匿大父母,皆勿坐。"

⑳　《后汉书·朱浮列传》。

㉑　《潜夫论·考绩》云："设如家人有五子十孙,父母不察精愞,则勤力者懈弛,而惰慢者遂非也,耗业破家之道也……父子兄弟,一门之计犹有若此,则又况乎群臣总猥治公事者哉。"

㉒　《汉书》卷89《循吏传》云："王成,不知何郡人也,为胶东相,治甚有声。宣帝最先褒之,地节三年下诏曰：'盖闻有功不赏,有罪不诛,虽唐虞不能以化天下。今胶东相成,劳来不怠,流民自占八万余口,治有异等之效。其赐成爵关内侯,秩中二千石。'"

㉓　《汉书》卷89《循吏传》云："(黄)霸以外宽内明,得吏民心,户口岁增,治为天下第一。徵守京兆尹,秩二千石。"从"治为天下第一"判断在全国一百多个郡太守中每年评比考核还要逐一列出在全国所居的名次来。

㉔　《汉书》卷89《循吏传》云："朱邑字仲卿,庐江舒人也。少时为舒桐乡啬夫,廉平不苛,以爱利为行,(师古曰："仁爱于人而安利也。")未尝笞辱人,存问耆老孤寡,遇之有恩,所部吏民爱敬焉……迁北海太守,以治行第一入为大司农。为人淳厚……天子器之,朝廷敬焉。"

㉕　《汉书》卷89《循吏传》云："信臣为人勤力有方略,好为民兴利,务在富之。躬劝耕农,出入阡陌,止舍离乡亭,(师古曰："言休息之时,皆在野次。")稀有安居时……其化大行,郡中莫不耕稼力田,百姓归之,户口增倍,盗贼狱讼衰止。吏民亲爱信臣,号之曰召父。荆州刺使奏信臣为百姓兴利,郡以殷富,赐黄金四十斤,迁河南太守,治行常为第一,复数增秩赐金。"

第七章　秦、西汉时期特殊人群的地域分布

谈到秦、西汉时期不同类型人士的地域分布与原因,我们不妨先把《汉书》卷69《赵充国、辛庆忌传》最后的赞语抄录下来,看看班固对这一问题的看法和认识。赞曰:

> 秦汉以来,山东出相,山西出将。秦将军白起,郿人,王翦,频阳人。汉兴,郁郅王围、甘延寿、义渠公孙贺、傅介子、成纪李广、李蔡、杜陵苏建、苏武、上邽上官桀、赵充国,襄武廉褒,狄道辛武贤、庆忌,皆以勇武显闻。苏、辛父子著节,此其可称列者也,其余不可胜数。何则?山西天水、陇西、安定、北地处势迫近羌胡,民俗修习战备,高上勇力鞍马骑射。故《秦诗》曰:"王于兴师,修我甲兵,与子皆行。"其风声气俗自古而然,今之歌谣慷慨,风流犹存耳。

以上是班固所列举的山西出将的举例。至于山东出相,并未在赞语中列举,因为人员太多,《汉书》的纪、传中均有反映。除了将、相之外,需要提及的是燕、赵之南,黄河以北的奇节之士,乃至受人所瞧不起的歌舞艺人之分布亦应作一考察,并探求其出现这一地域性某类人士较多的原因及其相关方面的一些问题。

第一节　关于"山西出将"的地域分布的考察

班固赞语中的"山西",似指是函谷关以西之地。其实与游牧民族临近之地,都出现过不少名将,其中包括今河北的中、北部,山西的中、北部地区。为了方便对于问题的分析,今把一些有名的将领作一简介。

白起,事秦昭王。《史记》云,白起是郿人(今陕西郿县)。善用兵,攻韩、魏于伊阙,斩首24万。长平之战坑赵之降卒数十万。[①]

王翦,事秦始皇。《史记》言其是频阳东乡人(约在今陕西铜川东南)。赵国、燕

国、魏国、楚国都是王翦率兵灭之的。②

乐毅,事燕昭王。《史记》言其为灵寿人(今河北灵寿)。曾率赵、楚、韩、魏、燕之兵攻齐,下70余城。③

蒙恬,事秦始皇。《史记》言其先为齐人。蒙恬的爷爷事秦昭王和秦庄襄王。蒙恬为秦将,攻齐大破之。秦并天下之后,将30万众北逐戎狄,收河南地筑长城。若按其出生地来说应属秦人。④

李广,事汉文帝、景帝、武帝。《汉书》卷54《李广传》言其为陇西成纪人(约在今甘肃通渭县东)。曾为上谷、上郡太守,后徙为陇西、北地、雁门、云中太守,右北平太守、骁骑将军、前将军,匈奴谓之"汉飞将军"。

李陵,事汉武帝,李广之孙,守边名将。⑤

苏建,事汉武帝。《汉书》言其为杜陵人(约在今陕西西安市东南)。从大将军卫青出击匈奴,后为游击将军、右将军、代郡太守。⑥

苏武,事汉武帝。《汉书》卷54《苏建传》言其为建子。为汉中郎将,留胡19年,杖汉节牧羊。

卫青,事汉武帝。《汉书》言其为河东平阳人(今山西临汾市区)。曾为车骑将军、大将军,数伐匈奴有功。⑦

霍去病,事汉武帝。《汉书》言其是大将军卫青之外甥。为骠骑将军,数伐匈奴有功,基本解除了匈奴对汉朝北方的威胁。⑧

李息,事汉景帝和汉武帝。《汉书》卷55《卫青霍去病传》言其为郁郅人(今甘肃庆阳西南)。凡三为将军。

公孙敖,事汉景帝和汉武帝。《汉书》卷55《卫青霍去病传》言其为义渠人(今甘肃庆阳西南)。为骑将军、中将军、将军、因杅将军,凡四为将军。筑受降城。

张次公,事汉武帝。《汉书》卷55《卫青霍去病传》言其为河东人(今山西夏县)。凡两为将军。

李沮,事汉景帝和汉武帝。《汉书》卷55《卫青霍去病传》言其为云中人(今内蒙呼和浩特市西南)。两为强弩将军。

赵信,事汉武帝。《汉书》卷55《卫青霍去病传》言其以匈奴相国降,曾为前将军。

赵食其,事汉武帝。《汉书》卷55《卫青霍去病传》言其祋祤人(今山西耀县)。曾为右将军。

郭昌,事汉武帝。《汉书》卷55《卫青霍去病传》言其为云中人(今内蒙呼和浩特市西南)。为拔胡将军,屯朔方。

荀彘,事汉武帝。《汉书》卷55《卫青霍去病传》言其为太原广武人(今山西太原市)。曾为左将军。

路博德,事汉武帝。《汉书》卷55《卫青霍去病传》言其为西河平州人(今山西孝义)。曾为伏波将军,破南越,历右北平太守。

赵破奴,事汉武帝。《汉书》卷55《卫青霍去病传》言其为太原人(今山西太原)。曾为匈河将军、浚稽将军。击楼兰王。

张骞,事汉武帝。《汉书》言其为汉中城固人(今陕西城固)。从击匈奴,亦是著名的探险家。⑨

金日磾,事汉武帝。《汉书》卷68《霍光金日磾传》言其本匈奴休屠王太子。⑩

李广利,事汉武帝。《汉书》言其本汉武帝李夫人之兄,中山人(今河北定县)。为贰师将军伐大宛。⑪

赵充国,事汉武帝、汉昭帝、汉宣帝。《汉书》卷69《赵充国传》言其为陇西上邽人(今甘肃天水市)。后徙金城令居(今甘肃永登)。为言将军、蒲类将军,击过匈奴,平过武都氏人反叛,屯沿边九郡,匈奴单于闻之,引去。最主要的功劳是平定羌地。⑫

辛庆忌,事元帝、成帝。《汉书》赞语中言其为狄道人(今甘肃临洮)。历任右将军、左将军,酒泉、云中太守。⑬

傅介子,事汉昭帝。《汉书》言其为北地人(今甘肃庆阳东北)。威震西域,刺杀楼兰王者。⑭

甘延寿,事汉元帝。《汉书》言其为北地郁郅人(今甘肃庆阳)。为将军,破北匈奴,斩郅支单于。⑮

公孙贺,事汉武帝。《汉书》卷66《公孙贺传》言其为北地义渠人(今甘肃庆阳西南)。曾历轻车将军、车骑将军、左将军、浮沮将军。⑯

王围,《汉书》谓王围为强弩将军,曾有兵法《射法》5卷。颜师古注文谓:"围,郁郅人"⑰(今甘肃庆阳)。

上官桀,事武帝、昭帝。《汉书》卷69《赵充国传》言其为上邽人(今甘肃天水)。为右将军,辅昭帝即位。

"山西出将"对后世之影响

一种风气和习俗一旦形成之后,它对后世的影响是极为深远的,这种风俗会一直延续下去,甚至几百年不衰。西汉自中期以后,北匈奴远遁,南匈奴归汉,北边直到西汉末年在长达数十年间无烟火之警,牛马布野。东汉时期,光武帝以柔道治天下,直到东汉末年的黄巾起义,期间无大的战事。但是在东汉末年的战乱中,一些地方割据势力中的名将仍是山西出将的格局,让人感到遗风的影响力太大了,尚武精神在山西

这些地方仍是长盛不衰,今略举数例如下:

董卓,少好侠,有才武,膂力少比,双带两鞬,左右驰射。曾为并州刺史、河东太守、前将军。《三国志》言其为陇西临洮人(今甘肃省岷县)。[18]

吕布,膂力过人,号为飞将,曾为中郎将、奋武将军。《曹瞒传》曰:时人语曰"人中吕布,马中赤兔"。《三国志》载其为五原郡九原县人(今内蒙古包头市)。[19]

曹魏集团中的名将绝大部分是山西人。现举例如下:

张辽,曾为裨将军、中坚将军、荡寇将军、征东将军、前将军,武力过人。《三国志》载其为雁门马邑人[20](今山西朔县)。

张郃,曾为偏将军、平狄将军、荡寇将军、征西车骑将军、左将军。《三国志》载其为河间鄚人[21](今河北雄县南)。

徐晃,曾为裨将军、偏将军、横野将军、平寇将军、右将军。《三国志》载其为河东杨人[22](今山西洪洞县东南)。

庞德,曾为立义将军。《三国志》载其为南安狟道人[23](今甘肃陇西)。

张绣,曾为建忠将军、扬武将军、破羌将军。《三国志》载其为武威祖厉人[24](今甘肃靖远县东南)。

再以刘备集团为例,他的部下有名将领也基本上是山西人。

关羽,曾为偏将军、荡寇将军、前将军。《三国志》载其为河东解人[25](今山西运城)。

张飞,曾为征虏将军、右将军、车骑将军。《三国志》载其为涿郡人[26](今河北涿县)。

马超,曾为偏将军、征西将军、平西将军。《三国志》载其为扶风茂陵人[27](今陕西咸阳西)。

赵云,曾为征南将军、镇东将军、镇军将军、牙门将军。《三国志》载其为常山真定人[28](今河北正定县南)。

姜维,曾为奉义将军、征西将军、辅汉将军、镇西将军、卫将军。《三国志》载其为天水冀人[29](今甘肃天水西)。

对于为什么"山西出将"的问题,班固基本上把这一问题解释了,《汉书》卷28下《地理志》载:

> 天水、陇西,山多林木,民以板为室屋。及安定、北地、上郡、西河,皆迫近戎狄,修习战备,高上气力,以射猎为先。故《秦诗》曰"在其板屋";又曰"王于兴师,修我甲兵,与子偕行"。及《车辚》、《四载》、《小戎》之篇,皆言车马田狩之事。汉兴,六郡良家子选给羽林、期门,以材力为官,名将多出焉。

其原因是这些地方靠近羌胡等少数民族，与中原地区的民族常常发生战争，所以边地的人民就得习武修战。不单是汉朝时期与西北地区民族的矛盾尖锐，其实汉以前早就存在了。

西北地区由于气候、环境的原因居住着游牧民族，而中原地区居住着农耕民族，不同生产方式的部族之间发生矛盾和战争是常有的，早在商王朝时期，这种矛盾就已经十分突出了。见于记载的有百方，约居住在今山西平陆一带，土方约居住在今河北西北部，他们经常到商人的居住区抢掠，卜辞当中有"贞登人三千呼伐百方"，"呼多伐贡方"等等。在今内蒙古南部陕、山二省的北部、西北部，居住着鬼方，《周易·既济》载："高宗伐鬼方，三年克之"，说明鬼方和商部族之间也进行过旷日持久的战争。（参阅《先秦史稿》，李玉洁著，新华出版社，2002 年版）西周末年，犬戎还把周幽王杀死在骊山之下，周平王不得不进行东迁。既然历史上山西这一地区常有战事，那么习武备战是必不可少的。缺乏武备，其国必亡，生活在与夷狄接壤的农耕民族的一些政权首领对此有深刻的认识。赵武灵王的变革，即胡服骑射就是为了加强武备的一项重要措施。《史记》卷 43《赵世家》载赵武灵王的一段话：

　　"夫服者，所以便用也；礼者，所以便事也。圣人观乡而顺宜，因事而制礼，所以利其民而厚其国也……吾国东有河、薄洛之水，与齐、中山同之，无舟楫之用。自常山以至代、上党，东有燕、东胡之境，而西有楼烦、秦、韩之边，今无骑射之备。故寡人无舟楫之用，夹水居之民，将何以守河、薄洛之水；变服骑射，以备燕、三胡、秦、韩之边。且昔者简主不塞晋阳以及上党，而襄主并戎取代以攘诸胡，此愚智所明也。先时中山负齐之强兵，侵暴吾地，系累吾民，引水围鄗，微社稷之神灵，则鄗几于不守也。先王醜之，而怨未能报也。今骑射之备，近可以便上党之形，而远可以报中山之怨。而叔顺中国之俗以逆简、襄之意，恶变服之名以忘鄗事之醜，非寡人之所望也。"

由于行胡服、招骑射，使得赵国兵力大为强盛，攻城略地，在这种情况下，自然也培养出了不少有名的将领，如赵奢、廉颇、李牧等，总之，这是环境造成的。经常处于战争状态下的人们不得不习武，不得不学骑马射箭，在东汉末年的战乱中，曹丕的一席话，道出了习武是形势所迫。《三国志》卷 2《文帝纪》注引《典论》文帝《自叙》曰：

　　会黄巾盛于海岱，山寇暴于并冀，乘胜转攻，席卷而南，乡邑望烟而奔，城郭睹尘而溃，百姓死亡，暴骨如莽。时余年五岁，上以世方扰乱，教余学射，六岁而知射，又教余骑马，八岁而能骑射矣。以时之多故，每征，余尝从。建安初，上南征荆州，至宛，张绣降。旬日而反，亡兄孝廉子修、从兄安民遇害。时余年十岁，乘马得脱。夫文武之道，各随时而用，生乎中平之季，长于戎旅之间，是以少好弓马,于今不衰,逐禽辄十里,驰射常百步。日多体健,心每不厌。

从上可知,在战争年代和战争环境中,一个五六岁的小孩就要练习骑马射箭,那么怎么不出名将呢。

《三国志》卷 16《郑浑传》亦有何以山西出将的分析和记载:《郑浑传》注引张璠《汉纪》中郑浑之兄郑泰的一段话:

> 关西诸郡,北接上党、太原、冯翊、扶风、安定,自顷以来,数与胡战,妇女载戟挟矛,弦弓负矢,况其悍夫;以此当山东忘战之民,譬驱群羊向虎狼,其胜必。

既然妇女就不得不常与胡战,载戟挟矛,那么山西出将是情势所然也。由此我们便联想到广为流传的、南北朝时未出闺的少女花木兰替父从军的家喻户晓的故事恐怕也不是完全虚构的。

有不少名将曾经担任过汉天子的宿卫工作,受过特殊的训练。西汉时期,常常有征六郡良家子为羽林之举。根据《汉书》卷 19 上《百官公卿表》颜师古的注释:

> 羽林,亦宿卫之官,言其如羽之疾,如林之多。一说羽所以为王者羽翼也。

总之是为皇帝做保卫工作的。由根据《汉书》卷 69《赵充国辛庆忌传》颜师古的注释可知,六郡是指陇西、天水、安定、北地、上郡、西河是也。这些郡恰恰都是山西的范围之内,山西出将既有地域的原因,又有国家的培养训练,所以使得这一地区的名将尤多。赵充国、甘延寿等都是良家子善骑射而为羽林的,后来成了著名将领。

另外,山西出将又与家族的传统和影响是分不开的。根据《汉书》卷 54《李广传》载,李广的先人名李信,"秦时为将,逐得燕太子丹者也"。李广是以良家子从军击胡,"用善射,杀首虏多,为郎,骑常侍。数从射猎,格杀猛兽。"汉文帝十分惋惜地说:"惜广不逢时,令当高祖世,万户侯岂足道哉"。李广的从弟李蔡也曾为汉之轻骑将军,李广的孙子李陵也是很有名气的将领。家族的传统和影响有的甚至长达数百年而不衰。又如三国名将马超,其父是马腾,其从弟是马岱。《三国志》卷 36《马超传》言其为扶风茂陵人,并注引《典略》曰:"腾字寿成,马援后也。桓帝时,其父字子硕,尝为天水兰干尉。后失官,因留陇西,与羌错居。家贫无妻,遂娶羌女,生腾。"马援是东汉名将,就是他誓言"马革裹尸",平定了九真郡越人征侧之乱。《后汉书》卷23《马援列传》载:

> 马援字文渊,扶风茂陵人。其先赵奢为赵将,号曰马服君,子孙因为氏。武帝时,以吏二千石自邯郸徙焉。

《史记》卷 43《赵世家》记载赵武灵王二十九年,秦、韩相攻而围阏与。

> 赵使赵奢将,击秦,大破秦军阏与下,赐号为马服君。(《史记》唐张守节《正义》云:因马服山为号也。虞喜《志林》云"马,兵之首也。号曰马服者,言能服马

也"。)

由上看来,自战国末年到三国时期历时四百余年,这个家族连出了三位赫赫有名的将领,恐怕与这个家族的尚武传统有一定的关系的。

类似上述的例子还有很多。东汉人陈龟,《后汉书》卷51《陈龟传》载:

> 上党泫氏人也,家世边将,便习弓马,雄于北州。

东汉时期的廉范,历云中、武威、武都太守。《后汉书》卷31《廉范传》载:

> 廉范字叔度,京兆杜陵人,赵将廉颇之后也。

东汉时期的苏章,永平中为奉车都尉窦固军,出击匈奴、车师有功,封中陵乡侯。《后汉书》卷31《苏章传》载:

> 苏章字孺文,扶风平陵人也。八世祖建,武帝时为右将军。

苏建的中子为苏武,杖汉节牧羊,留匈奴19年者。

第二节 关于"山东出相"的地域分布的考察

秦王朝存在15年,其间有明确记载的有隗林、王绾、李斯,冯去疾,赵高5人为相。

西汉有二百余年的历史,经历了高祖、惠帝、吕后、文帝、景帝、武帝、昭帝、宣帝、元帝、成帝、哀帝、平帝共十二帝,所任命的丞相有近50位。为了便于考证问题,今把所能考察到的丞相的籍里、大致任职时间包括先后任序作如下叙述。

隗林,不知籍里,事秦始皇。[30]

王绾,不知籍里,事秦始皇。[31]

李斯,楚,上蔡人(今河南省驻马店市上蔡县),事秦始皇、秦二世。[32]

赵高,不知籍里,事秦二世。[33]

萧何,事西汉高祖、惠帝。《汉书》载其为沛人(今江苏省徐州市沛县),是刘邦的同乡。[34]

樊哙,事汉高祖。《汉书》载其为沛人屠狗者。汉十一年(前196年)"因击陈豨与曼臣军……迁为左丞相。"[35]

曹参,事汉惠帝。《汉书》卷39《曹参传》载其为沛人。孝惠帝二年(前193年)萧何薨,曹参任相。[36]

王陵,事汉惠帝。《汉书》载其为沛人。其任丞相的具体时间为:"惠帝六年(前189年)相国曹参薨,安国侯王陵为右丞相,(陈)平为左丞相。"为丞相二岁惠帝崩,

吕后废王陵,阳迁陵为帝太傅。㊲

陈平,事汉惠帝、文帝。《汉书》载其为阳武人(今河南省新乡市原阳县东南)。㊳

审食其,事吕后。《汉书》言其为沛人。并言"陵之免,吕后徙平为右丞相,以辟阳侯审食其为左丞相。"诛诸吕后,汉文帝立,免其相职。㊴

傅宽,事汉高祖、汉惠帝。《汉书》未载明其籍里,仅载:"四月,击陈豨,属太尉勃,以相国代丞相哙击豨。一月,徙为代相国,将屯。二岁,为丞相,将屯。孝惠五年(前190年)薨。"㊵

周勃,事汉文帝。《汉书》载其为沛人。并载:"文帝即位,以勃为右丞相……居十余月……乃谢请归相印。上许之。岁余,陈丞相平卒,上复用勃为丞相。"㊶

灌婴,事汉文帝。《汉书》载其为睢阳人(今河南省商丘市)。㊷

任敖,事汉文帝。《汉书》载其为沛人。孝文帝四年(前176年)代灌婴为丞相。㊸

张苍,事汉文帝。《汉书》言其为阳武人(今河南省新乡市原阳县东南),任相时间十多年。㊹

申屠嘉,事汉文帝、景帝。《申屠嘉传》载其为梁人(今河南省商丘市境)。本传载:"张苍免相,……乃以御史大夫嘉为丞相"。张苍免相在孝文帝后元元年(前163年),参见《任敖传》。㊺

陶青,事汉文帝。《汉书》未为其立传,不知籍里。《汉书》卷42《申屠嘉传》载:"自(申屠)嘉死后,开封侯陶青、桃侯刘舍及武帝时柏至侯许昌,平棘侯薛泽、武强侯庄青翟、高陵侯赵周等皆以列侯继踵,踽踽廉谨,为丞相备员而已,无所能发明功名著于世。"

周亚夫,事汉景帝。沛人,周勃之子。㊻

刘舍,事汉景帝。

卫绾,事汉景帝、武帝。《汉书》言其为代大陵人(今山西省人)。《汉书》卷52《窦婴传》载:"桃侯免相(服虔曰:'刘舍也'),窦太后数言魏其。孝景帝曰:'太后岂以为臣有爱相魏其者,魏其沾沾自喜耳,多易。难以为相持重'。遂不用,用建陵侯卫绾为丞相。"绾本传载:"为丞相三岁,景帝崩,武帝立。建元中,丞相以景帝疾时诸官囚多坐不辜者,而君不任职,免之。"㊼

窦婴,事汉武帝。《汉书》载其为信都人(今河北省衡水市冀县)。《汉书》卷97《外戚传》载:"至武帝时魏其侯窦婴为丞相。后诛。"概是武帝初即位时任其为相的。《汉书》卷6《武帝纪》载:建元二年(前139年)丞相婴,太尉蚡免。㊽

许昌,事汉武帝。班固未对其立传,不知籍里。《汉书》卷52《窦婴田蚡传》云:"(武帝即位之初)免丞相婴、太尉蚡,以柏至侯许昌为丞相,武强侯庄青翟为御史大夫。"

田蚡，事汉武帝。《汉书》载其为长陵人（今陕西省西安市）。《汉书》卷 97《外戚传》载：元光六年（前 129 年）"窦太后崩。丞相昌、御史大夫青翟坐丧事不办，免。上以蚡为丞相。"⑭

薛泽，事汉武帝。班固未对其立传，不知籍里。《汉书》卷 52《韩安国传》言其为相，被封为平棘侯。另见《申屠嘉传》《公孙弘传》亦言其为汉相。

公孙弘，事汉武帝。《汉书》载其为淄川薛人（今山东省枣庄市藤县南）。"元朔中，代薛泽为丞相（元朔中即前 128—前 123 年）。"弘本传王载："凡为丞相御史六岁，年八十，终丞相位。《汉书》卷 6《武帝纪》载元狩二年（前 121 年）春三月丞相弘薨。其后李蔡、严青翟、赵周、石庆、公孙贺、刘屈氂继踵为丞相。自蔡至庆，丞相府客馆丘虚而已。"⑮

李蔡，事汉武帝。《汉书卷》54《李广传》言蔡为李广的从弟，陇西成纪人（今甘肃通渭县东）"元狩二年（前 121 年）代公孙弘为丞相"。《汉书》卷 17《景武昭宣元成功臣表》谓之"元狩五年（前 118 年）坐以丞相侵卖园陵道壖地，自杀。"

严青翟，事汉武帝。班固未对其立传，故不知籍里。《汉书》卷 66《公孙贺传》载其曾任丞相一职。《汉书》卷 6《武帝纪》载元鼎二年（前 115 年）丞相青翟下狱死。

赵周，事汉武帝。班固未对其立传，故不知籍里。《汉书》载："元鼎五年（前 112 年），坐为丞相知列侯酎金轻，下狱自杀。"⑯

石庆，事汉武帝。《汉书》载其父为赵人（今河北省邯郸）后徙温（今河南省焦作市温县）。本传载：元鼎五年（前 112 年），丞相赵周丝酎金免，制诏御史："万石君先帝尊之，子孙至孝，其以御史大夫庆为丞相。"《汉书》卷 6《武帝纪》载太初二年（前 103 年）丞相庆薨。⑰

公孙贺，事汉武帝。《汉书》载其为北地义渠人（今甘肃省庆阳市）。贺本传还云："元光中（前 134—前 129 年）为轻车将军……后四岁出云中。……后八岁代石庆为丞相。……时朝廷多事，督责大臣。自公孙弘后，丞枉李蔡、严青翟、赵周三人比坐死事。"⑱

刘屈氂，事汉武帝。《汉书》载其为汉武帝的庶兄中山靖王刘胜的儿子。《汉书》卷 15 上《王子候表》载："澎侯屈氂中山靖王子。征和二年（前 91 年）三月丁巳封，三年，坐为丞相祝褷，要斩。"⑲

车千秋，事汉武帝、汉昭帝。《汉书》载其本姓田氏，后徙陵到关中。秋本传云："数月，遂代刘屈氂为丞相。"⑳

王䜣，事汉昭帝，《汉书》载其为济南人（今山东省济南市）。䜣本传载："昭帝时为御史大夫,代车千秋为丞相。"⑤⑥

　　杨敞,事汉昭帝、汉宣帝。《汉书》载其为华阴人(今陕西省渭南市华阴县)。敞本传载:"后迁御史大夫,代王䜣为丞相。"⑤⑦

　　蔡义,事汉宣帝。《汉书》载其为河内温人(今河南省焦作市温县)。义本传载:"擢为光禄大夫给事中,进授昭帝。数岁,拜为少府,迁御史大夫,代杨敞为丞相。"⑤⑧

　　韦贤,事汉宣帝。《汉书》载其为鲁国邹人(今山东济宁市邹县东南)。贤本传云:"帝初即位,贤以与谋议,安宗庙,……徙为长信少府,以先帝师,甚见尊重。本始三年(前71年),代蔡义为丞相。"⑤⑨

　　魏相,事汉宣帝。《汉书》载其为济阴定陶人(今山东菏泽市定陶县)。相本传云:"宣帝善之,诏相给事中,皆从其议……于是韦贤以老病免,相遂代为丞相。"⑥⑩

　　丙吉,事汉宣帝。《汉书》载其为鲁国人(今山东曲阜境)。吉本传云:宣帝亲政后"代魏相为丞相"。⑥①

　　黄霸,事汉宣帝。《汉书》载其为淮阳阳夏人(今河南省周口市太康县)。"五凤三年(前55年),代丙吉为丞相"。⑥②

　　于定国,事汉宣帝。《汉书》载其为东海郡郯县人(今山东省临沂市郯城县)。"甘露中(前53—前49年)代黄霸为丞相"。⑥③

　　韦玄成,事汉元帝。《汉书》载其为韦贤子,"永光中(前43—前39年)代于定国为丞相"。⑥④

　　匡衡,事汉成帝。《汉书》载其为东海承人(今山东省枣庄市南),"建昭三年(前36年)代韦玄成为丞相"。⑥⑤

　　王商,事汉成帝。《汉书》载其为涿郡蠡吾人(今河北省保定市蠡县)。商本传云:"代匡衡为丞相。"时在元帝死后。⑥⑥

　　张禹,事汉成帝。《汉书》载其为河内轵人(今河南济源市南轵城镇人)。禹本传云:"河平四年(前25年)代王商为丞相。"⑥⑦

　　薛宣,事汉成帝。《汉书》载其为东海郡郯县人(今山东省临沂郯城县)。宣本传云:"代张禹为丞相。"⑥⑧

　　翟方进,事汉成帝。《汉书》载其为汝南上蔡人(今河南省驻马店市上蔡县)。进本传云:永始二年(前15年)迁御史大夫。数月丞相薛宣被免。"群臣多举方进,上亦器其能,遂擢方进为丞相"。⑥⑨

　　孔光,事汉哀帝。《汉书》载其为孔子十四世孙。光本传云:"丞相方进薨,召左将军光,当拜,已刻侯印书赞,上暴崩,即其夜于大行前拜受丞相、博山侯印绶。"上崩,指成帝暴卒。

朱博,事汉哀帝。《汉书》载其为杜陵人(今陕西省西安市境)。博本传云:"免光为庶人,以博代光为丞相。"时在哀帝时。⑩

平当,事汉哀帝。《汉书》载其为下邑人(今河南省商丘市夏邑县),后徙平陵。"哀帝即位,徵当为光禄大夫诸吏散骑,复为光禄勋,御史大夫,至丞相。"⑪

王嘉,事汉哀帝。《汉书》言其为平陵人(今陕西省西安市境),"建平三年(前4年)代平为丞相,为相三年诛,复以孔光代嘉为丞相"。⑫

孔光,事汉哀帝,两度出任丞相。⑬

马宫,事汉哀帝,为大司徒。《汉书》载其为东海戚人(今山东省枣庄市微口县)代孔光为大司徒。⑭

平晏,事汉哀帝,《汉书》载其为平当之子,以明经历位大司徒,"汉兴,唯韦、平父子至宰相"。哀帝时改丞相为大司徒。元始五年代马宫为大司徒。⑮

根据以上的考察,不妨分不同时间段将他们分别列出,这样可以更直观地对其了解。

西汉前期(从汉高祖到景帝末年)共历5帝,时间从前206年到前141年,约近70年的时间,出任的丞相有萧何、樊哙、曹参、王陵、陈平、审食其、傅宽、周勃、灌婴、任敖、张苍、申屠嘉、陶青、周亚夫、刘舍、卫绾计16位。其中萧、樊、曹、王、审、周、任敖、周8人都是沛人,均是刘邦的同乡,与之关系平时就非常密切。如王陵本传载:"高祖微时兄事之",可见非同一般。这些人也基本上是跟随刘邦共同起兵打下了江山。还有两位虽然不是沛人,但其籍贯离沛很近,那就是梁人申屠嘉和睢阳人灌婴,刘邦起事就在梁国的芒砀山。有三位籍里不明,那就是傅宽、陶青和刘舍。还有陈平和张苍,均为阳武人(今河南省新乡市原阳县南)和代人卫绾,卫绾出任丞相也是景帝有意托孤。自从景帝废掉栗太子后,立胶东王(即后来的汉武帝)为太子,让卫绾任太子太傅,即太子的老师。景帝末年,一次到位让卫绾任丞相,寄希望让他日后辅佐自己的儿子治理天下。陈平是刘邦的开国功臣,帮助他出了很多"奇计"。总之,从上看来,西汉前期的丞相绝大多数都是沛人,或与沛地地缘相近的人士担任,统治者觉得同乡可靠,这与刘邦大封同姓子弟为王,希望利用同姓的血脉关系来屏障王室的思路如出一辙。况且有的同乡还有姻亲关系,如樊哙是吕后的妹夫。

西汉中期是汉武帝时期,历时54年,在此期间出任丞相者有:卫绾、窦婴、许昌、田蚡、薛泽、公孙弘、李蔡、严青翟(一作庄青翟)、赵周、石庆、公孙贺、刘屈氂、车千秋共计13位。武帝时期的丞相不好当,因为汉武是一位高度集权者,不少丞相被诛或被逼自杀,窦婴被诛,李蔡自杀,赵周自杀,严青翟坐死,刘屈氂要斩。遭杀者几乎占了武帝时期的丞相的一半,怪不得公孙贺被拜为丞相时跪在地上哭泣,不肯接受印绶。《汉书》卷66《公孙贺传》云：

> 初贺引拜为丞相，不受印绶，顿首涕泣，曰："臣本边鄙，以鞍马骑射为官，材诚不任宰相。"上与左右见贺悲哀，感动下泣，曰："扶起丞相。"贺不肯起，上乃起去，贺不得已拜。出，左右问其故，贺曰："主上贤明，臣不足以称，恐负重责，从是殆矣"(师古曰："殆，危也。")。

果然不出公孙贺所料，"从是殆矣"，征和年间，全家被族灭。汉武帝所任命的丞相既观察不出地域的原因，也看不出其规律性，有的任命很随便，《汉书》卷66《车千秋传》载车千秋的一句话让汉武帝感悟，便被任命为丞相。那就是车千秋为卫太子讼冤，说卫太子在巫蛊事件中惶恐之间动用兵力是为了对付谮陷者江充，并无谋上之意。卫太子自杀之后，汉武很郁闷，"朕日一食者累月，乃何乐之听"，看来心情沉重到了极点，后悔逼得儿子自杀。"千秋无他材能术学，又无伐阅功劳，特以一言寤意，旬月取宰相封侯，世未尝有也。"连匈奴单于也嘲笑汉之置相太随便了。

> "苟如是，汉置丞相，非用贤也，妄一男子上书即得之矣。"

　　昭帝和宣帝时期是西汉的中兴时期，史家称之为昭宣中兴，这一时期出任的宰相有车千秋、王䜣、杨敞、蔡义、韦贤、魏相、丙吉、黄霸、于定国共计9人。昭帝时期和宣帝的初期，霍光为大将军，掌握西汉的大权。昭帝英年早逝，平时身体又不好，宣帝亲政前依靠霍光。车千秋、王䜣、杨敞、蔡义是这一时期的丞相，其中杨敞和蔡义当初是大将军幕府中的人，亦即都是霍光手下的人，由他们出任丞相也在情势之中。宣帝是位有作为的皇帝，小时候长期在民间生活，了解下层社会，亲政以后，加强对国家的治理，他所选任的官吏，特别是丞相都是以才能取士，如魏相、丙吉、于定国被班固赞之为西汉的名相，而黄霸是汉代有名的循吏。

　　元帝、成帝、哀帝、平帝时期共有五十多年。其间的丞相有于定国、韦玄成、匡衡、王商、张禹、薛宣、翟方进、孔光、朱博、平当、王嘉、孔光、马宫、平晏14位。总的来看，这一时期任用明经大儒者较多。如韦玄成，本传云其明经，有家学渊源，他的父亲韦贤就是齐鲁大儒。匡衡，本传：明经，射策甲科，当世无双。翟方进，本传云其明经。孔光是孔子的后代，宣帝让其授太子经，也是一位明经者。王嘉，本传言其明经，射策甲科。平当，明经为博士，国家每有灾异，当辄傅经术言得失。平晏是平当的后人，当会传其家学。以上这些人都是当时的大学问家，由他们来出任丞相，反映了元帝开始用人的指导思想、用人的方针有了大的变化。实际上，汉宣帝在世的时候已经觉察和预料到了这一点，《汉书》云：

> 孝元皇帝，宣帝太子也。母曰共哀许皇后，宣帝微时生民间。年二岁，宣帝即位。八岁，立为太子。壮大，柔仁好儒。见宣帝所用多文法吏，以刑名绳下

（师古曰："刘向《别录》云：申子学号刑名。刑名者，以名责实，尊君卑臣，崇上抑下。宣帝好观其《君臣篇》。绳谓弹治之耳。"）大臣杨恽、盖宽饶等坐刺讥辞语为罪而诛，尝侍燕从容言："陛下持刑太深，宜用儒生。"宣帝作色曰："汉家自有制度，本以霸王道杂之，奈何纯任德教，用周政乎！且俗儒不达时宜，好是古非今，使人眩于名实，不知所守，何足委任？"乃叹曰："乱我家者，太子也！"……上有意欲用淮阳王代太子，然以少依许氏，俱从微起，故终不背焉。⑩

汉宣帝不忍心背弃落难时的糟糠之妻许氏，所以也就不再更换太子。果然不出宣帝所料，从元帝开始，一代不如一代，直到西汉灭亡。"乱我家者，太子也"！不幸被宣帝言中。

　　综合以上考察，山西出将的地域特征十分明显，因为历史上长期以来中原各族与西北狄戎之间常有战争，战争培养锻炼了将帅。但山东出相的地域特征并不十分明显，如在以上所列举的49名丞相中，其中有7位是山西人，如长陵有田蚡、朱博、王嘉、车千秋，陇西成纪有李蔡，北地义渠有公孙贺，华阴有杨敞，他们7人占西汉丞相的15.2%。历史上山西的概念是指函谷关以西、秦岭以北地区，包括今陕西、宁夏、甘肃及其以西，内蒙古的部分地区。根据本书第二章的统计，这些地区西汉末年所占全国人口比重加起来还不到12%，在一个占全国人口不到12%的区域内，在西汉一代竟然出了7位丞相，占西汉一代丞相总数的15.2%，这怎么能叫"山东出相"呢？更何况在46名丞相中还有七位籍里不明（傅宽、陶青、刘舍、许昌、薛泽、严青翟、赵周）。当然有人会问，出自长陵的那几位丞相是上辈从山东地区迁去的（不一定全部都是），为了陪陵，但我们应该以他们的着籍地为准。

第三节　关于歌倡佳人的地域分布的考察

　　秦汉时期的歌伎或倡伎即为能歌善舞者，而佳人不外是姿容俱佳且是一位"妙丽善舞"者，典出《汉书·外戚传》。关于这部分人群的地域分布，也是有其特点的。根据史书记载，大多出自以邯郸为中心的古之赵地和古之郑国之地。

　　首先我们来考察一下许多帝王的夫人和姬妾是赵地人。

　　赵王迁的母亲是乐家之女。《史记》卷43《赵世家》载：

　　　　太史公曰：吾闻冯王孙曰："赵王迁，其母倡也，嬖于悼襄王。悼襄王废嫡子嘉而立迁。迁素无行，信谗，故诛其良将李牧，用郭开。"岂不缪哉！

关于对"倡"字的解释，《汉书》卷50《冯唐传》中有"后会赵王迁立，其母倡也"一语，颜师古对"倡"字的解释是:"乐家之女"。此处虽然没有明载赵王迁母亲的籍贯,估计是赵地人。

秦始皇的母亲是位绝美者。《史记》卷85《吕不韦列传》载:

> 吕不韦取邯郸诸姬绝好善舞者与居,知有身,子楚从不韦饮,见而说之,因起为寿,请之。吕不韦怒,念业已破家为子楚,欲以钓奇,乃遂献其姬。姬自匿有身,至大期时,生子政。子楚遂立姬为夫人。

这里的邯郸诸姬恐怕就是赵地人。

赵王张敖向刘邦献赵之美人。《汉书》载:

> 淮南厉王长,高帝少子也,其母故赵王张敖美人。高帝八年,从东垣过赵,赵王献美人,厉王母也,幸,有身……真定,厉王母家县也。⑦

汉高祖刘邦召万石君石奋的姐姐为美人。《汉书》卷46《万石君传》载:

> 万石君名奋,其父赵人也……(万石君)侍高祖。高祖与语……问曰:"若何有?"对曰:"奋独有母,不幸失明,家贫,有姊,能鼓琴。"……于是高祖召其姊为美人。

万石君的父亲为赵地人,那么他们的姐弟应是赵地人。

汉文帝的慎夫人是邯郸人。《汉书》卷50《张释之传》载:

> (张释之)从行至霸陵,上居外临厕,时慎夫人从,上持视慎夫人新丰道曰:"此走邯郸道也。"使慎夫人鼓瑟,上自倚瑟而歌……

此处的"此走邯郸道也",就是告诉慎夫人回老家之路。而《汉书》卷97《外戚传》所述"文帝幸邯郸慎夫人",也明载了慎夫人的贯里。

汉武帝的王夫人、李夫人均是赵地人。《汉书》卷97上《外戚传》明载了此事,言说"赵之王夫人、中山李夫人有宠,皆早卒。"特别是对李夫人的记载把她描述成为一位倾城倾国的少有佳丽。

> 孝武李夫人,本以倡进。初,夫人兄延年性知音,善歌舞,武帝爱之。每为新声变曲,闻者莫不感动。延年侍上起舞,歌曰:"北方有佳人,绝世而独立,一顾倾人城,再顾倾人国。宁不知倾城与倾国,佳人难再得!"上叹息曰:"善!世岂有此人乎?"平阳主因言延年有女弟,上乃召见之,实妙丽善舞。由是得幸,生一男,是为昌邑哀王。李夫人少而早卒,上怜闵焉,图画其形于甘泉宫。

汉武帝对死去的李夫人思念不已,方士齐人少翁言能致其神。乃夜张灯烛,设帷帐,陈酒肉,而令汉武帝居他帐中。"遥望见好女如李夫人之貌,还幄坐而步,又不得就视"。上愈益相思悲感,为作诗曰:"是邪,非邪?立而望之,偏何姗姗其来迟!"我们今天常说的"姗姗来迟"之典,恐怕就是源于汉武之口。

汉武帝夫人中除了李夫人、王夫人是赵地人之外，还有一位钩弋赵倢伃也是赵地人，她便是汉昭帝的母亲。《汉书》载：

> 孝武钩弋赵倢伃，昭帝母也，家在河间。武帝巡狩过河间，望气者言此有奇女，天子使使召之。既至，女两手皆拳，上自披之，手即时伸。由是得幸，号曰拳夫人。[⑱]

汉成帝的赵皇后赵飞燕，这位体轻如燕的美女恐怕也是赵地人。《汉书》卷97上《外戚传》载：

> 孝成赵皇后，本长安宫人。初生时，父母不举，三日不死，乃收养之。及壮，属阳阿主家，学歌舞，号曰飞燕。成帝尝微行出。过阳阿主，作乐，上见飞燕而说之，召入宫，大幸。有女弟复召入，俱为倢伃，贵倾后宫。

根据彦师古的注文，阳阿是平原之县，即在黄河之北，邯郸之东，故推测赵飞燕也是赵地人。

战国时期，李园进妹的事情，人皆知之，而李园之妹也是赵国的美女，不然的话，战国时期有名的四公子之一的楚国的春申君，乃至楚匡国王何以纳之呢？《史记》对此事有比较详细的记载：

> 楚考烈王无子，春申君患之，求妇人宜子者进之，甚众，卒无子。赵人李园持其女弟欲进之楚王，闻其不宜子，恐久毋宠，李园求事春申君为舍人，已而谒归，故失期。还谒，春申君问之状，对曰："齐王使使隶臣之女弟，与其使者饮，故失期。"春申君曰："娉入乎？"对曰："未也。"春申君曰："可得见乎？"曰："可。"于是李园乃进其女弟，即幸于春申君。知其有身，李园乃与其女弟谋。园女弟承间以说春申君曰："楚王之贵幸君，虽兄弟不如也。今君相楚二十余年，而王无子，即百岁后将更立兄弟，则楚更立君后，亦各贵其故所亲，君又安得长有宠乎？非徒然也，君贵用事久，多失礼于王兄弟，兄弟诚立，祸且及身，何以保相印江东之封乎？今妾自知有身矣，而人莫知。妾幸君未久，诚以君之重而进妾于楚王，王必幸妾；妾赖天有子男，则是君之子为王也，楚国尽可得，孰与身临不测之罪乎？"春申君大然之，乃出李园女弟，谨舍而言之楚王，楚王召入幸之，遂生子男，立为太子，以李园女弟为王后。[⑲]

李园进妹后，恐春申君泄露此事，便阴养死士，在楚考烈王死后，设下埋伏刺杀了春申君。赵人李园的阴谋之所以得逞，与其妹的貌美诱人有关，不然的话，身为国君和卿相的楚王及春申君为何都迷上了李园的妹妹呢？

江都易王建为太子时，把邯郸梁蚡献其父江都易王非的美女因留不出。《汉书》卷53《景十三王传》载：

建为太子时,邯郸人梁蚡持女欲献之易王,建闻女美,私呼之,因留不出。邯郸人所献之女恐怕亦是赵地之女。

此外,关于赵地出歌舞美女的记载还有很多。

《汉书》卷45《江充传》载:

江充字次倩,赵国邯郸人也。充本名齐,有女弟,善鼓瑟歌舞,嫁之赵太子丹。

《汉书》卷87《李斯列传》载:

佳冶窈窕赵女不立于侧也,击瓮叩缶弹筝。

《汉书》卷52《窦婴传》载:

梁人高遂乃说婴曰:"能富贵将军者,上也;能亲将军者,太后也。今将军傅太子,太子废,争不能拔,又不能死,自引谢病,拥赵女屏间处而不朝。"

《汉书》卷63《武五子传》载:

(广陵王胥)使所幸八子郭昭君、家人子赵左君等鼓瑟歌舞。(颜师古注曰:"八子,姬妾之秩号也。家人子,无官秩者也"。)

《汉书》卷66《杨恽传》载:

家本秦也,能为秦声。妇,赵女也,雅善鼓瑟。奴婢歌者数人,酒后耳热,仰天拊缶,而呼乌乌!

从以上记载来看,在秦汉时期不少达官贵人之家,都拥有数量不等的能歌善舞的赵女,以满足其淫乐生活之需要。

除了赵地之外,秦和西汉时期,郑、卫之地也是一美女和歌舞之乡。郑地大致相当于今日河南新郑和荥阳地区,卫地大致相当于今日河南新乡到濮阳地区。

《史记》卷70《张仪列传》载,楚国国王的夫人是郑国的女子。

秦要楚,欲得黔中地,欲以武关外易之。楚王曰:"不愿易地,愿得张仪而献黔中地。"秦王欲遣之,口弗忍言。张仪乃请行。惠王曰:"彼楚王怒子之负以商于之地,是且甘心于子。"张仪曰:"秦强楚弱,臣善靳尚,尚得事楚夫人郑袖,袖所言皆从。且臣奉王之节使楚,楚何敢加诛。假令诛臣而为秦得黔中之地,臣之上愿。"遂使楚。

《资治通鉴》卷3赧王四年条对于郑袖的注释为:"郑,以国为氏"。可知郑袖为郑国之女。

《史记》卷87《李斯列传》也提到郑卫之女充后宫的事情。

必秦国之所生然后可,则是夜光之璧不饰朝廷,犀象之器不为玩好,郑、卫之女不充后宫,而骏良駃騠不实外厩……

《汉书》卷66《东方朔传》记载了汉武帝向东方朔询问如何扭转百姓背本趋末的化民之事,东方朔批评汉武帝奢侈,作俳优,舞郑女。

> 今陛下以城中为小,图起建章,左凤阙,右神明……宫人簪玳瑁,垂珠玑,设戏车,教驰逐,饰文采,缦珍怪。撞万石之钟,击雷霆之鼓,作俳优,舞郑女。上为淫侈如此,而欲使民独不奢侈失农,事之难者也。

《汉书》卷76《张敞传》记载了张敞劝胶东王太后游猎之事时,提及了郑卫之乐。

> 居顷之,王太后数出游猎。敞奏书谏曰:"臣闻秦王好淫声,叶阳后为不听郑卫之乐。楚严好田猎,樊姬为不食鸟兽之肉。口非恶旨甘,耳非憎丝竹也,所以抑心意,绝耆欲者,将以率二君而全宗祀也。"

由此看来郑地也是一个音乐之乡,不能将丝竹之音看作为淫声。

从上所引不止一处例证,证明了赵地在秦西汉时期出现了许许多多的歌伎者,她们的演奏和歌舞斐声宫廷和诸侯之家及至达官贵人之门。其中一条重要的原因是与历史的深刻影响是分不开的,是殷纣王的遗风造成的。对此,司马迁有明确的记载。《史记》载:

> (纣王)于是使师涓作新淫声,北里之舞,靡靡之乐。厚赋税以实鹿台之钱、盈钜桥之粟。益收狗马奇物,充益宫室。益广沙三苑台,多取野兽蜚鸟置其中。慢于鬼神。大聚乐戏于沙丘。以酒为池,悬肉为林,使男女裸相逐其间,为长夜之饮。[80]

根据《竹书纪年》的记载,自从盘庚将都城迁到殷(今河南安阳市)直至纣灭亡,共计253年没有再迁都过。殷纣王为了满足其淫乐,在南到朝歌,北过邯郸及沙丘的广大区域内建了许多离宫别馆。沙丘台的具体地理位置,《汉书》卷28上《地理志》言说钜鹿郡是秦朝时期设置的,属冀州部。钜鹿,《禹贡》所载的大陆泽在其北面,纣所作的沙丘台在巨鹿的东北70里。唐朝时期成书的《括地志》记载,沙丘台在邢州平乡东北20里。考古今地望在今河北省邢台市东平乡县境。这一地区正是战国时期赵国的地盘。商王朝虽然灭亡了,但商王朝所留下的某些方面的影响却并不容易泯灭,歌舞和演奏之艺仍在传承。其二是与赵地的地理环境有关。由于这一地区地薄人众,此其土不足以养其民,也可以说是生计使然,加上有纣时的遗风,于是便习舞、弹弦、歌唱去满足上层社会的淫乐。《汉书》卷28《地理志》对出现这一现象有过如下的分析:

> 赵、中山地薄人众,犹有沙丘纣淫乱余民(晋灼曰:"言地薄人众,犹复有沙丘纣淫地余民,通系之于淫风而言也,不说沙三在中山也。")。丈夫相聚游戏,悲歌忼慨,起则椎剽掘冢,作奸巧,多弄物,为倡优。女子弹弦跕躧,游媚富贵,遍

诸侯之后宫（臣瓒曰：蹑跟为跕，柱指为躧。）。

班固在文中把女子游媚时的姿态，也描绘得惟妙惟肖。其三，与少数民族的风俗及民族之间的融合有关。在战国的中前期，今石家庄市周围地区，曾经是白狄所建的中山国，后来才被赵国所灭。我国北方的游牧部落的少数民族，体魄健壮，身材相对较高，性格开朗豪放，能歌善舞是少数民族的特点，他们的民风民俗肯定对这一地区会有影响。另外，在长期存在与华夏民族的交往中民族之间的融合也是不可避免的。根据达尔文杂交优势的观点，这里多出美人是有其原因的。我国北方分布着众多少数民族，古代统称为戎狄。族属众多，那么"白狄"不排除是狄族中皮肤洁白细腻者而谓之"白狄"的，白狄所建的中山国曾一度灭过卫国。许多皇帝把赵地的女子选进后宫是与她们所具有的优秀的自然条件分不开的。

由上所举例证可知，除了赵地之外，当时的郑、卫之地也是美女辈出，也是一音乐歌舞杂技之乡。秦国的后宫有郑、卫之女，楚国的后宫既有赵姬又有郑姬。卫国之宫也有郑姬现身。"作俳优，舞郑女"在当时来说是一种淫侈的现象。《汉书》卷57上《司马相如传》中还留下了楚之宫廷郑女起舞时的情景：

> 于是郑女曼姬（注引文颖曰："郑国出好女。曼者，言其色理曼泽也。"），被阿锡，揄纻缟，杂纤罗，垂雾縠；襞积褰绉，郁桡溪谷；衯衯裶裶，扬袘戍削，蜚纤垂髾；扶与猗靡，翕呷萃蔡，下摩兰蕙，上拂羽盖，错翡翠之葳蕤，缪绕玉绥；眇眇忽忽，若神之仿佛。（注引郭璞曰："言其容饰奇艳，非世所见。"注引《战国策》曰："郑之美女粉白黛黑而立于衢，不知者谓之神也。"）

可见司马相如笔下的郑女曼姬的姿容与赵女相比毫无逊色之处。

郑卫之音，音声细弱，不少人为之倾倒、陶醉，但又认为它是亡国之音，这是十分矛盾的。《汉书》卷28下《地理志》云：

> 卫地有桑间濮上之阻（注引师古曰："阻者，言其隐阨得肆淫僻之情也。"），男女亦亟聚（注引师古曰："亟，屡也。"）会，声色生焉。故俗称郑卫之音。

同书还载：

> 吴札闻郑之歌，曰："美哉！其细已甚，民弗堪也。是其先亡乎？"（注引臣瓒曰："谓音声细弱也，此衰弱之徵。"）

司马迁对郑卫之音也是持批评态度。《史记》载：

> 郑、卫之音，乱世之音也，比于慢矣。（注引张守节《正义》："郑音好滥淫志，卫音促速烦志，并是乱世音，虽乱而未灭亡，故比慢也。"）桑间濮上之音（注引裴骃《集解》郑玄曰："濮水之上，地有桑间……"。注引张守节《正义》云："昔殷纣使师延作长夜靡靡之乐，以致亡国。武王伐纣，此乐师师延将乐器投濮水而死。

后晋国乐师师涓夜过此水,闻水中作此乐,因听而写之。既得还国,为晋平公奏之。"师旷抚之曰:"此亡国之音也,得此必于桑间濮上乎? 纣之所由亡也。"),亡国之音也,其政散,其民流,诬上行私而不可止。(注引张守节《正义》:"若用此濮上之音,其政必离散而民人流徙逃亡,缘臣诬上,各行私情,国即灭亡而不可禁止也。")⑧

西汉末年汉哀帝下诏罢郑音。《汉书》卷11《哀帝纪》云:(绥和二年)六月,诏曰:"郑声淫而乱乐,圣王所放,其罢乐府。"与此相反,也有不少人对郑卫之音十分好感,魏文侯曾说我听郑卫之音相当迷恋,但听古乐差点儿睡觉。如《史记》卷24《乐书》载:

> 魏文侯问于子夏曰:"吾端冕而听古乐则唯恐卧,听郑卫之音则不知倦。敢问古乐之如彼,何也? 新乐之如此,何也?"

晋平公对郑卫之音来说也是一个音乐迷,《史记》卷24《乐书》云:

> 卫灵公之时,将之晋,至于濮水之上舍。夜半时闻鼓琴声,问左右,皆对曰"不闻"。乃召师涓曰:"吾闻鼓琴音,问左右,皆不闻。其状似鬼神,为我听而写之。"师涓曰:"诺"。因端坐援琴,听而写之。明日,曰:"臣得之矣,然未习也,请宿习之。"灵公曰:"可。"因复宿。明日,报曰:"习矣。"即去之晋,见晋平公。平公置酒于施惠之台。酒酣,灵公曰:"今者来,闻新声,请奏之。"平公曰:"可。"即令师涓坐师旷旁,援琴鼓之。未终,师旷抚而止之曰:"此亡国之声也,不可遂。"平公曰:"何道出?"师旷曰:"师延所作也。与纣为靡靡之乐,武王伐纣,师延东走,自投濮水之中,故闻此声必于濮水之上,先闻此声者国削。"平公曰:"寡人所好者音也,愿遂闻之。"师涓鼓而终之。

从司马迁的记述看,卫音是属于悲音系列。那么郑卫之音的"卫音"实际上既是受地域的影响,又是受历史的影响。最初是由音乐大师为殷纣王所作的靡靡之音,后来便流传下来了,加之纣王是亡国之君,那么他所喜好的音乐格调也被谓之亡国之音。史迁的记述还是有一定的道理的,濮地概指今河南省濮阳市周围地区,该地区当时西距商都殷和北距沙丘台较近,自然会受其影响。

郑卫之音中的"郑音"臣瓒释其为音声细弱,与"卫音"的"悲"的格调有所不同。《汉书》卷28下《地理志》有如下记述:

> 后三年,幽王败,桓公死,其子武公与平王东迁,卒定虢、会之地,右雒左泲,食溱、洧焉。土陿而险,山居谷汲,男女亟聚会。(师古曰:"亟,屡也。")故其俗淫。《郑诗》曰:"出其东门,有女如云。"(师古曰:《出其东门》之诗也。东门,郑之东门也。如云,言其众多而往来不定。')"又曰:"溱与洧方灌灌兮,士与女方秉菅兮。""恂盱且乐,惟士与女,伊其相谑。"(师古曰:'《溱洧》之诗也。灌灌,

水流盛也。菅,兰也。恂,信也。盱,大也。伊,惟也。谑,戏言也。谓仲春之月,二水流盛,而士与女执芳草于其间,以相赠遗,信大乐矣,惟以戏谑也')此其风也。吴札闻《郑》之歌,曰:"美哉! 其细已甚,民弗堪也。是其先亡乎?"臣瓒曰:"谓声音细弱也,此衰弱之徵。"自武公后二十三世,为韩所灭。

这里也看不到对"郑音"的更为细致地描述,只是说郑地的男男女女常常在河谷里聚会,相互之间赠送芳草,表达心意与爱情的戏谑场面。如同卫地的桑间濮上之阻一样,郑地有另外一种特殊的地理环境,溱、洧二水从这里弯弯曲曲的流过,且是穿越丘陵地带,河谷很深,大自然造就了当时男女相聚的屏障之地。在我国古代,男女之间的非礼之交被视为"淫",所以就把郑、卫之音说成是"淫声",都是亡国之徵。总起来看,郑卫之音对郑卫两地的人文素质及其他方面的影响是深刻的,在历史上已经形成了特色。

除了历史的原因、地域的原因之外,根据司马迁的说法,还有主观的因素,那就是为了"奔富厚"。《史记》卷129《货殖列传》云:

> 今夫赵女郑姬,设形容,揳鸣琴,揄长袂,蹑利屣,目挑心招,出不远千里,不择老少者,奔富厚也。

奔富厚是人之情也,是无可厚非,根据《汉书》卷97上《外戚传》的记载,一旦入宫取得不同级别的封号,其待遇是相当丰厚的,不要说皇后了,皇后之下的昭仪的秩禄就可以位比丞相。详细情况《外戚传》有明载:

> 汉兴因秦之称号,帝母称皇太后,祖母称太皇太后,適称皇后,妾皆称夫人,又有美人、良人、八子、七子、长使、少使之号焉。至武帝制倢伃、娙娥、傛华、充依,各有爵位,而元帝加昭仪之号,凡十四等云。昭仪位视丞相,爵比诸侯王。倢伃视上卿,比列侯。娙娥视中二千石,比关内侯。傛华视真二千石,比大上造。美人视二千石,比少上造。八子视千石,比中更。充依视千石,比左更。七子视八百石,比右庶长。良人视八百石,比左庶长。长使视六百石,比五大夫。少使视四百石,比公乘。五官视三百石。顺常视二百石。无涓、共和、娱灵、保林、良使、夜者皆视百石。上家人子、中家人子视有秩斗食云。五官以下,葬司马门外。

从《外戚传》记载可以知道,皇宫内女子的封号共有十四级。第十级是"长使",她的待遇是六百石,也就是相当与当时县长的待遇。"美人"封号者是第六级,她的待遇是二千石,相当于当时郡太守的待遇。"倢伃"封号者是汉武帝时所建,位于皇后之下,其待遇视上卿比列侯,也就是相当于中央一级九卿的待遇。到了元帝的时候,又进一步提高后宫待遇,增加了昭仪一级,令昭仪的待遇视丞相,爵比诸侯王。余不一一举例,根据《后汉书》卷10上《皇后纪》所载,"自武、元之后,世增淫费,乃至掖庭三千,增级十四。"这里的"掖庭三千"可能指的是宫女的数量,若这三千人当中有部分人有不同级别的封号,其俸禄的数量对国家来说是相当庞大的,是一笔沉重的经济负担,《外戚传》谓之"世增淫费"。宫廷的待遇这么高,怪不得一些地方的女子们去"奔富厚"!除了皇室之外,诸侯王之家也是妻妾成群,娱乐观赏是他们醉生梦死生活的不可或缺的部分。这也给那些奔富厚者留下了不小的空间。《汉书》卷63《武五子传》云,昌邑哀王贺,为武帝之孙,昭帝死后无嗣,让其继立,但霍光发现他淫乱不堪故废之,立宣帝。本传载其废后的生活:"妻十六人,子二十二人……臣敞前言:'昌邑哀王歌舞者张修等十人、无子,又非姬,但良人,无官名,王薨当罢归。'"由此看来,诸侯王的歌舞队伍人数不少。刘邦的小儿子,淮南王刘长也是如此,《汉书》卷44《淮南王传》载当其犯罪被废迁往蜀地的时候,不但让那些所生子的姬妾从居从行,而且

　　　"令故美人材人得幸者十人从居。"(师古曰:'上言子母,则有子者令从之。
　　今此云美人材人,则亡子者亦令从居。')

估计这些美人才人也是一支歌舞队伍的组成者。不但诸侯王如此,汉代的官吏也是如此淫乐,前引汉代丞相张苍,他的妻妾达百数。

　　最后一点需要述及的是,统治阶层中特别是上层统治者的好恶,对一个地方的风气的形成及人文素质是有很大的影响的。人们常说,楚王好细腰,宫中多饿死,就是这个道理。统治者为了满足其娱乐的需要,对音乐、歌舞、杂技之类是大力提倡的,我们在博物院常常见到许多出土的歌舞杂技陶俑,它是时代信息的反映,说明当时对这类娱乐活动是大力提倡的。而且通过这个渠道也可获得升迁。如《汉书》卷46《卫绾传》言说这位汉代的丞相当初是以戏车而升为郎官的。绾传载:

　　　"卫绾,代大陵人,以戏车为郎,事文帝。"(师古注曰:'戏车,若今之弄车
　　之技。')

汉武李夫人之哥哥李延年因精通音乐还被拜为协律督尉,佩二千石印绶。李家还是一个音乐世家,《史记》卷125《佞幸传》载

　　　"李延年中山人也,父母及身兄弟及女,皆故昌也。"

由此可见家族的传承也是一个地区音乐常盛的重要原因。

第四节　关于"韩魏时有奇节"之士的考察

　　《汉书》卷51《邹阳传》载齐人邹阳的一段话,他言:

　　　"邹鲁守经学,齐楚多辩知,韩魏时有奇节,吾将历问之"。

在这里他道出了西汉时期人才分布的特点,与"山西出将"、"山东出相"有相同之处。韩魏时有奇节概指在关键时刻,不顾个人安危救人于危难者,这种风俗的形成与传承也有探讨的意义。

邹阳所说的韩、魏是指战国时期的地域而言,韩、魏的具体方位大致在今邯郸以南、漯河以北,西起陕西华县,东至河南商丘这一版图之内。

司马迁《史记》中为之立传的游侠和刺客,描述了一批侠肝义胆救人于危难,或一诺千金勇于相助,或士为知己者死的典型,这也很可能是邹阳所说的奇节之士。为了便于了解,不妨举一些例子来说明这一问题。

豫让,史载是晋人。他原来在晋国范氏、中行氏那里干事,但不被重视,后来他到晋国智伯那里去干事,智伯对其非常尊重。后来赵襄子杀了智伯,漆其头为饮酒的器具。豫让誓为十分尊重自己的智伯报仇,《史记》卷86《刺客列传》载豫让曰:

> 嗟乎! 士为知己者死,女为悦己者容。今智伯知我,我必为报仇而死,以报智伯,则我魂魄不愧矣!

为了报智伯之仇,他改姓名,作刑人,入宫打扫厕所,伺机刺杀赵襄子,结果这次行动被发现而未成功。豫让报仇之心愈炽,又漆身为厉,吞炭为哑,改变相貌,行乞于市,就连自己的妻子也认识不出来是豫让。其友看出是豫让,十分感动和疼怜,流着泪劝导豫让:以子之才,如果臣事赵襄子,襄子肯定近幸于您,何必残身苦形寻求机会报智伯之仇,这不是太难了吗?《史记》卷86《刺客列传》载豫让回答说:

> 既已委质臣事人,而求杀之,是怀二心以事其君也。且吾所为者极难耳! 然所以为此者,将以愧天下后世之为人臣怀二心以事其君者也。

有一天襄子当出行,豫让藏在襄子要路过的一座桥下,待机行事,结果又被发现了,襄子说,我这一次再不能宽恕你了。豫让请求说:我听说明主不掩人之美,而忠臣有死义之名,上一次君已宽赦了我,天下莫不称君之贤,今日之事,臣固伏诛,然愿请君之衣而击之,也算达到了报仇之意,虽死不恨。赵襄子亦讲大义,把自己的衣服递过去,豫让拔剑照着衣服戳了三下,逐即伏剑自杀,并说我可以下报智伯矣! 赵国的志士闻之,为之涕泣。

聂政,史载为轵深井里人(今河南省济源市南轵城镇)。当时濮阳的一位名叫严仲子的人,事韩哀侯,与韩相侠累之间有仇,求人报之,访到聂政是位勇士,仲子多次上门,都无果而返。后来仲子奉黄金百镒,前为聂政母寿,聂政惊怪其厚。仲子说明了来意,一再让这份厚礼,但聂政最终也不肯接受。过了好长一段时间,聂政的母亲死了以后,没有挂牵了,聂政便刺杀了侠累,刺杀前他说了这么一段话,《史记》卷86《刺客列传》载聂政语云:

嗟乎！政乃市井之人，鼓刀以屠，而严仲子乃诸侯之卿相也，不远千里，枉车骑而交臣。臣之所以待之，至浅鲜矣，未有大功可以称者，而严仲子奉百金为亲寿，我虽不受，然是者徒深知政也。夫贤者以感忿睚眦之意而亲信穷僻之人，而政独安得嘿然而已乎！且前日要政，政徒以老母，老母今以天年终，政将为知己者用。

荆轲，《史记》卷86《刺客列传》谓之是卫人（今河南省新乡至濮阳周围地区）。秦国有吞并六国的虎狼之心，当秦将王翦破赵，虏赵王，尽收其地，进兵北略地至燕南界之时，燕太子丹请荆轲以行刺秦王的办法来遏制秦国的进攻。荆轲受命之后，义无反顾，"风萧萧兮易水寒，壮士一去兮不复还"的场面让人感到十分悲壮。

司马迁笔下的游侠大致也是属于"奇节"之类的人物。《史记》卷124《游侠列传》对这类人士有过以下的评述：

今游侠，其行虽不轨于正义，然其言必信，其行必果，已诺必诚，不爱其躯，赴士之厄困，既已存亡死生矣，而不矜其能，羞伐其德，盖亦有足多者焉。

至于游侠的例子，司马迁举了下面一些人物：

朱家，鲁人（今山东曲阜周围地区），与汉高祖刘邦是同时期的人，《史记》卷124《游侠列传》载其常常助人：

鲁人皆以儒教，而朱家用侠闻。所藏活豪二以百数，其余庸人不可胜言。然终不伐其能，歆其德，诸所尝施，唯恐见之。振人不赡，先从贫贱始。家无余财，衣不完采，食不重味，乘不过牸牛。专趋人之急，甚己之私。

用现在的语言来描述朱家，是位急人之难，同情弱者，做好事不愿留姓名，个人的生活亦十分简朴，家无余财的人。

郭解，是轵人（今河南省济源市南轵城镇），小的时候做了不少贼杀人的事情。长大以后，折节为俭，以德报怨，厚施而薄望，自喜为侠益甚，做了不少让人称道的事情。如其外甥仗势在与人饮酒时强迫对方，结果人怒拔刀将其刺死，流亡而去。后来杀人者以实情告诉了郭解，郭解宽容了他，并说："公杀之固当，吾儿不直"。洛阳有两家为仇者，邑中的豪贤多次进行调解终不听。郭解夜见仇家，仇家同意和解。郭解为了不彰显是由于自己的作用，让两家暂且不用其言，等自己离开后，由洛阳豪贤从中调解后再和解。《史记》云：

解夜见仇家，仇家曲听解。解乃谓仇家曰："吾闻洛阳诸公在此间，多不听者。今子幸而听解，解奈何从他县夺人邑中贤大夫权乎！"乃夜去，不使人知，曰："且无用，待我去，令洛阳豪居其间，乃听之。"㉒

除了以上诸例外，还有洛阳的剧孟。祖父时从阳翟（今河南禹州市）而迁茂陵的原涉等等。

出现在这一主要地区的群体人物是历史的事实、客观的存在,那么对于他们的评价是也,非也? 让社会去认知。《史记》卷 124《游侠列传》中云:"儒墨皆摈而不载。"不但儒墨,其他诸子百家也不见记述,司马迁把秦以来的游侠的事迹整理出来了,且说:

"自秦以前,匹夫之侠,湮灭不见,余甚恨之"

感到十分遗憾。史迁叙游侠还是持肯定的态度,为什么在这一区域内出现那么多的影响力颇大的"奇节"人物呢? 司马迁并没有探讨其产生的原因,班固在《汉书》卷 28 下中有一段话语,具有参考意义:

凡民函五常之性,而其刚柔缓急,音声不同,系水土之风气,故谓之风;好恶取舍,动静亡常,随君上之情欲,故谓之俗。[18]

班固认为这是风俗所致,由于地域的不同,造成了人们声音的不同,性格的不同,再者由于所受影响的不同,于是就出现了好恶取舍、动静无常的不同。例如燕太子丹遣勇士荆轲西刺秦王之事,给后代留下了遗风,那就是敢于急人之难。此外,信陵君窃符救赵之事,也是发生在这一地区,对后世的遗风也是有很大的影响的。

注　释:

① 《史记》卷 73《白起列传》。

② 《史记》卷 73《王翦列传》。

③ 《史记》卷 80《乐毅列传》。

④ 《史记》卷 88《蒙恬列传》。

⑤ 《汉书》卷 54《李广传》。

⑥ 《汉书》卷 54《苏建传》。

⑦ 《汉书》卷 55《卫青传》。

⑧ 《汉书》卷 55《霍去病传》。

⑨ 《汉书》卷 61《张骞传》。

⑩ 《汉书》卷 68《金日磾传》。

⑪ 《汉书》卷 61《李广利传》。

⑫ 《汉书》卷 69《赵充国传》。

⑬ 《汉书》卷 69《辛庆忌传》。

⑭ 《汉书》卷 70《傅介子传》。

⑮ 《汉书》卷 70《甘延寿传》。

⑯ 《汉书》卷 66《公孙贺传》。

⑰ 《汉书》卷 30《艺文志》。

⑱ 《三国志》卷6《董卓传》。
⑲ 《三国志》卷7《吕布传》。
⑳ 《三国志》卷17《张辽传》。
㉑ 《三国志》卷17《张郃传》。
㉒ 《三国志》卷17《徐晃传》。
㉓ 《三国志》卷18《庞德传》。
㉔ 《三国志》卷8《张绣传》。
㉕ 《三国志》卷36《关羽传》。
㉖ 《三国志》卷35《张飞传》。
㉗ 《三国志》卷36《马超传》。
㉘ 《三国志》卷36《赵云传》。
㉙ 《三国志》卷44《姜维传》。
㉚㉛ 《史记》卷6《秦始皇本纪》。
㉜㉝ 《史记》卷87《李斯列传》。
㉞ 《汉书》卷39《萧何传》。
㉟ 《汉书》卷41《樊哙传》。
㊱ 《汉书》卷39《曹参传》。
㊲㊴ 《汉书》卷40《王陵传》。
㊳ 《汉书》卷40《陈平传》。
㊵ 《汉书》卷41《傅宽传》。
㊶ 《汉书》卷40《周勃传》。
㊷ 《汉书》卷41《灌婴传》。
㊸ 《汉书》卷42《任敖传》。
㊹ 《汉书》卷42《张苍传》。
㊺ 《汉书》卷42《申屠嘉传》。
㊻ 《汉书》卷40《周勃传附子周亚夫传》。
㊼ 《汉书》卷46《卫绾传》。
㊽ 《汉书》卷51《窦婴传》。
㊾ 《汉书》卷52《田蚡传》。
㊿ 《汉书》卷58《公孙弘传》。
(51) 《汉书》卷17《景武昭宣元成功臣表》。
(52) 《汉书》卷46《万石君传》。
(53) 《汉书》卷66《公孙贺传》。
(54) 《汉书》卷66《刘屈氂》。
(55) 《汉书》卷66《车千秋传》。
(56) 《汉书》卷66《王䜣传》。
(57) 《汉书》卷66《杨敞传》。

㊺ 《汉书》卷 66《蔡义传》。

㊾ 《汉书》卷 73《韦贤传》。

⑥ 《汉书》卷 74《魏相传》。

㉑ 《汉书》卷 74《丙吉传》。

㉒ 《汉书》卷 89《循吏传》。

㉓ 《汉书》卷 71《于定国传》。

㉔ 《汉书》卷 71《韦玄成传》。

㉕ 《汉书》卷 81《匡衡传》。

㉖ 《汉书》卷 82《王商传》。

㉗ 《汉书》卷 81《张禹传》。

㉘ 《汉书》卷 83《薛宣传》。

㉙ 《汉书》卷 83《翟方进传》。

㉚ 《汉书》卷 83《朱博传》。

㉛ 《汉书》卷 71《平当传》。

㉜ 《汉书》卷 86《王嘉传》。

㉝ 《汉书》卷 81《孔光传》。

㉞ 《汉书》卷 81《马宫传》。

㉟ 《汉书》卷 71《平当传附子平晏传》。

㊱ 《汉书》卷 9《元帝纪》。

㊲ 《汉书》卷 44《淮南王传》。

㊳ 《汉书》卷 97 上《外戚传》。

㊴ 《史记》卷 78《春申君列传》。

㊵ 《史记》卷 3《殷本纪》。

㊶ 《史记》卷 24《乐书》。

㊷ 《史记》卷 124《游侠列传》。

㊸ 《汉书》卷 28 上《地理志》。

第八章　秦、西汉时期的人口姓氏

第一节　入载《汉书》的人物地域分布情况

在介绍入载《汉书》的人物地域分布情况之前,需要说明的是:省区的划分我们采用的是 1961 年版、1981 年第 8 次印刷的《中国地理图册》的区划标准年代。当时海南省、重庆市还未开设。北京、天津和上海市分别属于河北和江苏省计算。

京兆

翟公,下邽人。	《汉书》卷 50《汲黯传》	属今陕西省
灌夫,颍川颍阴人,后居长安。	《汉书》卷 52《灌夫传》	属今陕西省
苏建,杜陵人。	《汉书》卷 54《苏建传》	属今陕西省
苏武,杜陵人。	《汉书》卷 54《苏武传》	属今陕西省
张汤,杜陵人。	《汉书》卷 59《张汤传》	属今陕西省
张安世,杜陵人。	《汉书》卷 59《张汤传》	属今陕西省
张延寿,杜陵人。	《汉书》卷 59《张汤传》	属今陕西省
杨敞,华阴人。	《汉书》卷 66《杨敞传》	属今陕西省
杨忠,华阴人。	《汉书》卷 66《杨敞传》	属今陕西省
杨恽,华阴人。	《汉书》卷 66《杨敞传》	属今陕西省
赵充国,金城令居人徙杜陵	《汉书》卷 69《赵充国传》	属今陕西省
辛庆忌,狄道人徙长安。	《汉书》卷 69《辛夫忌传》	属今陕西省
李强,杜陵人。	《汉书》卷 72《王贡两龚鲍传》	属今陕西省
尹翁归,河东平阳人徙杜陵。	《汉书》卷 76《尹翁归传》	属今陕西省
韩延寿,燕人徙杜陵。	《汉书》卷 76《韩延寿传》	属今陕西省

张敞,河东平阳人徙杜陵。	《汉书》卷76《张敞传》	属今陕西省
萧望之,东海兰陵人徙杜陵。	《汉书》卷78《萧望之传》	属今陕西省
萧育,东海兰陵人徙杜陵。	《汉书》卷78《萧望之传》	属今陕西省
萧威,东海兰陵人徙杜陵。	《汉书》卷78《萧望之传》	属今陕西省
萧由,东海兰陵人徙杜陵。	《汉书》卷78《萧望之传》	属今陕西省
冯奉世,上党三潞人徙杜陵。	《汉书》卷79《冯奉世传》	属今陕西省
冯野王,上党三潞人徙杜陵。	《汉书》卷79《冯奉世传》	属今陕西省
冯逡,上党三潞人徙杜陵。	《汉书》卷79《冯奉世传》	属今陕西省
冯立,上党三潞人徙杜陵。	《汉书》卷79《冯奉世传》	属今陕西省
冯参,上党三潞人徙杜陵。	《汉书》卷79《冯奉世传》	属今陕西省
王商,涿郡蠡吾人徙杜陵。	《汉书》卷82《王商传》	属今陕西省
史丹,鲁国人徙杜陵。	《汉书》卷82《史丹传》	属今陕西省
朱博,杜陵人。	《汉书》卷83《朱博传》	属今陕西省
谷永,长安人。	《汉书》卷85《谷永传》	属今陕西省
许商,长安人。	《汉书》卷88《儒林传》	属今陕西省
田广明,郑人。	《汉书》卷90《酷吏传》	属今陕西省
任氏,宣曲人。	《汉书》卷91《货殖传》	属今陕西省
杜氏,安陵人。	《汉书》卷91《货殖传》	属今陕西省
樊嘉,杜陵人。	《汉书》卷91《货殖传》	属今陕西省
王君房,长安人。	《汉书》卷91《货殖传》	属今陕西省
樊少翁,长安人。	《汉书》卷91《货殖传》	属今陕西省
王孙,长安人。	《汉书》卷91《货殖传》	属今陕西省
樊中子,长安人。	《汉书》卷92《游侠传》	属今陕西省
萬张,长安人。	《汉书》卷92《游侠传》	属今陕西省
陈遵,杜陵人。	《汉书》卷92《游侠传》	属今陕西省
杜君敖,霸陵人。	《汉书》卷92《游侠传》	属今陕西省
安国少季,霸陵人。	《汉书》卷95《南粤传》	属今陕西省
国由,长安人。	《汉书》卷99 中《王莽传》	属今陕西省
王大,下邦人。	《汉书》卷99 下《王莽传》	属今陕西省
王孟,蓝田人。	《汉书》卷99 下《王莽传》	属今陕西省
屠门少,杜陵人。	《汉书》卷99 下《王莽传》	属今陕西省

右扶风

爰盎,其父楚人徙安陵。	《汉书》卷49《爰盎传》	属今陕西省
冯唐,汉兴徙安陵。	《汉书》卷50《冯唐传》	属今陕西省
董仲舒,广川人徙茂陵。	《汉书》卷56《董仲舒传》	属今陕西省
杜周,南阳人徙茂陵。	《汉书》卷60《杜周传》	属今陕西省
爰叔,安陵人。	《汉书》卷65《东方朔传》	属今陕西省
唐生,南阳人徙茂陵。	《汉书》卷66《郑弘传》	属今陕西省
朱云,鲁人徙平陵。	《汉书》卷67《朱云传》	属今陕西省
云敞,平陵人。	《汉书》卷67《云敞传》	属今陕西省
吴章,平陵人。	《汉书》卷67《云敞传》	属今陕西省
平当,下邑人徙平陵。	《汉书》卷71《平当传》	属今陕西省
郑子真,谷口人。	《汉书》卷72《王贡两龚鲍传》	属今陕西省
郭钦,隃麋人。	《汉书》卷72《鲍宣传》	属今陕西省
蒋诩,杜陵人。	《汉书》卷72《鲍宣传》	属今陕西省
韦贤,邹人徙平陵。	《汉书》卷73《韦贤传》	属今陕西省
魏相,济阴人徙平陵。	《汉书》卷74《魏相传》	属今陕西省
胡组,渭城人。	《汉书》卷74《丙吉传》	属今陕西省
李寻,平陵人。	《汉书》卷75《李寻传》	属今陕西省
郑崇,高密人徙平陵	《汉书》卷77《郑崇传》	属今陕西省
何并,平舆人徙平陵。	《汉书》卷77《何并传》	属今陕西省
杜邺,魏郡繁阳人徙茂陵。	《汉书》卷85《杜邺传》	属今陕西省
王嘉,平陵人。	《汉书》卷86《王嘉传》	属今陕西省
士孙张,平陵人。	《汉书》卷88《儒林传》	属今陕西省
平当,平陵人。	《汉书》卷88《儒林传》	属今陕西省
吴章,平陵人。	《汉书》卷83《儒林传》	属今陕西省
张山拊,平陵人。	《汉书》卷88《儒林传》	属今陕西省
郑宽中,平陵人。	《汉书》卷88《儒林传》	属今陕西省
徐敖,虢人。	《汉书》卷88《儒林传》	属今陕西省
涂恽,平陵人。	《汉书》卷38《儒林传》	属今陕西省
赵禹,扶风郿人。	《汉书》卷90《酷吏传》	属今陕西省
焦氏,茂陵人。	《汉书》卷90《酷吏传》	属今陕西省
贾氏,茂陵人。	《汉书》卷90《酷吏传》	属今陕西省

挚纲,茂陵人。	《汉书》卷91《货殖传》	属今陕西省
如氏,平陵人。	《汉书》卷91《货殖传》	属今陕西省
郭解,河内轵人徙茂陵。	《汉书》卷92《游侠传》	属今陕西省
赵王孙,槐里人。	《汉书》卷92《游侠传》	属今陕西省
赵朋,槐里人。	《汉书》卷92《游侠传》	属今陕西省
霍鸿,槐里人。	《汉书》卷92《游侠传》	属今陕西省
原涉,祖父时以豪杰徙茂陵。	《汉书》卷92《游侠传》	属今陕西省
籍孺,徙家安陵。	《汉书》卷93《佞幸传》	属今陕西省
闳孺,徙家安陵。	《汉书》卷93《佞幸传》	属今陕西省
王仲,槐里人,	《汉书》卷97 上《外戚传》	属今陕西省
严春,蓁人。	《汉书》卷99 下《王莽传》	属今陕西省
董喜,茂陵人。	《汉书》卷99 下《王莽传》	属今陕西省
汝臣,槐里人。	《汉书》卷99 下《王莽传》	属今陕西省

左冯翊

周仁,任城人徙阳陵。	《汉书》卷46《周仁传》	属今陕西省
张欧,阳陵人。	《汉书》卷46《张欧传》	属今陕西省
田蚡,长陵人。	《汉书》卷52《田蚡传》	属今陕西省
赵食其,䄧祤人。	《汉书》卷55《卫青霍去病传》	属今陕西省
冯商,阳陵人。	《汉书》卷59《张汤传》	属今陕西省
司马迁,龙门人。	《汉书》卷62《司马迁传》	属今陕西省
车千秋,山东田氏徙长陵。	《汉书》卷66《车千秋传》	属今陕西省
严诩,阳陵人。	《汉书》卷77《何并传》	属今陕西省
张禹,河内人徙莲勺。	《汉书》卷81《张禹传》	属今陕西省
施雠,沛郡人徙长陵。	《汉书》卷88《儒林传》	属今陕西省
尚方禁,长陵人。	《汉书》卷83《朱博传》	属今陕西省
王吉,重泉人。	《汉书》卷88《儒林传》	属今陕西省
黄霸,淮阳阳夏下人徙云陵。	《汉书》卷89《循吏传》	属今陕西省
王温舒,阳陵人。	《汉书》卷90《酷吏传》	属今陕西省
田延年,齐田氏徙阳陵。	《汉书》卷90《酷吏传》	属今陕西省
籍少翁,临晋人,	《汉书》卷92《游侠传》	属今陕西省
高公子,长陵人。	《汉书》卷92《游侠传》	属今陕西省
韩幼孺,池阳人。	《汉书》卷92《游侠传》	属今陕西省

董贤,云阳人。	《汉书》卷93《佞幸传》	属今陕西省
孝宣王皇后,其先自沛徙长陵。	《汉书》卷97 上《外戚传》	属今陕西省
申砀,冯翊栎阳人。	《汉书》卷99 下《王莽传》	属今陕西省
严本,阳陵人。	《汉书》卷99 下《王莽传》	属今陕西省

汉中郡

| 张骞,汉中人。 | 《汉书》卷61《张骞传》 | 属今陕西省 |

河东郡

胡建,河东郡人。	《汉书》卷67《胡建传》	属今山西省
霍光,平阳人。	《汉书》卷68《霍光传》	属今山西省
霍仲孺,平阳人。	《汉书》卷68《霍光传》	属今山西省
姚平,河东郡人。	《汉书》卷88《儒林传》	属今山西省
郅都,河东大阳人。	《汉书》卷90《酷吏传》	属今山西省
周阳由,河东郡。	《汉书》卷90《酷吏传》	属今山西省
义纵,河东人。	《汉书》卷90《酷吏传》	属今山西省
咸宣,杨人。	《汉书》卷90《酷吏传》	属今山西省
唐昌,平阳人。	《汉书》卷99 中《王莽传》	属今山西省
公孙滂洋,汾阳人。	《汉书》卷25 上《郊祀志》	属今山西省
郑季,河东平阳人。	《汉书》卷55《卫青传》	属今山西省
张次公,河东人。	《汉书》卷55《卫青传》	属今山西省

上党郡

| 鲍宣,上党郡人。 | 《汉书》卷88《儒林传》 | 属今山西省 |

太原郡

荀彘,太原广武人。	《汉书》卷55《霍去病传》	属今山西省
常惠,太原人。	《汉书》卷70《常惠传》	属今山西省
郇越,太原人。	《汉书》卷72《鲍宣传》	属今山西省
郇相,太原人。	《汉书》卷72《鲍宣传》	属今山西省
鲁翁孺,太原人。	《汉书》卷92《游侠传》	属今山西省

西河郡

路博德,西河平州人。	《汉书》卷55《霍去病传》	属今山西省
赵破奴,太原人。	《汉书》卷55《霍去病传》	属今山西省
郭翁中,西河人。	《汉书》卷92《游侠传》	属今陕西省
漕中叔,西河人。	《汉书》卷92《游侠传》	属今陕西省

河内郡

息夫躬,河内河阳人。	《汉书》卷45《息夫躬传》	属今河南省
傅晏,河内人。	《汉书》卷45《息夫躬传》	属今河南省
贾惠,河内河阳人。	《汉书》卷45《息夫躬传》	属今河南省
张恢生,轵人。	《汉书》卷49《晁错传》	属今河南省
蔡义,温人。	《汉书》卷66《蔡义传》	属今河南省
傅喜,河内温人。	《汉书》卷82《傅喜传》	属今河南省
赵子,河内人。	《汉书》卷88《儒林传》	属今河南省
蔡谊,河内人。	《汉书》卷88《儒林传》	属今河南省
食子公,河内人。	《汉书》卷88《儒林传》	属今河南省
吕步舒,温人。	《汉书》卷88《儒林传》	属今河南省
许负,温人。	《汉书》卷92《游侠传》	属今河南省
杨季主,轵人。	《汉书》卷92《游侠传》	属今河南省

河南郡

张良,韩人。	《汉书》卷40《张良传》	属今河南省
陈平,阳武人。	《汉书》卷40《陈平传》	属今河南省
周勃,卷人。	《汉书》卷40《周勃传》	属今河南省
张苍,阳武人。	《汉书》卷42《张苍传》	属今河南省
贾谊,洛阳人。	《汉书》卷48《贾谊传》	属今河南省
宋孟,河南洛阳人。	《汉书》卷49《晁错传》	属今河南省
刘带,河南洛阳人。	《汉书》卷49《晁错传》	属今河南省
任安,河南荥阳人。	《汉书》卷55《霍去病传》	属今河南省
卜式,河南郡人。	《汉书》卷58《卜式传》	属今河南省
贾捐之,洛阳人。	《汉书》卷64《贾捐之传》	属今河南省
乘弘,河南人。	《汉书》卷88《儒林传》	属今河南省
贾嘉,洛阳人。	《汉书》卷88《儒林传》	属今河南省
桑钦,河南人。	《汉书》卷88《儒林传》	属今河南省
白圭,周人。	《汉书》卷91《货殖传》	属今河南省
张长叔,洛阳人。	《汉书》卷91《货殖传》	属今河南省
师史,洛阳人。	《汉书》卷91《货殖传》	属今河南省
薛子仲,洛阳人。	《汉书》卷91《货殖传》	属今河南省
剧孟,洛阳人。	《汉书》卷92《游侠传》	属今河南省

颍川郡

晁错,颍川人。	《汉书》卷 49《晁错传》	属今河南省
贾山,颍川人。	《汉书》卷 51《贾山传》	属今河南省
韩延年,颍川人。	《汉书》卷 54《李陵传》	属今河南省
孙宝,颍川鄢陵人。	《汉书》卷 77《孙宝传》	属今河南省
钟元,颍川人。	《汉书》卷 77《何并传》	属今河南省
满昌君都,颍川人。	《汉书》卷 88《儒林传》	属今河南省
堂溪惠,颍川人。	《汉书》卷 88《儒林传》	属今河南省
薛况,阳翟人。	《汉书》卷 92《游侠传》	属今河南省

南阳郡

直不疑,南阳人。	《汉书》卷 46《直不疑传》	属今河南省
张释之,堵阳人。	《汉书》卷 50《张释之传》	属今河南省
杜周,杜衍人。	《汉书》卷 60《杜周传》	属今河南省
杜延年,杜衍人。	《汉书》卷 60《杜周传》	属今河南省
杜缓,杜衍人。	《汉书》卷 60《杜周传》	属今河南省
宁成,南阳穰人。	《汉书》卷 90《酷吏传》	属今河南省
梅免,南阳人。	《汉书》卷 90《酷吏传》	属今河南省
百政,南阳人。	《汉书》卷 90《酷吏传》	属今河南省
孔氏,南阳人。	《汉书》卷 91《货殖传》	属今河南省
赵调,南阳人。	《汉书》卷 92《游侠传》	属今河南省
陈崇,南阳人。	《汉书》卷 99 上《王莽传》	属今河南省
陈牧,南阳人。	《汉书》卷 99 下《王莽传》	属今湖北省
李通,宛人。	《汉书》卷 99 下《王莽传》	属今河南省
孔仅,南阳人。	《汉书》卷 24 上《食货志》	属今河南省

弘农郡

杨仆,宜阳人。	《汉书》卷 90《酷吏传》	属今河南省
寒孺,陕人。	《汉书》卷 92《游侠传》	属今河南省
邓晔,析人。	《汉书》卷 99 下《王莽传》	属今河南省
于匡,析人。	《汉书》卷 99 下《王莽传》	属今河南省

淮阳国

武臣,陈人。	《汉书》卷 32《张耳陈余传》	属今河南省
灌婴,睢阳人。	《汉书》卷 41《灌婴传》	属今河南省

郑当时,陈人。	《汉书》卷 50《郑当时传》	属今河南省
成方遂,阳夏人。	《汉书》卷 70《隽不疑传》	属今河南省
彭宣,阳夏人。	《汉书》卷 71《彭宣传》	属今河南省
郭征卿,淮阳人。	《汉书》卷 74《丙吉传》	属今河南省
彭宣,淮阳人。	《汉书》卷 81《张禹传》	属今河南省
泠丰,淮阳人。	《汉书》卷 88《儒林传》	属今河南省
周肤,陈人。	《汉书》卷 91《货殖传》	属今河南省
吴广,阳夏人。	《汉书》卷 31《陈胜传》	属今河南省
陈馀,陈人。	《汉书》卷 31《陈胜传》	属今河南省
张耳,陈人。	《汉书》卷 31《陈胜传》	属今河南省
周文,陈人。	《汉书》卷 31《陈胜传》	属今河南省

梁国

栾布,梁人。	《汉书》卷 37《栾布传》	属今河南省
申屠嘉,梁人。	《汉书》卷 42《申屠嘉传》	属今河南省
犴反,睢阳人。	《汉书》卷 47《文三王传》	属今河南省
焦延寿,梁国人。	《汉书》卷 75《京房传》	属今河南省
丁宽,梁人。	《汉书》卷 88《儒林传》	属今河南省
田王孙,砀人。	《汉书》卷 88《儒林传》	属今河南省
陈翁生,梁人。	《汉书》卷 88《儒林传》	属今河南省
戴德,梁人。	《汉书》卷 88《儒林传》	属今河南省
戴圣,梁人。	《汉书》卷 88《儒林传》	属今河南省
桥仁,梁人。	《汉书》卷 88《儒林传》	属今河南省
杨荣,梁人。	《汉书》卷 88《儒林传》	属今河南省
周庆,梁人。	《汉书》卷 88《儒林传》	属今河南省
丁姓,梁人。	《汉书》卷 88《儒林传》	属今河南省
萧秉,梁人。	《汉书》卷 88《儒林传》	属今河南省
韩毋辟,梁人。	《汉书》卷 92《游侠传》	属今河南省

陈留郡

张敖,大梁人。	《汉书》卷 32《张耳传》	属今河南省
张寿,大梁人。	《汉书》卷 32《张耳传》	属今河南省
张侈,大梁人。	《汉书》卷 32《张耳传》	属今河南省
郦食其,陈留人。	《汉书》卷 43《郦食其传》	属今河南省

假仓,陈留人。	《汉书》卷88《儒林传》	属今河南省
樊并,尉氏人。	《汉书》卷88《儒林传》	属今河南省
韩安国,梁成安人。	《汉书》卷52《韩安国传》	属今河南省
许晏,陈留人。	《汉书》卷88《儒林传》	属今河南省

东郡

钟离昧,东郡人。	《汉书》卷34《韩信传》	属今河南省
周氏,濮阳人。	《汉书》卷37《季布传》	属今河南省
汲黯,濮阳人。	《汉书》卷50《汲黯传》	属今河南省
京房,东郡顿丘人。	《汉书》卷75《京房传》	属今河南省
赵玄,东郡。	《汉书》卷88《儒林传》	属今河南省
尹齐,茌平人。	《汉书》卷90《酷吏传》	属今山东省

汝南郡

吴公,上蔡人。	《汉书》卷43《贾谊传》	属今河南省
朱生,汝南人。	《汉书》卷66《郑弘传》	属今河南省
翟方进,汝南上蔡人。	《汉书》卷84《翟方进传》	属今河南省
陈胜,阳城人。	《汉书》卷31《陈胜传》	属今河南省
蔡赐,上蔡人。	《汉书》卷31《陈胜传》	属今河南省
邓说,阳城人。	《汉书》卷31《陈胜传》	属今河南省

鲁国

丁固,薛人。	《汉书》卷37《季布传》	属今山东省
公孙臣,鲁人。	《汉书》卷42《任敖传》	属今山东省
叔孙通,薛人。	《汉书》卷43《叔孙通传》	属今山东省
万生,鲁国人。	《汉书》卷66《郑弘传》	属今山东省
丙吉,鲁国人。	《汉书》卷74《丙吉传》	属今山东省
眭弘,鲁国蕃人。	《汉书》卷75《眭弘传》	属今山东省
夏侯始昌,鲁人。	《汉书》卷75《夏侯始昌传》	属今山东省
周霸,鲁人。	《汉书》卷88《儒林传》	属今山东省
冯宾,鲁人。	《汉书》卷88《儒林传》	属今山东省
申公,鲁人。	《汉书》卷88《儒林传》	属今山东省
阙门庆忌,邹人。	《汉书》卷88《儒林传》	属今山东省
闾丘卿,鲁人。	《汉书》卷88《儒林传》	属今山东省
夏侯敬,鲁人。	《汉书》卷88《儒林传》	属今山东省

眭孟,鲁人。	《汉书》卷88《儒林传》	属今山东省
颜安东,薛人。	《汉书》卷88《儒林传》	属今山东省
荣广,鲁人。	《汉书》卷88《儒林传》	属今山东省
皓星公,鲁人。	《汉书》卷88《儒林传》	属今山东省
韦贤,鲁国邹人。	《汉书》卷73《韦贤传》	属今山东省
史高,鲁人。	《汉书》卷88《儒林传》	属今山东省
丙氏,鲁人。	《汉书》卷91《货殖传》	属今山东省
史良娣,鲁人。	《汉书》卷97《外戚传》	属今山东省
公孙臣,鲁人。	《汉书》卷4《文帝纪》	属今山东省

山阳郡

彭越,昌邑人。	《汉书》卷34《彭越传》	属今山东省
陈汤,山阳瑕丘人。	《汉书》卷70《陈汤传》	属今山东省
曹竟,山阳人。	《汉书》卷72《鲍宣传》	属今山东省
张无故,山阳人。	《汉书》卷88《儒林传》	属今山东省
张长安,山阳人。	《汉书》卷88《儒林传》	属今山东省
张就,山阳人。	《汉书》卷88《儒林传》	属今山东省
公户满意,瑕丘人。	《汉书》卷88《儒林传》	属今山东省
江公,瑕丘人。	《汉书》卷88《儒林传》	属今山东省
龚遂,山阳南平阳人。	《汉书》卷89《循吏传》	属今山东省
许广汉,山阳昌邑人。	《汉书》卷97 上《外戚传》	属今山东省
吕公,单父人。	《汉书》卷97《外戚传》	属今山东省

菑川国

公孙弘,菑川薛人。	《汉书》卷58《公孙弘传》	属今山东省
长孙顺,菑川人。	《汉书》卷88《儒林传》	属今山东省
任公,菑川人。	《汉书》卷88《儒林传》	属今山东省

东莱郡

费直,东莱人。	《汉书》卷88《儒林传》	属今山东省
张霸,东莱人。	《汉书》卷88《儒林传》	属今山东省
徐宫,东莱人。	《汉书》卷24 下《食货志》	属今山东省

千乘郡

田儋,千乘人。	《汉书》卷33《田儋传》	属今山东省
田荣,千乘人。	《汉书》卷33《田儋传》	属今山东省

田横,千乘人。	《汉书》卷33《田儋传》	属今山东省
田市,千乘人。	《汉书》卷33《田儋传》	属今山东省
田广,千乘人。	《汉书》卷33《田儋传》	属今山东省
儿宽,千乘人。	《汉书》卷58《儿宽传》	属今山东省
欧阳生,千乘人。	《汉书》卷88《儒林传》	属今山东省

济南郡

终军,济南人。	《汉书》卷64《终军传》	属今山东省
王欣,济南人。	《汉书》卷66《王欣传》	属今山东省
王咸,济南人。	《汉书》卷72《鲍宣传》	属今山东省
伏生,济南人。	《汉书》卷88《儒林传》	属今山东省
张生,济南人。	《汉书》卷88《儒林传》	属今山东省
林尊,济南人。	《汉书》卷88《儒林传》	属今山东省
瞷氏,济南人。	《汉书》卷90《酷吏传》	属今山东省
石显,济南人。	《汉书》卷93《佞幸传》	属今山东省
王咸,济南人。	《汉书》卷99 中《王莽传》	属今山东省
公玉带,济南人。	《汉书》卷25 下《郊祀志》	属今山东省

北海郡

禽庆,北海人。	《汉书》卷72《鲍宣传》	属今山东省
苏章,北海人。	《汉书》卷72《鲍宣传》	属今山东省

琅邪郡

王吉,琅邪皋虞人。	《汉书》卷72《王吉传》	属今山东省
纪逡,琅邪人。	《汉书》卷72《鲍宣传》	属今山东省
诸葛丰,琅邪人。	《汉书》卷77《诸葛丰传》	属今山东省
王阳,琅邪人。	《汉书》卷81《张禹传》	属今山东省
师丹,琅邪东武人。	《汉书》卷86《师丹传》	属今山东省
梁丘贺,琅邪诸县人。	《汉书》卷83《儒林传》	属今山东省
王璜,琅邪人。	《汉书》卷88《儒林传》	属今山东省
殷崇,琅邪人。	《汉书》卷88《儒林传》	属今山东省
王扶,琅邪人。	《汉书》卷88《儒林传》	属今山东省
伏理,琅邪人。	《汉书》卷88《儒林传》	属今山东省
皮容,琅邪人。	《汉书》卷88《儒林传》	属今山东省
徐良,琅邪人。	《汉书》卷88《儒林传》	属今山东省

王中,琅邪人。	《汉书》卷 88《儒林传》	属今山东省
公孙文,琅邪人。	《汉书》卷 88《儒林传》	属今山东省
东门云,琅邪人。	《汉书》卷 88《儒林传》	属今山东省
筦路,琅邪人。	《汉书》卷 88《儒林传》	属今山东省
左咸,琅邪人。	《汉书》卷 88《儒林传》	属今山东省
伏黯,琅邪人。	《汉书》卷 99 中《王莽传》	属今山东省
吕母,琅邪人。	《汉书》卷 99 下《王莽传》	属今山东省

东海郡

疏广,东海兰陵人。	《汉书》卷 71《疏广传》	属今山东省
于定国,东海郯人。	《汉书》卷 71《于定国传》	属今山东省
丗将隆,东海兰陵人。	《汉书》卷 77《丗将隆传》	属今山东省
匡衡,东海承人。	《汉书》卷 81《匡衡传》	属今山东省
成公敞,东海人。	《汉书》卷 81《孔光传》	属今山东省
马宫,东海戚人。	《汉书》卷 81《马宫传》	属今山东省
薛宣,东海郯人。	《汉书》卷 83《薛宣传》	属今山东省
孟喜,东海兰陵人。	《汉书》卷 88《儒林传》	属今山东省
殷嘉,东海人。	《汉书》卷 88《儒林传》	属今山东省
丗将永,兰陵人。	《汉书》卷 88《儒林传》	属今山东省
王臧,兰陵人。	《汉书》卷 88《儒林传》	属今山东省
后苍,东海郯人。	《汉书》卷 88《儒林传》	属今山东省
发福,东海人。	《汉书》卷 88《儒林传》	属今山东省
褚大,兰陵人。	《汉书》卷 88《儒林传》	属今山东省
孟卿,东海人。	《汉书》卷 88《儒林传》	属今山东省

齐郡

田生,齐郡人。	《汉书》卷 35《荆燕吴传》	属今山东省
娄敬,齐人。	《汉书》卷 43《娄敬传》	属今山东省
东郭,齐人。	《汉书》卷 43《蒯通传》	属今山东省
梁石君,齐人。	《汉书》卷 43《蒯通传》	属今山东省
安其生,齐人。	《汉书》卷 43《蒯通传》	属今山东省
伏生,齐人。	《汉书》卷 49《晁错传》	属今山东省
邹阳,齐人。	《汉书》卷 51《邹阳传》	属今山东省
主父偃,临菑人。	《汉书》卷 64《主父传》	属今山东省

严安,临菑人。	《汉书》卷64《严安传》	属今山东省
王朝,齐人。	《汉书》卷59《张汤传》	属今山东省
薛方,齐人。	《汉书》卷72《鲍宣传》	属今山东省
栗融,齐人。	《汉书》卷72《鲍宣传》	属今山东省
衡咸,齐郡人。	《汉书》卷88《儒林传》	属今山东省
周堪,齐郡人。	《汉书》卷88《儒林传》	属今山东省
炔钦,齐郡人。	《汉书》卷88《儒林传》	属今山东省
辕固,齐郡人。	《汉书》卷88《儒林传》	属今山东省
胡毋生,齐郡人。	《汉书》卷88《儒林传》	属今山东省
徐勃,齐人。	《汉书》卷90《酷吏传》	属今山东省
刀间,齐人。	《汉书》卷91《货殖传》	属今山东省
楼护,齐人。	《汉书》卷92《游侠传》	属今山东省
东郭咸阳,齐人。	《汉书》卷24下《食货志》	属今山东省

济阴郡

陈豨,宛句人。	《汉书》卷34《卢绾传》	属今山东省
戚姬,定陶人。	《汉书》卷97《外戚传》	属今山东省

胶东郡

庸生,胶东人。	《汉书》卷81《张禹传》	属今山东省

平原郡

东方朔,平原厌次人。	《汉书》卷65《东方朔传》	属今山东省

平原国

夏侯胜,东平国人。	《汉书》卷75《夏侯胜传》	属今山东省
蔺卿,东平国人。	《汉书》卷88《儒林传》	属今山东省
王式,东平新桃人。	《汉书》卷88《儒林传》	属今山东省
唐长宾,东平人。	《汉书》卷88《儒林传》	属今山东省
嬴公,东平人。	《汉书》卷88《儒林传》	属今山东省
索卢恢,东平无盐人。	《汉书》卷99下《王莽传》	属今山东省

泰山郡

郑弘,泰山刚人。	《汉书》卷66《郑弘传》	属今山东省
郑昌,泰山刚人。	《汉书》卷66《郑弘传》	属今山东省
王章,泰山巨平人。	《汉书》卷76《王章传》	属今山东省
栗丰,泰山人。	《汉书》卷88《儒林传》	属今山东省

冥都,泰山人。	《汉书》卷88《儒林传》	属今山东省

六安国

英布,六县人。	《汉书》卷34《英布传》	属今安徽省

庐江郡

文翁,庐江舒人。	《汉书》卷89《循吏传》	属今安徽省
朱邑,庐江舒人。	《汉书》卷89《循吏传》	属今安徽省

沛郡

刘邦,沛人。	《汉书》卷1《高帝纪》	属今江苏省
武负,沛人。	《汉书》卷1《高帝纪》	属今江苏省
王媪,沛人。	《汉书》卷1《高帝纪》	属今江苏省
葛婴,符离人。	《汉书》卷31《陈胜传》	属今江苏省
五逢,铚人。	《汉书》卷31《陈胜传》	属今江苏省
董继,铚人。	《汉书》卷31《陈胜传》	属今江苏省
朱鸡石,符离人。	《汉书》卷31《陈胜传》	属今江苏省
卢绾,丰县人。	《汉书》卷34《卢绾传》	属今江苏省
刘贾,丰县人。	《汉书》卷35《荆燕吴传》	属今江苏省
刘泽,丰县人。	《汉书》卷35《荆燕吴传》	属今江苏省
刘濞,丰县人。	《汉书》卷35《荆燕吴传》	属今江苏省
刘仲,丰县人。	《汉书》卷35《荆燕吴传》	属今江苏省
刘交,丰县人。	《汉书》卷36《楚元王传》	属今江苏省
萧何,沛人。	《汉书》卷39《萧何传》	属今江苏省
曹参,沛人。	《汉书》卷39《曹参传》	属今江苏省
王陵,沛人。	《汉书》卷40《王陵传》	属今江苏省
樊哙,沛人。	《汉书》卷41《樊哙传》	属今江苏省
夏侯婴,沛人。	《汉书》卷41《夏侯婴传》	属今江苏省
周绁,沛人。	《汉书》卷41《周绁传》	属今江苏省
周昌,沛人。	《汉书》卷42《周昌传》	属今江苏省
周苛,沛人。	《汉书》卷42《周苛传》	属今江苏省
任敖,沛人。	《汉书》卷42《任敖传》	属今江苏省
邓彭祖,沛人。	《汉书》卷88《儒林传》	属今江苏省
高相,沛人。	《汉书》卷88《儒林传》	属今江苏省
褚少孙,沛人。	《汉书》卷88《儒林传》	属今江苏省

闻人通汉,沛人。	《汉书》卷88《儒林传》	属今江苏省
庆普,沛人。	《汉书》卷88《儒林传》	属今江苏省
蔡千秋,沛人。	《汉书》卷88《儒林传》	属今江苏省
王孟,符离人。	《汉书》卷92《游侠传》	属今江苏省
陈参,沛郡人。	《汉书》卷99 上《王莽传》	属今江苏省
陈咸,沛郡人。	《汉书》卷99 中《王莽传》	属今江苏省
陈万年,沛郡相人。	《汉书》卷66《陈万年传》	属今安徽省
陈咸,沛郡相人。	《汉书》卷66《陈万年传》	属今安徽省
薛广德,沛郡相人。	《汉书》卷71《薛广德传》	属今安徽省
唐林,沛郡人。	《汉书》卷72《鲍宣传》	属今安徽省
唐尊,沛郡人。	《汉书》卷72《鲍宣传》	属今安徽省
戴崇,沛郡人。	《汉书》卷81《张禹传》	属今安徽省

九江郡

祝生,九江人。	《汉书》卷66《郑弘传》	属今安徽省
严望,九江人。	《汉书》卷67《朱云传》	属今安徽省
严元,九江人。	《汉书》卷67《朱云传》	属今安徽省
梅福,九江寿春人。	《汉书》卷67《梅福传》	属今安徽省
朱普,九江人。	《汉书》卷88《儒林传》	属今安徽省
张邯,九江人。	《汉书》卷88《儒林传》	属今安徽省
贲生,淮南人。	《汉书》卷88《儒林传》	属今安徽省
陈侠,九江人。	《汉书》卷88《儒林传》	属今安徽省
召信臣,九江寿春人。	《汉书》卷89《循吏传》	属今安徽省

会稽郡

严助,会稽吴人。	《汉书》卷64《严助传》	属今江苏省
朱买臣,吴人。	《汉书》卷64《朱买臣传》	属今江苏省
郑吉,会稽人。	《汉书》卷70《郑吉传》	属今江苏省
郑朋,会稽人。	《汉书》卷78《萧望之传》	属今江苏省
薄姬,吴人。	《汉书》卷97《外戚传》	属今江苏省

楚国

季布,楚人。	《汉书》卷37《季布传》	属今江苏省
曹丘生,楚人。	《汉书》卷37《季布传》	属今江苏省
陆贾,楚人。	《汉书》卷43《陆贾传》	属今江苏省

朱建,楚人。	《汉书》卷43《朱建传》	属今江苏省
伍被,楚人。	《汉书》卷45《伍被传》	属今江苏省
龚胜,楚人。	《汉书》卷72《龚胜传》	属今江苏省
龚舍,楚人。	《汉书》卷72《龚舍传》	属今江苏省
段中,楚人。	《汉书》卷90《酷吏传》	属今江苏省
杜少,楚人。	《汉书》卷90《酷吏传》	属今江苏省

东海郡

周丘,下邳人。	《汉书》卷35《荆燕吴传》	属今江苏省
翼奉,下邳人。	《汉书》卷75《翼奉传》	属今江苏省
严彭祖,下邳人。	《汉书》卷88《儒林传》	属今江苏省
严延年,下邳人。	《汉书》卷90《酷吏传》	属今江苏省

临淮郡

韩信,淮阴人。	《汉书》卷34《韩信传》	属今江苏省
枚乘,淮阴人。	《汉书》卷51《枚乘传》	属今江苏省
儿长卿,临淮人。	《汉书》卷92《游侠传》	属今江苏省
陈君孺,东阳人。	《汉书》卷92《游侠传》	属今江苏省
瓜田仪,临淮人。	《汉书》卷99下《王莽传》	属今江苏省
秦嘉,东阳人。	《汉书》卷1《高帝纪》	属今江苏省
郑布,取虑人。	《汉书》卷31《陈胜传》	属今安徽省
丁疾,徐人。	《汉书》卷31《陈胜传》	属今江苏省

泗水国

秦嘉,凌人。	《汉书》卷31《陈胜传》	属今江苏省

南郡

张霸,南郡人。	《汉书》卷99下《王莽传》	属今湖北省
秦丰,南郡人。	《汉书》卷99下《王莽传》	属今湖北省

江夏郡

羊牧,江夏人。	《汉书》卷99下《王莽传》	属今湖北省
朱鲔,新市人。	《汉书》卷99下《王莽传》	属今湖北省

苍梧郡

陈钦,苍梧人。	《汉书》卷88《儒林传》	属今广西省

真定国

尉佗,真定人。	《汉书》卷43《陆贾传》	属今河北省

刘都,真定人。　　　　　《汉书》卷 99 中《王莽传》　　属今河北省

魏郡

盖宽饶,魏郡人。　　　　《汉书》卷 77《盖宽饶传》　　属今河北省
贾护,黎阳人。　　　　　《汉书》卷 88《儒林传》　　　属今河北省
淳于长,元城人。　　　　《汉书》卷 93《佞幸传》　　　属今河北省
周市,魏人。　　　　　　《汉书》卷 31《陈胜项籍传》　属今河北省

赵国

田叔,陉城人。　　　　　《汉书》卷 37《田叔传》　　　属今河北省
田仁,陉城人。　　　　　《汉书》卷 37《田叔传》　　　属今河北省
江充,邯郸人。　　　　　《汉书》卷 45《江充传》　　　属今河北省
石奋,赵人。　　　　　　《汉书》卷 46《万石君传》　　属今河北省
梁蚡,邯郸人。　　　　　《汉书》卷 53《景十三王传》　属今河北省
蔺相如,赵人。　　　　　《汉书》卷 57《司马相如传》　属今河北省
吾丘寿王,赵人。　　　　《汉书》卷 64《吾丘寿王传》　属今河北省
毛公,赵人。　　　　　　《汉书》卷 88《儒林传》　　　属今河北省
贯长卿,赵人。　　　　　《汉书》卷 88《儒林传》　　　属今河北省
贯公,赵人。　　　　　　《汉书》卷 88《儒林传》　　　属今河北省
郭纵,赵人。　　　　　　《汉书》卷 91《货殖传》　　　属今河北省
摎氏,邯郸人。　　　　　《汉书》卷 95《南粤传》　　　属今河北省

代郡

卫绾,代大陵人。　　　　《汉书》卷 46《卫绾传》　　　属今河北省
赵绾,代人。　　　　　　《汉书》卷 88《儒林传》　　　属今河北省
白氏,代人。　　　　　　《汉书》卷 92《游侠传》　　　属今河北省
新垣平,赵人。　　　　　《汉书》卷 4《文帝纪》　　　　属今河北省

信都国

窦婴,观津人。　　　　　《汉书》卷 52《窦婴传》　　　属今河北省
秦恭,信都国人。　　　　《汉书》卷 88《儒林传》　　　属今河北省
段仲,广川人。　　　　　《汉书》卷 83《儒林传》　　　属今河北省

巨鹿郡

路温舒,巨鹿东里人。　　《汉书》卷 51《路温舒传》　　属今河北省
尹赏,巨鹿杨氏人。　　　《汉书》卷 90《酷吏传》　　　属今河北省
马适求,巨鹿人。　　　　《汉书》卷 99 下《王莽传》　　属今河北省

中山国

刘子,中山人。	《汉书》卷66《郑弘传》	属今河北省
李延年,中山人。	《汉书》卷93《佞幸传》	属今河北省

河间国

丁外人,河间人。	《汉书》卷68《霍光传》	属今河北省
刘辅,河间人。	《汉书》卷77《刘辅传》	属今河北省
赵倢伃,河间人。	《汉书》卷97《外戚传》	属今河北省

涿郡

赵广汉,涿郡蠡吾人。	《汉书》卷76《赵广汉传》	属今河北省
王尊,涿郡高阳人。	《汉书》卷76《王尊传》	属今河北省
韩生,涿郡人。	《汉书》卷88《儒林传》	属今河北省
毕野白,涿郡人。	《汉书》卷90《酷吏传》	属今河北省
高氏,涿郡人。	《汉书》卷90《酷吏传》	属今河北省
崔发,涿郡人。	《汉书》卷99 上《王莽传》	属今河北省

右北平郡

徐乐,燕无终人。	《汉书》卷64《徐乐传》	属今河北省

勃海郡

隽不疑,勃海人。	《汉书》卷71《隽不疑传》	属今河北省
鲍宣,勃海高城人。	《汉书》卷72《鲍宣传》	属今河北省

上谷郡

储夏,上谷人。	《汉书》卷99 下《王莽传》	属今河北省

清河郡

胡常,清河郡人。	《汉书》卷84《翟方进传》	属今河北省
张禹,清河郡人。	《汉书》卷88《儒林传》	属今河北省
窦皇后,清河郡人。	《汉书》卷97 上《外戚传》	属今河北省

蜀郡

司马相如,成都人。	《汉书》卷57《司马相如传》	属今四川省
杨得意,蜀人。	《汉书》卷57 上《司马相如传》	属今四川省
卓王孙,临邛人。	《汉书》卷57 上《司马相如传》	属今四川省
卓文君,临邛人。	《汉书》卷57 上《司马相如传》	属今四川省
程郑,临邛人。	《汉书》卷57 上《司马相如传》	属今四川省
王褒,蜀人。	《汉书》卷64《王褒传》	属今四川省

严均平, 蜀人。	《汉书》卷72《王贡两龚鲍传》	属今四川省
张匡, 蜀郡人。	《汉书》卷82《王商传》	属今四川省
何武, 蜀郡郫县人。	《汉书》卷86《何武专》	属今四川省
扬雄, 蜀郡成都人。	《汉书》卷37 上《扬雄传》	属今四川省
罗裒, 成都人。	《汉书》卷91《货殖传》	属今四川省
侯商, 成都人。	《汉书》卷92《游侠传》	属今四川省
邓通, 南安人。	《汉书》卷93《妄幸传》	属今四川省

广汉郡

哀章, 梓潼人。	《汉书》卷97 上《外戚传》	属今四川省

北地郡

李息, 郁郅人。	《汉书》卷55《霍去病传》	属今甘肃省
公孙敖, 义渠人。	《汉书》卷55《霍去病传》	属今甘肃省
公孙贺, 义渠人。	《汉书》卷66《公孙贺传》	属今甘肃省
公孙昆邪, 义渠人。	《汉书》卷66《公孙贺传》	属今甘肃省
公孙敬声, 义渠人。	《汉书》卷66《公孙贺传》	属今甘肃省
傅介子, 北地人。	《汉书》卷70《傅介子传》	属今甘肃省
甘延寿, 郁郅人。	《汉书》卷70《甘延寿传》	属今甘肃省
浩商, 北地人。	《汉书》卷84《翟方进传》	属今甘肃省
缮君宾, 马领人。	《汉书》卷92《游侠传》	属今甘肃省

陇西郡

李广, 陇西成纪人。	《汉书》卷54《李广传》	属今甘肃省
李陵, 陇西成纪人。	《汉书》卷54《李广传》	属今甘肃省
段会宗, 天水上邽人。	《汉书》卷70《段会宗传》	属今甘肃省

天水郡

隗崔, 成纪人。	《汉书》卷99 下《王莽传》	属今甘肃省

云中郡

李沮, 云中人。	《汉书》卷55《霍去病传》	属今内蒙古
郭昌, 云中人。	《汉书》卷55《霍去病传》	属今内蒙古

以上从《汉书》中收集到 523 位人物,收录的基本原则是有明确的籍贯者予以收录,不知是何处之人者不予收录。收录过程中,可能有遗漏,并不十分完整,但不影响进行宏观分析。

所收人物无论阶级、阶层、职业、男女均加罗致。无论是正面人物或是非正面人物,总之,他们是当时西汉一代的知名人士。在西汉一代政治、经济社会的发展过程中有一定的影响,否则班固不会把他们记录下来。

西汉几代帝王,为了加强对政权的严密控制,采取了一种移民诸陵和关中的政策,这些人多为六国后代、豪强地主、官吏、高訾者,凡能查清楚其原居住地者一般注明其来自何地何处。

为了清晰展现这些知名人物的区域分布,我们既采用以西汉时期郡国为单位的人物统计,又以现代省区为单位(直辖市归属所在省区)进行考察,看每个省区当西汉之时《汉书》所载人物之多寡。

除了《汉书》之外,当然还有其他一些材料,包括地下出土之简文,遗留下来的碑刻等也有相关人物的姓名籍贯记载,我们不予收录,其原因是这些人物多为地域性的,此地有而彼地无,收入之后不利宏观分析,何况班固《汉书》入史的人物是有基本标准的。

由于《汉书》对人物籍贯记载详略不同,出现了以下几种情况:有的记郡望,如陈参,沛郡人;有的记县别,如葛婴,符离人;有的二者兼记,如严助,会稽吴人;有的记县以下的邑别,如陈牧,平林人。

以上诸种情况在确定其当今省籍归属时尚且好办,但也有一些情况比较麻烦,《汉书》当中好多人物记载为沛人,我们作为沛县处理,如刘邦,沛人;萧何为沛人等。属今日之江苏省。若记载为沛郡人,如唐林,沛郡人,我们以其郡治所地来判断其今日之省籍归属。西汉时沛郡之治在相,地处今淮北市,我们就将其归属于安徽省。

西汉时期的郡国,有一百多个。有的郡国地跨两省或数省,以今日之地域考察,如东郡,它处于河南、山东的交界处,郡治在濮阳,对于所收人物单记郡望,不载县籍者,我们以属河南作处理,如钟离眜,东郡人,因为西汉时之濮阳属今之河南省辖区。对于有明确县籍者,我们则根据当时县治所在地于今归属何省区处理,如《汉书》卷90《酷吏传》记尹齐为茌平人,西汉时的茌平在今山东省聊城东南,故归山东处理。

籍贯归属的其他类似情况不再一一赘述。

根据上述原则,我们将收集到的人物别其省区如下:

京兆46　右扶风44　左冯翊22　汉中郡1(属陕西省)

河东郡12　上党郡1　太原郡5　西河郡4(其中2属陕西)(属今山西省)

河内郡12　河南郡18　颍川郡8　南阳郡14　弘农郡4　淮阳国13
梁国15　陈留郡8　东郡6(其中1属山东)汝南郡6(属今河南省)

鲁国 22　山阳郡 11　菑川国 3　东莱郡 3　千乘郡 7　济南郡 10
北海郡 2　琅邪郡 19　东海郡 15　齐郡 21　济阴郡 2　胶东郡 1
平原郡 1　平原国 6　泰山郡 5（属今山东省）
六安国 1　庐江郡 2　沛郡 37（其中 31 属江苏）九江郡 9（属今安徽省）

会稽郡 5　楚国 9　东海郡 4　临淮郡 8（其中 1 属安徽）泗水国 1（属今江苏省）

南郡 2　江夏郡 2（属今湖北省）

苍梧郡 1（属今广西壮族自治区）
真定国 2　魏郡 4　赵国 12　代郡 4　信都国 3　巨鹿郡 3　中山国 2
河间国 3　涿郡 6　右北平郡 1　勃海郡 2　上谷郡 1　清河郡 3（属今河北省）

蜀郡 13　广汉郡 1（属今四川省）

北地郡 9　陇西郡 3　天水郡 1（属今甘肃省）

云中郡 2（属今内蒙古自治区）

第二节　同姓人群之概况

　　上面我们简列了绝大部分的入载《汉书》的人物地域分布表，显示了西汉时郡国之名人情况。特别是我们又以现行省区为单位，将上述人物分属各省，使读者更易了解其分布状况。在这里我还想罗列一下西汉时期同姓氏人群的情况，也就是说，此表以姓氏为主，罗列该一姓氏所出现的频率次数（每注明一个籍贯地就是出现一次）。从中可以帮助我们了解同姓氏人群的多寡情况，乃至西汉时期所存在的姓氏情况。

王	东平新桃、琅邪、琅邪、阳陵、长安、琅邪、汲郡蠡吾、平陵、琅邪、重泉、兰陵、郁郅、琅邪、皋虞、济南、涿郡高阳、泰山巨平、沛、齐、济南、京兆、频阳、符离、槐里、济南、下邽、兰田、长陵、长安、蜀
张	陈、大梁、大梁、大梁、大梁、韩、阳武、轵、堵阳、河东、杜陵、杜陵、杜陵、杜陵、汉中、河内轵、蜀郡、济南、济南、平阳、山阳、东莱、山阳、山阳、九江、清河、南阳、洛阳、阳陵
陈	阳城、陈、大梁、阳武、山阳瑕丘、梁、九江、苍梧、东阳、杜陵、沛郡、南阳、沛郡、平林、济阴宛句、沛郡相
田	临菑、临菑、临菑、临菑、临菑、临菑、千乘、千乘、千乘、千乘、千乘、齐、赵陉城、赵陉城、长陵、京兆郑县、阳陵
朱	符离、鲁、汝南、鲁(徙平陵)、杜陵、九江、庐江、舒、楚、吴、新市
周	魏、陈、陈、下邳、濮阳、河南卷、沛、沛、阳陵、鲁、齐、陈
刘	丰、丰、丰、丰、丰、洛阳、河间(宗室)真定、中山、沛、定襄、中山
公孙	鲁、义渠、菑川、薛、北地、义渠、义渠、义渠、琅邪、鲁、汾阴、义渠
严	吴、临菑、九江、九江、蜀、陵阳、东海下邳、鲝、阳陵、东海下邳
郑	取虑、泰山刚、泰山刚、谷口、高密、会稽、平陵、会稽、陈、河东平阳
李	成纪、成纪、郁郅、云中、平陵、平陵、中山、宛、杜陵
赵	邯郸、太原、颍、代、河内、扶风、河间
冯	祖父赵人父徙代,汉兴徙安陵、阳陵、上党迁杜陵、杜陵、杜陵、杜陵、杜陵、鲁
赵	冯翊、祋祤、南阳、槐里、槐里、河间、陇西上邽、东郡、涿郡蠡吾
韩	淮阴、梁成安、薛人徙杜陵、涿郡、梁、池阳、颍川
贾	河内河阳、洛阳、洛阳、颍川、洛阳、茂陵、黎阳
杨	华阴、华阴、华阴、蜀、梁、宜阳、轵
唐	茂陵、沛、平阳、沛、沛、沛、东平
萧	沛、东海兰陵徙杜陵、杜陵、杜陵、杜陵、瑕丘、梁
杜	杜衍、杜衍、杜衍、魏郡繁阳徙茂陵、安陵、楚
郭	隃麋、邯郸、西河、淮阳、云中、河内轵迁茂陵
邓	阳城、汉中、蜀郡南安、析、沛
丁	徐、薛、河间、梁、梁
樊	沛、杜陵、长安、长安、尉氏
霍	平阳、平阳、槐里
胡	河东、清河、清河、齐、渭城
薛	沛郡相、齐、东海郯、阳翟、洛阳
徐	虢、琅邪、齐、东莱、燕无终
吴	阳夏、上蔡、平陵、平陵
蔡	上蔡、温、沛、河内
秦	凌、南郡、信都、东阳
董	铚、广川、云阳、茂陵
夏侯	沛、鲁、东平、鲁

续表

任	沛、益州、蓇川、宣曲
伏	济南、琅邪、琅邪、齐
许	长安、陈留、温、广汉
吕	温、单父、琅邪、九江寿春
项	下相、下相、下相
彭	昌邑、淮阳阳夏、淮阳
曹	楚、沛、山阳
梁	齐、琅邪、邯郸
孙	长安、颍川、鄢陵
龚	楚、楚、山阳南平阳
高	沛、涿、长陵
栗	泰山、齐
段	广川、楚、天水上邽
史	鲁、鲁、鲁徙杜陵
孔	宛、鲁、南阳
葛	符离
五	铚
娄	齐
叔孙	薛
季	楚
栾	梁
申屠	梁
陆	楚
尉	真定
楼	齐
东方	平原厌次
东	齐
东门	琅邪
公玉	齐南
所	（？）
安	齐
伍	楚
江	邯郸
息	河内河阳
卫	代
车	长陵
羊	江夏
直	南阳

犴	睢阳
中行	?
爰	楚徙安陵
晁	颍川
汲	濮阳
翟	下邽
邹	齐
枚	睢阳
路	巨鹿、西河平州
荀	太原广武
蔺	赵
卜	河南
儿	千乘、临淮
程	临邛
堂邑氏	
吾丘	赵
主父	临菑
终	济南
緐	（音婆）
后	兰陵（后苍）东海郯（后苍）
钟	颍川
士孙	平陵
蔺	鲁
炔	齐
万	鲁国
祝	九江
贡	琅邪
云	平陵
梅	九江寿春
甘	北地郁郅
常	太原
盖	魏郡
诸葛	琅邪
隽	勃海
成	阳夏
疏	东海
纪 ·	琅邪
禽	北海

蒋	杜陵
魏	?
丙	鲁国
京	东郡顿丘
翼	东海下邳
匡	东海承
施	沛
庸	胶东
戴	沛郡
成公	东海
马	东海戚
尚	长陵
浩	北地
谷	长安
扬	成都
衡	齐
姚	河东
乘	河南
费	东莱
欧阳	千乘
平	平陵
林	济南
假	陈留
都尉	
涂	平陵
桑	河南
浮	楚
阙门	邹
辕	齐
爰	安陵
满	颍川
皮	琅邪
贳	淮南
食	河内
长孙	菑川
发	东海
毛	赵
公户	?

续表

闾丘	鲁
闻人	沛
广	沛
桥	梁
嬴	东平
颜	鲁薛
冷	淮阳
笕	琅邪
堂溪	颍川
冥	泰山
左	琅邪
荣	鲁
皓	鲁
文	庐江舒
黄	淮阳阳夏徙云陵
郅	河东大阳
晌	济南
宁	南阳穰
周阳	？
咸	杨
梅	南阳
百	南阳
坚	燕赵
毕	涿
乌氏	？
罗	成都
丙	鲁
刀	齐
挚	茂陵
如	平陵
苴	？
剧	洛阳
寒	陕
鲁	太原
萬	长安
侯	成都
原	阳翟徙茂陵
肃	马领

漕	西河
闳	徙长安
淳于	魏元城
安国	霸陵
摎	邯郸
戚	定陶
薄	吴
哀	梓潼
满	颍川
国	长安
瓜田	临淮
马适	巨鹿
储夏	上谷
索卢	无盐
隗	成纪
汝	槐里
屠门	杜陵
新	赵
东郭	齐
桓	吴
武	陈
萌	范阳
钟离	东郡
英	六
卢	丰
郦	高阳、陈留高阳
灌	睢阳、颍阴
石	赵、济南
窦	信都观津、清河
苏	杜陵、杜陵
司马	成都、龙门
卓	临邛(原为赵人徙蜀)
毋将	东海兰陵
何	平兴徙茂陵、蜀郫县
辛	狄道徙长安
尹	河东平阳徙杜陵、茌平
于	东海郯、析
郇	太原、太原

韦	鲁邹人徙平陵、杜陵
眭	鲁国蕃、鲁
焦	梁、茂陵
师	琅邪东武、洛阳
孟	东海兰陵、东海
殷	东海、琅邪
申	鲁、栎阳
褚	沛、兰陵
贯	赵、赵
戴	梁、梁
白	周、代
籍	临晋、徙长安
崔	涿、沛
宋	铚、洛阳
范	庐江、燕赵
傅	河内河阳、河内温、北地
儿	千乘、临淮
鲍	渤海高城、上党

通过上表,我们发现,王、张、陈、田、周、朱、刘、公孙、严、郑、李、冯、赵、韩、杨、萧、唐、杜、郭,这20个姓氏出现频率最高,它与今日之所占中国人口比重多寡排序有近似之处。当今之排序为:李、王、张、刘、陈、杨、赵、黄、周、吴、徐、孙、胡、朱、高、林、何、郭、马、罗、梁、郑、谢、韩、唐、冯、于、董、萧、程、曹、袁、邓、许、傅、沈、曾、彭、吕、苏、卢、蒋、蔡、贾、丁、魏、薛、叶、阎、余、潘、杜、戴、夏、钟、汪、田、任、姜、范……

通过两个排序对照,我们可以这样说,当今之大姓人口群体,早在西汉就已基本形成。通过数千年的发展变化,虽然互有起落,原因不明,但大的基本格局已经形成。

通过上述罗列,我们发现,西汉时期复姓出现的频率还是很高的,收集到的复姓有:叔孙、钟离、夏侯、申屠、公孙、东方、东门、公王、中行、司马、堂邑、吾丘、主父、毋将、士孙、公乘、诸葛、成公、欧阳、都尉、阙门、长孙、公户、闾丘、闻人、堂溪、周阳、乌氏、淳于、安国、瓜田、马适、储夏、索卢、屠门、东郭。计有37姓占所收姓氏的$\frac{37}{240}=$15%也就是说,在100姓中,复姓就能占到15%,然而今日之大姓统计,在前60姓中无复姓,而复姓的出现率甚低,是何原因,从何开始都有待探讨。

第三节 姓氏的变化及新出现的姓氏

姓氏的产生发展是有其历史过程的。秦汉时期也出现了一些新的人口姓氏,加入到中国人口姓氏大家庭的队伍中来,也有一些姓氏改动的情况,主要有如下数例:

(1)项氏

《汉书》卷31《项籍传》载:

> 项籍字羽,下相人也。初起,年二十四。其季父梁,梁父即楚名将项燕者也。家世楚将,封于项,故姓项氏。

(2)周阳氏

《汉书》卷90《酷吏传》载:

> 周阳由,其父赵兼以淮南王舅侯周阳,故因氏焉。

(3)仓氏、库氏

《汉书》卷86《王嘉传》载:

> 孝文时,吏居官者或长子孙,以官为氏,仓氏、库氏则仓库吏之后也。

(4)马矢氏改姓为马氏

《汉书》卷81《马宫传》载:

> 马宫……本姓马矢,宫仕学,称马氏云。

(5)田氏改为车氏者

《汉书》卷66《车千秋传》载:

> 车千秋,本姓田氏,其先齐诸田徙长陵……初,千秋年老,上优之,朝见,得乘小车入宫殿中,故因号曰:"车丞相。"

(6)郑氏改为卫氏

《汉书》卷55《卫青传》载:

> 卫青字仲卿。其父郑季,河东平阳人也,以县吏给事侯家。平阳侯曹寿尚武帝姊阳信长公主。季与主家僮卫媪通,生青。青有同母兄卫长君及姊子夫,子夫自平阳公主家得幸武帝,故青冒姓为卫氏。

(7)张氏改为郑氏

《汉书》卷52《灌夫传》载:

> 灌夫字仲孺,颍阴人也。父张孟,尝为颍阴侯灌婴舍人,得幸,因进之,至二千石,故蒙灌氏姓为灌孟。

（8）娄氏改为刘氏

《汉书》卷43《刘敬传》载：

> 娄敬，齐人也……于是上曰："本言都秦地者娄敬，娄者刘也。"赐姓刘氏，拜为郎中，号曰奉春君。

（9）李氏改为京氏

《汉书》卷75《京房传》载：

> 房本姓李，推律自定为京氏。

（10）田氏改为王氏

《汉书》卷98《元后传》载：

> 孝元皇后，王莽之姑也。莽自谓黄帝之后，其《自本》曰：黄帝姓姚氏，八世生虞舜。舜起妫汭，以妫为姓。至周武王封舜后妫满于陈，是为胡公，十三世生完。完字敬仲，奔齐，齐桓公以为卿，姓田氏。十一世，田和有齐国，世称王，至王建为秦所灭。项羽起，封建孙安为济北王。至汉兴，安失国，齐人谓之"王家"。因以为氏。

（11）班姓的来历

《汉书》卷100上《叙传》云：

> 班氏之先，与楚同姓，令尹子文之后也。子文初生，弃于瞢中，而虎乳之。楚人谓乳"穀"，谓虎"于檡"，故名穀于檡，字子文。楚人谓虎"班"，其子以为号。秦之灭楚，迁晋、代之间，因氏焉。

（12）夏侯氏改为孙氏者

《汉书》卷41《夏侯婴传》载：

> 初，婴为滕令奉车，故号滕公。及曾孙颇尚主，主隋外家姓，号孙公主，故滕公子孙更为孙氏。

（13）《汉书》卷68《金日磾传》"以休屠作金人为祭天主，故赐日磾为金氏"。这是汉武帝的托孤重臣——匈奴人金日磾姓的来历。

（14）庄姓改为严姓者

《汉书》卷57上《司马相如传》载：

> 司马相如字长卿，蜀郡成都人也……会景帝不好辞赋，是时梁孝王来朝，从游说之士齐人邹阳、淮阴枚乘、吴严忌夫子之徒，相如见而说之，因病免，客游梁，得与诸侯游士居……（师古曰："严忌本姓庄，当时尊尚，号曰夫子。史家避汉明帝讳，故遂为严耳。"）

（15）由刘氏改为王氏

《汉书》卷 63《武五子传》载：汉武帝有六个儿子，武帝与李姬生燕王旦，元狩六年（前 122 年）被封，后因罪自杀，到宣帝即位后，封燕王旦的后代，"又立故太子建，是为广阳顷王，二十九年薨。子穆王舜嗣，二十一年薨。子思王璜嗣，二十年薨。子嘉嗣。王莽时，皆废汉藩王为家人，嘉独以献符命封扶美侯，赐姓王氏"。这段文字说的是武帝的后代刘嘉因拥戴王莽代汉而被王莽赐姓王氏的。

（16）姬姓改为王姓者

《史记》卷 73《王翦传》云："王翦者，频阳（今陕西省铜川市东南）东乡人也。"

据《新唐书》卷 72 中《宰相世系表》载：

　　王氏出自姬姓。周灵王太子晋以直谏废为庶人，其子宗敬为司徒，时人号曰"王家"，因以为氏。八世孙错，为魏将军。生贲，为中大夫。贲生渝，为上将军。渝生息，为司寇。息生恢，封伊阳君。生元，元生颐，皆以中大夫召，不就。生翦，秦大将军。生贲，字典，武陵侯。生离，字明，武城侯。二子：元、威。元避秦乱，迁于琅邪，后徙临沂。

（17）范姓改为张姓者

《史记》卷 79《范雎传》载："范雎后更名为张录。"可知有范姓改为张姓者。

似上述改姓的例证恐怕还有，这里不能一一遍收，特别是一些大姓，如王、张、李等都是其他姓氏的加入，数量较大。有人说姓氏就是 DNA 恐怕这不太正确。

（18）李姓改为卫姓者

《汉书》卷 97 下《外戚传》载：

　　自鸿嘉以后，上稍隆于内宠。倢伃进侍者李平，平得幸，立为倢伃。上曰："始卫皇后亦从微起。"乃赐平姓曰卫，所谓卫倢伃也。

第四节　居延汉简中的姓氏

此表是根据附录一的资料整理而制作

姓氏	分布郡（国）县
张	南阳叶、河东安邑、东郡聊城、京兆长安、河南郡成皋、邺、觻得、觻得、淮阳扶沟、魏郡繁阳、淮阳扶沟、昌邑国西邬、梁国睢阳、居延、居延、张夜居延、魏郡贝丘、大河郡东平
李	颍川、淮阳长平、淮阳长平、魏郡贝丘、淮阳长平、觻得、汉中成固、河南雒阳缑氏、汝阳西平、觻得、居延、南阳育阳、魏郡繁阳、魏郡繁阳、南阳鲁阳

姓氏	分布郡(国)县
王	淮阳长平、淮阳郡、昭武、阳夏、鲁阳、觻得、觻得、觻得、冯翊、觻得、觻得、居延、觻得、觻得、魏郡阴安
孙	氏池、氏池、昭武、居延、居延、梁国睢阳、觻得、敦煌
赵	觻得、淮阳郡器、觻得、弘农陆浑、赵国邯郸、氏池、张掖居延
杨	觻得、氏池、觻得、氏池、魏郡贝丘、觻得
杜	平陵、氏池、荥阳、河东皮氏、魏郡内黄
陈	昌邑国、淮阳郡长平、淮阳郡、氏池
魏	洛阳、觻得、河南平阴、昌邑东缗
孟	广平、觻得、氏池、居延
庄	大河郡任城、河南郡荥阳、汉中河阳
郭	河东襄陵、觻得、觻得
马	氏池、昌邑、魏郡邺
丁	淮阳郡长平、昌邑国东邟、氏池
段	茂陵、张掖居延、张掖居延
朱	觻得、昌邑国西邟、昌邑国西邟
薛	淮阳郡苦、居延、张掖昭武
高	昭武、张掖居延、淮阳郡
司马	氏池、安陵、张掖
宋	昌邑国东邟、氏池、淮阳郡长平
许	东郡、觻得、居延
解	氏池、汉中
阎	长安、昭武宣众
武	河东、弘农陆浑
史	济阴定陶、河南郡河南县
徐	觻得、觻得
冯	魏郡繁阳、淮阳郡长平
彭	氏池、昌邑国湖陵
周	济阴定陶、梁国己氏
狄	觻得、济阳成阳
黄	汝南平舆、觻得
吴	淮阳郡长平、大河郡东平
潘	巨鹿广阿
左	梁国蒙
范	洛阳
瞿	南阳新野
靳	东郡
毋封	觻得

姓氏	分布郡(国)县
费	昌邑国
豳	淮阳郡长平
陶	阳翟
稞	淮阳郡长平
暴	昌邑国
皇	东郡博平
相	淮阳郡长平
兒	骊靬
包	昌邑国
拜	东郡东阿
成	颍川
云	淮阳郡长平
徒	陈留
恭	东郡聊城
詹	魏郡内黄
匽	彭阳
和	淮阳长平
侯	茂陵
吕	昭武
江	张掖
董	赵国邯郸
褒	汉中
严	大河郡
昭	大河郡
羊	昭武
田	觻得
钮	氏池
储	武昭
乙	觻得
柳	淮阳高平
成功	觻得
寻	汉中南郑
纞	河南郡荥阳
工	觻得
都	觻得
苏	河内温
陆	昭武

续表

姓氏	分布郡（国）县
丘	淮阳长平
溥	昌邑
麃	昌邑国
阳	大河郡瑕丘
辅	显美
卫	梁国己氏
吕	巨鹿广博
常	河东北屈
谢	魏郡
复	觻得
傅	河东皮氏
贾	济阴定陶
聂	东郡
礼	觻得
万	居延
窦	觻得
蔽	陈留封丘
叶	居延
庞	魏郡繁阳
虞	张掖
淳于	张掖
必	东郡东阿
觿	馆陶
胡	济阴定陶
萧	济阴定陶
路	东郡东阿
戫	觻得
宣	氏池
尸	昭武
单	居延
鲜	邺
郑	居延
邓	南阳冠军

居延汉简所见郡国姓氏概况表

郡名	县名	姓氏分布
巨鹿(治所在今河北巨鹿县南)	广阿、广博	潘、吕
梁国(郡治在今河南省商丘市)	蒙、睢阳、睢阳、已氏、已氏	左、张、孙、周、卫
南阳(郡治在今河南省南阳市)	叶、新野、育阳、鲁阳、鲁阳、冠军	张、翟、李、李、王、邓
河东(郡治在今山西省运城境)	安邑、皮氏、(?)、北屈、皮氏、襄陵	张、杜、武、常、傅、郭
东郡(郡治在今河南省濮阳市)	聊城、(?)、(?)、博平、(?)、东阿、东阿	张、靳、许、皇、拜、恭、聂、必、路
京兆(今陕西西安市)	长安、长安、长安	张、阎、任
河南(治所在今河南洛阳市)	成皋、荥阳、缑氏、荥阳、荥阳、河南县、洛阳	张、杜、李、魏、繺、庄、史、范
魏郡(治所在今河北省邺县)	邺、繁阳、贝丘、内黄、贝丘、繁阳、繁阳、阴安、繁阳、内黄、贝丘、邺、(?)、繁阳、邺、馆陶	张、张、张、杜、李、李、李、王、冯、詹、杨、马、谢、庞、鲜、㸐
淮阳(治所在河南省淮阳县)	扶沟、扶沟、长平、长平、(?)、嚣、长平、长平、长平、长平、(?)、长平、长平、长平、长平、长平、苦、高平、长平、(?)、阳夏	张、张、李、李、李、陈、陈、赵、鄳、穊、相、王、王、宋、云、冯、丁、和、薛、柳、丘、吴、高、王
昌邑国(治所在今山东巨野县南)	西郚、东缗、(?)、西郚、郚、东郚、(?)、宜年、(?)、(?)、东郚、湖陵、(?)、(?)、(?)	张、魏、陈、朱、朱、宋、费、暴、包、丁、彭、马、溥、廌
大河郡(治所在今山东汶上县北)	东平、(?)、(?)、瑕丘、东平、任城	张、严、昭、阳、吴、庄
颍川(治所在今河南禹州市)	(?)、(?)、阳翟	李、陶、成
汉中(治所在陕西汉中市)	成固、(?)、(?)、南郑、沔阳	李、解、褒、寻、庄
汝南(治所在今河南平舆县北)	西平、平舆	李、黄

郡名	县名	姓氏分布
济阴（治所在今山东定陶县）	(?)、定陶、定陶、定陶、定陶、定陶	魏、史、周、贾、胡、萧
广平（治所在今河北曲周县北）		孟
弘农（治所在今河南灵宝北）	陆浑、陆浑	赵、武
赵国（治所在今河北省邯郸市）	邯郸、邯郸	赵、董
陈留（治所在今河南开封市南）	(?)、封丘、济阳、城阳	徒、蔽、狄
扶风（今关中西安以西）	茂陵、茂陵、安陵（安陵又见于平原郡）、平陵	侯、哥、司马、杜
河内（治所在今河南武陟县境）	温	苏
敦煌（今甘肃敦煌市）	(?)	孙
冯翊（今关中西安以北）	(?)	王
张掖（今甘肃张掖）	觻得、居延、居延、居延、居延、居延、居延、居延、张掖、居延、居延、居延、居延、居延、居延、居延、居延、张掖、张掖、张掖、居延、居延、居延、张掖、居延、氐池、氐池、氐池、氐池、氐池、氐池、氐池、氐池、氐池、氐池、氐池、氐池、氐池、氐池、昭武、昭武、昭武、昭武、昭武、武昭（疑写法有误）、昭武、昭武、昭武、昭武、骊靬、显美	张、张、李、李、魏、孟、毋封、朱、赵、赵、王、王、王、王、王、王、王、王、徐、徐、杨、杨、杨、黄、狄、田、乙、孙、成功、工、都、复、许、郭、郭、礼、窦、虪、张、张、张、李、王、哥、哥、江、高、薛、孙、孙、孙、许、万、叶、虞、司马、淳于、单、郑、孟、赵、宣、杜、孟、宗、赵、丁、杨、杨、钽、孙、孙、彭、郑、司马、解、马、陈、王、吕、高、羊、薛、储、孙、陆、尹、阎、兒、辅、
安定（今宁夏固原市）	彭阳	匽

注：以上表格中所出现的"(?)"为无考县。

以上所收资料的写法并不规范和完整,特别是在籍贯方面,有的冠以某某郡、某某县,但有的仅写郡名而未详县别。似这种情况的有:东郡、颍川、济阴、广平、昌邑国、淮南郡、河东郡、陈留郡、汉中郡、张掖郡、大河郡、敦煌郡、魏郡等。凡属此种情况,在表格县名栏目中因没法填写而画了问号。有的籍贯的写法与上相反,仅注县名而郡望不属,如仅注郏、鳛得、居延、洛阳、长安、平陵、氐池、荥阳、馆陶、昭武、显美、安陵、彭阳、茂陵、阳翟、阳夏、鲁阳、骊靬,似这种情况,我都找出了这些县所归的郡份,然后将其归属进去。但有的简文书写籍贯有笔误,将“昭武”等作“武昭”的也有。需交代的问题还有:如“长平”一县,简文中谓淮阳郡国长平,但与《汉书·地理志》的记载不同,《地理志》中的长平县属汝南郡,并非属淮阳郡,且《地理志》称淮阳国。

关于这批简文反映的历史时段问题,劳干先生认为:“大抵其自太初,迄于建武,最晚的到建武七年”。并引《汉书·武帝纪》太初三年“强弩都尉路博德筑居延”。又引《汉书·李广利传》:

> “太初元年,以广利为贰师将军,发属国六二骑及郡国恶少年数万人以往,期至贰师城取善马,故号‘贰师将军’。故浩侯王恢使道军。既西过盐水,当道小国各坚城守,不肯给食,攻之不能下。下者得食,不下者数日则去。比至郁成,士财有数千,皆饥罢……引而还。往来二岁,至敦煌,士不过什一二。使使上书言:‘道远,多乏食,且士卒不患战而患饥。人少,不足以拔宛。愿且罢兵,益发而复往。’天子闻之,大怒……益发戍甲卒十八万酒泉。酒泉、张掖北,置居延、休屠以西为酒泉。”

劳干引为据以作证释。仔细推敲这批简文所反映的历史时段,恐怕还会早于太初,因为简文中多处有“大河郡”这一地名的出现,《汉书·地理志》反映汉末的地理建置中的百三郡国,并未有大河郡,大河郡的开设和废止据《汉书》卷28下《地理志》所载其存在的时段为武帝元鼎元年(前116年)到宣帝甘露二年(前52年)。如《地理志》东平国载:

> “故梁国,景帝中元六年别为济东国,武帝元鼎元年为大河郡,宣帝甘露二年为东平国,莽曰有盐。属兖州。”

汉对边塞地区的建设和移民,不只是在武帝年间,《史记》卷110《匈奴传》秦始皇在灭掉六国之后

> “使蒙恬将十万之众北击胡,悉收河南地。因河为塞,筑四十四县城临河,徙谪戍以充之。”

《汉书》卷《晁错传》载晁错向皇帝建言远方之卒守塞一岁而更,不知胡人之能,不如举家徙边,长期驻守,“山从其言,募民徙塞下’。总之,汉对边疆的经营,不仅仅在武

帝时期,秦始皇、汉文帝时已有不同的举措,故据简文中出现"大河郡"推测,太初(前104年)之前到大河郡于元鼎元年开设这一时期,可是不能排除在外的。

上面收集到的有籍贯的姓氏总共有115姓,其中张姓18,李姓15,王姓15,孙姓9,赵姓7,杨姓6,杜姓5,陈姓4,魏姓4,孟姓4,庄姓3,郭姓3,马姓3,丁姓3,段姓3,朱姓3,薛姓3,司马姓3,许姓3,宋姓3,高姓3,狄姓2,徐姓2,冯姓2,周姓2,彭姓2,吴姓2,许姓2,阎姓2,黄姓2,史姓2。其余潘、左、范、翟、靳、毋封、武、费、邑、陶、穉、暴、皇、相、兒、包、史、拜薪、成、云、徒、恭、詹、匽、和、任、侯、吕、解、江、董、褒、严、昭、羊、田、钼、储、乙、郑、柳、成功、解、寻、縻、工、都、苏、陆、丘、溥、廛、阳、辅、卫、召、常、谢、复、武、傅、贾、聂、礼、万、窦、蔽、叶、庞、虞、淳于、必、艫、胡、萧、路、龛、宣、尹、鲜、郑、邓。

以上所收姓氏与前面所收《纪》、《传》中的姓氏相比,有其自身的特点,可以说前面所收姓氏大都出身于官宦名人,而居延简文所载姓氏可以说完全是平民姓氏,抑或免罪徙边者,平民姓氏与官吏姓氏人口在名序排列上有其相似之处。

《汉书》所收姓氏按数量多少,列前15位的有:

王、张、陈、田、周、朱、刘、公孙、严、郑、李、赵、韩、杨、萧;

居延简文所录姓氏按其多少排名在前15位的有:

张、李、王、孙、赵、杨、杜、陈、魏、孟、庄、郭、马、丁、段;

二者相比有6姓是相同的,这便是张、李、王、赵、杨、陈。

居延汉简所载有籍贯者的姓氏来自于全国24郡,占西汉末百三郡国的四分之一。总的来看,一些郡份同姓聚族而居的现象反映并不突出,各姓氏之间的交叉分布显得十分普遍和广泛,说明了各姓氏人口之间的迁徙和变动是频繁的,特别是一些大姓,可以说在全国的主要郡国当中到处皆有。

居延汉简所收集到的有明显的籍贯记载者的姓氏中,有二百人左右,但复姓者寥寥,与《汉书》、《纪》、《传》中所收复姓占15%相比大有差距,莫非对其优待,酌免戍边?

在所收戍边者的姓氏人口中,无一例刘姓者,按说刘姓占当时人口比重很大,排序为第七位,但却无戍卒和徙边者,是否刘氏可以豁免呢?

第九章 秦、西汉时期的人口思想

早在20世纪80年代就有多位学者对中国古代的人口思想有所探讨,特别是张敏如的《中国人口思想史》①和吴申元的《中国人口思想史稿》②都对此问题有比较详细的分析、研究和论述。这两部著作的突出特点是以人物为主,探讨对人口问题的不同看法与主张。春秋战国以来的主要思想家、政治家凡对人口问题发表意见看法者一一介绍并作评述,计有管仲、孔子、老子、商鞅、孟子、荀子、韩非、贾谊、晁错、董仲舒、王吉、贡禹等人口思想的研评。而有的更明确地点出某某人的何种人口思想,如管仲的"定民之居"论、老聃的"小国寡民"说、孔丘的人口"富庶"论、墨翟的人口自然增殖说、商鞅的"徕民"说、《尉缭子》的军事人口说、韩非的"民众财寡"说、晁错的移民实边说、贾谊的"胎教"说、韩婴的"养民"说、王吉的反对"早婚习俗"说等等。总之我国古代的人口思想特别丰富,尤其是春秋战国秦汉时期所形成的人口思想对后世的影响很大,需要认真给予总结。本章对人口思想的探讨,不打算面面俱到,准备集中几个方面进行论述,也就是说选择一些有重大影响的人口思想,阐述其产生原因、发展过程及其对国家社会的影响进行考述和分析。故本章主要探讨春秋战国以来到秦汉时期思想家们一再呼吁的人口和土地必须合理配备的人地相称思想,统治阶级为了稳固政权、打击豪强所采取的长达近200年的强干弱枝移民关中的思想,以及为了保障边疆的安全调整人口布局不合理的移民实边思想。当然对于其他方面的人口思想也予以注意,如反对早婚思想,要求限纳宫女思想,特别是以往所不注意的少数民族的人口思想,诸如:收继婚思想、"蒸胺正世"思想等,给予应有的重视和介绍。

第一节　制土分民思想

一、制土分民思想的形成过程

在我国历史上,制土分民思想产生甚早,人们十分重视土地和人口数量的比例关系,为了达到人地相称的目的,国家采取了不少的措施,这些措施的推行,对全国经济的发展,起到了积极的推动作用。本书拟就秦、西汉时期的制土分民思想及有关情况加以探讨。秦、西汉时期的制土分民思想,是由先秦时期发展而来,这里有必要对其源头加以追述。

（一）夏、商、周——制土分民思想的萌芽时期

早在国家产生之前的原始社会时期,并未产生制土分民的思想,恩格斯把是否按地域划分国民,看作是国家出现的重要标志之一。如此说来,按地域划分国民的统治形式,包蕴了制土分民的思想。准此,我国古代制土分民思想该是萌芽于大禹时期。大禹时期,把全国划分为九州,按地域治理国民,在这方面,史籍有明确记载。《史记》卷2《夏本纪》云,在大禹领导下,制服了洪水,于是把中国大地按照不同的地形特点、气候条件等划分成九个大的区域去进行统治管理,这便是九州的形成。并且还根据不同的情况,"列五服,任土作贡",即在州之下,进一步划分成小的区域,根据其土地所产,以定贡赋的多少。《孟子·滕文公》说"夏后氏五十而贡"。《汉书》卷24《食货志》载:

"禹平洪水,定九州,制土田,各因所生远近,赋入贡棐。"
所有这些便是大禹制土分民进行统治的佐证。

夏王朝灭亡以后,商朝建立,商朝对民众的治理办法,仍然是一遵夏制,无所变更。

到了周王朝时期,对夏、商时期所划定的地理区域进行了调整,调整之后仍然是九州,具体情况是这样的:周朝时把夏、商时期的徐州并入了青州,把梁州并入了雍州,又从冀州中分出了并州和幽州。在周王朝的中央机构中,设立职方氏一官,掌管四方的土地。

西周的制土分民办法,是与分封制相结合,即把王室、宗族、功臣分封到各个地方去,让他们去管理该块土地上的民众,进行统治,收取赋税。周朝的爵制是划分为五等,即公、侯、伯、子、男。公、侯所分封的土地是方百里,伯所分封的土地是方七十里,

子、男所分封的土地是方五十里,当初受封者计有 1800 余人③。

总之,从夏、商、西周的情况来看,当时已实行按地域划分国民的办法进行统治,这种办法促进了当时社会生产力和经济的发展。当时人口稀少,还没有发现有关这一时期某一地区因人口过于集中,以致造成物质资料匮乏不足相供的现象,我们把这一时期制土分民思想称谓萌芽阶段。

(二)春秋、战国——制土分民思想的形成时期

随着社会生产力的发展,人们战胜自然能力的进一步提高,人口数量不断增长,特别是战国时期最为明显。庄子(约前 369—前 286 年)说当时的人口稠密度是"邻邑相望"④。孟轲(约前 371—前 289 年)说齐国的人口稠密程度是:

> 鸡鸣狗吠相闻而达乎四境⑤。

苏秦在公元前 333 年游说魏国时赞扬魏国兵强马壮人口众多时云:

> 田舍庐庑之数,曾无所刍牧。人民之众,车马之多,日夜行不绝,辒辒殷殷,若有三军之众。⑥

由于人口的大量增长,战国时期已经出现了某些局部地区人口过分集中的现象,面对这一现实,制土分民、人地相称的思想有了进一步的发展。当时有识之士已经认识到,一定区域内的人口数量和土地面积要有一定的比例关系,不然的话,不利于生产力的发展。如果某一地区人口数量过多,土地面积过小,那么,该地区的自然资源就满足不了人们的需要,便会产生局部地区的人口过剩,即"人满之患"。相反,如果一个地区人口过于稀少,该地区缺乏必要的劳动力,也会影响到自然资源得不到开发,同样会出现弊病,这叫"地胜其民"。总之,这两种情况的存在,都不利于社会经济的发展。古人对上述两种情况的弊病都有精辟的论述,如果:

> 民过地,则国功寡而兵力少。地过民,则山泽财物不为用⑦,民众而不用者,与无民同,地大而不垦者,与无地同⑧。

《管子·霸主》篇也有类似的论述,《管子》认为:"地大而不为,命曰土满,人众而不理,命曰人满"。人少地广,"则不足以守其境",人多地少,"则彼野恶辟而民无积者,国地小而食地浅"⑨。只有二者比例适当,社会经济才能得到充分发展,所以商鞅曾经指出:

> "凡世主之患,用兵者不量力,治草莱者不度地,故有地狭而民众者,民胜其地,地广而民少者,地胜其民。民胜其地务开,地胜其民务徕"⑩的主张。

《管子》特别强调指出,人君一定要重视人地相称的问题,"善者必先知其田,乃知其人,田备然后民可知足也。"⑪

在制土分民方面,《礼记》也有类似的论述,《礼记·王制》篇云:

　　凡居民,量地以制邑,度地以居民,地邑民居必参相得也,无旷土、无游民、食节事时。

　　荀况对于制土分民也有精辟的论述,他认为:

　　量地而立国,计利而畜民,度人力而授事。使民必胜事,事必出利,利足生民。皆使衣食百用出入相揜,必时藏余。⑫

　　尉缭子在制土分民、人地相称方面就城市的大小与人口的多少也不乏新的见解。他提出了地、城、人、粟要相称的观点:

　　量地肥硗而立邑,建城称地,以城称人,以人称粟,三相称,则内可以固守,外可以战胜。⑬

　　在春秋战国时期地胜其民和民胜其地是不乏例证的,例如,荆楚之地当时就是一个地广人稀的地方。《吕氏春秋·贵卒》篇引吴起之言曰:

　　"荆所有余者,地也,所不足者,民也。今君王以所不足,益所有余。"

关中地区的秦国也是一个地广人稀的国家,《商君书·徕民》篇也曾指出:

　　今秦之地方千里者五,谷土能处二,田数不满百万,其薮泽、溪谷、名山、大川之财物货宝,又不尽为用,此人不称土也。

　　但是,也有一些诸侯国与秦、楚相反,出现了地少人多,土地所生,不足供养其民的情况,三晋便属此例。张仪在游说韩国时曾经说韩国的情况是"此其土不足以称其民"。关于魏国人稠土狭的情况上引苏秦之语已经说明。另外,商鞅的看法也进一步印证了韩、魏地狭人众的状况。《商君书·徕民》篇云:

　　秦之所与邻者,三晋也,所欲用兵者,韩、魏也。彼土狭而民众,其宅参居而并处,其寡萌贾息,上无通名,下无田宅,而恃奸务末作以处,人之复阴阳泽水者过半,此其土不足以生其民也。

　　上述两种情况——人稠土狭和地广人稀都不利于经济的发展,二者必须有一个合适的比例关系才能促进经济的快速发展,而这个最佳比值的数字究竟是多少呢?这就需要经过长期的观察和实践才能找到。战国时期,人们终于摸索到了这个最佳的比例关系。《商君书·徕民》篇对这个最佳的比例关系叙述得十分清楚:

　　地方百里者,山陵处什一,薮泽处什一,溪谷、流水处什一,都邑、蹊道处什一,恶田处什二,良田处什四,以此食作夫五万。

也就是说,在这样的土地面积、地理环境中,可以生活5万人,即1万户人家。

　　不但《商君书》谈及了这个比例关系,《管子》一书对制土分民也提出过类似论述。《管子·八观》认为:

　　"凡田野万家之众,可食之地方五十里,可以为足矣"。

《管子》中的说法,与《商君书》中的说法,乍看起来似乎有矛盾,《商君书》认为,方百里之地可以食作夫五万,即可以养活一万户人家、而《管子》却认为方五十里之地能食一万户人家。仔细分析,二者的说法基本上是一致的,因为《商君书》的说法是方百里之地,可耕地的面积仅有60%,而《管子》中的说法,方五十里之地,指的全是田野,并无山陵可除。由此看来,各家在制土分民、人地相称的比例方面,已经找出了规律,所得出的结论基本上是一致的。这个认识的出现,是一个大的飞跃,是一个标志,是制土分民思想已经成熟的表现,所以我们认为,春秋、战国时期,是制土分民、人地相称思想的形成时期。

二、制土分民思想的落实

春秋、战国时期所形成的制土分民思想,在秦汉时其逐步得到落实,其突出的表现,在于郡县制的逐步推行。为什么说郡县制的推行是制土分民思想得到落实的表现呢?因为郡县制符合了人地相称的规律。就郡、县的开设时间看,县的开设在先,而郡的开设在后。郡、县制这一套行政机构的普遍推行,当然也有加强君主集权的需要,其推行的时间大致与旧的分封制的崩溃同步进行。早在春秋初年的时候,楚国设立了申县(今河南南阳市)和息县(今河南息县),而郡的开设是在春秋晚期的事情。郡、县制的普遍推行是在秦王朝时期。秦朝时期,全国共约有人口3000万,当时全国所设的县份约有1000个,每县平均约有30000人。根据《汉书》卷19《百官公卿表》的记载,秦朝时期的县、邑设置有个基本的原则,从土地面积上讲,是方100里之地,从人口数量上讲,是1万户人家,每家以5口人计算,是50000口人。当然由于种种原因,每个县的土地和人口只是一个大致的标准,并非绝对化,有的县份的人口可能在万家以上,有的县份的人口可能在万家以下。万户以上的县份属于大县,设县令一人,万户以下的县是小县,设县长一人。由此可见,秦时设县的原则与《商君书》和《管子》中所述的原则是一致的,也就是说,它遵循了《商君书》和《管子》中所述的制土分民规律。

总之,明乎此,我们就知道统治阶级在县、邑的设置方面并非随心所欲,而是有所遵循,其基本原则是,要符合制土分民的思想。秦国和秦王朝时期,为落实制土分民的思想,为遵循制土分民的规律,采取了重大的措施,以调节人口分布之不均,这便是移民。

早在秦惠王时期,秦国设置了巴郡,巴郡地处今日之四川境,当地人烟稀少,所以就移民万家实之[14]。

秦昭襄王曾多次赦免罪人,把他们迁到地广人稀的地方去。如昭襄王二十六年(前281年)赦罪人迁之南阳[15]。昭襄王二十七年,又一次赦罪人迁之[16]。昭襄王二十八年,秦伐楚,"取鄢、邓,赦罪人迁之"⑰。

秦始皇时期,为了达到制土分民、人地相称的目的,掀起了更大规模的移民运动。当然这种人口迁移也包含了其他方面的原因和目的,秦朝时期的移民运动,为秦以后的县、邑设置奠定了基础,在秦之后的 2000 年间,历代政权基本上是遵之不变。从秦始皇八年,到秦始皇三十七年,较大规模的人口迁移就有十多次。

秦始皇八年(前 239 年),秦始皇的弟弟长安君成蟜领兵击赵,"反,死屯留。军吏皆斩死,迁其民于临洮"⑱。

秦始皇平定嫪毐叛乱后,把 4000 余家罪人迁之于房陵⑲。

秦破赵以后,把赵国的一些大家族、大商人迁到临邛、葭萌、房陵⑳。

秦灭魏之后,曾把魏之一部分人迁到湖阳㉑。《史记・货殖列传》还记载,秦灭魏之后,把魏国的孔氏迁到南阳。

秦灭楚之后,把楚庄王的族人徙之于少数民族地区的严道㉒。把楚国令尹子文的后代徙之于晋、代间㉓。把武丁的裔孙权氏,徙之于陇西天水㉔。把楚王子兰上官氏一族徙之于陇西上邽㉕。

秦灭齐之后,把齐王建等大族迁之于共㉖。把齐国的来氏迁之于新野㉗。秦始皇二十六年(前 221 年)徙天下富豪于咸阳 12 万户㉘。

秦始皇二十八年:

> 徙黔首三万户琅邪台下。

并免除这部分人 12 年的赋税徭役㉙。

秦始皇三十三年:

> 西北斥逐匈奴,自榆中并河以东,属之阴山,以为三十四县,城河上为塞。又使蒙恬渡河,取高阙、阳山、北假中筑亭障以逐戎人,徙谪实之初县㉚。

据说这次移民有 50 万人之多。同年,秦始皇发诸尝逋亡人、赘婿、贾人略取陆梁地为桂林、象郡、南海以适遣戍。这次移民有 50 万人,后来又派往南越 15000 名妇女。

秦始皇三十五年:

> 徙三万家丽邑,五万家云阳㉛。

并免除这部分人 10 年的徭役赋税。

秦始皇三十六年:

> 徙北河、榆中三万家,拜爵一级㉜。

秦始皇三十七年:

> 徙天下有罪谪吏民置海南故大越处,以备东海外越㉝。

以上我们所举例子,是秦国和秦王朝时期的移民情况,从移民的去向看,几乎多是边远地区的空旷之地。从移民的成分看,有平民、罪人、六国后代、大家族、大商人、富豪、武丁的后代、黔首、逋亡人、赘婿、贾人、谪吏民等。从移民的数量看,仅秦始皇时期统计,史籍所载就有 13 次之多。其中,有明确移民数字记载的达 7 次,这 7 次移民的总数量为 233 万。估计秦始皇时期 13 次较大规模的移民数量可能接近 400 万,几乎约占秦王朝总人口的十分之一以上[34]。一个朝代移民数量占总人口比例之大,在封建社会中并不多见。秦始皇移民的目的,当然包含了打击罪人和打击六国旧贵族的后代,其实更为重要的原因,在很大程度上是为了调节人口分布,使之适合制土分民的规律,特别是向边远地区和人口稀少地区的移民。统一六国以后,秦始皇多次出巡,马不停蹄,不避严寒酷暑和某些地区的恶劣自然条件,最后竟死在出巡的途中。有的学者认为,秦始皇出巡的目的在于宣扬秦的威德,对各地起到一个镇抚的作用,其实单纯为了宣扬秦的威德和镇抚各地,并不需要秦始皇本人亲自出马。众所周知,秦始皇的最大功绩当属废分封立郡县。废分封立郡县,一方面打击了世卿世禄的奴隶主贵族加强了中央集权,而另一个重要作用是制土分民调整人口布局。所以秦统一六国后,推行郡县制当属首要任务,从秦始皇看文书看不完不休息的记载中我们了解其办事认真的性格,所以我们分析,秦始皇奔波出巡的主要目的还是在于实地考察、制土分民、开设郡县、调整人口布局,把郡县制推向全国。总之,秦王朝时期,对全国的行政设置进行了大的布局性安排,包括移民在内,它对日后全国人口之发展以及经济之发展奠定了基础。这与统一货币、文字、度量衡相比,其意义不在其下。

西汉时期,在秦代的基础上,对奉行制土分民的思想,调节人口的合理分布方面,仍然十分注意采取落实的具体措施。例如,秦末战乱之后,关中地区由于种种原因,人口耗减很多,娄敬便建议汉高祖,把东方六国的后代 10 万人口迁到关中[35]。一方面,是为关中地区的经济发展提供了必要的劳动力,同时可以抵抗北方的匈奴;另一方面,也是便于就地监视这些旧势力,防其作乱,收到了一箭双雕的效果。

高祖刘邦之后,历惠帝、文帝到景帝年间,经过几十年的休养生息,西汉的人口数量有了较快的发展,因而局部地区人口不均衡的状况便出现了。在这种情况下,景帝下诏让人口密集地区的贫民,迁到空旷之地。如《汉书》卷 5《景帝纪》载:

> 郡国或硗陿,无所农桑系畜;或地饶广,荐草莽,水泉利,而不得徙。其议民欲徙宽大地者听之。

政治家晁错也曾上书景帝,力主徙民实边,以解决当时内郡人众,边郡人稀的状况。

到了汉武帝年间,西汉的人口数量进一步增加,几乎比西汉初年多了一倍多。因此局部地区人地不能相称的现象日趋严重,特别是关东地区更甚,所以汉武帝就把关东地区的 72 万口贫民迁到了会稽郡及其他一些地方[36]。这种调节人口分布的措施,当然也是根植于制土分民、人地必须相称的思想。

总的看来,继秦之后,西汉政府对春秋战国时期所形成的制土分民、人地相称的思想予以进一步的贯彻落实,我们可以从两汉书《地理志》所载的县邑设置中得到说明。《汉书》卷28《地理志》载,西汉平帝元始二年时(公元2年),全国的县、邑、道、侯国的数量是:县邑1314个,道22个,侯国241个。道是少数民族生活区所设置的县称,侯国是因功受封者的封地,约有一个县的面积大小。西汉末年时,全国县、邑、道、侯国总数为1587个,而当时全国的总户数是12233062户,总口数是59594987人,平均每县约有7400余户,有口37550余人。基本上遵循了方百里之地可以食作夫五万的制土分民原则。

现在看来,秦汉的统治者在县、邑的设置方面,并不是随心所欲,而是有一定的遵循,这个基本原则便是在春秋战国时期所形成的制土分民思想及其规律。人们普遍认为,在秦和西汉时期,中国的社会经济得到了长足发展,而这种发展又是全国性的,并非是个别局部地区,究其发展的原因,当然是由于生产力的发展所带来的,但秦和西汉政权十分注意调整人口分布的不均衡状况,注意按制土分民的规律办事,也是全国经济普遍快速发展的基本原因之一。秦汉政权为调整人口合理布局,所采取的大刀阔斧的措施是值得肯定的。

在以农业经济和畜牧业经济为主的不发达的封建社会,按制土分民、人地相称的思想行事,既可避免因局部地区的人口过剩容易产生生活资料短缺不易供给的现象,又使一些资源丰富的地区不至于因为人力缺乏而得不到合理开发。然而,随着科学技术的进步,生产力的发展,单一的农业、畜牧业经济向多种经济成分,特别是向工业化的过渡,人地相称、制土分民的思想虽然并不一定局限在单位面积上所载容的人口必须相等,但也需要保持一个大致的合适比例。所以直到今天,制土分民、人地相称的思想仍然具有一定的借鉴意义。

第二节　强干弱枝思想

在人口的管理方面,秦汉时期的一个突出思想,就是贯彻强干弱枝,强本弱末的思想。具体说来,就是把地方上的豪杰兼并之家,所谓的乱众之民及訾产在若干以上的富人迁到国都附近,予以田宅就地监视,防其作乱。后来发展到把一些诸侯王子、大臣、将军等吏民及其家属徙往关中,起到了控制人质的作用。

强干弱枝的思想虽然说是汉代的娄敬、主父偃等人所明确提出,但在秦始皇统一六国之后便已贯彻实施了,也就是说娄敬、主父偃等人的主张是继承了秦时的做法罢了。在秦始皇统一六国后,就推行了一些强干弱枝的措施,分天下为 36 郡,设置郡守、郡尉和监郡御史进行统治,为了防止战事再起和削弱地方上的势力,遍收天下的兵器送运到咸阳进行销毁,铸成 12 个大铁人,并且最为重要的一点是把天下 12 万户的富豪人家迁徙到关中,加强控制,防其作乱。

西汉时期强干弱枝思想主要体现在移民实关中、移民实陵,其代表人物是娄敬和主父偃。自从白登之围以后,西汉无力靖边,于是听娄敬建议与匈奴和亲,一次娄敬出使匈奴归来,结合关中的安全形势,颇有感触,于是也便向高祖进言:

> 匈奴河南白羊、楼烦王,去长安近者七百里,轻骑一日一夕可以至。秦中新破,少民,地肥饶,可益实。夫诸侯初起时,非齐诸田,楚昭、屈、景莫与。今陛下虽都关中,实少人。北近胡寇,东有六国强族,一日有变,陛下亦未得安枕而卧也。臣愿陛下徙齐诸田,楚昭、屈、景,燕、赵、韩、魏后,及豪杰名家,且实关中。无事,可以备胡;诸侯有变,亦足率以东伐。此强本弱末之术也。上曰:"善。"乃使刘敬徙所言关中十余万口。(师古曰:"今高陵栎阳诸田,华阴、好畤诸景,及三辅诸屈、诸怀尚多,皆此时所徙。")[㊲]

移民这一年是汉高祖九年(前 198 年)。这次大规模的移民,是安排到关中诸县,汉高祖的移民关中与秦始皇相比,不及前者的五分之一。

西汉时期强干弱枝的另一做法是移民实陵,西汉时期的实陵似应从高祖刘邦始。帝纪中从汉景帝开始,有明确记载,景帝五年春正月,作阳陵邑,该年夏天,募民徙阳陵,并赐钱 20 万。

对于徙陵,主父偃有过精辟的论述。《资治通鉴》卷 18 武帝元朔元年条载主父偃说上曰:

> 茂陵初立,天下豪杰并兼之家,乱众之民,皆可徙茂陵,内实京师、外销奸猾,此所谓不诛而害除,上从之,徙郡国豪杰及訾三百万以上于茂陵。

从景帝到成帝遵之不二(元帝时未见徙陵事),娄敬的思想、主父偃的思想乃至以后班固的思想都是一致的。

> 汉兴,立都长安,徙齐诸田,楚昭、屈、景及诸功臣家于长陵。后世世徙吏二千石、高訾富人及豪杰并兼之家于诸陵。盖亦以强杆弱支,非独为奉山园也。[㊳]

陈汤在劝说汉成帝徙民初陵时把强干弱枝的思想阐述得更为透彻。《汉书》卷 70《陈汤传》云:

> 天下民不徙诸陵三十余岁矣,关东富人益众,多规良田,役使贫民,可徙初陵,以强京师,衰弱诸侯,又使中家以下得均贫富。

从陈汤的思想看,把富人迁到关中,不仅仅是为了就地监视,削弱其势力,看来还是为了防止他们兼并土地,造成贫富不均,社会不稳。

下面将秦至西汉成帝时在强干弱枝思想影响下,移民关中及诸陵的有关大的举措列表于下,以窥其概况,至于散见的个人徙陵不再作琐碎罗列:

时间	人迁地点	概况	资料来源
秦始皇二十六年(前221年)	关中	秦始二十六年统一天下后,"分天下以为三十六郡,郡置守、尉、监。更名民曰'黔首'。大酺。收天下兵,聚之咸阳,销以为钟鐻,金人十二,重各千石,置廷宫中……徙天下豪富于咸阳十二万户。"	《史记》卷6《秦始皇本纪》
汉高祖五年(前202年)	关中	(高祖五年九月)徙诸侯子关中。	《汉书》卷1下《高帝纪》
汉高祖九年(前198年)	关中	汉高帝九年"十一月,徙齐楚大族昭氏、屈氏、景氏、怀氏、田氏五姓关中,与利田宅"。	《汉书》卷1下《高帝纪》
汉景帝前元五年(前152年)	阳陵	景帝"五年春正月,作阳陵邑。夏,募民徙阳陵,赐钱二十万"。	《汉书》卷5《景帝纪》
汉武帝建元三年(前138年)	茂陵	汉武帝建元三年,"赐徙茂陵者户钱二十万,田二顷。"	《汉书》卷6《武帝纪》
汉武帝元朔二年(前127年)	茂陵	武帝元朔二年"夏,募民徙朔方十万口。又徙郡国豪杰及訾三百万以上于茂陵"。	《汉书》卷6《武帝纪》
汉武帝太始元年(前96年)	茂陵 云陵	太始元年,"徙郡国吏民豪杰于茂陵、云陵。"	《汉书》卷6《武帝纪》
汉昭帝始元四年(前83年)	云陵	昭帝始元四年"徙三辅富人云陵,赐钱,户十万"。	《汉书》卷7《昭帝纪》
汉昭帝始元三年(前84年)	云陵	昭帝始元三年"秋,募民徙云陵,赐钱田宅"。	《汉书》卷7《昭帝纪》
汉宣帝本始元年(前73年)	平陵	本始元年春正月,"募郡国吏民訾百万以上徙平陵。"	《汉书》卷8《宣帝纪》
汉宣帝元康元年(前65年)	杜陵	元康元年春,"徙丞相、将军、列侯、吏二千石、訾百万者杜陵。"	《汉书》卷8《宣帝纪》
汉成帝鸿嘉二年(前19年)	昌陵 (后昌陵罢,不少人留关中)	鸿嘉二年夏,"徙郡国豪杰訾五百万以上五千户于昌陵。赐丞相、御史、将军、列侯、公主、中二千石冢地、第宅。"	《汉书》卷9《成帝纪》

第三节　实边固塞思想

一、实边固塞思想的形成过程

实边思想起源甚早,春秋之时,某些国家便有将一些贵族及其家庭成员派往周边的广虚之地生活的做法,以便起到守卫边地和使边地的经济得到开发的目的。

战国秦汉时期,北方匈奴族的崛起与强大,成为中原政权的劲敌。匈奴族所处的历史发展阶段和其游牧生活的特点,决定了不断南下掳掠,成为中原政权的一大边患,从赵孝成王到秦始皇和汉武帝在对付匈奴的入边方面都付出过沉重的代价。在守卫边疆和巩固边疆方面,秦始皇帝作出过巨大的贡献。根据《史记》卷6《秦始皇本纪》的记载,在秦始皇三十年(前217年)的时候,派将军蒙恬斥逐匈奴,收河南地,从榆中沿河以东直到阴山开设了44个县,迁徙罪人实之初县。并根据地形筑起了西起临洮东到辽东延袤万里的长城,蒙恬常驻上郡统治之,或震匈奴。秦始皇三十四年(前213年)又把那些在办案过程中营私舞弊的官吏发配到长城一线继续筑城。经过这些举措,确实起到了贾谊所说的那种"使胡人不敢南下而牧马,士不敢弯弓而抱怨"。实边思想的贯彻确实收到了显著的效果。

尔后,秦朝发生内乱,蒙恬赐死,匈奴得宽,楚汉战争又给匈奴提供了发展南下之良机。刘邦建汉后,深感匈奴之威胁关系汉政权之安危,于是他不顾当时破败不堪的经济形势——"自天子不能具醇驷,而将相或乘牛车",毅然率10万大军巡边安民,但被匈奴30万大军铜墙铁壁般围困于白登。在全军覆没救困无望的危亡时刻,良臣谋士发挥了作用,陈平贿赂单于的王后——嫣耆。嫣耆恐怕匈奴获胜,汉之美女就会涌现在单于身边,自己的地位就会动摇失宠,才劝说冒顿:今得汉地,终非能居之。于是冒顿网开一面,刘邦才死里逃生。

白登之围对汉的刺激很大,对刘邦的教训也最大。于是便听从娄敬建议与匈奴和亲,每年送去大量物品。此后,直到吕后、文景时期,特别是吕后时期,无论匈奴如何轻嫚或不恭她都隐忍了,因为西汉正在休养生息,无力靖边。汉匈之间这种情势,贾谊谓之:

> 天下之势方倒悬,凡天子者,天下之首,何也?上也。蛮夷者,天下之足,何也?下也。今匈奴嫚侮侵掠,至不敬也,为天下患,至亡已也,而汉岁致金絮采缯

以奉之……陛下何忍以皇帝之号为戎人诸侯,势既卑辱,而祸不息……[39]

西汉时期实边思想的贯彻实施,应归功于晁错的"守边备塞,劝农力本"疏。奏疏首先肯定了当时遣将吏发卒治塞的大惠所在,然而发卒守边亦有弊端,其原因在于所遣之卒一年期满就要轮换,缺乏对胡人的长期了解,就不能更有效的防止胡人。不如选派人员举家常期居边,且耕且守筑城挖堑,设置防御措施,为此得先把居边人员的先期条件等准备充分。首先是安居条件,包括村落建设、房屋结构、器物用具、医疗人员的配备、创造男女婚配、生死相恤的条件等。正如《汉书》卷49《晁错传》所言:

> 臣闻古之徙远方以实广虚也,相其阴阳之和,尝其水泉之味,审其土地之宜,观其草木之饶,然后营邑立城,制里割宅,通田作之道,正阡陌之界,先为筑室,家有一堂二内,门户之闭,置器物焉,民至有所居,作有所用,此民所以轻去故乡而劝之新邑也。为置医巫,以救疾病,以修祭祀,男女有婚,生死相恤,坟墓相从,种树畜长,室屋完安,此所以使民乐其处而有长居之心也。

由于边地生态环境差,条件恶劣,加之百姓有安土重迁的观念,实边之民非有十分优厚的条件一般人是难以前往的。所以实边人员的成分主要是罪人、免徒、奴婢等。

> 乃募罪人及免徒复作令居之;不足,募以丁奴婢赎罪及输奴婢欲以拜爵者;不足,乃募民之欲往者。皆赐高爵,复其家。予冬夏衣,廪食,能自给而止。郡县之民得买其爵,以自增至卿。其亡夫若妻者,县官买予之……塞下之民,禄利不厚,不可使久居危难之地。[40]

关于实边徙民的组织建置,晁错提出仿照古之置边县的办法:

> 使五家为伍,伍有长;十长一里,里有假士;四里一连,连有假五百;十连一邑,邑有假候;皆择其邑之贤材有护,习地形知民心者,居则习民于射法,出则教民于应敌。故卒伍成于内,则军正定于外。服习以成,勿令迁徙,幼则同游,长则共事。夜战声相知,则足以相救;昼战目相见,则足以相识;欢爱之心,足以相死。如此而劝以厚赏,威以重罚,则前死不还踵矣。[41]

根据晁错的说法,边县的建置是每县约2000户人家,10000口人。考察《汉书》卷28《地理志》所载之边县郡份的县平均人口也基本上为2000户,说明直到西汉末年,汉代边县人口布局的数量仍然一遵古代之做法。

在实边移民思想方面,晁错还提出要选择那些身强力壮有材力者,否则会白费衣物口粮,不能起到守边的作用,看来并非所有的罪人、奴婢都会派往的。

在实边官吏的选派上,还要注意能团结边民之心,宽厚奉法,知道体恤老弱,善待壮士者。

总之,汉初实边思想的内容是相当丰富,内涵也是十分广泛的。正是在这些思想的指导下,从汉文帝开始进行移民实塞,同时辅以军事屯田。当然屯田与募民实塞又有所区别,屯田是吏卒的屯垦,吏卒是有所轮换的。

汉武帝时期是实边思想的大规模落实阶段。在元朔二年(前 127 年)的时候,汉武帝募民 10 万口徙居朔方郡(今日之内蒙古乌拉特前旗至杭锦后旗一带)。元狩二年(前 121 年)匈奴浑邪王杀休屠王率四万余人降汉后,汉置五属国以处之,地在陇西(今甘肃临洮一带)、北地(今宁夏甘肃部分地区)、上郡(今陕西延安至榆林市一带)、朔方(今内蒙古乌拉特前旗至杭锦后旗间)、云中(今内蒙呼和浩特以南至黄河一线)。元狩三年(前 120 年),山东遭水灾,民多饥乏,乃徙贫民七十余万口于新秦中(今黄河河套南西北一带)等地。元狩四年(前 119 年)徙关东贫民数十万口于陇西、北地、西河(今陕西、山西交界的黄河两岸)、上郡。元鼎六年(前 111 年),数万人渡河筑令居城(今甘肃永登县境),开始开屯田,沿上郡、朔方、西河、河西有 60 万塞卒且耕且守。以上所举可以看出,汉武帝时期实边的行动和举措可以说是空前绝后的,正是由于汉武帝的雄才大略才基本上巩固了西北边疆,把西域正式纳入了中国的版图而得到了有效的治理。所以后人在评价汉武时说他是以屯田定西域。

昭帝和宣帝时期是实边屯田的进一步完备阶段。继武帝之后,昭、宣时期主要致力于西域边陲进一步巩固,在丝绸之路所经的主要国家都有汉之屯田吏士,乃至远到葱岭以西的赤谷城(今吉尔吉斯斯坦境),具体情况不再作文字叙述。

二、实边固塞的措施

今把自秦至西汉末在实边思想指导下,移民实边和开辟屯田的时间、地点等有关情况列表如下:

时间	地点	实边内容	资料来源
秦始皇三十三年(前 214 年)至三十四年(前 213 年)	自榆中至阴山、长城、两越地	秦始皇三十三年,"西北斥逐匈奴。自榆中并河以东,属之阴山,以为四十四县,城河上为塞。又使蒙恬渡河取高阙、阳山、北假中,筑亭障以逐戎人。徙谪,实之初县。(索隐:"徙有罪而谪之,以实初县,即上'自榆中属阴山,以为三十四县'是也。故又七科谪亦因于秦。")……三十四年,适治狱吏不直者,筑长城及南越地。"	《史记》卷 6《秦始皇本纪》

时间	地点	实边内容	资料来源
秦始皇三十五年(前212年)	云阳	秦始皇三十五年"除道,道九原,抵云阳,堑山堙谷,直通之。……因徙三万家丽邑,五万家云阳,皆复不事十岁"。	《史记》卷6《秦始皇本纪》
秦始皇三十六年(前211年)	北河榆中	秦始皇三十六年秋,"使者从关东夜过华阴平舒道,有人持璧遮使者曰:'为吾遗滈池君。'(索隐按:"服虔云水神,是也。江神以璧遗滈池之神,告始皇之将终也。且秦水德王,故其君将亡,水神先自相告也。")因言曰:'今年祖龙死。使者问其故,因忽不见……祖龙者,人之先也。'使御府视璧,乃二十八年行渡江所沈璧也。于是始皇卜之,卦得游徙吉。迁北河榆中三万家。拜爵一级。"	《史记》卷6《秦始皇本纪》
汉文帝时期	塞下	今降胡义渠蛮夷之属来归谊者,其众数千,饮食长技与匈奴同,可赐之坚甲絮衣,劲弓利矢,益以边郡之良骑。令明将能知其习俗和辑其心者,以陛下之明约将之。	《汉书》卷49《晁错传》
		(晁错上书后)上从其言,募民徙塞下。	《汉书》卷49《晁错传》
汉武帝元朔二年(前127年)	朔方	元朔二年夏,募民徙朔方十万口。又徙郡国豪杰及訾三百万以上者于茂陵。	《汉书》卷6《武帝纪》
	河南新秦中	于是汉已得浑邪王,则陇西、北地、河西益少胡寇,徙关东贫民处所夺匈奴河南、新秦中以实之,而减北地以西戍卒半。	《史记》卷110《匈奴列传》
汉武帝元狩二年(前121年)	陇西、北地、上郡、朔方、云中	(浑邪降后)乃分徙降者边五郡故塞外,而皆在河南,因其故俗为五属国。(陇西、北地、上郡、朔方、云中谓五)	《资治通鉴》汉纪十一元狩二年条
汉武帝元狩二年(前121年)		(元狩二年)秋,匈奴昆邪王杀休屠王,并将其众合四万余人来降,置五属国以处之。(师古曰:"凡言属国者,存在国号而属汉朝。")以其地为武威、酒泉郡。	《汉书》卷6《武帝纪》

时间	地点	实边内容	资料来源
汉武帝元狩三年(前120年)	关以西新秦中	其明年,山东被水灾,民多饥乏.于是天子遣使虚郡国仓廪以振贫。犹不足,又募豪富人相假贷。尚不能相救,乃徙贫民于关以西,及充朔方以南新秦中,七十余万口,衣食皆仰给于县官。	《汉书》卷24下《食货志》
汉武帝时期	河西四郡	自武威以西,本匈奴昆邪王、休屠三地,武帝时攘之,初置四郡,以通西域,隔绝南羌、匈奴。其民或以关东下贫,或以抱怨过当,或以诛逆无道,家属徙焉。	《汉书》卷28下《地理志》
汉武帝元狩四年(前119年)	朔方以西至令居	霍去病封狼居胥山临翰海而还后,"是后匈奴远遁,而幕南无王庭。汉渡河自朔方以西至令居,往往通渠置田,官吏卒五六万人,稍蚕食,地接匈奴以北"。	《史记》卷110《匈奴列传》
汉武帝元狩四年(前119年)	陇西、北地、西河、上郡、会稽	"元狩四年冬,有司言关东贫民徙陇西、北地、西河、上郡、会稽凡七十二万五千口,县官衣食振业,用度不足,请牧银锡造白金及皮币以足用。"	《汉书》卷6《武帝纪》
汉武帝元狩五年(前118年)	边地	元狩五年"徙天下奸猾吏民于边"。	《汉书》卷6《武帝纪》
汉武帝元鼎六年(前111年)	张掖、敦煌	(元鼎六年)乃分武威、酒泉地置张掖、敦煌郡,徙民以实之。	《汉书》卷6《武帝纪》
汉武帝元鼎六年(前111年)	令居、张掖、酒泉、上郡、朔方、西河、河西	明年,南粤反,西羌侵边。天子为山东不澹,赦天下囚,因南方楼船士二十余万人击粤,发三河以西骑击羌,又数万人度河筑令居。初置张掖、酒泉郡,而上郡、朔方、西河、河西开田官,斥塞卒六十万人戍田之。(师古曰:"开田,始开屯田也。斥塞,广塞令却。初置二郡,故塞更广也。以开田之官广塞之卒戍而田也。")	《汉书》卷24下《食货志》

时间	地点	实边内容	资料来源
汉武帝元封三年(前108年)	酒泉郡	元封三年,武都氐人反,分徙酒泉郡。	《汉书》卷6《武帝纪》
汉武帝元封六年(前105年)	胘靁	"是时汉东拔秽貉、朝鲜以为郡,而西置酒泉郡以隔绝胡与羌通之路。汉又西通月氏、大夏,又以公主妻乌孙王,以分匈奴西方之援国。又北益广田至胘靁为塞,而匈奴终不敢以为言。"	《史记》卷110《匈奴列传》
汉武帝时期	酒泉郡	其后骠骑将军击破匈奴右地,降浑邪、休屠王,遂空其地,始筑令居以,初置酒泉郡,后稍发徙民充实之,分置武威、张掖、敦煌,列四郡,据两关焉。	《汉书》卷96上《西域传》
汉武帝太初四年(前101年)	轮台、渠犁	(自武师伐大宛后)于是自敦煌至盐泽,往往起亭,而轮台、渠犁皆有田卒数百人,置使者校尉领护,以给使外国者。	《汉书》卷96上《西域传》
		上郡,龟兹,属国都尉治。(师古曰:"龟兹国人来降附者,处之于此,故以名云。")	《汉书》卷28下《地理志》
汉武帝天汉元年(前100年)	五原	天汉元年,发谪戍屯五原。	《汉书》卷6《武帝纪》
汉昭帝始元二年(前85年)	张掖郡	始元二年,调故吏将屯田张掖郡。	《汉书》卷7《昭帝纪》
汉昭帝元凤五年(前76年)	辽东	元凤五年,"六月,发三辅及郡国恶少年吏有告劾亡者,屯辽东。"	《汉书》卷7《昭帝纪》
汉昭帝时	轮台	昭帝乃用桑弘羊前议,以杅弥太子赖丹为校尉,将军田轮台,轮台与渠犁地皆相连也	《汉书》卷96下《西域传》
汉宣帝地节二年(前68年)	渠犁	地节二年,汉遣侍郎郑吉,校尉司马熹,将免刑罪人田渠犁,积谷,欲以攻车师。	《汉书》卷96下《西域传》
汉宣帝时期	车师、渠犁	于是郑吉始使吏卒三百人别田车师。(后匈奴攻,归田渠犁)渠犁的田土千五百人。	《汉书》卷96下《西域传》
汉宣帝元康四年(前62年)后	车师	(元康四年后)其后置戊己校尉屯田,居车师故地。	《汉书》卷96下《西域传》

时间	地点	实边内容	资料来源
		（陈）良等尽胁略戊己校尉吏士男女二千余人入匈奴。	《汉书》卷 96 下《西域传》
汉宣帝神爵年间（前 61—前 57 年）	北胥鞬、莎车	（神爵时）匈奴益弱，不得近西域。于是徙屯田，田于北胥鞬，披莎车之地，屯田校尉始属都护……都护治乌垒城，去阳关二千七百三十八里，与渠犁田官相近，土地肥饶，于西域为中……	《汉书》卷 96 上《西域传》
汉宣帝神爵二年（前 60 年）	金城属国	神爵二年"夏五月，羌虏降服，斩其首恶大豪杨玉、酋非首。置金城属国以处降羌。"	《汉书》卷 8《宣帝纪》
汉宣帝元凤年间（前 57—前 53 年）	伊循	（元凤时）前 57—53 年，鄯善王自请白天子曰："身在汉久，今归，单弱，而前三有子在，恐为所杀。国中有伊循城，其地肥美，愿汉遣一将屯田积谷，令臣依得其威重。"于是汉遣司马一人，吏士四十人，田伊循以真抚之，其后更置都尉。伊循官置始此矣。	《汉书》卷 96 上《西域传》
		自宛以西至安息国，虽颇异言，然大同……其人皆深目，多须……不知铸铁器。及汉使亡卒降，教铸作它兵器……	《汉书》卷 96 下《西域传》
汉宣帝五凤三年（前 55 年）	西河属国、北地属国	五凤三年，置西河、北地属国以处匈奴降者	《汉书》卷 8《宣帝纪》
汉宣帝时期	渠犁、车师	（因匈奴常侵车师）尽徙车师国民令居渠犁，遂以车师故地与匈奴……其后置戊己校尉屯田，居车师故地。	《汉书》卷 96 下《西域传》
	赤谷城	辛庆忌字子真，少以父任为右校丞，随常罗侯常惠屯田乌孙赤谷城。与歙侯战，陷阵却敌，惠奏其功，拜为侍郎，迁校尉，将吏士屯焉耆国，还为谒者，尚未知名。	《汉书》卷 69《辛庆忌传》
汉宣帝时期	赤谷城	（宣帝时）汉复遣长罗侯惠将三校屯赤谷，因为分别其人民地界，大昆弥户六万余，小昆弥户四万余	《汉书》卷 96 下《西域传》
	姑墨	汉徙己校屯姑墨	《汉书》卷 96 下《西域传》

时间	地点	实边内容	资料来源
汉元帝时	乌贪訾离	至元帝时,复置戊己校尉,屯田车师前王庭。是时匈奴东蒲类王兹力支将人众千七百余人降都护。都护分车师后王之西为乌贪訾离地以处之。	《汉书》卷96 上《西域传》
王莽时期	北假	王莽时以尚书大夫赵并为田禾将军,发戍卒屯田北假	《汉书》卷99 中《王莽传》

第四节　其他人口观念

一、重男轻女

重男轻女思想古已有之,但不同朝代其思想表现轻重不一,有的是为了传宗接代广传嗣,而重视生男。而有的是认为男孩比女孩更能承担家务,而喜男薄女。总之,汉代上述两种思想都同时存在,更多的倒是认为男孩比女孩强,能办事。这里从淳于公当刑时的叹言可以明了。《汉书》卷23《刑法志》云,汉文帝十三年,齐国的太仓令淳于公有罪当刑,诏令传送长安,淳于公有五女而无一男,当被逮系之时,骂其女曰:"生子不生男,缓急非有益!"父亲的重男轻女思想,使淳于公的小女儿缇萦分外自伤悲泣,她随父至长安,为拯救父亲,上书陈词:

妾父为吏,齐中皆称其廉平,今坐法当刑。妾伤夫死者不可复生,刑者不可复属,虽后欲改过自新,其道亡由也。妾愿没入为官婢,以赎父刑罪,使得自新。

情词可悯的诉言,感动了开明的一朝天子,于是文帝下诏:

其除肉刑,有以易之,及令罪人各以轻重,不亡逃,有年而免。具为令。

这道诏令是中国刑法史上的一大转折:一个女子起到了男子所起不到的巨大作用,事实证明蔑视女子的思想是不正确的。在这里我们不妨引班固咏缇萦上书救父诗作为佐证:

三王德弥薄,惟后用肉刑。

太仓令有罪,就递长安城。

自恨身无子,困急独茕茕。

小女痛父言,死者不可生。

上书诣阙下,思古歌《鸡鸣》。

忧心摧折裂,晨风扬激声。

圣汉孝文帝,恻然感至情。

百男何愦愦,不如一缇萦。

(《史记·仓公列传》张守节《正义》引班固诗。)

二、反对早婚

明确提出反对早婚的人是昭帝时期的琅邪人王吉。他针对当时女子出嫁太早的习俗,认为不利于婴儿的健康成长,其主要原因是早婚者年轻无知,缺乏知识,不知道如何为人父母而产子,就不能抚养照顾好孩子,因而婴儿的死亡率就高,如《汉书》卷72《王吉传》所言:

> 夫妇,人伦大纲,夭寿之萌也。世俗嫁娶太早,未知为人父母之道而有子,是以教化不明而民多夭。

这种反对早婚的思想是不多见的,由于统治者的政策是提倡早婚,从汉初到昭宣时已经比较严重,但王吉反对早婚的思想也并非是出于控制人口过快增长,而是通过非早婚来实现婴儿死亡率的降低而已。这与封建统治当局鼓励生殖,增加人口,并以此作为考核官吏政绩优劣的标准之一的最终目的是完全一致的,可以说这是提出这一主张的主观愿望,但在客观上却起到了提高人口素质的作用,所以还是应予给予肯定的。

三、限纳宫女

秦汉主张实现内无怨女,外无旷夫。

秦汉时期统治阶层,特别是统治高层多妻多妾的现象相当普遍,法律又无约束。据前所引例证,秦始皇时期后宫达万人,汉武帝时亦有数千人,王侯、丞相的妻妾也有上百人,一般廷尉史的妻妾也有许多人。有的宫女甚至一生中也难见皇帝一面,王昭君远嫁匈奴单于免受清宫之苦就是证明。如此严重的社会现象,人为地造成了婚配失调,一方面是成千上万的妇女不能从良婚配,而另一方面无数的男子娶不到女子。不少有识之士的指斥和呼吁,愈加反映了要求实现"内无怨女,外无旷夫"的人口思想。传宗接代在中国几千年的社会中根深蒂固,统治阶层多妻多妾之主要原因之一就是希望广继嗣,唯恐断了自己家的后代,针对这种思想,当时人贡禹认为:

> "子产多少有命,"⑫颜师古注曰:"言人产子多少自有定命,非由广妻妾也。"

贡禹的看法不能说完全没有道理,这里"命"是科学揭秘,在没有能力揭秘的情况下认为是"命"中注定的。事实上广妻妾者未必子孙满堂,从封建帝王自身家世的发展便是明证,绝继嗣者也不在少数,其原因何在?在科学未曾揭秘之前,只能神秘地把其归结为"命"。总之,贡禹以此来规劝那些追求广继嗣者希望通过广妻妾来达到目的是不可能实现的,并希望明了此理的封建帝王,要实行后宫裁员,"审察后宫,择其贤者留二十人,余悉归之。"按照贡禹的标准,后宫裁员的数量是相当庞大的,然而这仅仅不过是一种社会的呼声罢了,统治者焉能从谏如流。

当时的最高统治者不但生前妻妾充满后宫,而死了之后,往往把先前的后宫之女幽禁到自己的墓地——园陵中去。名之曰为先帝守陵,实则是折磨人生,有的守陵宫女多达数百人,诚可哀怜。针对这些怨女,不少的有识之士主张放园陵之女,允其婚配,又是贡禹在这方面大胆提出了意见:

> 及诸陵园女亡子者,宜悉遣。[43]

除此之外,贡禹还进行抨击:

> 武帝时,又多取好女至数千人,以填后宫,及弃天下,昭帝幼弱,霍光专事,不知礼正,妄多臧金钱财物,鸟兽鱼鳖牛马虎豹生禽,凡百九十物,尽瘗臧之……又未必称武帝意也。昭帝晏驾,光复行之。至孝宣皇帝时,陛下恶有所言,群臣亦随故事,甚可痛也。故使天下承化,取女皆大过度,诸侯妻妾或至数百人,豪富吏民畜歌者至数十人,是以内多怨女,外多旷夫。[44]

不但贡禹有这种抨击,翼奉也有同样的疾呼:

> 臣又闻未央、建章、甘泉宫才人各以百数,皆不得天性。(师古曰:"言绝男女之好也。")若杜陵园,其已御见者,臣子不敢有言……及诸侯王园,与其后宫,宜为设员,出其过制者,此损阴气应天救邪之道也。[45]

正是由于贡禹和翼奉的呼吁,特别是贡禹的一再苦劝,要他们深念高祖创立天下之苦、行文帝之治、选贤自辅、致诛奸臣、罢倡乐、绝郑声、放出园陵之女,于是天子下其议,

> 又罢上林宫馆希幸御者[46]。

从《汉书》卷72《贡禹传》看,他的其他一些建议被天子所采纳,但未尽从。

四、收继婚

《汉书》卷94上《匈奴传》记载了我国北方的一个重要民族——匈奴的习俗:

> 匈奴……居于北边,随草畜牧而转移……其俗,宽则随畜田猎禽兽为生业,急则人习战攻以侵伐,其天性也……利则进,不利则退,不羞遁走。苟利所在,不

知礼仪。自君王以下咸食畜肉，衣其皮革，被旃裘。壮者食肥美，老者饮食其余。贵壮健，贱老弱。父死，妻其后母；兄弟死，皆取其妻妻之。其俗有名不讳而无字。

班固对于这段有关匈奴习俗的记载颇具贬义，而汉朝的使豆，在不同的场合对此还颇有微词，并与匈奴方还进行过激辩，对匈奴"贱老"，特别是"父死，妻其后母，兄弟死，尽妻其妻，无冠常之节，阙庭之礼"提出了指责。认为与中原文化是格格不入的。然而，匈奴方的回答道出了游牧民族的人口思想：

中行说曰："匈奴之俗，食畜肉，饮其汁，衣其皮；畜食草饮水，随时转移。故其急则人习骑射，宽则人乐无事。约束径，易行；君巨简，可久。一国之政犹一体也。父兄死，则妻其妻，恶种姓之失也。故匈奴虽舌，必立宗种。今中国虽阳不取其父兄之妻，亲属益疏则相杀，至到易姓，皆从此类也"。[47]

匈奴方的反驳，道出了匈奴族的人口思想，那就是防止种姓之失，加强群体关系，这是草原民族的特有的婚姻文化。

据考察，除了匈奴族具有这种人口思想之外，其他草原民族也具有这种人口思想，如乌孙族，大月氏人。

《汉书》卷96下《西域传》记载本在祁连山间生活的乌孙族与匈奴同俗，后迁到赤谷城：

地莽平。多雨，寒。山多松。不田作种树，随畜逐水草，与匈奴同俗。

为了联合乌孙抗击匈奴，西汉把江都王刘建的女儿细君嫁给乌孙的国王昆莫——猎骄靡。猎骄靡老，欲使其孙军须靡妻细君，细君不听，还上书言状，汉天子的回复是："从其国俗，欲与乌孙共灭胡。"这样细君又嫁给了军须靡。

出生于中原地区的细君，对乌孙的生活和婚俗很不适应。《汉书》卷96下《西域传》言说：

公主至其国，自治官室居，岁时一再与昆莫会，置酒饮食，以弊帛赐王左右贵人。昆莫年老，语言不通。公主悲愁，自为作歌曰："吾家嫁我兮天一方，远讬异国兮乌孙王。穹庐为室兮旃为墙，以肉为食兮酪为浆。居常土思兮心内伤，愿为黄鹄兮归故乡。"天子闻而怜之，间岁遣使者持帷帐锦绣给遗焉。

细君死了之后，西汉把楚王刘戊的孙女解忧公主嫁给军须靡，军须靡死，其王位由其季父大禄的儿子翁归靡继承，翁归靡又妻解忧，生三男两女，翁归靡死，立军须靡的儿子泥靡为王，泥靡又妻解忧，生一男。

《汉书》卷96下《西域传》云在解忧公主暮年的时候：

公主上书言年老土思，愿得归骸骨，葬汉地。天子闵而迎之，公主与乌孙男女三人俱来至京师。是岁,甘露三年也。时年且七十,赐以公主田宅奴婢,奉养甚厚,朝见仪公主。后二岁卒。

根据《汉书》卷96上《西域传》的记载,大月氏人的习俗亦与匈奴同。

《后汉书》《西羌传》记载生活于今日青海省及其周围地区的羌族也有与匈奴相同的习俗:

> 父没则妻后母,兄亡则纳釐嫂,故国无鳏寡,种类繁炽。不立君臣,无相长一,强则分种为酋豪,弱则为人附落,更相抄暴,以力为雄。⑭

上述资料,虽然出自《后汉书》,但羌族之存在甚早,西汉时期赵充国曾帅汉军与羌族进行过激烈的战争。

东胡的乌桓人也有此习俗。乌桓本为东胡也,西汉初年冒顿灭其国,余类保乌桓山,因以为号。《后汉书·乌桓传》详载了该族的习俗:

> 俗善骑射,弋猎禽兽为事。随水草放牧,居无常处。以穹庐为舍,东开向日。食肉饮酪,以毛毳为衣。贵少而贱老,其性悍塞。怒则杀父兄,而终不害其母,以母有族类,父兄无相仇报故也……邑落各有小帅,数百千落为一部。大人有所召呼,则刻木为信,虽无文字,而部落不敢违犯……其俗妻后母,报嫠嫂,死则归其故夫。计谋从用妇人,唯斗战之事及乃自决之。⑮

综上所述,匈奴,大月氏,乌孙、鲜卑、乌桓等这些以游牧为业的北方少数民族都具有上述所引的“恶种姓之失”的人口思想,这大概为了本部族人口的昌炽繁衍的缘故。而除此之外,西域的城廓诸国,以及南越,西南夷等少数民族尚未有此人口思想的记载。其实这种“收继婚”思想是夏族的习俗,因为匈奴的始祖淳维是夏桀的后代,说明夏桀时,夏族还实行收继婚,可参见本书第十章第三节,秦西汉时期的匈奴人口。《史记·夏本纪》唐司马贞《索隐》引皇谧《帝王世纪》,言说大禹身长九尺二寸,西夷人也。西夷谓西戎,多游牧民族,游牧民族中当时靡行收继婚。或者是大禹之后代、匈奴之先淳维到了游牧民族区后,从其习俗的缘故? 不但夏族如此,在夏之前的舜的时代亦有收继婚的痕迹。《史记·五帝本纪》记载,舜的同父异母弟象曾企图妻嫂,似是未遂的收继婚。《五帝本纪》言,舜的父亲是个瞎子(瞽叟),舜的母亲去世后,父亲又娶了一个妻子,生下了一个男孩叫象。象受到父母溺爱,狂傲骄纵。舜的父亲、后母和象都不是好人,他们千方百计想杀掉舜。有一次,他们让舜去挖井,等舜深入井下时,父亲和象合力用土把井填实,他们以为舜死在井下了,于是开始瓜分舜的家产:

> 瞽叟、象喜,以舜为已死。象曰:“本谋者象。”象与其父母分,象曰:“舜妻尧二女,与琴,象取之。牛羊仓廪予父母。”象乃止舜宫居,鼓其琴。㉑

《史记》的上述记载十分清楚,舜的异母弟象认为舜已经被害死了,就占有了舜的两个妻子——即尧的两个女儿娥皇、女英及尧赠给舜的琴。这里特别应当引起注意的是"象乃至舜宫居"这句话,《史记正义》言:"室即宫。"居住在人家的家里,等于占有了人家的妻室,有游牧民族兄死"报寡嫂"的味道。何况舜的家产有牛有羊,说明畜牧业占很大的成分,与游牧生活有象似的地方。当然舜是否属于游牧民族还难以定论。另外,关于这件事,韩非在他的著作《忠孝篇》中也有记载:

> 是故贤尧舜汤武而是烈士,天下之乱术也。瞽瞍为舜父而舜放之,象为舜弟而舜杀之。放父杀弟不可谓仁,妻帝二女而取天下不可谓义,仁义无有不可谓明。《诗》云:"溥天之下,莫非王土。率土之滨,莫非王臣。"信若《诗》之言也,是舜出则臣其君,入则臣其父,妾其母,妻其主女也。[52]

这里的"妾其母"也有点收继婚的影子。古代的"臣"、"妾"多指家庭奴隶,韩非子这句话,这里虽然是另有所指,但史书的记载当中收继婚也不乏其例,如《左传》桓公十六年载:"卫宣公烝于夷姜。"夷姜是卫宣公的庶母。一些民族实行的收继婚,文献当中称之为"烝母",而不是一般的淫乱。"妾其母"与"烝母",虽文义各有偏重,但并无本质区别。

在民族之间的婚姻中,还有一种很少见的情况,即以自己的女儿互妻对方。《汉书》卷70《陈汤传》载:

> 西汉的使者卫司马谷吉赴北匈奴:"既至,郅支单于怒,竟杀谷吉等。自知负汉,又闻呼韩邪益强,遂西奔康居。康居王以女妻郅支,郅支亦以女妻康居王。康居甚尊敬郅支,欲倚其威以胁诸国"。[53]

以上史料说明了在民族婚姻关系中,还有此种以自己的女儿互妻对方的情形。

五、"盪肠正世"

羌胡的"盪肠正世"不见于《匈奴传》、《鲜卑传》、《西羌传》等有关记述少数民族历史的文献材料中,而出现于西汉时京兆尹王章与汉成帝的对话中。汉成帝即位后,好长一段时间无继嗣,身体不好。定陶王来朝时,成帝与其母承先帝之意,遇之甚厚,打算如有不讳,让定陶共王继位。但大将军王凤则别有巨心,恰会日食,陈阴盛之象,遣定陶共王离京归藩。京兆尹王章,致于直言,当成帝召见,以事廷问的时候,王章揭露了王凤的诸多阴谋,其中涉及羌胡的盪肠正世的人口思想,《汉书·元后传》云:

> 又凤知其小妇弟张美人已尝适人,于礼不宜配御至尊,托以为宜子,内之后宫,敬以私其妻弟,闻张美人未尝任身就馆也,且羌胡尚杀首子以盪肠正世,况于天子而近已出之女也……陛下所自见,足以知其余,及它所不见者。[54]

从这段记载可知,由于成帝没有儿子,大将军王凤把曾经嫁人的自己妻子的妹妹叫张美人的纳入后宫,讬以为此人能生子,张美人不尝怀孕却装作已孕而就侧室。王章对此劝皇帝不要近已出之女,并以"羌胡尚杀首子以荡肠正世"来进行劝阻。颜师古注曰:

> "荡,洗涤也。言妇初来所生之子或它姓"。

由此可见,一些少数民族十分注意宗种问题的纯洁性,不惜以杀首子的办法来保障。

不单羌胡有"荡肠正世"之习惯,而包括当时的朝廷也非常注意列侯在传子问题上是否是其真子的问题。《汉书·樊哙传》记载鸿门宴中救主的樊哙后来被封为舞阳侯,樊哙死了以后,他的儿子樊伉继嗣为侯、樊哙的妇人是吕后的妹妹,叫吕须,吕后死后,大臣们杀了吕须和樊伉。到汉文帝即位后,又复封樊哙的庶子市人为舞阳侯。

> 孝文帝立,乃复封哙庶子市人为侯,复故邑。薨,谥曰荒侯。子佗广嗣。六岁,其舍人上书言:"荒侯市人病不能为人,令其夫人与其弟乱而生佗广,佗广实非荒侯子。"下吏,免。⑤

从上述记载看,经考察不是己出的儿子还是不能继承爵位的,华夏大族尚且如此认真,羌胡民族具有的"荡肠正世"观念也是可以理解的。

六、十二世后可以相与婚姻

在汉族的婚姻生活中,一般是同姓不婚,因为同姓婚姻不利于子女的健康生长。但目前一些大姓中间也偶见有同姓为婚者,古代一些少数民族人口较少,婚姻圈的人数又少,为了生存又不能不进行婚配,那么隔几代才能进行婚配?羌族有些习俗和规定给我们提供了这方面的知识,据说羌族十二世后可以相与为婚。《后汉书》卷87《西羌传》载:

> 西羌之本,出自三苗,姜姓之别也。其国近南岳。及舜流四凶,徙之三危、河关之西南羌地是也。滨于赐支,至乎河首,绵地千里……南接蜀、汉徼外蛮夷,西北接鄯善、车师诸国。所居无常,依随水草。地少五谷,以产牧为业。其俗氏族无定,或以父名母姓为种号。十二世后,相与婚姻。

十二世后可以相与婚姻,在别处不曾见到,这种风俗规矩可能是在长期的历史发展过程中积累下来的生殖经验,值得研究。至于其他民族能否适用,不得而知,估计同一家族十二代以后可以互相婚配,对子女的健康成长无影响。

注　释:

① 张敏如:《中国人口思想史》,人民出版社,1986 年版。

② 吴申元:《中国人口思想史稿》,中国社会科学出版社,1986 年版。

③ 《汉书》卷 28《地理志》。

④ 《庄子》。

⑤ 《孟子·公孙丑上》。

⑥ 《史记》卷 69《苏秦列传》。

⑦ 《商君书·算地》。

⑧ 《商君书·算地》。

⑨ 《管子·八观》。

⑩ 《商君书·算地》。

⑪ 《荀子·禁藏》。

⑫ 《荀子·富国》。

⑬ 《尉缭子·兵谈第二》。

⑭⑮⑯⑰　《史记》卷 5《秦本纪》。

⑱⑲㉘㉙㉚㉛㉜　《史记》卷 6《秦始皇本纪》。

⑳ 《史记·货殖列传》、《淮南子·泰族训》。

㉑ 《后汉书》卷 33《冯鲂传》。

㉒ 《太平御览》卷 66《蜀记》。

㉓ 《汉书》卷 100《叙传》。

㉔ 《新唐书·宰相世系表》。

㉕ 《通志·氏族略》。

㉖ 《史记》卷 46《田敬仲完世家》。

㉗ 《通志·氏族略》。

㉝ 《越绝书》,上海古籍出版社,1985 年版。

㉞ 据不少学者估计,秦王朝时期的人口有三千多万。

㉟ 《汉书》卷 43《娄敬传》。

㊱ 《十七史商榷》。

㊲ 《汉书》卷 43《娄敬传》。

㊳ 《汉书》卷 28 下《地理志》。

㊴ 《汉书》卷 48《贾谊传》。

㊵㊶　《汉书》卷 49《晁错传》。

㊷㊸㊹㊻　《汉书》卷 72《贡禹传》。

㊺ 《汉书》卷 75《翼奉传》。

㊼ 《汉书》卷 94 上《匈奴传》。

㊽ 《汉书》卷 96 下《西域传》。

㊾ 《汉书》卷 87《西羌传》。

㊿ 《后汉书》卷 90《乌桓传》。

51 《史记》卷 12《孝武本纪》。

㉒　《韩非子》卷 20《忠孝篇》。

㉓　《汉书》卷 70《陈汤传》。

㉔　《汉书》卷 98《元后传》。

㉕　《汉书》卷 41《樊哙传》。

第十章　秦、西汉时期的民族人口概况

居住在中国版图上的各个民族，无论人口多少，都是华夏民族的重要组成部分。从上古以来，都在一起共同生活、互相融合，由原来松散的联合体，走向统一的共同体。如众所知，黄帝的时候有万国之多，大概有上万个氏族部落，通过巡狩、会盟、朝聘、纳贡、联姻、纳质、赏赐、战争等渠道和形式治理着这块版图。后来融合的速度加快，到西周的时候有千七百国，春秋时数十国，战国时有七个主要国家，到秦始皇的时候终于归于统一。本章所探讨的重点放在匈奴、乌孙、大月氏、鲜卑、羌人及西域各族的人口概况、人口分布、兵民之比、人口迁徙乃至人口自然增长率等方面的问题，而这些民族大都生活在中国的西部、北部地区。至于生活在中国南部、西南部的诸多少数民族，因为他们治理形式与中原无别，即实施设立郡、县、道的管理模式，这里不作探讨的重点。

第一节　西域各族的分布及兵民构成概况

在我国古代，出玉门关、阳关西达葱岭，东西 6000 余里的地区称谓西域，当然广义上的西域则范围更广。西域始通于汉武帝时期，原为 36 国，其后分为 50 余国。自玉门关、阳关出西域有两条道路，从鄯善傍南山北麓西行至莎车为南道。南道西逾葱岭可通大月氏、安息。自车师前王庭傍北山南麓西行至疏勒为北道。北道西越葱岭可通大宛、康居、奄蔡。武帝时置使者校尉领护之。汉宣帝神爵三年（前 59 年）以郑吉为都护，管理西域事务，都护的治所在乌垒城，距阳关 2738 里。元帝时置戊己二校尉，屯田车师前王庭。现把西域一些主要民族的分布及人口状况作如下介绍。需要指出的是，这里所述的分布概况和人口概况是元帝时呼韩邪单于臣汉以后的情况。今根据班固《汉书》卷 96《西域传》的记载，依次将其分布和户口状况列出：

　　婼羌(今新疆阿雅格库木勒周围地区),出阳关而西,最近者是婼羌。婼羌距阳关 1800 里,距长安 6300 里,西与且末接,西北至鄯善。属随畜逐水草的游牧民族,不田作。户 450,口 1750,兵员 500 人。兵占总人口之比为 28.6%。

　　鄯善(今新疆若羌),本名楼兰,都城在扜泥城。距阳关 1600 里,距长安 6100 里。户 1570,口 14100,兵员 2912 人。兵占总人口之比为 20.7%。西北距都护治所 1785 里,至山国 1365 里,西北至车师 1890 里,西通且末 720 里,民随畜牧逐水草。

　　且末(今新疆且末),都城在且末城。距长安 6820 里,西北至都护治所 2258 里。北接尉犁,南至小宛可三日行,西通精绝 2000 里。户 230,口 1610,兵员 320 人。兵占总人口之比为 19.9%。

　　小宛(今新疆且末县南喀拉米河中部地区),都城在扜零城。距长安 7210 里,西北至都护治所 2558 里,东与婼羌接。户 150,口 1050,兵员 200 人。兵占总人口之比为 19%。

　　精绝(今新疆民丰县北的塔里木盆地中),都城在精绝城。距长安 8820 里,北至都护治所 2723 里,南至戎卢国有四日行程,西通扜弥 460 里。户 480,口 3360,兵员 500 人。兵占总人口之比为 14.9%。

　　戎卢(今新疆民丰县南),都城在卑品城。距长安 8300 里,东北至都护治所 2858 里。户 240,口 1610,兵员 300 人。兵占总人口之比为 18.6%。

　　扜弥(今新疆于田地区),都城在扜弥城。距长安 9280 里,东北至都护治所 3553 里,南与渠勒、东北与龟兹、西北与姑墨接,西通于阗 390 里。户 3340,口 20040,兵员 3540 人。兵占总人口之比为 17.7%。

　　渠勒(今新疆于田县南),都城在鞬都城。距长安 9950 里,东北至都护治所 3852 里,东与戎卢、西与婼羌、北与扜弥接。户 310,口 2170,兵员 300 人。兵员占总人口之比为 13.8%。

　　于阗(今新疆和田地区),都城在西城。距长安 9670 里,东北至都护治所 3947 里,南与婼羌接,北与姑墨接,西通皮山 380 里。户 3300,口 19300,兵员 2400 人。兵占总人口之比为 12.4%。

　　皮山(今新疆皮山),都城在皮山城。距长安 10050 里,西南至乌国 1340 里,南与天笃接,北至姑墨 1450 里,西南当罽宾、乌弋山离道,西通莎车 380 里。户 500,口 3500,兵员 500 人。兵占总人口之比为 14.3%。

　　乌秅(今新疆塔什库尔干塔吉克自治县东南),都城在乌秅城。距长安 9950 里,东北至都护治所 4892 里,北与子合、蒲犁、西与难兜接,其西则有县度,距阳关 5888 里,距都护治所 5020 里。户 490,口 2733,兵员 740 人。兵占总人口之比为 27.1%。

西夜（今新疆叶城南），都城在呼犍谷。距长安 10250 里，东北到都护治所 5046 里，东与皮山、西南与乌、北与莎车、西与蒲犁接。户 350，口 4000，兵员 1000 人。兵占总人口之比为 25%。

蒲犁（今新疆叶城西），都城在蒲犁谷。距长安 9550 里，东北至都护治所 5396 里，东至莎车 540 里，北至疏勒 550 里，南与西夜子合接，西至无雷 540 里。户 650，口 5000，兵员 2000 人。兵占总人口之比为 40%。

依耐（今新疆塔什库尔干塔吉克自治县东），治所距长安 10150 里，东北至都护治所 2730 里，莎车 540 里，至无雷 540 里，北至疏勒 650 里，南与子合接。户 125，口 670，兵员 350 人。兵占总人口之比为 52.2%。

无雷（今新疆塔什库尔干），都城在卢城。距长安 9950 里，东北至都护治所 2465 里，南至蒲犁 540 里，南与乌秅、北与捐毒、西与大月氏接。户 1000，口 7000，兵员 3000 人。兵占总人口之比为 42.9%。

大宛（今葱岭西），都城在贵山城。距长安 12550 里，东至都护治所 4031 里，北至康居卑阗城 1510 里，西南至大月氏 690 里。户 60000，口 300000，兵员 60000 人。兵占总人口之比为 20%。

休循（今葱岭西），都城在鸟飞谷。距长安 10210 里，东至都护治所 3121 里，至捐毒衍敦谷 260 里，西北至大宛 920 里，西至大月氏 1610 里。户 358，口 1030，兵员 480 人。兵占总人口之比为 46.6%。

捐毒（今新疆乌恰西），都城在衍敦谷。距长安 9850 里，东至都护治所 2861 里，南与葱岭联，西则休循，西北至大宛 1030 里，北与乌孙接。户 380，口 1100，兵员 500 人。兵占总人口之比为 45%。

莎车（今新疆莎车），都城在莎车城。距长安 9950 里，东北至都护治所 4746 里，西至疏勒 560 里，西南至蒲犁 740 里。户 2339，口 16373，兵员 3049 人。兵占总人口之比为 18.6%。

疏勒（今新疆喀什），都城在疏勒城。距长安 9350 里，东至都护治所 2210 里，南至莎车 560 里，有西去大月氏、大宛、康居的通道。户 1510，口 18647，兵员 2000 人。兵占总人口之比为 10.7%。

尉头国（今新疆乌什西），都城在尉头谷。距长安 8650 里，东至都护治所 1411 里，南与疏勒接，西至捐毒 1314 里。户 300，口 2300，兵员 800 人。兵占总人口之比为 34.8%。

乌孙（今新疆精河、伊宁、昭苏及其以西及西南），都城在赤谷城。距长安 8900 里，东至都护治所 1721 里，西至康居蕃内地 5000 里。户 120000，口 630000，兵员

188800 人。兵占总人口之比为 30%。

姑墨(今新疆阿克苏),都城在南城。距长安 8150 里,东至都护治所 2021 里,南至于阗马行 15 日,北与乌孙接,东通龟兹 670 里。户 3500,口 24500,兵员 4500 人。兵占总人口之比为 18.4%。

温宿(今新疆乌什),都城在温宿城。距长安 8350 里,东至都护治所 2380 里,西至尉头 300 里,北至乌孙赤谷城 610 里,东通姑墨 270 里。户 2200,口 8400,兵员 1500 人。兵占总人口之比为 18%。

龟兹(今新疆拜城、库车地区),都城在延城。距长安 7480 里,东至都护治所乌垒城 350 里。南与精绝、东南与且末、西南与杅弥、北与乌孙、西与姑墨接。户 6970,口 81317,兵员 21076 人。兵占总人口之比为 26%。

乌垒(今新疆轮台),与都护同治。其南 330 里至渠犁。户 110,口 1200,兵员 300 人。兵占总人口之比为 25%。

渠犁(今新疆库尔勒西南),东北与尉犁、东南与且末、南与精绝接,至龟兹 580 里。户 130,口 1480,兵员 150 人。兵占总人口之比为 10%。

尉犁(今新疆库尔勒市),都城在尉犁城。距长安 6750 里,西南至都护治所 300 里,南与鄯善、且末接。户 1200,口 9600,兵员 2000 人。兵占总人口之比为 21%。

危须(今新疆焉耆北),都城在危须城。距长安 7290 里,西至都护治所 500 里,至焉耆 100 里。户 700,口 4900,兵员 2000 人。兵占总人口之比为 41%。

焉耆(今新疆焉耆),都城在员渠城。距长安 7300 里,西南至都护治所 400 里,南至尉犁 100 里,北与乌孙接。户 4000,口 32100,兵员 6000 人。兵占总人口之比为 18.7%。

乌贪訾离(今新疆玛纳斯东),都城在于娄谷。距长安 10330 里,东与单桓、南与且弥、西与乌孙接。户 41,口 231,兵员 57 人。兵占总人口之比为 24.7%。

卑陆(今新疆乌鲁木齐东北),治所在天山东干当国。距长安 8680 里,西南至都护治所 1287 里。户 227,口 1387,兵员 422 人。兵占总人口之比为 30%。

卑陆后国(今新疆乌鲁木齐西北),都城在番渠类谷。距长安 8710 里,东与郁立师、北与匈奴、西与劫国、南与车师接。户 462,口 1137,兵员 350 人。兵占总人口之比为 30.8%。

郁立师(今新疆奇台县西),都城在内咄谷。距长安 8830 里,东与车师后城长、西与卑陆、北与匈奴接。户 190,口 1445,兵员 331 人。兵占总人口之比为 22.9%。

单桓(今新疆乌鲁木齐西北),都城在单桓城。距长安 8870 里。户 27,口 194,兵员 45 人。兵占总人口之比为 23.2%。

蒲类国(今新疆巴里坤哈萨克自治县),都城在天山西疏榆谷。距长安 8360 里,西南至都护治所 1387 里。户 325,口 2032,兵员 799 人。兵占总人口之比为 39%。

蒲类后国(今新疆奇台县东),距长安 8630 里。户 100 人,口 1070,兵员 334 人。兵占总人口之比为 31%。

西且弥国(今新疆乌鲁木齐西北),都城在天山东于大谷。距长安 8670 里,西南至都护治所 1487 里,户 332,口 1926,兵员 738 人。兵占总人口之比为 38%。

东且弥国(今新疆乌鲁木齐),治所在天山东兑虚谷。距长安 8250 里,西南至都护所 1587 里。户 191,口 1948,兵员 572 人。兵占总人口之比为 29%。

劫国(今新疆乌鲁木齐市北),都城在天山东丹渠谷。距长安 8570 里,西南至都护治所 1487 里。户 99,口 500,兵员 115 人。兵占总人口之比为 23%。

狐胡国(今新疆吐鲁番西北),都城在车师柳谷。距长安 8200 里,西至都护治所 1147 里,至焉耆 770 里。户 55,口 264,兵员 45 人。兵占总人口之比为 17%。

山国(今新疆博斯腾湖东),颜师古言其"常在山下居,不为城治也"。距长安 7170 里,西至尉犁 240 里,西北至焉耆 160 里,西至危须 260 里,东南与鄯善、且末接。户 450,口 5000,兵员 1000 人。兵占总人口之比为 20%。

车师前国(今新疆吐鲁番),都城在交河城。距长安 8150 里,西南至都护治所 1807 里,至焉耆 835 里。户 700,口 6050,兵员 1865 人。兵占总人口之比为 30.8%。

车师后国(今新疆奇台县西),都城在务涂谷。距长安 8950 里,西南至都护治所 1237 里。户 595,口 4774,兵员 1890 人。兵占总人口之比为 39.6%。

车师都尉国(今新疆吐鲁番东),户 40,口 333,兵员 84 人。兵占总人口之比为 25%。

车师后城长国(今新疆奇台县),户 154,口 960,兵员 260 人。兵占总人口之比为 27%。

总上进行合计,当时西域共有人口 1251701 人

经过统计,属汉之西域都护管辖的政权有 46 个,在这 46 个政权中,属于逐水草游牧生活的政权有:婼羌、鄯善、西夜、蒲犁、依耐、无雷(以上后四国与胡异,其种类羌氏行国),大宛、休循、捐毒(以上后二国属塞种人)、尉头、乌孙。属田作生活的政权有:且末、小宛、精绝、戎卢、扜弥、渠勒、于阗、皮山、乌秅、莎车、疏勒、姑墨、温宿、龟兹、乌垒、渠犁、尉犁、危须、焉耆、乌贪訾离、卑陆、卑陆后国、郁立师、单桓、蒲类、蒲类后国、西且弥、东且弥、劫国、狐胡、山国、车师前国、车师后国、车师都尉国、车师后城长国。

第二节　大月氏、乌孙的人口及其迁徙

一、大月氏的人口及迁徙

大月氏人是丝绸之路上的一个重要民族,研究大月氏人的迁徙活动及背景,有助于我们了解该民族各个历史时期的生活及发展状况,具有一定的意义。

早在先秦时期,大月氏人已生活在我国西北部的广大地区之内。据有的学者研究,月氏与玉石有关,也与有一座山有关,《管子》一书中多次提到,《地数篇》云:

夫玉起于牛氏之边山,金起于汝汉之右洿,珠起于赤野之末光,此皆距周七千八百里,其涂远而至难。

《揆度篇》云:

至于尧舜之王,所以化海内者,北用禺氏之玉,南贵江汉之珠,其胜禽兽之仇,以大夫随之。

《轻重甲篇》云:

辟千金也,白璧也,然后八千里之禺氏可得而朝也。簪珥而辟千金者,璆琳、琅玕也,然后八千里之昆仑之虚可得而朝也。

宋晓梅先生认为:"牛氏"、"禺氏"都是月氏的同名异译。据《轻重甲篇》月氏之"边山"即"昆仑之虚",亦即阿尔泰山。《穆天子传》在叙述主人公至山西北部折而西行时,提到过的"禺知之平","禺知"即月氏,是指月氏人居住的平原地带。宋先生据此分析:

当时的月氏人分布在从河套内外到阿尔泰山南麓的北方草原地带。阿尔泰山区富蕴玉石矿藏,通过月氏人,玉石转到黄河流域,以满足古之君子必佩玉的习俗,以及制作礼器对玉石原料的大量需求。(宋晓梅:《巴泽雷克墓出土铜镜新考——兼谈早期丝绸之路与洛阳》刊于洛阳市地方史志编纂委员会办公室所编之《洛阳——丝绸之路的起点》一书中,中州古籍出版社1992年10月第一版。)

总之,早在先秦时期,月氏人的生活范围相当广泛,从河套内外,到阿尔泰山南麓,是他们的生活区域。

由于种种原因,中国周边地区的古代民族进行了多次迁徙,到了秦汉时期,大月氏人的生活区域仅限于河西走廊地区的敦煌、祁连山地区。大月氏人生活区域由先

秦时期到秦汉之际的缩小,当然是由于匈奴族的兴起,迫使大月氏人让出了大片大片的草原。

1. 大月氏人的西迁

汉朝初年,大月氏人在匈奴人和乌孙人的联合攻击下,不得不放弃原来的生活区域,除老弱者外,又进行了向西的迁徙。关于大月氏人的西迁活动,史书的记载彼此颇不一致,当代学者研究这一问题时,目前所得结论亦未必正确,故很有必要进行认真探讨,以弄清其西迁的具体情况和大致时间。

在大月氏被匈奴、乌孙打击下而西迁的问题上,《史记》、《汉书》、《后汉书》的记载颇不一致,具体情况如下:

《史记》卷123《大宛列传》认为,大月氏人是在匈奴的打击下,一次性地从敦煌、祁连山间迁到了大夏之地。《大宛列传》云:

> 及冒顿立,攻破月氏,至匈奴老上单于,杀月氏王,以其头为饮器。始月氏居敦煌、祁连间,及为匈奴所败,乃远去,过宛,西击大夏而臣之,遂都妫水北,为王庭。

《后汉书》卷88《西域传》的记载,也给人以在匈奴、乌孙的打击下大月氏人一次性便迁到大夏的印象。如《后汉书》卷88《西域传》:

> 初,月氏为匈奴所灭,遂迁于大夏。

《汉书》卷61《张骞传》的记载,与《史记》、《后汉书》的记载不同,较为具体和详细,它述及了大月氏人从河西走廊西迁分两个阶段,而不是一下子就迁到了大夏的土地上。第一阶段是从敦煌、祁连山间,先迁到伊犁河流域的塞种人的领土上;第二阶段再由塞种人的领土上迁到大夏的领土上。《汉书》中记载了汉武帝询问大夏的情况时,张骞言道:

> 臣居匈奴中,闻乌孙,王号昆莫。昆莫父难兜靡本与大月氏俱在祁连、敦煌间,小国也。(师古曰:"祁连山以东,敦煌以西。")大月氏攻杀难兜靡,夺其地,人民亡走匈奴。子昆莫新生,傅父布就翎侯抱亡置草中,为求食,还,见狼乳之,又乌衔肉翔其旁,以为神,遂持归匈奴,单于爱养之。及壮,以其父民众与昆莫,使将兵,数有功,时月氏已为匈奴所破,西击塞王,塞王南走远徙,月氏居其地。昆莫既健,自请单于报父怨,遂西攻破大月氏。大月氏复西徙,徙大夏地。昆莫略其众,因留居,兵稍强。会单于死,不肯复朝事匈奴,匈奴遣兵击之,不胜,益以为神而远之[①]。

由上所述可以看出,《汉书》卷61《张骞传》在大月氏人的西迁问题上,叙述得比较详细具体。而《史记》卷123《大宛列传》和《后汉书》卷88《西域传》的记述并不具体,没有显现出大月氏人西迁伊犁河(即塞王原领土)的那段历史。

总之,大月氏人是由敦煌、祁连山间先迁到伊犁河流域,而后又迁到了大夏的领土上。

在大月氏人向西迁徙的具体时间上,苏北海先生在其所著《西域历史地理》^②中认为:

> 匈奴对大月氏人大的袭击有四次,第一次发生在前185年,"'故时强,轻匈奴,及冒顿立,攻破月氏……始月氏居敦煌、祁连间,及为匈奴所败,乃远去……其余小种不能去者,保南山羌,号小月氏。'这个远去就是迁到了伊犁河流域"。

第二次袭击是前176年(文帝前元四年)西击月氏时的事情,即:

> 至匈奴老上单于,杀月氏王,以其头为饮器。^③

第三次袭击发生在前176年(文帝前元四年),《西域历史地理》云:

> 匈奴单于遗汉书称:"今以小吏之败约故,罚右贤王,使之西求月氏击之。以天之福,吏卒良,马强力,以夷灭月氏,尽斩杀降下之。定楼兰,乌孙、呼揭及旁二十六国,皆以为匈奴,诸引弓之民并为一家。"这一次匈奴的出兵袭击月氏,显然是出击已在河西走廊西逃伊犁河的月氏,所以特说"西求月氏击之"。如果此时月氏仍在河西走廊,就不必再说"西求月氏",因为原来匈奴和月氏牧地是相连的,至多用"西击"二字即可,不必用"西求"二字。

匈奴对月氏的第四次袭击,苏先生认为是在老上单于时,《西域历史地理》云:

> 这时匈奴已基本上征服了西域,但匈奴和乌孙仍最切齿大月氏,因为他们都长期受过月氏族的欺凌,都想继续报仇雪耻。可是这时的乌孙族已受匈奴的控制,要去出击月氏,必须得到匈奴单于的同意。所以《汉书·张骞传》说:"昆莫既健,自请单于报父怨,遂西攻破大月氏。大月氏复西走,徙大夏地。昆莫略其众,因留居,兵稍强。"这里指出,已徙伊犁的大月氏是被乌孙族赶走,迫使大月氏再徙阿姆河大夏之地。

苏氏的上述说法有不当之处,在时间上有错位的地方。

那么,大月氏人在敦煌、祁连山间势力的发展、壮大乃至最后衰弱,由河西走廊迁到伊犁河流域,再由伊犁河流域迁到大夏的具体过程究竟如何呢?下面我们加以详细叙述。

月氏人的强盛时代:

早在秦王朝时期,由于匈奴受到秦将蒙恬的打击,向北方退缩,当此之时,月氏的势力比较强盛。《汉书》卷94《匈奴传》云:

> 当是时,东胡强而月氏盛。匈奴单于曰头曼,头曼不胜秦,北徙。十有余年

而蒙恬死,诸侯畔秦,中国扰乱,诸秦所徙谪边者皆复去,于是匈奴得宽,复稍度河南与中国界于故塞。

可以说,在此期间,是月氏势力的强盛时期,连匈奴也惧怕几分,头曼单于时,还不得不把自己的儿子送到月氏当人质,《汉书》卷94《匈奴传》载有此事。在文献材料中,匈奴对月氏人的攻击发生在头曼单于时期,也可以说是见于记载的第一次:

> 单于有太子,名曰冒顿。后有爱阏氏,生少子。头曼欲废冒顿而立少子,乃使冒顿质于月氏。冒顿既质,而头曼急击月氏……月氏欲杀冒顿,冒顿盗其善马,骑亡归。

《资治通鉴》的记载更为详细,把这件事系在公元前201年。《资治通鉴》汉高祖六年条云:

> 单于头曼有太子曰冒顿,后有所爱阏氏,生少子,头曼欲立之。是时,东胡强而月氏盛,乃使冒顿质于月氏,既而头曼急击月氏,月氏欲杀冒顿,冒顿盗其善马骑之,亡归。头曼以为壮,令将万骑。

也正是在这一年,冒顿作鸣镝,射杀其父头曼,自立为单于。

大月氏人势力的削弱时期:

也就是在冒顿杀父自立为单于这一年,向东灭了东胡,向西又打败了月氏,这可以说是文献所载匈奴人对月氏人发动的第二次战争,此事乃发生在前201年。《资治通鉴》汉高祖六年条云:

> (冒顿灭东胡后)既归,又西击走月氏,南并楼烦、白羊河南王,遂侵燕、代,悉复收蒙恬所夺匈奴故地,与汉关故河南塞至朝那、肤施。是时,汉兵方与项羽相距,中国疲于兵革,以故冒顿得自强,控弦之士三十余万,威服诸国。

可以说,这时是匈奴的强盛、月氏人的衰落时期,匈奴这次“西击走月氏”,不可能是迫使月氏离开河西走廊向伊犁河迁徙,只不过是原来的广大地盘有所减少罢了,并非像苏北海所述那样,把月氏人从河西走廊击走。其原因是,在冒顿时期,史书还言匈奴的西边邻国是大月氏,若真的如苏北海所云把月氏人赶到了伊犁河流域,那么匈奴西边的边界应是与车师、楼兰相接而不是伊犁地区的月氏了。《史记》卷110《匈奴列传》记载了在冒顿单于时期匈奴的官职设置及地域概况。《匈奴列传》云:

> 置左右贤王,左右谷蠡王,左右大将,左右大都尉,左右大当户,左右骨都侯……诸大臣皆世官。呼衍氏、兰氏,其后有须卜氏,此三姓其贵种也。诸左方王将居东方,直上谷以往者,东接秽貉、朝鲜。右方王将居西方,直上郡以西,接月氏、氐、羌。而单于之庭直代、云中,各有分地,逐水草移徙。

以上说明,匈奴在冒顿为单于时其势力西接月氏,所以匈奴对月氏之战争必然要谈至

"西击",或"西求月氏",因为月氏势力确实很强大,处于匈奴的西边。月氏当时所据有的地盘是敦煌以西、祁连山以东的广大地区,我们可以从《史记》卷123《大宛列传》中"始月氏居敦煌、祁连间",张守节对此语的注释中找到证据。张守节的《史记正义》对此句注释道:"初,月氏居敦煌以东,祁连山以西。"张守节对月氏人的活动区域还有诠释,如《史记》卷123《大宛列传》载"是时天子问匈奴降者,皆言匈奴破月氏王",张守节《史记正义》注释道:

> 凉、甘、肃、瓜、沙等州,本月氏国之地。

可见月氏当时的势力很大,处在匈奴之西边。正因为如此,匈奴讨伐月氏之战,自然会称"西击",或"西求击之",不能把"西求击之"作为大月氏人迁出祁连山的根据。

匈奴对大月氏人的第三次打击,仍然是发生在冒顿单于时期。《史记》卷110《匈奴列传》记载在汉文帝前元三年(前177年)之时,匈奴右贤王人居河南地,侵盗上郡,葆塞蛮夷,杀掠吏民。于是汉文帝诏丞相灌婴发车骑85000,诣高奴,击右贤王,右贤王走出塞。

在汉文帝前元六年(前174年)时,冒顿单于为了对汉和好,表示道歉,言右贤王没有请示,与汉发生了战争,并罚他攻月氏,且平定了周围26国。《史记》卷110《匈奴列传》载:

> 单于遗汉书曰:"天所立匈奴大单于敬问皇帝无恙,前时皇帝言和亲事,称书意,合欢。汉边吏侵侮右贤王,右贤王不请,听后义卢侯难氏等计,与汉吏相距,绝二主之约,离兄弟之亲。皇帝让书再至,发使以书报,不来,汉使不至,汉以其故不和,邻国不附。今以小吏之败约故,罚右贤王,使之西求月氏击之。以天之福,吏卒良,马强力,以夷灭月氏,尽斩杀降下之。定楼兰、乌孙、呼揭及旁二十六国,皆以为匈奴。诸引弓之民,并为一家。"

苏先生认为:

> 在公元前174年(文帝前元六年),匈奴冒顿单于,即"以小吏败约,故罚右贤王使西击月氏尽定之"。这样月氏被匈奴逐出河西后,大部分逃离河西走廊,徙往中亚,一小部分未徙的则留在祁连山和昆仑山,混入羌族中游牧,被称为小月氏。河西走廊及祁连山区就为匈奴所占有,在这种态势下,匈奴把乌孙放在天山东部地区游牧,使其长守西域,就很符合当时的历史实际了。

其实不然,这次右贤王受罚对大月氏所进行的战争,只是降服了大月氏,改变了过去那种东胡强而月氏盛,匈奴还不得不把单于的儿子送到月氏去当人质的局面,并没有说把大月氏赶走。这次战争,使大月氏包括周围26小国在内的政权都臣服于匈奴,成为匈奴的附属国,正如文献所言,"诸引弓之民并为一家"了。既然并为一家,当然会受到匈奴的保护,只许匈奴对这些附属国为所欲为,而不许他们彼此间的互相吞并,那么日后乌孙攻打大月氏并将其逐出伊犁河流域就没有道理了。而且从"以夷灭月氏,尽斩杀降下之"一语分析,月氏若逃到伊犁河流或另立其国,就不称其降于匈奴。大月氏的迁往中亚,是由于老上单于对其所进行的打击并把大月氏王的头作为饮器后,大月氏才决定离开祁连山的。而上述对月氏的打击是在老上单于时期,并非在冒顿单于时期。

老上单于是在前174年即单于位的,《资治通鉴》系年虽然把此事与冒顿遗汉文帝书系于同年,但在次序上,把冒顿遗汉书系在老上单于即位之前。

2.大月氏人向伊犁河流域的迁徙

老上单于即位后,发动了对大月氏的战争,并给其以毁灭性打击,正如前引《史记》卷123《大宛列传》所言,"至匈奴老上单于,杀月氏王,以其头为饮器"。《汉书》卷94《匈奴传》的记载也是一致的,确在匈奴老上单于时杀了大月氏王,我们可以从元帝时汉匈立盟时的情景找到旁证:

　　　　昌、猛与单于及大臣俱登匈奴诺水东山,刑白马,单于以径路刀金留挠酒,以老上单于所破月氏王头为饮器者共饮血盟。

至于老上单于杀月氏王的年代,是在前174年之后,即汉文帝前元六年之后,因为前174年是老上单于的即位年。苏北海先生的《西域历史地理》第7页,把老上单于杀月氏王的时间定为前176年即文帝前元四年的说法是不妥的。《西域历史地理》言:

　　　　上段中所记的另一个史实"至匈奴老上单于,杀月氏王,以其头为饮器",是公元前176年(文帝前元四年)西击月氏时的事情。而"过宛,西击大夏而臣之,遂都妫水北,为王庭",而这一段显然是指的大月氏从伊犁河地区被乌孙及匈奴联军击败后徙往阿姆河流域的事。

苏氏的上述说法不当,其原因在于:冒顿单于前174年亡,老上单于在当年即位;即前176年之时,还是冒顿单于在位之时,与历史事实不符。史言:

　　　　及冒顿立,攻破月氏,至老上单于,杀月氏王,以其头为饮器④。

苏说在时间上有所错位。

总之,是在老上单于之时杀了月氏王,并把大部分大月氏人赶出了河西走廊地区。大月氏人开始了西迁,一直迁到伊犁河流域塞种人的领土上,并打败了塞种人,迫使塞种人向南迁徙。大月氏人由伊犁河流域向阿姆河流域即大夏领土上的迁徙,是在乌孙、匈奴势力的联合进攻下西徙的。

乌孙和大月氏本来共同生活在敦煌、祁连山一带,大月氏人攻杀了乌孙的首领难兜靡,并掠夺了乌孙的地盘,乌孙人不得不逃到了匈奴,受匈奴的庇护。从此,乌孙人与大月氏结下了仇怨。估计大月氏杀死乌孙国王难兜靡的时间可能在"东胡强,月氏盛"的秦王朝后期,即冒顿单于即位之前。冒顿单于即位后便展开了对东胡和月氏的打击,月氏势力不断削弱,自顾不暇,不可能对乌孙进行吞并。

大月氏人从伊犁河迁往大夏的时间大概是在前174年至前161年之间,我们从对乌孙国王昆莫的年龄分析中有助于对这一问题澄清。在大月氏人杀死乌孙国王难兜靡时,难兜靡的子昆莫刚刚生下来。史书记载:

> 子昆莫新生,傅父布就翎侯抱亡置草中,为求食,还,见狼乳之,又乌衔肉翔其旁,以为神,遂持归匈奴,单于爱养之⑤。

由此可知,当时昆莫是个刚生下来需要吃奶的乳孩。"及壮,以其父民众与昆莫,使将兵,数有功"。"及壮"二字,大概是长到壮年时,亦即30来岁时,他能带兵多次打胜仗,这时决然不会是匈奴退居漠北之时,很可能是老上单于初年。老上单于杀了大月氏王,把月氏人从河西赶到了伊犁河流域,此时的昆莫已有30来岁,时值:

> 月氏已为匈奴所破,西击塞王,塞王南走远徙,月氏居其地。昆莫既健,自请单于报父怨,遂西攻破大月氏。大月氏复西走,徙大夏地。昆莫略其众,因留居,兵稍强,会单于死,不肯复朝事匈奴⑥。

此事可能发生在老上单于在位的晚期,老上单于是前174年即位,前161年死去的,那么大月氏人西徙大夏也在此一时期内。时间之所以这样界定,是因为"会单于死,不肯复朝事匈奴"的单于绝不是指冒顿单于。因为冒顿单于是前174年死去的,此时老上单于还未杀大月氏王并以其头为饮器,大月氏人是在老上单于杀其王之后才西迁的。而这里的单于也不是老上单于之后的军臣单于,因为军臣单于死于前126年,在此之前10年,张骞已经出使西域寻求徙居大夏的大月氏国了。所以,这里的"会单于死,不肯复朝事匈奴"的单于肯定是老上单于。老上单于死于前161年,那么大月氏人从伊犁河迁往大夏的大概时间很可能是在前165年前后。

总之,大月氏的西迁,可以分为三个历史阶段:在秦王朝的中前朝,大月氏人的势力还是比较强大,在中国北方草原地带与东胡乌桓形成了东胡强而月氏盛的局面。匈奴的势力在蒙恬的打击下,向北方退去,这就自然而然地给月氏人一个活动的大舞台。而到了秦王朝的末期,西汉王朝的初期阶段,由于北方防线的松弛,造成了匈奴势力的南下。特别是在冒顿单于时,击败了东胡和月氏,使东胡和月氏势力各自向东、西方收缩。后来,大月氏的势力退缩到河西走廊一带,大概在前174年以后,匈奴对月氏人发动了大规模进攻。老上单于杀了月氏王,此时月氏向西迁徙,第一站迁到了伊犁河流域。此后不久,乌孙昆莫为报父难兜靡被月氏人所杀之仇,在匈奴的支持下,发动了对大月氏人的进攻,结果取得了最后胜利。大概是在前 161 年以前大月氏人迁到了阿姆河流域的大夏领土上建立了政权。

大月氏在匈奴势力的打击下,绝大部分进行了战略转移,进行了西迁,其小种和赢弱者并没有西行,河西走廊地区仍有数量不少的月氏人继续留在本土生活下去,月氏人并没有绝迹。《汉书》卷 69《赵充国传》给我们留下了这方面的证据,《传》言,在西汉与羌人的长期战争中,汉政权曾经利用过河西走廊地区的月氏人去打击羌人:

> 今诏破羌将军武贤将兵六千一百人,敦煌太守快将二千人,长水校尉富昌、酒泉侯奉世将婼、月氏兵四千人,亡虑二千人⋯⋯以七月二十日击罕羌。

从《赵充国传》中所言之"酒泉侯奉世将婼、月氏兵",反映了河西走廊地区仍有部分月氏人的存在,不然的话,此地不可能会有月氏兵。所以我们认为,在匈奴势力的打击下,虽然有一大部分大月氏人进行了西迁,但仍有部分大月氏人仍然留在原来的土地上生活。

3. 大月氏人向南、东南等方向的迁徙

大月氏人在匈奴的打击下,除了西迁和少部分留在厥地生活外,还有一部分月氏人向南、向东南方向迁徙,现分别叙述如下:

向南迁徙的大月氏人,根据记载是老弱者,不能进行长途的跋涉,所以就向南到青海高原,与生活在那里的羌族人相混在一起了。

向东南方向迁徙的大月氏人,有一部分迁到今日之青海湟水流域地区。《后汉书》卷 87《西羌传》记载:

> 初,累姐种附汉,迷唐怨之,遂击杀共酋豪,由是与诸种为仇,党援益疏。其秋,迷唐复将兵向塞,周鲔与金城太守侯霸,及诸郡兵、属国湟中月氏胡、陇西牢姐羌,合三万人出塞至允川与迷唐战。

从这段记载可知,原生活在敦煌、祁连山间的月氏人在被匈奴打败后,有一小部分迁徙到湟水流域生活,以至于在汉羌发生战争时,东汉政权还利用湟中月氏胡的力量,去对付迷唐羌。

大月氏人向东南方向的迁徙,在西汉时期有的已远达今日之固原地区。根据《汉书》卷 28《地理志》的记载,在今日之固原地区,早在西汉时期设置有月氏道。西汉时期的地方建置是这样的:在中央政权之下,地方上设郡,郡下设县,而少数民族所在地的"县"则不称"县",而称为"道"。那么在《汉书》卷 28《地理志》中记载有月氏道,说明该地区是月氏人聚居的县。秦汉时期,县的规模一般来说从地盘上是方百里,从人口上说是一万户,但偏远地区的县份人口数量要少些。总之,我们从月氏道的出现,反映了月氏人的东迁,而且其人数也不少,恐怕要有万人以上。

另外,需要说明的是,还有一小部分大月氏人迁到了塔里木盆地的南缘直到葱岭一带。《通典》的记载则十分明确:

> 敦煌西域之南山中,从若羌西至葱岭数千里,有月氏余种。曰葱茈羌、白马羌、黄牛羌,各有酋豪,北与诸国接,不知其道里广狭,盖同为羌种。

在这里,纵然月氏人与羌人融合,其名称已变为"羌"字,但实际上是由月氏人演变而来的。《后汉书》卷87《西羌传》对此有记述:

> 湟中月氏胡,其先大月氏之别种也,旧在张掖、酒泉地。月氏王被匈奴冒顿所杀,余种分散,西逾葱岭。其羸弱者南入山阻,依诸羌居止,遂与其婚姻。及骠骑将军霍去病破匈奴,取西河地,开湟中,于是月氏来降,与汉人错居……被服、饮食、言语略与羌同,亦以父名母姓为种。其大种有七,胜兵合九千余人,分在湟中及令居。又数百户在张掖,号曰义从胡。

4. 东汉时期月氏的东迁活动

西汉时期,月氏人除少部分向南、向东迁徙外,绝大部分进行了西迁,而到东汉时期,月氏人又从不远万里的西域边陲向中原地区流动。东汉时期,月氏人的向中原地区的迁徙流动有多种情况,主要的有:月氏少女被卖到中原;月氏的佛教传播者到中原地区传教;月氏的大汉充当中原地区封建割据势力的胡兵;贵霜帝国的频繁战乱导致大批难民返回故乡敦煌,最后抵达当时的都城洛阳。现分别叙述如下。

月氏少女被卖到中原:

丝绸之路由于汉武帝时的开通,到了东汉时期可以说沿途来来往往不绝时日。这里边有的是东西方的使者,奉政府之命进行友好交往的。但在很大程度上,丝绸之路的行客是一些商贾,这些商贾不但贩卖货物,而且还贩卖女奴。东汉时期的一位名叫辛延年的诗人,他在其乐府词《羽林郎》中描写了一位被卖到洛阳酒家的胡姬。诗云:

> 昔有霍家奴,姓冯名子都。依倚将军势,调笑酒家胡。胡姬年十五,春日独当垆。长裾连理带,广袖合欢襦。头上蓝田玉,耳后大秦珠。两鬟何窈窕,一世良所无。一鬟五百万,两鬟千万余。不意金吾子,娉婷过我庐。银鞍何煜熠,翠盖空踟蹰。就我求清酒,丝绳提玉壶。就我求珍肴,金盘脍鲤鱼。贻我青铜镜,结我红罗裙。不惜红罗裂,何论轻贱躯。男儿爱后妇,女子重前夫。人生有新故,贵贱不相逾。多谢金吾子,私爱徒区区。

《羽林郎》中的胡姬,是从西域来的,至于胡姬是否是月氏人也很难辨清。但是,类似这种命运的胡姬当中,确有大月氏人。《后汉书》卷34《梁冀传》给我们提供了确凿的证据:

初,父商献美人友通期于顺帝,通期有微过,帝以归商。商不敢留而出嫁之,冀即遣客盗还通期。会商薨,冀行服,于城西私与之言.寿伺冀出,多从仓头,篡取通期归,截发刮面,答掠之,欲上书告其事。冀大恐,顿首请于寿母,寿亦不得已而止。冀犹复与私通,生子伯玉,匿不敢出。寿寻知之,使子胤诛灭友氏。冀虑寿害伯玉,常置复壁中。

《梁冀传》中的上段文字提到的美人友通期,李贤在注释中认为:"友,姓也。"但是《东观汉纪》中有关梁商献美人的记载却不同,《东观汉纪》中的美人叫"支通期"。我们认为《东观汉纪》的记载正确,支氏是西域大月氏人的姓氏,如大月氏著名佛教徒支谶等。《梁冀传》的记载,告诉我们大月氏的女子在洛阳的遭遇。梁冀的父亲梁商把大月氏的美女献给了顺帝,顺帝又让她离开宫廷,最后被梁冀所占有。由于梁冀妻子孙寿的残忍,支通期最后被害。支氏是来华大月氏人的姓氏,说明了大月氏人向东汉都城流动迁徙的事实。

公元 2 世纪中叶大月氏人的东迁:

大月氏人西迁到大夏的领土后,社会环境比较安定,所以当张骞出使西域请他们迁回故地时,对此没有多大的兴趣。西迁后的大月氏,势力仍然十分强大,《汉书》卷96《西域传》言:时有户 10 万,有口 40 万,兵员 10 万,是西域的一个大国。到了东汉时期西域诸国皆称其谓贵霜王朝。《后汉书》卷 88《西域传》云:"诸国称之皆曰贵霜,汉本其故号,言大月氏云。"由此说明中国古籍中的大月氏,就是西域中亚的贵霜帝国。贵霜王朝当时十分强盛,有人认为它是称雄中亚和南亚次大陆的大国,但是到了公元 2 世纪中叶,贵霜王朝发生了战乱,战乱破坏了正常的生活秩序,出现了许多难民。而在难民当中,有相当大一部分向中国逃亡,有的进入塔里木盆地诸国,或回到原始的故籍敦煌、祁连山间。最后到达东汉都城洛阳的人数达数百人之多。《出三藏记集·支谦传》记载:

支谦,字恭明,大月支人也,祖父法度,以汉灵帝世率国人数百归化,拜率善中郎将。

这里的大月支,就是大月氏,也算是译音无正字。支谦的祖父率领数百大月氏人归服东汉王朝,受到了汉灵帝的加官,这里的"归化",就是到洛阳定居。然而支谦在东汉末年的大战乱中又继续向东南方向迁移,到达了江南一带。《出三藏记集·支谦传》又记载了其奔吴的具体细节,《支谦传》云:

献帝之末,汉室大乱,与乡人数十共奔吴。

支谦不但个人而且还携带数十乡人进一步向江南地区迁徙,这可以说是文献记载中迁程最远的大月氏人。由于大月氏人到洛阳定居,所以文献当中对支谦籍贯的称呼也改为"河南支恭明"了,如《出三藏记集·了本死经序》中即称支谦为"河南支恭明"。

　　关于大月氏人来华定居,从文物考古方面亦有不少有力的证据,这里不再一一详举。

　　大月氏男子来华从军为兵:

　　上面谈到了大月氏的女子被贩卖到洛阳的情形,而东迁的大月氏的男子有不少被封建割据势力所利用而从军当兵者。大月氏人勇敢善战,正因为如此,封建割据势力特别喜欢胡兵,在东汉末年的战乱中,拥兵自重的董卓便是如此。《后汉书》卷103《五行志》载:

　　　　董卓多拥胡兵,填塞街衢,虏掠宫掖,发掘园陵。

这些胡兵当中,有不少就是骁勇善战的大月氏人,而且《后汉书》卷72《董卓传》也给我们提供了这方面的证据。《董卓传》记述了董卓的女婿牛辅在失败后逃跑时的情形,《后汉书》的注释家李贤注引《献帝纪》云:

　　　　(牛)辅帐下支胡赤儿等,素待之过。急,尽以家宝与之,自带二十余饼金、大白珠璎。胡谓辅曰:"城北已有马,可去也。"以绳系辅腰,逾城悬下之,未及地丈许放之,辅伤腰不能行,诸胡并取其金饼珠,斩首诣长安。

林梅村先生认为,支氏为来华大月氏人姓氏⑦,那么由姓氏可知,支胡赤儿等胡兵肯定是大月氏人。而且这些大月氏人的胡兵还深得董卓、牛辅等权贵的信任。

二、乌孙的人口及迁徙

　　汉代的乌孙,是西域的大国。"东与匈奴、西北与康居、西与大宛、南与城郭诸国相接。"⑧位置大致相当于今天的伊犁河、楚河流域⑨,国土可谓非常辽阔。乌孙的人口,《汉书》卷96《西域传》载:

　　　　户十二万,口六十三万,胜兵十八万八千八百人。

这组户口数字,"当时是惊人的,超出了西域都护所辖诸国户口兵的总和"⑩。

　　国土辽阔,户口众多,奠定了乌孙在西域的大国地位。但考察乌孙的发展历史,可以发现,乌孙原是"匈奴西边小国"⑪,它是在当时匈月、汉匈、汉乌等关系的演化中不断发展壮大的。前举的户口数字,是乌孙在西汉后期鼎盛时期出现的;到了东汉,户口反而有所减少。下面拟通过对乌孙人口变化过程的分析和人口数字的升降,来了解乌孙发展壮大以至衰微的历程,以期对两汉时期乌孙国的研究有所裨益。

　　1.西汉初年至乌孙西迁时的人口

　　乌孙之名始见于孝文帝前元四年⑫(前176年)冒顿单于给汉文帝的一封信中。

《史记》卷110《匈奴列传》载：

> 今以小吏之败约故，罚右贤王，使之西求月氏击之。以天之福，吏卒良，马强力，以夷灭月氏，尽斩杀降下之。定楼兰、乌孙、呼揭及其旁二十六国，皆以为匈奴。诸引弓之民，并为一家[⑬]。

乌孙是在匈奴攻打月氏时出现于中国史籍的。余太山先生认为："乌孙原来可能役属月氏，当它开始登上历史舞台时，只是一个很弱小的部落。"[⑭]观点是正确的。按：楼兰（后更名鄯善），西汉末年有"户千五百七十，口万四千一百，胜兵二千九百十二人"[⑮]，是一个小国。呼揭，《汉书》卷70《陈汤传》服虔注曰："呼偈，小国名，在匈奴北。""呼偈"当为"呼揭"之异写，也是小国。又《史记》卷123《大宛列传》载张骞之言："臣居匈奴中，闻乌孙王号昆莫，昆莫之父，匈奴西边小国也。"昆莫之生年和昆莫父之死年，学术界有不同的意见[⑯]。乌孙在昆莫之父率领下役属月氏，且又是小国，人口当不会太多。

公元前177—前176年前后，乌孙并入匈奴。《史记》卷123《大宛列传》载：

> 匈奴攻杀其父，而昆莫生，弃于野。乌嗛肉蜚其上，狼往乳之。单于怪以为神，而收长之。及壮，使将兵，数有功，单于复以其父之民予昆莫，令长守于西域。昆莫收养其民，攻旁小邑，控弦数万，习攻战。单于死，昆莫乃率其众远徙，中立，不肯朝会匈奴。匈奴遣奇兵击，不胜，以为神而远之，因羁属之。

昆莫与乌孙国民长期生活在匈奴的控制之下，力量很小。昆莫长大后，单于才把乌孙之众交与昆莫，"令长守于西域"，具体地点应在今哈密一带[⑰]。昆莫在"收养其民，攻旁小邑"的基础上，才发展到"控弦数万"[⑱]。也就是有数万胜兵的规模。乌孙是以畜牧业为主的国家，兵民合一，那么户口也不会很多。这是乌孙西迁伊犁河流域前的情况。因此，昆莫之父时（前177—前176年以前），户口当不会多于此。

乌孙的西迁，对乌孙来说是个重大事件，一则从此逐渐发展壮大，二则初步摆脱了匈奴的严格控制。西迁的经过，《汉书》卷61《张骞传》记载较详：

> 昆莫父难兜靡本与大月氏俱在祁连、敦煌间，小国也。大月氏攻杀难兜靡，夺其地，人民亡走匈奴。子昆莫新生，傅父布就翕侯抱亡置草中，为求食，还，见狼乳之，又乌衔肉翔其旁，以为神，遂持归匈奴，单于爱养之。及壮，以其父民众与昆莫，使将兵，数有功。时，月氏已为匈奴所破，西击塞王。塞王南走远徙，月氏居其地。昆莫既健，自请单于报父怨，遂西攻破大月氏。大月氏复西走，徙大夏地。昆莫略其众，因留居，兵稍强。会单于死，不肯复朝事匈奴。

《史记》、《汉书》关于昆莫之父是被匈奴或大月氏杀死的不同记载，学术界争论已久，姑且不论。但直至昆莫率众西迁，乌孙一直在匈奴卵翼之下，却是事实。前引《史记》卷 123《大宛列传》已言，昆莫长守西域时，已"控弦数万"。后西迁伊犁河、楚河流域，击走大月氏，"略其众，因留居，兵稍强"。"稍"，这里是逐渐之意，"兵稍强"，乃是军事力量逐渐强大之意，并且这是建立在占有伊犁河、楚河流域原有塞人和大月氏遗民的基础上的[19]；换言之，乌孙这时的户口会有所增加，但增加不会太多。因为既要征服攻打大月氏，必定发生战争，战争中双方亦会耗兵少员，乌孙人口当会有所减少；尽管乌孙战胜后占有大月氏、塞人遗民，人口会有所增加，但和自己的减员相较，总体人口增加不会太多。《史记》卷 123《大宛列传》载："乌孙在大宛东北可二千里，行国随畜，与匈奴同俗，控弦者数万，敢战。"记载的当是乌孙西迁伊犁河流域之后的情况。其时，也还是"控弦数万"，这与乌孙"长守西域"时的"控弦者数万"相比，数量似乎并无大的变化和增长。

乌孙西迁年代，尚多争论。王明哲先生认为应在"老上单于死后之公元前 160 年（汉文帝后元四年），时猎骄靡（昆莫）年 18 岁"[20]。辨证虽详，似有失当。

总之，乌孙在西汉初年只是匈奴西边的一个小国，只"控弦数万"；后西迁伊犁河、楚河流域，势力才逐渐发展，但户口也增加不多，还是"控弦者数万"。这大概因为受匈奴的控制和乌孙自身政权的弱小有关。

2. 乌孙西迁后至元狩、元鼎年间的人口

汉武帝元狩、元鼎年间（前 119—前 115 年），张骞西通乌孙[21]。时乌孙西迁伊犁河、楚河流域，但户口增加不多。《史记》卷 123《大宛列传》载乌孙当时情况：

> 昆莫有十余子，其中子曰大禄，强，善将众，将众别居万余骑。大禄兄为太子，太子有子曰岑娶，而太子蚤死。临死谓其父昆莫曰："必以岑娶为太子，无令他人代之。"昆莫哀而许之，卒以岑娶为太子。大禄怒其不得代太子也，乃收其诸昆弟，将其众畔，谋攻岑娶及昆莫。昆莫老，常恐大禄杀岑娶，予岑娶万余骑别居，而昆莫有万余骑自备，国众分为三，而其大总取羁属昆莫，昆莫亦以此不敢专约于骞。

《汉书》卷 96《西域传·乌孙传》所载与《大宛列传》同，只是"岑娶"，《西域传》作"岑陬"。从上述记载可知，张骞西使乌孙时，乌孙国众分为三部分，每一部分都"万余骑"，全国之兵在 4 万骑左右[22]。又《汉书》卷 96 下《西域传》载乌孙"随畜逐水草，与匈奴同俗"。匈奴之俗，《史记》卷 110《匈奴列传》载："宽则随畜，因射猎禽兽为生业，急则人习攻战以侵伐，其天性也。"又载："儿能骑羊，引弓射鸟鼠；少长则射狐兔：用为食。士力能弯弓，尽为甲骑。"可见，匈奴是以畜牧业为主的游牧民族，且兵骑合一，兵民合一。乌孙既与匈奴同俗，亦当为兵骑合一。乌孙全国之兵 4 万骑左右，亦可理解为胜兵 4 万左右，或"控弦"4 万左右。前举《汉书》卷 96《西域传》中乌孙人口时云："户十二万，口六十三万，胜兵十八万八千八百人。"则一户中约1.6人为兵，3.3人中有一人为兵，那么4万胜兵折合户25000，口133000。

乌孙从西迁前的"控弦数万"，到汉武帝元狩元鼎年间的胜兵约4万，中间相隔数十年，其间乌孙人口发展不大[23]，这可能与匈奴的时常侵扰和乌孙内部的不安定有关。

乌孙西迁后，《史记》卷123《大宛列传》载："中立，不肯朝会匈奴。匈奴遣奇兵击，不胜，以为神而远之，因羁属之，不大攻。"匈奴对乌孙的不大驯服，必定不满，故还想全力控制乌孙，尽管后来"不大攻"，但乌孙还是臣服畏惧匈奴的。同书《大宛列传》载乌孙"素服属匈奴日久矣，且又近之，其大臣皆畏胡"。乌孙既近匈奴，又服属匈奴，匈奴肯定会加强对乌孙的控制，并且还会压迫剥削乌孙，对乌孙征收赋税。因为处在奴隶制阶段的匈奴，"进行掠夺在他们看来是比进行创造的劳动更容易甚至更荣誉的事情"[24]。史实也的确如此。《三国志》卷30《魏书·乌丸传》注引《魏书》曰："乌丸者，东胡也……自其先为匈奴所破，人众孤弱，为匈奴臣服，常岁输马牛羊，过时不具，辄虏其妻子。"匈奴对臣服的乌丸如此，那么对臣服的乌孙恐亦会进行掠夺与剥削。同时，乌孙国内又有大禄和岑娶的权位之争，闹得国家一分为三，且互相设骑防备，政局动荡，中央集权不强，那么乌孙的社会生产和经济发展必定会受到严重影响，人口发展过程因此也很缓慢，或停滞不前。

总之，乌孙西迁后至武帝元狩、元鼎年间，乌孙内部政局不稳，外部又受匈奴控制，人口发展缓慢。元狩、元鼎年间，有胜兵4万左右，合户25000，口133000。

3.元狩、元鼎年间至宣帝本始年间乌孙的人口

张骞使乌孙后，乌孙知汉朝"人众富厚"，才重视与汉朝发展关系，汉朝亦欲联乌孙夹击匈奴。汉元封中（前110—前105年），"遣江都王建女细君为公主，以妻焉"[25]。（妻昆莫），昆莫年老，又让其孙岑陬尚公主。江都公主死，"汉复以楚王戊之孙为公主，妻岑陬"[26]。

汉朝和乌孙结亲友好，对乌孙的发展有很大影响，同时损害了匈奴在乌孙的利益，引起了匈奴的不满，匈奴也决不会轻易放弃对乌孙的控制的。昭帝末宣帝初，"匈奴复连发大兵侵击乌孙，取车延、恶师地，收人民去，使使谓乌孙趣持公主来，欲隔绝汉"[27]。形势严峻，汉解忧公主与乌孙昆弥翁归靡上书宣帝：

"昆弥愿发国半精兵，自给人马五万骑，尽力击匈奴。唯天子出兵以救公主、昆弥。"[28]宣帝答应了乌孙的请求，本始三年（前71年）"汉兵大发十五万骑。五将军分道并出"[29]。"遣校尉常惠持节护乌孙兵，昆弥自将翎侯以下五万骑从西方入"[30]。

以上是研究乌孙人口的重要史料。昭宣之际,乌孙"国半精兵",就有人马 5 万骑,也即是说乌孙当时全国有兵 10 万骑,或曰胜兵 10 万。按前引乌孙户、口、兵折合的比例,兵 10 万骑折合户 6.4 万,口 34 万。与元狩、元鼎年间的户 2.5 万,口 13.3万相比,40 余年,户口就翻了一番有余,不能不说是乌孙人口发展和社会发展中的一个重要阶段。

这一时期乌孙人口的迅速发展,有多种原因:首先,取决于国内政治的稳定。岑陬死后,原来闹独立情绪的大禄虽未继位为昆弥,但大禄的儿子翁归靡却继位为昆弥,结束了长期的分裂局面,集权加强,政治和社会稳定,促进了乌孙社会的发展。

其次,乌孙和汉朝通过联姻,加强了政治方面的联系,友好关系得到了进一步的发展。相反,匈奴在经过汉武帝时的一连串战争,特别是元狩二年(前 121 年)的河西之役打击下,迫使浑邪王降汉,这对匈奴在西方的打击很大,极大削弱了匈奴对西域各国和乌孙的奴役和剥削,匈奴对乌孙的控制更加弱化了。《汉书》卷 96《西域传》载:

> "元封中(前 110 —前 105 年),遣江都王建女细君为公主,以妻焉。赐乘舆服御物,为备官属宦官侍御数百人,赠送甚盛。乌孙昆莫以为右夫人。匈奴亦遣女妻昆莫,昆莫以为左夫人。"

乌孙尚汉公主,匈奴却也送女妻昆莫,这说明匈奴当时已没有力量远征乌孙,只能采取笼络手段,这也是匈奴在对汉战争中实力大为削弱的缘故[31]。

又《史记》卷 110《匈奴列传》载元封三年(前 108 年)[32]:

> 汉使杨信于匈奴。是时汉东拔秽貉、朝鲜以为郡,而西置酒泉郡以属绝胡与羌通之路。汉又西通月氏、大夏,又以公主妻乌孙王,以分匈奴西方之援国。又北益广田至眩雷为塞,而匈奴终不敢以为言[33]。

《汉书音义》曰:"眩雷,地名,在乌孙北。"汉朝在乌孙北屯田,而匈奴奈何不得。既表明汉对匈奴的战争起了作用,又表明匈奴对乌孙的控制已很微弱。同时,匈奴内部却矛盾重重,以至于有欲降乌孙之众。《汉书》卷 94 上《匈奴传》载昭帝始元二年(前 85 年),

> "壶衍单于既立,风谓汉使者,言欲和亲。左贤王、右谷蠡王以不得立怨望……欲与西降乌孙,谋击匈奴"。

其后,匈奴虽然有在昭帝元平元年(前 74 年)、宣帝本始元年(前 73 年)侵夺乌孙之事,但那也是在南下汉边很少获利的情况下进行的[34],而不是经常攻打乌孙。

从武帝元狩年间之后,直到昭帝末年,匈奴对乌孙的控制减弱,这就为乌孙国内安定发展提供了一个极好的外部环境,为人口的增长提供了一个较为安定的条件。

再次,乌孙的婚姻制度,也利于在稳定的社会环境中人口的增长。乌孙"与匈奴同俗",匈奴之俗,"父兄死,则妻其妻,恶种姓之失也。故匈奴虽乱,必立宗种"⑤乌孙的婚姻制度更甚于此。汉武帝元封中细君公主初嫁乌孙昆莫,昆莫年老,让其孙岑陬妻细君公主。细君公主死,

>"汉复以楚王戊之孙解忧为公主,妻岑陬"㊱。

岑陬死,其堂弟"翁归靡既立,号肥王,复尚楚主解忧"㊲。翁归靡死,"乌孙贵人共从本约,立岑陬子泥靡为昆弥,号狂王"㊳。

>"狂王复尚楚主解忧"㊴,

乌孙这种不论行辈的婚姻制度,尽管有其落后性、原始性,但同时也无疑扩大了妇女的生育机会,对促进人口发展方面起了推动作用㊵。特利是在社会安定条件下,这种促进作用更为明显。

最后,乌孙伴随着国家的强大,有可能还掳掠别的国家的人民。《汉书》卷94《匈奴传》载:

>"乌禅幕者,本乌孙、康居间小国,数见侵暴,率其众数千人降匈奴,狐鹿姑单于(前96—85年)以其弟子日逐王姊妻之,使长其众,居右地。"

乌禅幕既居乌孙、康居间,又数被侵暴,虽无明言是乌孙或康居,但不排除乌孙掳掠的可能。否则,乌禅幕不会越乌孙东降匈奴,而极会东降乌孙的。

总之,乌孙自张骞通使结亲至昭宣之际的40余年间,外部匈奴控制减弱,而且国内稳定,社会生产和人口都有极大发展,至本始年间(前73—前70年),户已达到6.4万,口34万,胜兵10万,是乌孙人口发展史上的一个重要时期。

4. 宣帝本始三年至甘露年间乌孙的人口

宣帝本始三年(前71年)之战后,乌孙彻底摆脱了匈奴的控制,社会生产和人口都获得了飞速发展。《汉书》卷96《西域传》载甘露年间(前53—前50年),乌孙发生内乱,汉朝采用分而治之的方法,将乌孙国分为大、小昆弥两部分。甘露元年㊶(前53年)因为小昆弥乌就屠不尽归诸翕侯民众,

>"汉复遣长罗侯惠将三校屯赤谷,因为分别其人民地界,大昆弥民户六万余,小昆弥户四万余。㊷"

这又是一条关于乌孙人口记载的重要史料。当时大小昆弥民户相加,已达到11万户,虽未达《西域传》所载乌孙"户十二万"的最高记录,但亦相差不多,折合人口和兵数,已达口58万,胜兵17.3万,和本始三年时的户6.3万,口34万,胜兵10万相比,短短30年间,户口增加了70%以上,这不能不说是乌孙发展史上的又一个重要时期。对此,王明哲先生认为:"经过本始之战,乌孙在翁归靡领导下,国力臻于极盛,

从此走上了她的鼎盛时期。"[43]

乌孙社会和人口如此迅速的发展,是和匈奴势力的衰落,汉乌关系的加强,以及自身的发展密切相关的。

首先,本始三年(前71年)之战,匈奴在汉军和乌孙兵的联合夹击下,彻底失败,从此大为衰弱。但匈奴并不甘心自己的失败。

> 其冬,单于自将万余骑击乌孙,颇得老弱。欲还,会天大雨雪,一日深丈余,人民畜产冻死,还者不能什一。于是丁零乘弱攻其北,乌桓入其东,乌孙击其西。凡三国所杀数万级,马数万匹,牛羊甚众。又重以饿死,人民死者什三,畜产什五,匈奴大虚弱,诸国羁属者皆瓦解,攻盗不能理[44]。

本始三年之役已表明乌孙和匈奴走上了决裂之路,其年冬天,乌孙又乘天灾打击匈奴,匈奴自此便大为衰弱,而乌孙也由此摆脱了匈奴的羁属地位,一跃成为西域地区势力最强大的国家。神爵二年(前60年),匈奴日逐王降汉,汉王朝在西域设都护,而匈奴"僮仆都尉由此罢,匈奴益弱,不得近西域"[45]。公元前57年,匈奴"五单于争立",内部大乱,更无暇顾及西域和乌孙,这就为乌孙的发展完全扫清了外部障碍。

其次,本始之战后,乌孙和汉朝的联盟关系进一步加强。本始三年之战,便是事实上的结盟。元康二年(前64年)乌孙昆弥因常惠上书:

> 愿以汉外孙元贵靡为嗣,得令复尚汉公主,结婚重亲,畔绝匈奴。

乌孙的请求,得到了宣帝的同意,余太山先生认为元康二年翁归靡提出的"结婚重亲,畔绝匈奴",得到宣帝同意,意味着正式宣告乌孙与汉结盟。[46]汉朝不仅与乌孙结盟,而且还逐渐把乌孙变成自己的属国,甘露元年(前53年)立元贵靡为大昆弥及分别大小昆弥民众地界便是明证。而乌孙亲倚汉朝,外断匈奴,内修政治,翁归靡时社会稳定,也是乌孙发展的一个重要因素。同时,乌孙亲倚汉朝,也极大提高了乌孙在西域诸国中的声望。宣帝时,莎车"计欲自托于汉,又欲得乌孙心"[47],就上书请求以乌孙翁归靡和解忧公主所生的次子万年为莎车王;龟兹王绛宾亦娶翁归靡和解忧公主之女为夫人[48]等,都表明乌孙假汉之威,在西域有极高的地位,这也为乌孙的发展提供了良好的周边环境。

再次,乌孙在战争中获得了大量的战利品,增强了经济实力,同时也增加了乌孙的人口。史载本始三年一役:

> 昆弥自将翎侯以下五万骑从西方入,至右谷蠡王庭,获单于父行及嫂、居次、名王、犁汙都尉、千长、骑将以下四万级,马牛羊驴橐驼七十余万头,乌孙皆自取所虏获[49]。

乌孙掳掠的70万头牲畜,是个极大的数字,在以畜牧业为主的乌孙社会里,这无疑极大增强了乌孙的经济实力。又乌孙掳获的"四万级",当为 4 万名匈奴人之意,这也增加了乌孙的人口数量。

此外,乌孙自身的婚姻制度,在这一稳定的历史时期,无疑也是人口增长的一个促进因素。第三部分中已阐述,此不赘。

总之,乌孙在本始三年(前 71 年)至宣帝甘露年间(前 53—前 50 年)的约 20 年,由于完全摆脱了匈奴的控制,走上了独立发展之路;同时与汉朝关系进一步发展;国内社会稳定,因此在翁归靡领导下,人口获得了飞跃发展。乌孙走上了鼎盛之路,至甘露年间,已达户 11 万,口 58 万,兵 17.3 万,乌孙国力已趋鼎盛。

5.《西域传》中乌孙户口的系年及西汉末年乌孙的人口

《汉书》卷 96《西域传》中载乌孙人口:

> 户十二万,口六十三万,胜兵十八万八千八百人。

这是关于乌孙户口数字最完整也是最高的记载。这组户口数字的系年,尚无人系统研究,笔者不揣浅陋,试结合西汉后期乌孙人口的发展情况,作一探讨。

《汉书》卷 96《西域传》中记载了包括乌孙在内的西域各国的户口数字。关于这组户口的系年,《西域传》云:

> 自宣、元后,单于称藩臣,西域服从,其土地山川王侯户数道里远近翔实矣。

那么,西域各国户口数字当是宣帝、元帝以后的情况。又《汉书》卷 28《地理志》在记述京兆尹户口数字时,曰:"元始二年(公元 2 年)户十九万五千七百二,口六十八万二千四百六十八。"师古注曰:"汉之户口当元始时最为殷盛,故《志》举之以为数也。"后治汉史者,把元始二年(公元 2 年)作为《地理志》户口的系年。西域各国的户口没有列入《地理志》,却单独出现于《西域传》,近年也有学者将西域各国包括乌孙在内的户口数字系于元始二年[50]。但考之乌孙,史实却非如此。王明哲先生在考察了乌孙在伊犁河流域的发展情况后指出,这组乌孙户口"很可能是大昆弥雌栗靡时期"的[51],很有见地,惜未深入阐叙,今补充之。甘露元年(前 53 年)常惠在分别大小昆弥的人民地界时,有 11 万户,其中大昆弥 6 万余户,小昆弥 4 万余户,汉朝本意是尊奉大昆弥,但乌孙却"众心皆附小昆弥",造成分裂之态。时小昆弥为乌就屠。

甘露三年(前 51 年),大昆弥元贵靡死:

> 元贵靡子星靡代为大昆弥,弱,冯夫人上书,愿使乌孙镇抚星靡。汉遣之,卒百人送焉。都护韩宣奏,乌孙大吏、大禄、大监皆可以赐金印紫绶,以尊辅大昆弥,汉许之。后都护韩宣复奏,星靡怯弱,可免,更以季父左大将乐代为昆弥,汉不许。后段会宗为都护,招还亡畔,安定之。[52]

常惠在分别大小昆弥人民地界后不久,大昆弥元贵靡死,继位的星靡怯弱无能,以至于不得不假汉之威而统治乌孙。段会宗为都护时,所谓"招还亡畔,安定之"。师古曰:"有人众亡畔者,皆招而还之,故安定也。"《汉书补注》引徐松曰:"众附小昆弥,故亡畔。"徐松之话,可谓道出了问题的实质。甘露三四年间,乌孙虽然比较强盛,但大昆弥星靡怯弱,且国不统一,政局不稳,又有亡畔之人,户口当不会达到鼎盛。

时小昆弥乌就屠虽众心附之,但居地也不太平,威胁来自匈奴。宣帝时,匈奴内乱,五单于争位,后分裂为两部,东部呼韩邪单于朝汉,西部郅支单于惧而居右地。宣帝黄龙元年(前49年)[53],郅支单于:

> 自度力不能定匈奴,乃益西近乌孙,欲与并力,遣使见小昆弥乌就屠。乌就屠见呼韩邪为汉所拥,郅支亡虏,欲攻之以称汉,乃杀郅支使,持头送都护在所,发八千骑迎郅支。郅支见乌孙兵多,其使又不反,勒兵逢击乌孙,破之。因北击乌揭,乌揭降。发其兵西破坚昆,北降丁令,并三国。数遣兵击乌孙,常胜之[54]。

西逃的郅支单于常出兵袭击乌孙小昆弥乌就屠之居地,亦会掳掠其人民畜产,那么小昆弥乌就屠之地也不会安定发展。

元帝初元四年(前45年),郅支单于杀汉使谷吉,自知负汉,西奔康居。康居王"甚尊敬郅支,欲倚其威以胁诸国。郅支数借兵击乌孙,深入赤谷城,杀略民人,驱畜产,乌孙不敢追,西边空虚,不居者且千里"[55]。郅支单于假康居之兵数侵乌孙,甚至打到首都赤谷城,致使乌孙西部国境空虚,不居者且千里,这种情况对乌孙的打击可谓不小,而且这种局面持续了好几年,直至元帝建昭三年(前36年),西域都护"甘延寿与副陈汤发兵即康居诛斩郅支"[56]时为止,才解除了郅支单于和康居人对乌孙的掳掠。

就在甘延寿和陈汤出兵前去康居,诛斩郅支单于的路上,还碰见掳掠乌孙人畜的康居兵。《汉书》卷70《陈汤传》载:

> 即日引军分行,别为六校,其三校从南道逾葱岭径大宛,其三校都护自将,发温宿国,从北道入赤谷,过乌孙,涉康居界,至阗池西。而康居副王抱阗将数千骑,寇赤谷城东,杀略大昆弥千余人,驱畜产甚多。从后与汉军相及,颇寇盗后重。汤纵胡兵击之,杀四百六十人,得其所略民四百七十人,还付大昆弥,其马牛羊以给军食。

公元前36年,汉军灭郅支的途中还遭遇到进行抢掳的康居兵,那么自公元前49年到前36年,郅支单于和康居兵先后侵掳乌孙,驱掠畜产民众,乌孙社会生产和人口当不会有太大的发展。时乌孙大昆弥为星靡,小昆弥为乌就屠。

郅支单于被诛之后,乌孙外部威胁解除,国内安定,社会生产当会有所发展。公元前33—前32年,大昆弥星靡死[57],子雌栗靡即位为大昆弥。时小昆弥乌就屠亦依附汉朝。成帝阳朔四年(前 21 年),"小昆弥乌就屠死,子拊离代立,为弟日贰所杀。汉遣使者立拊离子安日为小昆弥"[58]。按:立安日的使者为段会宗[59]。小昆弥安日既为汉使所立,当亦亲倚汉朝,乌孙国内亦会安定。永始元年(前 16 年)[60],"小昆弥为国民所杀,诸翎侯大乱。征会宗为左曹中郎将、光禄大夫,使安辑乌孙,立小昆弥兄末振将,定其国而还"[61]。安日死后,继位的小昆弥末振将也为汉朝所立,并臣属于汉朝,这也保证了乌孙政局的稳定。

时大昆弥雌栗靡已在位十几年,外无匈奴的侵扰,内有汉朝的安辑,社会生产当会有较大的发展。《汉书》卷 96《西域传》记载了这一情况:

> 时大昆弥雌栗靡健,翎侯皆畏服之,告民牧马畜无使入牧,国中大安和翁归靡时。(师古曰:"胜于翁归靡时也。")小昆弥末振将恐为所并,使贵人乌日领诈降刺杀雌栗靡。

雌栗靡时乌孙国内安定,社会生产发展,胜过翁归靡时。如果说宣帝时翁归靡时期是乌孙发展中的一个高峰的话,那么成帝时雌栗靡时期的发展又是一个高峰,人口在雌栗靡时期亦会达到鼎盛。按:乌日领刺杀雌栗靡,《汉书补注》注引徐松曰"案《段会宗传》在立末振将之明年,是永始三年(前 14 年)"[62],那么自公元前 36 年郅支单于被诛,前 33—前 32 年雌栗靡即位大昆弥直至前 14 年被杀。这二十余年间,当是乌孙国力恢复、发展和达到鼎盛的一个重要时期,乌孙国的"户十二万,口六十三万",当是这一时期的数据。

又《汉书》卷 96《西域传·康居传》载,都护郭舜在汉成帝时上言:

> 本匈奴盛时,非以兼有乌孙、康居故也;及其称臣妾,非以失二国也。汉虽皆受其质子,然三国内相输遗,交通如故,亦相候司,见便则发,合不能相亲信,离不能相臣役。

余太山先生认为这段话说明了郅支事件以后,匈奴和乌孙、康居三者间的关系。合不能相亲信,二句似乎还表明三国在当时势力相差无几[63]。按:郭舜任都护时间是从成帝永始二年至元延元年(前 15—前 12 年)[64],恰巧在雌栗靡统治的后期。又康居人口,《西域传》载,"户十二万,口六十万,胜兵一二万人'。乌孙和康居势力相差无几,人口此时亦当会达此规模。

这一时期乌孙人口的增长,当和国内安定,外无匈奴侵扰有关。除了自身的增长外,乌孙当还有掳掠别国之人。《汉书》卷 96《西域传》载,"后安日为降民所杀,汉立其弟末振将代"。安日为小昆弥,为降民所杀,那么降民极有可能为掳掠周围国家之人,而且数量也不会很少。

公元前 14 年,末振将杀死雌栗靡后,汉立伊秩靡为大昆弥。不久,小昆弥末振将又被难栖杀死,安犁靡代为小昆弥,乌孙政权迭变,政局亦不安定,同时乌孙还有雪上加霜的事件,即卑爰定分裂。《汉书》卷96《西域传》载:

> 末振将弟卑爰毚本共谋杀大昆弥,将众八万余口北附康居,谋欲藉兵,兼并两昆弥。

《汉书》卷70《段会宗传》载:

> 是时,小昆弥季父卑爰毚,拥众欲害昆弥,汉复遣会宗使安辑,与都护孙建并力。

雌栗靡死后,大小昆弥更迭,且继位的大小昆弥都较怯弱。政权不稳,外部又有卑爰毚的分裂势力,更加剧了乌孙的不稳定因素,这对乌孙社会生产的发展肯定有很不利的影响,人口规模也不可能超出雌栗靡时期。嗣后,《西域传》又载:

> 哀帝元寿二年(公元前1年),大昆弥伊秩靡与单于并入朝,汉以为荣。至元始中(公元1—5年)卑爰毚杀乌日领以自效,汉封归义侯。两昆弥皆弱,卑爰毚侵陵,都护孙建袭杀之。

乌孙这种分裂动荡之局,一直持续到平帝元始中。时两昆弥皆弱,备受卑爰毚侵陵,虽有汉朝扶持和帮助,但卑爰毚已成尾大不掉之势,致使"汉用忧劳,且无宁岁",乌孙的国力终是不振,况且还出现了逃亡之人[65]。史载乌孙盛时的"户十二万,口六十三万"数据,也绝非此时户口数字。相反,乌孙户口恐有减少的趋势,主张把西域包括乌孙户口系之于元始二年之论者,失于对当时实际情况的考察分析,观点恐怕不妥。

总之,《汉书》卷96《西域传》中记载的乌孙人口"户十二万,口六十三万,胜兵十八万八千八百"的数据,当是郅支单于被诛(前36年)之后雌栗靡统治时期出现的统计数字[66];具体而言,当是公元前33—前32年至公元前14年之间出现的户口数字。这时郅支单于被诛,乌孙外部威胁解除,内部有大昆弥雌栗靡的强有力领导,社会稳定发展,国力臻于鼎盛,这组户口数字亦当是这一时期乌孙势力鼎盛的一个标志和记录。公元前14年,雌栗靡死,此后直至西汉末年,乌孙政局动荡,人口当不会有什么发展,恐还有减少之势。

第三节　秦、西汉时期的匈奴人口

《史记》卷110《匈奴列传》云,匈奴的祖先是夏后氏的苗裔,在不同的时期有不同的称呼。唐司马贞的《史记索隐》注引服虔的话说:尧时称"荤粥",周的时候称"猃狁"，秦的时候称"匈奴"，其具体演变大致如此。匈奴的始祖叫淳维，《集解》引乐产《括地谱》云，夏代末代国王夏桀无道，商汤把其流放到鸣条，三年而死。桀的儿子獯粥妻桀之众妾，避居北边，随畜移徙，中国谓之匈奴。还引注释家韦昭说："汉曰匈奴，荤粥其别名"，则淳维是其始祖，盖与獯粥是一也。所以说他是夏后氏的苗裔是当然的。匈奴的畜产主要种类是马、牛、羊等。而珍奇之畜是橐驼、驴、赢、駃騠、騊駼、驒騱。逐水草而迁徙，无城郭，但各有分地，没有文书，以语言为约束。从小就骑羊，并能拉弓射鸟鼠充饥。稍大一点射狐狸兔子。士力能弯弓，尽为甲骑，利则进，不利则退，不羞遁走，苟利所在，不知礼义。自君王以下均吃肉，穿兽皮，壮者食肥美，老弱者饮食其余，贵壮健，贱老弱，父死，妻其后母，兄弟死，皆取其妻妻之，其民族概况大致如此。

一、匈奴人口的数量

冒顿单于时期的匈奴人口数量，学术界早有论及，马长寿先生之《论匈奴部落国家的奴隶制》[67]一文认为是150万。而林干先生之《匈奴社会制度初探》[68]一文认为是200万。拙见认为，冒顿单于时期的人口在140万以下，其理由如下：

纵观马长寿先生和林干先生估算冒顿单于时期的匈奴人口有两个重要的根据，其一，是冒顿单于时期的兵员人数；其二，是贾谊所述之每家所出兵员人数，二者结合，进行估算。如马先生在《论匈奴部落国家的奴隶制》一文中指出："匈奴极盛时代，控弦的战士约三十万。他们出兵的单位是以家族为标准，即贾谊《新书》所谓'五口而出介卒一人'。设此来推测，匈奴极盛时代的人口共有一百五十万，此与中行说所说'匈奴人众不能当汉之一郡'，是完全相符的。"林干先生在《匈奴社会制度初探》一文中指出："《史记》卷110《匈奴列传》说，冒顿时控弦之士三十余万，公元前200年他在平城围攻刘邦时有精兵四十万。匈奴'士力能弯弓，尽为甲骑'。照贾谊的说法，匈奴'五口而出介卒一人'，那么当时大约有二百万人口。"

首先，我们认为公元前200年冒顿困高祖刘邦于平城之时的兵员40万骑是值得怀疑的。《史记》卷110《匈奴列传》载：

> 高帝先至平城，步兵未尽到，冒顿纵精兵四十万骑围高帝于白登，七日，汉兵中外不得相救饷。

关于这一数字，《汉书》的作者班固在叙述这段历史时并未采取，而改为30万骑。《汉书》卷94《匈奴传》载：

> 高帝先至平城，步兵未尽到，冒顿纵精兵三十余万骑围高帝于白登，七日，汉兵中外不得相救饷。

由此可见,班固就不同意《史记》卷110《匈奴列传》中40万骑的说法。

再者,冒顿杀父自立与白登之围,按照林干先生的说法,中间为9年的时间。而冒顿杀父自立时,《史记》、《汉书》都明载为控弦之士30余万。如《史记》卷110《匈奴列传》言冒顿杀父自立后,东胡向冒顿进行试探,先后索良马、索阏氏,冒顿都一一满足了东胡的要求。但当后来东胡向冒顿索地时,冒顿大怒:

> 诸言予之者,皆斩之。冒顿上马,令国中有后者斩,遂东袭击东胡……大破灭东胡王,而虏其民人及畜产。既归,西击走月氏,南并楼烦、白羊河南王。悉复收秦所使蒙恬所夺匈奴地者,与汉关故河南塞,至朝那、肤施,遂侵燕、代。是时汉兵与项羽相距,中国罢于兵革,以故冒顿得自强,控弦之士三十余万。

《汉书》中关于此段历史的叙述,与《史记》完全相同,即均认为当时冒顿的兵员是30余万骑。

可能有的同志会问,林干先生把冒顿杀父自立定于前209年,从前209年到前200年前的白登之围,中间相隔9年,在这9年中,匈奴的人口难道不会自然增殖吗?再者,在此期间,匈奴还会向外扩张,吞并弱小民族,以扩充其兵员。如上所述,冒顿的30余万骑兵是在他击灭东胡,西击走月氏,南并楼烦、白羊河南王之后的兵员状况。即便此后对周围弱小政权有所吞并,那也是北服浑庾、屈射、丁零、鬲昆、新犁这些小国,且是处于生活条件极差的苦寒之地的民族,估计其人口不会很多,而且也不过是归顺投降而已。再者,若按林干先生冒顿单于为前209年即立说,当时兵员30余万骑,下距白登之围的前200年为9年之时间,匈奴兵员要从30万增殖到40万,其人口年自然增长率必须保持在32‰以上[69]。而这一数值,即便是汉初中原地区也不能达到[70],更何况《匈奴历史年表》把冒顿兵员30余万定为前206年时期的数字[71]。那么,从前206年到前200年,仅隔6年的时间,匈奴之人口不会有如此高的速度增长。

再者,冒顿时的30余万骑,可能是其最高兵员,《史记》卷110《匈奴列传》中有关匈奴职官体制的叙述可供我们分析:

> 然至冒顿而匈奴最强大,尽服从北夷,而南与中国为敌国。其世传国官号仍可得而记云:置左右贤王,左右谷蠡王,左右大将,左右大都尉,左右大当户,左右骨都侯。匈奴谓贤曰"屠耆",故常以太子为左屠耆王。自左右贤王以下至当户,大者万骑,小者数千,凡二十四长,立号曰"万骑"……各有份地,逐水草移徙。

由上可知,匈奴实有"二十四长",大者仅万骑,小者数千,故王钟翰《中国民族史》谓除单于外有24万骑[72],恐怕还不足24万骑。总之,匈奴最盛时之兵员也就是三十来

万,史书所载之某些匈奴的人口数字有虚张之势,这种因素要考虑在内。如武帝元狩二年(前121年)秋:

> 昆邪王杀休屠王并将其众降汉,凡四万余人,号十万③。

其中便有夸张之词。

总之,冒顿单于时期匈奴的最盛兵员为三十余万骑,有了这个数字,我们来如何估算匈奴的人口呢? 学术界一般都以贾谊《新书》卷4《匈奴》篇中的兵员比例来计算。如贾谊云:

> (匈奴)五口而出介卒一人。

这里的"介卒",亦谓"甲卒",或谓甲胄之士。由此看来,贾谊认为匈奴人口与兵员之比为5:1。另外,《后汉书》卷89《南匈奴列传》在言及南匈奴最盛时的人口数字时云:

> 是时,南部连克获纳降,党众最盛,领户三万四千,口二十三万七千三百,胜
> 兵五万一百七十。

《南匈奴传》中的"是时",指的是永元二年(公元90年)。由以上资料进行计算,东汉时南匈奴的人口与兵员之比亦为5:1(但户与兵员之比为1:1.48)。然而,根据文献和其他游牧民族的情况分析,颇有一些疑问。

首先,南匈奴的情况应另当别论,后面我们将予分析。在这里我们来看看《史记》卷110《匈奴列传》是如何介绍匈奴族的情况的:

> (匈奴)儿能骑羊,引弓射鸟鼠。少长则射狐兔,用为食。士力能弯弓,尽为
> 甲骑。其俗,宽则随畜,因射猎禽兽为生业,急则人习战攻以侵伐,其天性也。

从"士力能弯弓,尽为甲骑"一语分析,凡能拉开弓者,都是兵员。而匈奴人在儿时就能引弓射鸟鼠,稍大一点就能弯弓射狐兔,由此推测,平均每家要有一到两人为甲士,即每户之兵员约占户人口的将近1/3。

上述分析也不是毫无根据的,在同一时期里,与匈奴同俗并与匈奴为邻的其他游牧民族的兵员之数就是约占总人口的1/3。如原来与匈奴相邻,生活在敦煌、祁连山地区的乌孙人、大月氏人的情况便是如此。这两个民族也都是游牧民族,《汉书》卷96上《西域传》所大月氏的情况是这样的:

> 大月氏国,治监氏城,去长安万一千六百里.不属都护。户十万,口四十万,
> 胜兵十万人……大月氏本行国也,随畜移徙,与匈奴同俗,控弦十余万,故强轻
> 匈奴。

由此可见,大月氏的兵员与人口之比例是25%,与贾谊所述之匈奴兵员与人口之比的20%要高出5个百分点,冒顿当初曾在大月氏作过人质。另外一个与匈奴同俗的

乌孙人的兵员与人口之比也是较高的,有近30%。《汉书》卷96《西域传下》载:

> 乌孙国,大昆弥治赤谷城,去长安八千九百里,户十二万,口六十三万,胜兵十八万八千八百人……地莽平。多雨,寒。山多松㯬。不田作种树,随畜逐水草,与匈奴同俗。

从《汉书》卷96《西域传下》的记述,我们得知乌孙国的兵员占总人口的比例为29.9%,比贾谊所说的比例高。而且乌孙与匈奴的习俗更为接近,它曾是匈奴的属国,乌孙被月氏击败后一直在匈奴的地盘上生活。乌孙的首领翁归靡在小的时候曾被单于所收养,直到长大成人。

除此之外,与匈奴比邻的其他西域小国的兵员人数也基本上占总人口的1/3。所以我们认为,匈奴兵员占总人口之比为20%似乎有点少些。

那么,贾谊"(匈奴)五口而出介卒一人"作何解释?而后汉时期南匈奴之事未必完全正确,如贾谊在论及匈奴的总人口时,言说匈奴仅有中国一个大县的人口那么多,请看《汉书》卷48《贾谊传》的记载:

> 臣窃料匈奴之众不过汉一大县,以天下之大,困于一县之众,甚为执事者羞之。

贾谊为汉文帝时期人,当时正值秦末战乱走向统一不久,秦始皇的残暴统治,使中国人口之损耗十分严重,到文帝年间,也不过是刚刚恢复统一后的三四十年,人口的增长也是有限的。当时一个大县的人口最多也不会超过30万,因为据《汉书》卷28《地理志》的记载,直到西汉末年时,中国人口达到极盛时期时,像宛也不过有户47547。鄢陵县有户49101,有口261418。国都长安才有户80800,有口246200。武帝的陵墓所在地的茂陵县也不过有户61087,有口277277。当然茂陵县人口比较众多是由于迁豪移民所致。总之,西汉盛时一些县份的人口尚且达不到30万,而冒单于的兵员就超过了30万。所以贾谊之谓匈奴人口不过汉一大县的说法未必正确,故贾谊的一些说法值得怀疑。那么,东汉时期南匈奴兵员与总人口之比为21%又作何解释呢?我们认为,南匈奴兵员占总人口之比重不高的原因有二。其一,是在公元90年前后,南匈奴在东汉王朝接连对北匈奴打击的同时,也利用有利时机,不断对北奴出击,虏获了不少北匈奴人。被俘获者恐怕妇女老幼居多,当时南匈奴人众虽多,但不能充当兵员,故而兵员占总人口的比重不高。再者,南匈奴沿塞居住,汉化程度高,汉朝的兵员制度对其也可能会有影响,更何况南匈奴依汉则安,没有必要保留那么多的兵员。所以用南匈奴兵员与人口之比去套西汉冒顿单于时期的情况,恐怕未必恰当。

对于匈奴人口数量之论述,莫过于匈奴内部的人的说法最为权威,西汉王朝投降匈奴的宦者——燕人中行说对匈奴人口数量有过论述。中行说投降匈奴是在公元前

174 年,也就是孝文帝前六年,这一年冒顿单于死,其子稽粥立,号曰老上单于。西汉照例选派宗室女子配单于为阏氏,并派中行说随公主赴北藩,但中行说一去不返,投降匈奴。《汉书》卷 94《匈奴传》载:

> 文帝复遣宗人女翁主为单于阏氏,使宦者燕人中行说傅翁主……中行说既至,因降匈奴,单于爱幸之。

中行说投降匈奴以后,带去了汉之先进文化,教匈奴统计人众和牲畜的方法。中行说言匈奴之人众在汉文帝时不过汉之一郡的人口那么多,对此,《汉书》卷 94《匈奴传》有明确的记载:

> 初,单于好汉缯絮食物,中行说曰:"匈奴人众不能当汉之一郡,然所以强之者,以衣食异,无仰于汉。今单于变俗好汉物,汉物不过什二,则匈奴尽归于汉矣。其得汉絮缯,驰草棘中,衣袴皆裂弊,以视不如旃裘坚善也,得汉食物皆去之,以视不如重酪之便美也。"于是说教单于左右疏记,以计识其人众畜牧。

林干先生认为,这"就是实行封建赋税制,是一种农奴式的剥削形态"[24]。总之,中行说对匈奴的情况十分了解,匈奴之人口,以中行说之言,在汉文帝时期还不能当汉之一郡人口多。那么,西汉文帝时期汉之一郡的人口究竟有多少呢?史书上虽然没有记载,但我们可以推测。《汉书》卷 28《地理志》记载的是西汉末年时全国的郡、国的人口数字,其中西汉人口最多的两个郡份分别是汝南郡和颍川郡。汝南郡有户461587,有口 2596148。而颍川郡有户 432491,有口 2210973。当然以上数字为西汉末年之事,那么在汉文帝年间西汉郡的人口有多少呢?西汉的人口是有一个增长的过程的,据拙作《西汉时期人口自然增长率初探》和《再论汉武帝末年人口并非减半——兼与葛剑雄同志商榷》[25]中认为,西汉初年的人口约有 1400 万,西汉前期的人口自然增长率为 12‰左右。由此可以推算出文景之际的西汉人口约有 2500 万,景武之际的人口约有 3000 万,武帝发动大规模反击匈奴战争之前的西汉人口约有3400 万。武帝经过 30 余年抗击匈奴的战争,人力物力财力损失较大,加之灾荒,武帝末年的口约有 3000 万,西汉后期的人口自然增长率为 8‰,到汉平帝元始二年(公元 2 年)之时,全国总人口达到《汉书》卷 28《地理志》所载之五千九百余万。那么,由上分析,西汉文帝时期的人口约占西汉末年人口之将近 1/2,这样一来,我们若把西汉末年时最大的两个郡的人口取半的话,分别为近 130 万人和 110 万人,所以我们推测冒顿单于时期的匈奴人口应在 130 万至 140 万之间。

二、匈奴人口的分布

匈奴族是一个游牧民族,然而各有份地,相对固定在某一地区内游牧,并非漫无边际地跑到其他氏族的地盘上去放牧,而且这也是不允许的,出现这种状况时多半是击败了对方。

在匈奴族的历史上,不同时期,其人口之分布也不是一成不变的,况且匈奴之疆域即控制区在不同的历史时期也有不同的变化。

根据林干先生的说法,

> "匈奴族诞生的民族'摇篮',在今内蒙古河套及大青山一带。《汉书》卷28《地理志下》所载五原郡稠阳县(在今内蒙古包头市东)西北的'头曼城',就是当年匈奴的第一个单于——头曼单于的驻牧中心及以他为首的匈奴部落联盟的政治统领中心所在地"[20]。

一般来说,单于的驻牧中心,就是其人口集中分布的区域所在。

冒顿单于时期,匈奴人口之分布无大变化,也集中在阴山一带。《汉书》卷94《匈奴传下》载郎中侯应之语曰:

> 臣闻北边塞至辽东,外有阴山,东西千余里,草木茂盛,多禽兽,本冒顿单于依阻其中,治作弓矢,来出为寇,是其苑囿也。至孝武世,出师征伐,斥夺此地,攘之于幕北,建塞徼,起亭隧,筑外城,设屯戍,以守之,然后边境得用少安,幕北地平,少草木,多大沙,匈奴来寇,少所蔽隐。从塞以南,径深山谷,往来差难,边长老言匈奴失阴山之后,过之未尝不哭也。

匈奴是游牧民族,故得依水草而生,凡是水草丰茂之地便是其生息繁衍之所,而缺乏此种生活条件的地方,肯定人口稀少,幕北的情况就是如此,生态条件不好,如《汉书》卷94《匈奴传上》载郭吉见单于时所语。

> 南越王头已县于汉北阙下,今单于即能前与汉战,天子自将兵待边,即不能,亟南面而臣于汉,何但远走,亡匿于幕北寒苦无水草之地为?

河西地区也是匈奴人口分布比较稠密的地区之一。《史记》卷110《匈奴列传》中记载霍去病伐河西匈奴事曰:

> 其明年(元狩二年)春,汉使骠骑将军去病将万骑出陇西,过焉支山千余里,击匈奴,得胡首房(骑)万八千余级,破得休屠王祭天金人。其夏,骠骑将军复与合骑侯数万骑出陇西、北地二千里,击匈奴,过居延,攻祁连山,得胡首房三万余人,裨小王以下七十余人。

焉支山的地理位置及情况,《元和郡县图志》卷40陇右道下甘州删丹县条有记载:

> 焉支山,一名删丹山,故以县名,山在县南五十里,东西一百余里,南北二十里,水草茂美,与祁连山同。

关于祁连山的地理位置和概况,《元和郡县图志》卷40陇右道下甘州张掖县条有记载：

> 祁连山，在县西南二百里，张掖、酒泉二界上。美水茂草，山中冬温夏凉，宜放牧，牛羊充肥，奶酪浓好。

这里我们虽然引用的是唐时的情况，估计汉代之情况亦如此。丢掉此二山之后，对匈奴部落来说，是一个灾难性打击。《史记索引》所引《西河旧事》对此事有下列描述：

> 祁连山在张掖、酒泉二界上……匈奴失二山，乃歌云："亡我祁连山，使我六畜不蕃息，失我燕支山，使我家妇无颜色。"

这首歌，生动地反映了匈奴丢失二山后之严重损失。难怪单于要追究负责在此地游牧的浑邪王和休屠王。二人害怕，打算降汉，最后浑邪王杀休屠王并其卒众4万人降汉。《史记》卷110《匈奴列传》云：

> 其秋，单于怒浑邪王、休屠王居西方为汉所杀虏数万人，欲召诛之。浑邪王与休屠王恐，谋降汉，汉使骠骑将军往迎之。浑邪王杀休屠王，并将其众降汉，凡四万余人，号十万。

早在东胡强、月氏盛的头曼单于时期，河西地区并非为匈奴所有，而是被我国古代另一个少数民族——大月氏所控制。为了争夺对这块水草茂美的地域的控制权，在冒顿单于和老上单于在位期间，曾进行了激烈的战斗。《史记》卷110《匈奴列传》云：

> （冒顿）既归，西击走月氏，南并楼烦、白羊河南王。悉复收蒙恬所夺匈奴故地，与汉关故河南塞至朝那、肤施遂侵燕、代。是时，汉兵方与项羽相距，中国疲于兵革，以故冒顿得自强，控弦之士三十余万。

另外，我们从魏晋南北朝时期史料所载之情况，亦知敦煌之北是一块水草茂美的牧地。《北史》卷98《蠕蠕传》载侍郎卢同等奏曰：

> 窃闻汉立南北单于，晋有东西之称，皆所以相维御难，为国藩篱。今臣等参议，以为怀朔镇北，土名无结山吐若溪泉，敦煌北西海郡，即汉、晋旧鄣，二处宽平，原野弥沃。阿那环宜置西吐若溪泉，婆罗门宜置西海郡，各令总率部落，收离聚散。其爵号及资给所须，唯恩裁处。

上述所言之西海郡即古之居延地区，无结山吐若溪泉即今内蒙古固阳北。

今乌兰巴托以西地区亦有一优良牧区。《北史》卷98《高车传》云：

> （高车）徙于鹿浑海西北百余里，部落强大，常与蠕蠕为敌，亦每侵盗于魏。魏道武袭之，大破其诸部。后道武复渡弱洛水，百行至鹿浑海，停驾简轻骑，西北行百余里，袭破之，虏获生口、牛马羊二十余万。
>
> 复讨其余种于狼山，大破之。（狼山在河套西北）

贝加尔湖地区，亦是一驻牧地，西汉时期苏武曾被徙于北海、杖汉节牧羊。延及魏晋南北朝时期，仍是一驻牧地。《北史》卷98《高车传》云：

> 后太武征蠕蠕，破之而还，至漠南，闻高车东部在巳尼陂，人畜甚众，去官军千余里，将遣左仆射安原等讨之……乃遣原等并发新附高车合万骑，至于巳尼陂。高车诸部望军而降者数十万落，获马牛羊亦百余万，皆徙置漠南千里之地。

文中所述之巳尼陂，就是今日之贝加尔湖。

河西地区是一块优良的牧场。

月氏在河西之地，《甘肃师大学报》1981年第3期所刊《秦汉时期的月氏、乌孙和匈奴及河西四郡的设置》中云：

> 这一带地区，从自然条件看，不仅地势平衍，还有五大河流从南到北贯穿其间。这五大河流，在西汉时称为氏置水、籍端水、呼蚕水、弱水和羌谷水，即现在的党河、疏勒河、北大河、弱水和黑河，其地下水源丰富，水草丰美，宜于畜牧，尤其是南界的祁连山，不仅有天然的最好牧场，而且山中生长……仙人树还可充饥。《西河旧事》云："祁连山，张掖、酒泉二界之上。东西二百里，南北百余里。山中冬温夏凉。宜牧羊，奶酪浓好。夏写酪(写字系泻字之误)不用器物。刈草着其上，不散，酥特好。酪一斛，得升余酥。又有仙人树，行人山中饥渴者，辄食食饱。不得持去，平居不可见。"

由此可见，月氏所处的祁连山区，不仅是天然的好牧场，而且畜产品也是"羊肥乳酪好"。张澍所著《二酉堂丛书·凉州异物记》转引《太平御览》的记载说："月氏国有羊，尾重十斤，割之供食，寻生如故。"张氏又在同书引郭璞《山海经注》："月氏国有大尾羊，臧羊也。"可见，月氏的畜牧业是相当发达的。而月氏后被匈奴所击败，逐渐向西方迁徙，那么月氏故地便被匈奴所占有。

另外，从匈奴左、右贤王各置东西方的情况看，今河套以北偏东的地区是左贤王的统治区域，估计也是匈奴人口分布比较集中的地方。匈奴单于的王庭所在地设在今乌兰巴托，既然是单于王庭所在，肯定其周围地区亦是人口相对集中的地方。

关于匈奴人口的分布概况，也不是一成不变的，随着中原王朝与匈奴之间关系的变化，匈奴族向长城内外的人口迁移在不断进行。东汉初年，匈奴左部就已经移居塞内了。此后不断南徙，到三国时期，今之山西诸地便有大量的匈奴人生活。

总之，我们对匈奴人口的分布概况作了如上分析和推测，并参阅了林干先生的有关论述。

三、匈奴人口的自然增长率

关于匈奴人口的自然增长率问题,前人无探讨者。其主要原因是:其一,资料奇缺,不易寻找;其二,即便找到一些资料,也是支离破碎,不易探求分析,所以研究匈奴人口的自然增长率问题,难度很大。另外还有一个重要原因是:匈奴是一个游牧民族,流动性大,并不相对定居。再者,由于匈奴所处历史阶段是由原始社会向奴隶制过渡阶段,对外之掳掠是经常发生的,而且作为一种正常的生产活动。那么,周边弱小的游牧民族时而因匈奴的强大而被并入匈奴的部落之中,时而因匈奴的削弱独立叛逃。所以,对匈奴人口自然增长率的估算难度较大,不过,我们还是想进行探求。

研究匈奴人口自然增长率,我们只有从其户口和兵员数量的增减上进行探求。匈奴户口、兵员情况见于史籍者有《史记》卷81《廉颇蔺相如列传》。《传》云:李牧是战国时期赵国之良将,镇守北方,常居雁门、代,备匈奴。令边卒保边而已,不与匈奴战。如是数岁,亦不亡失。赵王认为李牧怯弱,撤了他的职。后匈奴常扰边疆,赵战不利,边不得田畜,于是赵王复请李牧主持防备匈奴事矣。《史记》卷81《廉颇蔺相如列传》云:

> 李牧至,如故约。匈奴数岁无所得。终以为怯。边士日得赏赐而不用,皆愿一战。于是乃具选车得千三百乘,选骑得万三千匹,百金之士五万人,彀者十万人,悉勒习战。大纵畜牧,人民满野。匈奴小入,佯北不胜,以数千人委之。单于闻之,大率众来入。李牧多为奇陈,张左右翼击之,大破杀匈奴十余万骑。灭襜褴,破东胡,降林胡,单于奔走,其后十余岁,匈奴不敢近赵边城。

那么,李牧大败匈奴10万大军的年份在何年呢?林干先生将其系在公元前265年,即赵孝成王元年[⑦]。的确,从《史记》卷81《廉颇蔺相如列传》的行文次序看,李牧大败匈奴10万余骑事是在赵悼襄王元年(前244年)前,而《资治通鉴》把这次事件,系在赵悼襄王元年,即前244年。

《汉书》卷94《匈奴传》上又载,在冒顿单于即位后,匈奴的势力最为强大。

> 破灭东胡王,虏其民众畜产。既归,西击走月氏,南并楼烦、白羊河南王……以故冒顿得自强,控弦之士三十余万。

若以冒顿即位时间为公元前209年计算,则公元前265年至公元前209年历时56年,匈奴兵员从10万增长到30万,则其兵员的年增长率为$10 \times (1 + X)^{56} = 30$。∴ $X = 19.8‰$。以上所得我们可以看出,以公元前209年为冒顿即位年,则从战国到秦汉之际匈奴兵员增长率为19.8‰。一般来说,兵员的年增长率与人口年增长率是一致的。其实,这样高的人口增长率肯定不会是自然增长率,而是包括大量的掳掠人口在内。实际情况也正是如此,前引文献所云冒顿破灭东胡、虏其民众畜产,南并楼烦、白羊河南王便是明证。

匈奴族地处蒙古草原,与中原地区相比,其气候条件和生态条件较差,以中原地区的人口自然增长率来看,拙作从汉初 23 个侯国初封户数、增封户数到除国时户数进行计算,求其在西汉前期的人口自然增长率为 12‰[②]估计匈奴人口的自然增长率不会高出此数值,恐怕会在 10‰。

以上我们计算的是从战国到秦汉之际匈奴人口的增长率情况,下面我们来看看在西汉宣帝至东汉章帝时期匈奴人口的增长概况。

前已言及,呼韩邪单于是在宣帝甘露元年(前 53 年)率众附汉的,附汉时所带人口是五千余落。到了东汉章帝时期,大举反击北匈奴,窦宪至燕然山刻石而还,这时南匈奴的人口《后汉书》卷 89《南匈奴传》有明确记载:

> 是时南部连克获纳降,党众最盛,领户三万四千,口二十三万七千三百,胜兵五万一百七十。故事中郎将置从事二人,耿谭以新降者多,上增从事十二人。

从《后汉书》卷 89《南匈奴传》所言,这 34000 户、237300 人口有一部分为纳降人口,因为不知纳降人口之多少,我们姑且按此数字计算其增长率。南匈奴人口从 5000 落增长到 34000 户,其经历的时间是从公元前 53 年到东汉章帝永元二年,即公元 90 年,总共历时 143 年,那么,由此所算出的增长率为 13.5‰[③],但这个数字不是自然增长率,因为自然增长率是指人口之出生死亡相减之后每年的自然增殖情况,不包括机械变动。机械变动是指迁移等非自然增长。如果扣去南部匈奴的纳降人口,南匈奴自宣帝到东汉章帝时期的人口自然增长率要低于此数。

从西汉宣帝到东汉献帝年间匈奴人口的自然增长率,《晋书》卷 97《匈奴传》载:

> 前汉末,匈奴大乱,五单于争立,而呼韩邪单于失其国,携率部落,入臣于汉。汉嘉其意,割并州北界以安之。于是匈奴五千余落入居朔方诸郡,与汉人杂处。呼韩邪感汉恩,来朝,汉因留之,赐其邸舍,犹因本号,听称单于,岁给帛绢钱谷,有如列侯。子孙传袭,历代不绝。其部落随所居郡县,使宰牧之,与编户不同,而不输贡赋。多历年所,户口渐滋,弥漫北朔,转难禁制。后汉末……建安中,魏武始分其众为五部,部立其中贵者为帅,选汉人为司马以监督之。魏末,复改帅为都尉,其左部所统万余落,居于太原故兹氏县。右部都尉可六千余落,居祁县。南部都尉可三千余落,居蒲子县。北部都尉可四千余落,居新兴县。中部都尉可六千余落,居大陵县。

以《晋书》所云,魏武所分之五部单于都是西汉时期呼韩邪单于降汉时所带之匈奴人的后代,五部加在一起共有二万九千余落。那么魏武分五部单于的时间是在建安二

十一年即公元 216 年,呼韩邪降汉的年代是在西汉宣帝甘露元年。《汉书》卷 8《宣帝纪》载:

> 呼韩邪单于既败,从左伊秩訾王之计,称臣入朝事汉,向汉求助。春正月,遣子右贤王铢娄渠堂入侍汉。

汉宣帝甘露元年为公元前 53 年,下距曹操分单于为五部的建安二十一年历时 269 年。呼韩邪归汉时带去五千余落,而建安时已发展到二万九千余落,由此我们可以计算出其人口自然增长率为 6.6‰[⑧]。我们认为,这个数字比较真实地反映出匈奴人口在当时的生产力条件、在当时的环境中的自然增殖状况。其原因在于,这些入居朔方诸郡的呼韩邪所带领的匈奴人,与汉民族编户相同,且不输贡赋,这也是汉之优待,不存在因逃避赋役而离散的现象,也不存因避役而隐瞒户口的现象,所以其数字比较真实可靠。朔方诸郡,气候和植被自然条件不如内郡,内郡人口的年平均人口自然增长率约为 12‰,地处长城沿线地区的人口自然增长率 6.6‰还是比较符合实际情况的。

总之,以上我们分别计算了匈奴从战国至秦汉之际时的人口增殖状况,西汉宣帝至东汉章帝时的增殖状况,以及从西汉宣帝到东汉建安年间的增殖状况。其中宣帝至建安年间的人口增长率属自然增长率,比较可信。而战国至秦汉之际和宣帝至章帝年间的匈奴人口的增长状况不太可能属自然增长,其中有纳降人口在内,故需慎重对待。

四、匈奴辖区灾荒及原因探析

为了解匈奴辖区的灾情,及其发生的原因和影响,现在先把匈奴辖区所发生的有史籍记载的灾荒详列于下:

太初元年(前 104 年)秋八月……遣贰师将军李广利,发天下谪民西征大宛[⑧]。《汉书》卷 94《匈奴传》言:

> 是岁,汉使贰师将军西伐大宛,令因杆将军筑受降城,其冬,匈奴大雨雪,畜多饥寒死。

就汉朝来说,也是多有灾害发生,《汉书》卷 6《武帝纪》载,就在贰师伐大宛的当年,"蝗从东方飞至敦煌"。

《汉书》卷 6《武帝纪》还载太初二年(前 103 年)秋,蝗。

武帝征和四年(前 89 年),贰师将军李广利降匈奴以后,遭卫律嫉妒,卫律串通胡巫陷害广利,匈奴单于"遂屠贰师以祠,会连雨雪数月,畜产死,人民疫病,谷稼不熟。单于恐,为贰师立祠室"[⑧]。

《汉书》卷 94《匈奴传》载:灾疫对匈奴的打击极大,而不仅仅是匈奴受灾疫的打击,还受到多年的战争的打击,使其遭受"罢极之苦"。

> 自贰师没后,汉新失大将军士卒数万人,不复出兵。三岁,武帝崩。前此者,汉兵深入穷追二十余年,匈奴孕重堕赎,罢极苦之。

汉宣帝本始三年(前71年),匈奴遭受雪灾。

> 其冬,单于自将万骑击乌孙,颇得老弱,欲还。会天大雨雪,一日深丈余,人民畜产冻死,还者不能什一。于是丁零乘弱攻其北,乌桓入其东,乌孙击其西。凡三国所杀数万级……又重以饿死,人民死者什三,畜产什五。匈奴大虚弱,诸国羁属者,皆瓦解,攻盗不能理。[63]

汉宣帝地节二年(前68年),匈奴发生饥荒。《汉书》卷94《匈奴传》载:

> 是岁也,匈奴饥,人民畜产死十六七,又发两屯各万骑以备汉。

汉宣帝五凤三年(前55年),匈奴因五单于争立,互相攻击,造成饥荒。《汉书》卷8《宣帝纪》载宣帝诏书曰:

> 虚闾权渠单于请求和亲,病死。右贤王屠耆堂代立。骨肉大臣立虚闾权渠单于子为呼韩邪单于,击杀屠耆堂。诸王并自立,分为五单于,更相攻击,死者以万数,畜产大耗什八九,人民饥饿,相燔烧以求食,因大乖乱,单于阏氏子孙昆弟及呼邀累单于、名王、右伊秩訾、且渠、当户以下,将众五万余人来降归义……

汉宣帝甘露三年(前51年),呼韩邪单于朝汉,《汉书》卷94《匈奴传》载:

> 单于自请愿留居光禄塞下,有急保汉受降城。汉遣长乐卫尉高昌侯董忠、车骑都尉韩昌将骑万六千,又发边郡士马以千数,送单于出朔方鸡鹿塞。诏忠等留卫单于,助诛不服,又转边谷米糒,前后三万四千斛,给赡其食。

元帝即位之初,呼韩邪单于言说民众困乏,上书要求赡给,"汉诏云中、五原郡转谷二万斛以给焉"。

此时匈奴膳食发生了大变化,但在当初的时候,他们并不喜欢汉之食物。《汉书》卷94《匈奴传》云:

> 得汉食物皆去之,以视不如重酪之便美也。

但是现在却发生了重大变化,不得不仰靠汉之米糒充饥,这是由于,呼韩邪单归汉后,边地人口日益增多,动物减少的原因。

> (元帝初即位)汉遣车骑都尉韩昌、光禄大夫张猛送呼韩邪单于侍子……昌、猛见单于民众益盛,塞下禽兽尽,单于足以自卫,不畏郅支。闻其大臣多劝单于北归者,恐北去后难约束,昌、猛即与为盟约曰……

公元46年(光武建武二十二年)匈奴发生旱、蝗灾,损失惨重。《后汉书》卷89《南匈奴传》载:

匈奴中连年旱蝗,赤地数千里,草木尽枯,人畜饥疫,死耗大半。单于畏汉乘
其敝,乃遣使诣渔阳求和亲。

建武二十六年(公元50年),南单于遣子侍汉,汉朝赏赐甚厚,其中赠给不少粮食。
《后汉书》卷89《南匈奴传》载:

秋,南单于遣子入侍,……诏赐宝剑、弓箭、戟、甲兵……又转河东米糒二万
五千斛,牛羊三万六千头,以赡给之。

林干言:"是后,汉供南单于费值岁一亿九十余万。'南匈奴本以肉食,但光武二
十九年之时,汉在赏赐匈奴时,竟赏赐牲畜,说明匈奴食物困难。《后汉书》卷89《南
匈奴传》载:

赐南单于羊数万头。

建初元年(公元76年)时,匈奴南部地区发生了大蝗灾,章帝派人予以救济。
《后汉书》卷89《南匈奴传》载:

时(北匈奴)皋林温禺犊王复将众还居涿邪山,南单于闻知,遣轻骑与缘边
郡及乌桓兵出塞击之,斩首数百级,降者三四千人。其年,南部苦蝗,大饥,肃宗
禀给其贫人三万余口。

在南匈奴苦蝗受灾之后若干年,北匈奴也发生了饥蝗灾害,《后汉书》卷89《南匈
奴传》载:

休兰尸逐侯鞮单于屯屠何,章和二年(88年)立,时北虏大乱,加以饥蝗,降
者前后而至。南单于将并北庭……

《后汉书》卷89《南匈奴传》载和帝永元八年(96年):

逢侯部众饥穷,又为鲜卑所击,无所归,窜逃入塞者骆驿不绝。

北匈奴受灾害之打击,直到和帝元兴年间仍未有好转,请看《后汉书》卷89《南匈
奴传》载:

元兴元年,(北单于)重遣使诣敦煌贡献,辞以国贫未能备礼,愿请大使,当
遣子入侍。时邓太后临朝,亦不答其使,但加赐而已。

从以上可以看出,从汉武帝到东汉时期,蒙古草原上不断有灾害降临,其中最为
严重者为旱灾和蝗灾,其次为雪灾,然而还有原因不明的饥荒。分析其原因,主要是
在一定的生产方式下,在一定的地域内单位面积土地上所载荷的人口数量是有一定
限度的。在汉武帝以前匈奴达到了极盛时期,人口约在140万以下。

汉匈战争使匈奴的人口有大幅度的下降,加上匈奴内部的纷争,匈奴的饥荒主要
是受打击和内乱不能从事正常生产,因而发生食不相供的局面。但是,到了汉宣帝年
间,呼韩邪单于归汉,汉匈之间结束了敌对状态,匈奴的生产得到了很快的发展。到

王莽年间,在六十余年的期间内人口有大幅度的增长。史称是牛马布野,人民炽盛,估计其人口的增长达到了冒顿单于时期的水平。然而人口数量长期在一个高水平的阶段,给环境带来了沉重的压力。东汉初年,刘秀因自顾安内,周边地区的事情不大引起他的重视,然而在毫无外界打击的情况下,匈奴内部接连发生了旱灾和蝗灾。人畜的增多,草原的过量放牧,就会招致这些灾难,所以匈奴族的旱、蝗灾害实与人口的膨胀增加有一定的关系。

第四节　秦、西汉时期鲜卑族和羌族的人口

一、秦、西汉时期的鲜卑族人口

《汉书》对鲜卑未曾立传,说明在西汉时期鲜卑族的势力和影响并不大,没有着墨的必要。《后汉书》始有《鲜卑传》,根据《后汉书》的记载:

> 鲜卑者,东胡之支也,别依鲜卑山,故因号焉。

那么,至于鲜卑山的具体方位,崔鸿的《十六国春秋》云:

> 棘城之东塞外,又有鲜卑山,在辽西之西一百里[84]。

《隋图经》云:"鲜卑山在柳城县东南二百里。"棘城在今辽宁朝阳东南,柳城亦在今辽宁朝阳地区。但根据田继周《秦汉民族史》认为,此二处是鲜卑的初居地,他认为在汉武帝之前鲜卑是居于大兴安岭的中、北段地区。而白翠琴先生所著之《魏晋南北朝民族史》认为:

> "从历史地理方面考察,东部鲜卑源于辽东塞外的鲜卑山,北部鲜卑发源于在大兴安岭北段之大鲜卑山。鲜卑南下或西进,每到一处驻牧屯居之山区,往往称之为鲜卑山。"

总之,田、白二先生的看法不完全相同。

我们认为,鲜卑是个游牧民族,本身流动性很大,逐水草而迁徙,但据其"田畜射猎不足给其食"[85]的历史阶段,一方面说明其人口之增加,另一方面说明其尚处于原始社会的狩猎生活阶段。而原始人的狩猎生活,大概是离不开山林的,其活动范围很大,而且种落较多,不同的种落的兴衰的时间不一,《后汉书》中所载的鲜卑的发祥地恐怕仅仅是在两汉时期崛起的那部分鲜卑人。《后汉书》卷90《鲜卑传》言其"鲜卑者,东胡之支也,别依鲜卑山,故因号焉"。这段记载与《太平御览》卷121所载之《十六国春秋·前燕录》近似:

昔高辛氏游于海滨，留少子厌越以君北夷，世居辽左，号曰东胡。秦汉之际
为匈奴所败，分保鲜卑山，因复以为号。

以上说明，东胡的这一支属，是被匈奴打败后退保鲜卑山而后得名鲜卑的。但《魏书》卷1《序纪》所载有所不同：

昔黄帝有子二十五人，或内列诸华，或外分荒服，昌意少子，受封北土，国有
大鲜卑山，因以为号。

按照第一种说法，鲜卑之名是在秦汉之际才产生的，而按照第二种说法，则鲜卑一词产生甚早。

在秦汉时期，鲜卑族的发展和迁徙大概经历了以下几个阶段。

秦以前的逐步发展时期：

我国北方的少数民族，在两汉及其稍前时期有匈奴、东胡和月氏。匈奴族在战国时期有所发展，控弦之士10万，但由于赵国之李牧御边有方，使得匈奴的发展受到了限制。史称在当时的情况下是东胡强而月氏盛，连匈奴的单于也得派儿子到月氏作人质。这一时期可能是东胡势力的发展时期，鲜卑为东胡的支属，东胡的发展，自然包括鲜卑在内。

秦汉之际的削弱时期：

秦汉之际北方草原上的匈奴族发生了变化，头曼单于为了除掉嫡妻的儿子冒顿，把他送到月氏去作人质，并急击月氏，想借刀杀人。但冒顿脱险，逃回匈奴，不久便射杀其父，自立为单于。此后，他大破东胡王，西击走月氏，南并楼烦、白羊河南王。这一变化，使得鲜卑的势力收缩到辽东塞外。《后汉书》卷90《鲜卑传》载：这时的鲜卑：

"远窜辽东塞外，与乌桓相接，未尝通中国焉。"

此后，一直到西汉末年，很少有鲜卑的声息。西汉末年到东汉初年，鲜卑在北方的活动又见于史籍，匈奴常常与鲜卑、乌桓联合起来，寇抄北边，杀掠吏民，无有宁日。

（建武二十一年）鲜卑万余骑寇辽东，（祭）肜率数千人迎击之，自披甲陷阵，虏大奔，投水死者过半。遂穷追出塞，虏急，皆弃兵裸身散走，斩首三千余级，获马数千匹。自是后鲜卑震怖，畏肜不敢复窥塞[㊸]。

建武二十五年，鲜卑始通译使。

明帝永平（公元58—76年）中：

辽东太守诱赂鲜卑，使斩叛乌丸钦志贲等首，于是鲜卑自敦煌、酒泉以东邑落大人，皆诣辽东受赏赐，青、徐二州给钱，岁二亿七千万以为常。（《三国志》卷30《鲜卑传》注引《魏书》。）

　　鲜卑族向西南的大迁徙,是在和帝以后的事情。《后汉书》卷90《鲜卑传》载:

　　　　和帝永元中,大将军窦宪遣右校尉耿夔击破匈奴,北单于逃走,鲜卑因此转
　　　　徙据其地。匈奴余种留者尚有十余万落,皆自号鲜卑,鲜卑由此渐盛。

说明鲜卑趁匈奴势力被窦宪打败后一部分转徙远走的机会,把日前匈奴的游牧地填
充占有。但《三国志》卷30《魏书·鲜卑传》注引《魏书》的说法,是余下的匈奴到辽
东与鲜卑杂处:

　　　　匈奴及北单于遁逃后,余种十余万落,诣辽东杂处,皆自号鲜卑兵。

不管怎么说,这一时期,是鲜卑的势力空前发展的时期。到安帝时,匈奴的势力已发
展到120部。《三国志》卷30《魏书·鲜卑传》云:

　　　　安帝时,鲜卑大人燕荔阳入朝……通胡市,筑南北两部质官,受邑落质者,百
　　　　二十部。是后或降或叛。

而每部有多少人口呢? 我们可以根据乌桓的情况进行推测。乌桓与鲜卑同为东胡,
其生活习俗相同,估计其社会组织亦相近。根据文献记载,乌桓每部的人口为数百千
落为一部。《后汉书》卷90《乌桓传》载:

　　　　乌桓者,本东胡也……俗善骑射,弋猎禽兽为事,随水草放牧,居无常处。以
　　　　穹庐为舍,东开向日……邑落各有小帅,数百千落为一部。

若以每部以千落计算,则120部约有120千落,每落以5口计算:有六十余万人,当
然,这里边有匈奴人口在内。

　　到了东汉末年桓帝时期,是鲜卑族的又一次西迁及其发展时期。《后汉书》卷90
《鲜卑传》载:

　　　　檀石槐乃立庭于弹汗山歠仇水上,去高柳北三百余里,兵马甚盛,东西部大
　　　　人皆归焉。因南抄缘边,北拒丁零,东却夫余,西击乌孙,尽据匈奴故地,东西万
　　　　四千余里,南北七千余里,网罗山川水泽盐池。

在檀石槐时期,把鲜卑的地盘分为三部分。《三国志》卷30《魏书·鲜卑传》把这三
部分叙述得十分清楚:

　　　　檀石槐……乃分其地为中东西三部,从右北平以东至辽东,东接夫余、濊貊
　　　　为东部,二十余邑,其大人曰弥加、阙机、素利、槐头。从右北平以西至上谷为中
　　　　部,十余邑,其大人曰柯最、阙居、慕容等为大帅。从上谷以西至敦煌,西接乌孙
　　　　为西部,二十余邑,其大人曰置鞬落罗,日律推演、宴荔游等,皆为大帅,而制属檀
　　　　石槐。

从其邑落的分布看,鲜卑人口东部的密度要大于西部。《后汉书》卷90《鲜卑传》对
匈奴之后北方草原上的鲜卑亦有描述:

自匈奴遁逃,鲜卑强盛,据其故地,称兵十万,才力劲健,意智益生。加以关塞不严,禁网多漏,精金良铁,皆为贼有。汉人逋逃,为之谋主,兵利马疾,过于匈奴。

《后汉书》卷90《鲜卑传》还详述了不同时期草原民族的迭兴:

四夷之暴,其势互强矣,匈奴炽于隆汉,西羌猛于中兴。而灵、献之间,二虏迭盛,石槐骁猛,尽有单于之地,蹋顿凶桀,公据辽西之土。

二、秦、西汉时期的羌族人口

关于秦、西汉时期的羌族人口问题,所见资料不多,《汉书》并未对羌人立传,只是在赵充国等人的传记中有一些记载。《后汉书》对西羌单独立传,现根据《后汉书》卷87《西羌传》和《汉书》卷69《赵充国传》等记载,将羌族的种族和人口概况作如下分析。

根据《后汉书》卷87《西羌传》的记载,西羌是出自三苗,为姜姓的别种,最早的时候,其国近南岳,即与衡山接近。

及舜流四凶,徙之三危,河关之西南羌地是也。滨于赐支,至乎河首,绵地千里。赐支者,《禹贡》所谓析支者也。南接蜀、汉徼外蛮夷,西北接鄯善、车师诸国。所居无常,依随水草。地少五谷,以产牧为业。其俗氏族无空,或以父名母姓为种号……父没则妻后母,兄亡则纳厘嫂,故国无鳏寡,种类繁炽[⑧]。

根据上面所述的生活区分析,可能就是今日之甘肃和青海省二省的交界处及其以南的青海高原一带。

到了秦厉公(前476—前442年)的时候,羌人又有新的发展。

羌无弋爰剑者,秦厉公时为秦所拘执,以为奴隶。不知爰剑何戎之别也。后得亡归,而秦人追之急,藏于岩穴中得免。羌人云爰剑初藏穴中,秦人焚之,有景象如虎,为其蔽火,得以不死。既出,又与劓女遇于野,遂成夫妇。女耻其状,被发覆面,羌人因以为俗,遂俱亡入三河间,诸羌见爰剑被焚不死,怪其神,共畏事之,推以为豪。河湟间少五谷,多禽兽,以射猎为事,爰剑教之田畜,遂见敬信,庐落种人依之者日益众。[⑧]

在秦献公(前384—前361年)时,打击羌人。于是羌人便进行远徙,各自为种,其中有牦牛种(在越巂地区)、白马种(在广汉地区)、参狼种(在武都地区),羌首忍及弟舞独留在湟中(今青海省湟水流域),并多娶妻妇,繁衍后代。忍生了9个儿子,舞生了17个儿子,各自为部落,河湟羌的兴盛从此起。

当秦始皇兼并六国的时候,由于兵不西行,羌人得以繁息。

西汉初年，由于匈奴冒顿的强大，羌人臣服于匈奴。

西汉景帝的时候，研干种羌人的首领留何要求守陇西，于是汉政府便徙羌人于狄道（今甘肃临洮）、安故（今甘肃临洮南）、临洮（今甘肃岷县）、氐道（今甘肃天水西南）、羌道（今甘肃舟曲）。

汉武帝的时候，打击匈奴，置河西四郡，隔绝了羌人与匈奴的联系，在这种情况下，羌人进行反叛。

> 时先零羌与封养牢姐种解仇结盟，与匈奴通，合兵十余万，共攻令居，安故，遂围枹罕。汉遣将军李息、郎中令徐自为将兵十万人击平之。始置护羌校尉，持节统领焉。羌乃去湟中，依西海、盐池左右。[89]

《西羌传》的记载留下了羌人的兵员数量是 10 万，根据游牧民族的兵员比例情况，一般都是三比一左右，所以估计此时的羌人约在 30 万至 40 万之间，至于赵充国奏言的：

> 羌本可五万人军，凡斩首七千六百级，降者三万一千二百人，溺河湟饥饿死者五六千人，定计遗脱与煎巩、黄羝俱亡者不过四千人。羌靡忘等自诡必得，请罢屯兵。[90]

这里说的仅是局部地区——即河湟地区的羌族的情况，湟水流域相对自然条件较好、水草茂盛，羌人相对集中。赵充国明言湟水流域的羌人有 5 万人军队，那么根据前面所述游牧民族的兵民比进行推测则湟水流域的羌人约有 15 万以上，至于散见于其他地方的羌人数量因史料欠缺，目前还无法进行推测。

注　释：

① ⑤ ⑥　《汉书》卷 61《张骞传》。

②　苏北海：《西域历史地理》，新疆大学出版社，1988 年版。

③ ④　《史记》卷 123《大宛列传》。

⑦　林梅村：《汉唐丝绸之路上的洛阳》，载于《洛阳——丝绸之路的起点》，中州古籍出版社，1992 年。

⑧ ㉕ ㉖ ㉗ ㉘ ㉙ ㊱ ㊲ ㊳ ㊴ ㊷ ㊿ ㊽　《汉书》卷 96《西域传·乌孙传》。

⑨　余太山：《乌孙考》，《西北史地》，1988 年 1 期。

⑩　王明哲：《乌孙西迁年代综考》，《新疆大学学报》，1992 年 3 期。又据《汉书》卷 96《西域传》所载户口数字，除乌孙外，都护所辖 45 国，共有户 41570，口 325091，兵 72868 人。

⑪　《史记》卷 123《大宛列传》载："昆莫之父，匈奴西边小国也。"

⑫　《资治通鉴·汉纪》系冒顿遗汉书于汉文帝前元六年（前 174 年）。

⑬　《汉书》卷 94《匈奴传上》所载相同。

⑭　余太山：《塞种史研究》，第 274 页，中国社会科学出版社，1992 年版。

⑮　《汉书》卷 96《西域传·鄯善传》。

⑯　余太山：《乌孙考》。又王明哲先生认为应为公元前 177 年,见《乌孙西迁年代综考》。

⑰　余太山：《塞种史研究》,第 274 页,中国社会科学出版社,1992 年版。

⑱　王明哲先生认为“数万”,“不会是一二万,估以三万左右”。乌孙西迁前后,全国有兵(骑、弦)约 3 万人。见《论汉代乌孙族对伊犁河流域的开发》,《新疆社会科学》,1983 年 1 期。

⑲　《汉书》卷 96《西域传》载乌孙西迁之地,“本塞地也,大月氏西破走塞王,塞王南越县度,大月氏居其地。”后乌孙昆莫击破大月氏,大月氏徙西臣大夏,而乌孙昆莫居之,故乌孙民有塞种,大月氏种云。

⑳　王明哲：《乌孙西迁年代综考》。又余太山先生认为乌孙西迁应在公元前 130—前 129 年,似未妥。说见《乌孙考》,《西北史地》,1988 年 1 期。

㉑　张骞使乌孙年代,史无明文。黄文弼先生认为“张骞,武帝元狩四年(公元前 119 年)使乌孙,元鼎二年(公元前 115 年)还,来去凡三年”。见《张骞西使路线考》,载《西北史地论丛》,第 73 页,上海人民出版社,1981 年。余太山先生认为元狩四年(公元前 119 年)只能看做张骞动身年代的上限。“《资治通鉴·汉纪》既系张骞归汉于元鼎二年(前 115 年),则不妨认为张骞动身于元鼎元年或二年。”见《张骞西使新说》,载《两汉魏晋南北朝与西域关系史研究》,第 210 页,中国社会科学出版社,1995 年版。

㉒　王明哲先生认为三者合计,乌孙全国之兵在 5 万骑左右。见王明哲：《论汉代乌孙族对伊犁河流域的开发》一文。

㉓　王明哲先生认为这 40 年乌孙人口有不小的发展。见《论汉代乌孙对伊犁河流域的开发》一文。

㉔　恩格斯：《家庭、私有制和国家的起源》,《马克思恩格斯全集》第 21 卷,第 188 页。

㉚　《汉书》卷 96《西域传·乌孙传》。又《汉书》卷 94 上《匈奴传》、《汉书》卷 70《常惠传》与此所载基本相同。只是本始三年之战,《常惠传》、《匈奴传》作“昆弥自将翕侯以下五万余骑从西方入”。稍异。

㉛　余太山：《塞种史研究》,第 276 页,中国社会科学出版社,1992 年版。

㉜　《汉书》卷 6《武帝纪》,载遣使在元封四年(前 107 年)。

㉝　《汉书》卷 94 上《匈奴传》所载亦同。

㉞　林干：《匈奴通史》,第 59—60 页,人民出版社,1986 年版。

㉟㊱㊲㊷㊸　《汉书》卷 94《匈奴传》。

㊵　《后汉书》卷 87《西羌传》载羌人“十二世后,相与婚姻,父没则妻后母,兄亡则纳嫠,故国无鳏寡,种类繁炽”。可证乌孙人口发展迅速之状。

㊶　《资治通鉴·汉纪十九》系年为甘露元年(前 53 年),徐松《汉书西域传补注》以为当在甘露二年(前 52 年)。

㊸　《论汉代乌孙族对伊犁河流域的开发》,《新疆社会科学》1983 年 1 期。

㊹　《汉书》卷 94 上《匈奴传》。

㊺㊽　《汉书》卷 96《西域传》。

㊻　余太山：《两汉魏晋南北朝与西域关系史研究》,第 22 页,中国社会科学出版社,1995 年版。

㊼　《汉书》卷 96《西域传·莎车传》。

㊽　《汉书》卷 96《西域传·渠犁传》。

㊾　《汉书》卷 96《西域传·乌孙传》。又《汉书》卷 17《景武昭宣元成功臣表》载,长罗侯常惠,“以校尉光禄大夫持节将乌孙兵击匈奴,获名王,首虏三万九千级”。所载与《西域传》稍异。

㊿　钱伯泉：《西汉时期西域人口和社会经济情况：〈汉书·西域传〉研究》,《新疆社会科学研究》,1982 年第 24

期。文中认为:"《西域传》中所记各国的户口数字,一定也和《汉书·地理志》中所记各郡国的户口数字一样,为元始二年的调查结果。"

㉛ 《论汉代乌孙族对伊犁河流域的开发》,《新疆社会科学》,1983 年 1 期。

㉝ 《资治通鉴·汉纪十九》系年。

㉟ 《汉书》卷 90《陈汤传》。

㊱ 星靡之死,《汉书补注》引周寿昌说在竟宁元年(前 33 年);徐松《汉书·西域传补注》谓在成帝建始初(前 32 年)。余太山先生认为两说均可通。见《两汉魏晋南北朝与西域关系史研究》一书,第 25 页。

㊴ 《汉书》卷 70《段会宗传》载:"会宗既出,诸国遣子弟郊迎,小昆弥安日前为会宗所立,德之,欲往谒。"

㊵ 余太山认为安日之死,当在鸿嘉四年或永始元年(前 17—前 16 年),见《两汉魏晋南北朝西域关系史研究》一书,第 26 页。

㊶ 《汉书》卷 70《段会宗传》。

㊷ 《资治通鉴·汉纪二十四》把末振将刺杀雌粟靡系之于元延十年(前 11 年),是混而言之,失之于查。

㊸ 见余太山:《两汉西域都护考》,第 280 页。

㊹ 余太山:《两汉西域都护考》,见《两汉魏晋南北朝与西域关系史研究》,第 249 页。

㊺ 《汉书》卷 94 下《匈奴传》载王莽时给匈奴造设四条规定:"中国人亡入匈奴者,乌孙亡降匈奴者,西域国佩中国印缓降匈奴者,乌桓降匈奴者,皆不得受。"可知西汉末年,必有逃亡入匈奴者。否则,便无造设此条的必要。

㊻ 荀悦《前汉纪》卷 12《孝武皇帝纪》载:"乌孙王号昆弥,去长安九千八百里,户十二万,口六十万,大国也。"荀悦把这组户口数字系之于武帝时期,显然非是。按:《汉纪》主要内容是以《汉书》中纪为主体,将各传、志、表中的材料按时代先后加以剪裁删略,编排在帝纪之内。荀悦显然是把《西域传》中乌孙的人口误为武帝时期的情况,而加以前移。

㊼ 马长寿:《论匈奴部落国家的奴隶制》,《历史研究》,1954 年 5 期。

㊽ 林干《奴社会制度初探》,林干主编之《匈奴史论文集》(1919—1979),中华书局,1983 年版。

㊾ $30 \times (1+X)^9 = 40(万) \therefore X = 32‰$。

㊿ 拙作《西汉时期人口自然增长率初探》,《史学月刊》,1981 年 3 期,求得西汉初年的人口自然增长率为 12‰。

(71) (匈奴历史年表)把冒顿灭东胡、击走月氏、南并白羊河南王系在前 206 年。见《匈奴历史年表》,第 4 页,中华书局,1984 年版。

(72) 王钟翰:《中国民族史》,第 217 页,中国社会科学出版社,1994 年版。

(73) 《汉书》卷 110《匈奴传》。

(74) 林干:《匈奴史论文集》,第 10 页,中华书局,1983 年版。

(75) 袁祖亮:《再论汉武帝末年人口并非减半——兼与葛剑雄同志商榷》,《学术月刊》,1985 年 4 期。

(76) 林干:《匈奴通史》,第 4 页。

(77) 林干:《匈奴历史年表》,第 2 页,中华书局,1984 年版。

(78) 袁祖亮:《西汉时期人口自然增长率初探》,《史学月刊》,1981 年第 3 期。

(79) 《后汉书》卷 89《南匈奴列传》。$5000 \times (1+X)^{143} = 34000, X = 19.8‰$。

(80) 此数字较为可信。$5000 \times (1+X)^{269} = 29000, X = 6.6‰$。

㉘　《汉书》卷6《武帝纪》。

㉛　《太平御览》卷45。

㉟　《后汉书》卷90《鲜卑列传》。

㊱　《后汉书》卷20《祭肜列传》。

㊲㊳㊴　《后汉书》卷87《西羌列传》。

㊵　《汉书》卷69《赵充国传》。

第十一章　秦、西汉时期人口方面
诸种异常现象的考察

人口问题是一个非常复杂、深奥的问题,特别是对人口生育方面诸种规律的认识直到目前仍有许多不解之谜,那么对历史上人口方面诸种异常现象的考察不可不多加留心,诸如古代地区间男女不平衡问题,齐地的长女不嫁现象和齐地的五月生子对父母不利要将其溺杀的问题,重男轻女溺女婴的问题等。透过这些现象,体现的恐怕是人口增加到一定程度而引发的自发调整行为,诸如此类还有许多,需要了解和认识,故设本章以作考察。

第一节　关于生育和娶女无度方面的考察

关于人口方面所出现的异常现象,史籍中有不少记载,对有些记载,我们不能简单归结为迷信,但从中我们可以分析其所反映的实质问题。《史记》卷3《殷本纪》记载,商的始祖名叫契,契的母亲叫简狄,是有娀氏之女。有一天出外到水边行浴,吞下了玄鸟的遗卵而怀孕生契的。《史记》卷4《周本纪》记载,周的始祖名叫弃,他的母亲叫姜原,姜原到野外去,看见地上有巨人的脚印:

> 心忻然说,欲践之,践之而身动如孕者,居期而生子。

《史记》卷1《五帝本纪》注文云,黄帝的母亲叫附宝,到野外时:

> 见大电绕北斗枢星,感而怀孕,二十四月而生黄帝于寿丘。

以上有关怀胎生育的记载,在人们不了解历史上还存在原始社会这一历史阶段时,便无法理解,认为十分可笑。但当人们对原始社会的存在及有关方面有了认识之后,而上述可笑的说法,却反映人类历史上还存在只知有母不知有父的历史阶段,即在这一时期,人们还不能辨认自己的生父,只知自己的生母,所以就出现了许多外界感而怀孕的说法。同样,在汉代人口研究方面,我们也发现了类似问题。

西汉时期,由于当时人们对生育方面诸种问题不能完全认识,因而对生育方面异常现象便认为是"妖"象,但也反映我们今天所见到的一些现象,西汉时期早已有之。

关于连体婴儿的记载:《汉书》卷27下之上《五行志》记载,西汉平帝元始元年六月的时候:

> 长安女子有生儿,两头异颈面相向,四臂共胸俱前向,尻上有目长二寸所。

对于这一发育不完全的双胞胎,如果处在今日尚能进行手术分离,而早在2000年前的西汉,人们无法认识,认为是妖在作怪,《五行志》还作一段很长的具体论述:

> 京房《易传》曰:"'睽孤,见豕负涂',厥妖人生两头。下相攘善,妖亦同。人若六畜首目在下,兹谓无上,正将变更。凡妖之作,以谴失正,各象其类。二首,下不一也,足多所以任邪也;足少,下不胜任,或不任下也。凡体生于上,不敬也;上体生于下,媟渎也;生非其类,淫乱也;人生而大,上速成也;生乃能言,好虚也。群妖推此类,不改乃成凶也。"

上述推论,与妖相联系是毫无根据的,但在科学不发达的古代,《易》学家们的种种认识和解释也颇能使一部分人相信,这也是难怪的。

关于返祖现象的一些记载:《汉书》卷27下《五行志》之上记载,在景帝二年九月的时候,胶东下密有一位70多岁的人头上长了角,角上并且生出毛发来,于是《汉书》又作了一段迷信性的联系:

> 景帝二年九月,胶东下密人年七十余,生角,角有毛。时胶东,胶西、济南、齐四王有举兵反谋,谋由吴王濞起,连楚、赵,凡七国。下密,县居四齐之中;角,兵象,上向者也;老人,吴王象也;年七十,七国象也。天戒若曰,人不当生角,犹诸侯不当举兵以向京师也;祸从老人生,七国俱败云。诸侯不寤,明年吴王发起,诸侯从之,七国俱灭。京房《易传》曰:"冢宰专政,厥妖人生角。"

西汉大儒京房认为冢宰专权,会出现妖人生角的现象,把对《易》的阐释和推演更加神秘化了。

关于两性人变化的记载:《汉书》卷27下之上《五行志》记载:

> 哀帝建平中,豫章有男子化为女子,嫁为人妇,生一子。长安陈凤言此阳变为阴,将亡继嗣,自相生之象。

以上诸多种异常现象的记载,应该是事实,但对这些现象出现之原因及影响等一系列阐释则带有浓厚的迷信成分,其分析是毫无科学根据的。当然在科学技术并不发达的古代,人们是无法正确认识上述现象的,只有今天人们才能揭示。但以上记载,反映了早在西汉时期,已出现了连体婴儿等诸多现象。

关于怀胎期至长的记载:按照一般的生育规律,女子从怀孕到临盆产儿,经历九个多月的时间,从文献记载来看,确有大大超过预产期才分娩的例子。张守节在《史记》卷1《五帝本纪·正义》中云,黄帝的母亲叫附宝,感应怀孕,24个月才生下黄帝。这是目前史籍所载怀孕期最长的例子。五帝中的尧帝,其母叫庆都,怀孕14个月才生下帝尧。《史记》卷1《五帝本纪》云:

> 帝喾娶陈锋氏女,生放勋,娶娵訾氏女,生挚。帝喾崩,而挚代立。帝挚立,不善,而帝放勋立。是为帝尧。

张守节《史记·正义》引晋皇甫谧《帝王世纪》云:

> 帝尧陶唐氏,祁姓也。母庆都,十四月生尧。

而秦汉时期的人物中,还有两位妇女的怀孕期也是超过常期的,一位是秦始皇的母亲——赵姬,另一位是汉昭帝的母亲钩弋夫人。

赵姬就是怀秦始皇12个月才产的。《史记》卷85《吕不韦列传》载:

> 吕不韦取邯郸诸姬绝好善舞者与居,知有身,子楚从不韦饮,见而说之,因起为寿,请之。吕不韦怒,念业已破家为子楚,欲以钓奇,乃遂献其姬。姬自匿有身,至大期时,生子政。

对上段文字中的"大期",刘宋裴骃的《史记集解》引徐广语曰:"期,十二月也。"唐司马贞的《史记索引》曰:

> 徐广云"十二月也"。谯周云"人十月生,此过二月,故云大期",盖当然也。既云自匿有娠,则生政因当踰常期也。

诸家共认赵姬怀孕12个月才生下秦王政的。

西汉时期,另一位特殊人物——汉昭帝其母钩弋夫人怀孕竟长达14个月方生下昭帝的。《汉书》卷97上《外戚传》云:

> 孝武钩弋赵倢伃,昭帝母也,家在河间。武帝巡狩过河间,望气者言此有奇女,天子急使使召之。既至,女两手皆拳,上自披之,手即时伸。由是得幸,号曰拳夫人……拳夫人进为倢伃,居钩弋宫,大有宠,太始三年生昭帝,号钩弋子。任身十四月乃生,上曰:"闻昔尧十四月而生,今钩弋亦然。"乃命其所生门曰:"尧母门"……钩弋子年五六岁,壮大多知,上常言"类我",又感其生与众异,甚奇爱之。

武帝晚年,终于立这位"生与众异"的钩弋子为皇太子。

西汉时期最为年轻的皇后——上官皇后。西汉时期出现了一位最为年轻的皇后,她便是汉昭帝的上官皇后,她是大将军霍光的外孙女,著名将领上官桀之子上官安的女儿。立后之年刚刚6岁。当时汉昭帝15岁。《汉书》卷97上《外戚传》载:

　　初，桀子安取霍光女，结姻相亲，光每休沐出，桀常代光入决事。昭帝始立，年八岁，帝长姊鄂邑盖长公主居禁中，共养帝。盖主私近子客河间丁外人。上与大将军闻之，不绝主欢，有诏外人侍长主。长主内周阳氏女，令配耦帝。时上官安有女，即霍光外孙，安因光欲内之。光以为尚幼，不许。安素与丁外人善，说外人曰："闻长主内女，安子容貌端正，诚因长主时得入为后，以臣父子在朝而有椒房之重，成之在于足下，汉家故事常以列侯尚主，足下何忧不封侯乎？"外人喜，言于长主。长主以为然，诏召安女入为倢伃，安为骑都尉。月余，遂立为皇后，年甫六岁。

　　根据《汉书》卷97上《外戚传上》的另外一处记载，上官皇后入宫时的年龄恐怕还不到6岁，有虚假之嫌，因为文载：

　　　　皇后立十岁而昭帝崩，后年十四五云。昌邑王贺徵即位，尊皇后为皇太后。

这样看来，上官皇后入宫时才四五岁。霍光想让这位未成年的外孙女生孩子，但终未有果，《汉书》卷97上《外戚传上》载：

　　　　光欲皇后擅宠有子，帝时体不安，左右及医皆阿意，言宜禁内，虽宫人使令皆为穷绔，多其带，（服虔曰："穷绔，有前后当，不得交通也。"师古曰："使令，所使之人也。绔，古袴字也。穷绔即今之绲裆袴。"）后宫莫有进者。

同书还载：

　　　　光欲后有子，因上待疾医言，禁内后宫皆不得进，唯皇后颛寝。皇后年六岁而立，十三年而昭帝崩，遂绝继嗣。

看来生育还是有规律的，不到生育年龄是难随人愿的。

　　关于皇帝、侯王、大臣妻妾的考察。在中国封建社会，帝王、大臣都是多妻多妾者，特别是秦汉时期这种情况更为严重，一方面这些上层统治者是为了满足自己荒淫的生活，另一方面也有广继嗣的目的在内。秦始皇后宫宫女之多，在中国历史上是仅见的。《史记》卷6《秦始皇本纪》记载，早在秦灭六国的过程中：

　　　　秦每破诸侯，写放其宫室，作之咸阳北阪上，南临渭，自雍门以东至泾、渭，殿屋复道周阁相属。所得诸侯美人、钟鼓，以充入之。

对于上述这段文字，唐张守节《史记正义》引《三辅旧事》云：

　　　　始皇表河以为秦东门，表汧以为秦西门，表中外殿观百四十五，后宫列女万余人，气上冲于天。

这是秦始皇后宫宫女数量的明确记载，在历代帝王的宫女数量方面是绝无仅有的。

　　汉武帝虽是一个具有雄才大略的一代帝王，但后宫宫女也有数千人之多。

　　　　武帝时，又多取好女至数千人，以填后宫。[①]

西汉时期,比较节俭,后宫宫女较少的帝王是高祖刘邦、文帝刘恒和景帝刘启,根据贡禹的说法:

> 至高祖、孝文、孝景皇帝,循古节俭,宫女不过十余,厩马有百余匹。孝文皇帝衣绨履革,器亡雕文金银之饰。②

除了上述三代皇帝之外,汉武帝乃至以后的昭、宣二帝后宫宫女之数都是非常庞大的。

上行下效,天子过天道,诸侯僭天子,大夫僭诸侯,已是无可奈何之事,其结果造成了:

> 取女皆大过度,诸侯妻妾或至数百人,豪官吏民畜歌者至数十人。③

事实也证明了贡禹之言并非虚妄。汉武帝的舅舅田蚡,先后历任太尉和丞相,《汉书》卷52《田蚡传》言其:

> 后房妇女以百数。

亡于景帝时的张苍,曾任丞相,寿百余,《史记》卷96《张丞相传》言其在年老的时候:

> 口中无齿,食乳,女子为乳母,妻妾以百数,尝孕者不复幸。

西汉末年王凤、王音兄弟也是"多为奢侈……后庭姬妾,各数十人"④。

以上所举三例为汉代之最高官吏的妻妾情况,而当时最普通的小官小吏也是妻妾众多,就以汉元帝的妃子元后王政君的父亲王禁来说,也不过是西汉的一位廷尉史,但《汉书》卷98《元后传》言其:

> 禁有大志,不修廉隅,好酒色,多取傍妻,凡有四女八男。

对多妻多妾者生子数量的考察。作为皇帝来说,其子女数有明确的记载者,秦始皇便是其中之一。《史记》卷6《秦始皇本纪》记述秦二世登极时将其兄弟姊妹二十余人全部杀掉。

西汉一代,诸侯王中儿子最多者要数中山靖王刘胜有一百二十余子,他于景帝初年受封于中山,《汉书》卷53《景十三王传》言说:

> 胜为人乐酒好内,(师古曰:"好内,耽于妻妾也……")有子百二十余人。常与赵王彭祖相非曰:"兄为王,年代吏治事。王者当日听音乐,御声色。"赵王亦曰:"中山王但奢淫,不佐天子拊循百姓,何以称为藩臣!"

东汉末年的刘玄德,就是刘胜之后。

《汉书》卷15上《王子侯表》记载了城阳顷王受封的儿子就足足有20位。

汉昭帝薨后,曾当了27日皇帝的昌邑王贺,行淫乱,后来被霍光所废,《汉书》卷63《武五子传》云刘贺:

> 妻十六人,子二十二人,其十一人男、十一人女。

他也是一位多子者。

似此例子还有许多，不再多举，以上事实足以说明王侯生活之糜烂荒淫。统治阶层的腐朽与堕落。

关于高龄得子的考察。高龄得子者——贡禹。贡禹是琅邪人，汉元帝时期的大臣，我们从其乞骸骨，归乡里的上书中发现他是 69 岁时得子的。《汉书》卷 72《贡禹传》云：

> 臣禹犬马之齿八十一，血气衰竭，耳目不聪明，非复能有补益，所谓素餐尸禄洿朝之臣也。自痛去家三千里，凡有一子，年十二，非有在家为臣具棺椁者也。诚恐一旦仆气竭，不复自还……不胜私愿，愿乞骸骨，及身生归乡里，死亡所恨。

这是目前我们发现的汉代人得子时的最大年龄者。另外在张仲景的家乡南阳也有一种传说，言说大医学家张仲景 83 岁高寿尚且得一子。不知是否真实无从考证，似不如贡禹之事确凿。近世以来，从不同方面得知，确有八十余岁得子者。

汉武帝常称"类己"的儿子刘弗陵，是他 63 岁时喜添的贵子，《汉书》卷 7《昭帝纪》云：昭帝是 8 岁即位的，而《汉书》卷 6《武帝纪》载武帝亡时为 71 岁。在死之前他执意安排这位"其生与众异，甚奇爱之，心欲立之"的小娃娃来接替自己。为防止女主专权，寻找借口害死了昭帝之母——钩弋。但小时候又胖又大的刘弗陵身体并不好，只活到 22 岁便亡故了，《汉书》卷 97 上《外戚传》载："帝时体不安"，看来平时并不健康。

应劭所著《风俗通义》记载了一位 90 岁老翁得子者：

> 陈留有富室公，年九十无子，取田家女为妾，一交接即气绝。后生得男。其女诬其淫佚有儿，曰："我父死时年尊，何一夕便有子？"争财数年不能决。丞相邴吉出上殿决狱云："吾闻老公子不耐寒，又无影。"时岁八月，取同岁小儿俱解衣裸之，此儿独言寒。复令并行日中，独无影。大小叹息，因以财与儿。⑤

此事不见正史记载，应劭之说恐怕难符其实。

当今世界上有确凿记载的是英国一男子 74 岁喜得一子。《大河报》2010 年 3 月 20 日刊出一则消息：英国老翁一举成为该国年龄最老的"新生儿父亲"。文云：据英国《太阳报》、《每日快报》29 日报道，英国林肯郡劳斯市 74 岁老翁盖里·布克斯不仅娶了一个比自己小 34 岁的妻子，还让她怀了孕。3 月 12 日，妻子道恩接受剖腹产手术，生下了他们的第二个孩子。74 岁再当爹的盖里也因此跻身吉尼斯纪录，一举成为英国年龄最老的"新生儿父亲"。更令人惊奇的是俄罗斯 89 岁的"二战老兵"喜得贵子。2010 年 2 月 9 日的《大河报》援引"俄罗斯媒体、英国《每日镜报》8 日报道，俄罗斯阿尔马维尔市 89 岁老翁阿拉马伊斯·纳扎罗夫是一名二战老兵，可令当地人目瞪口呆的是纳扎罗夫不仅娶了一名比自己年轻 54 岁的娇妻,并且还让现年 35 岁的妻子叶弗婕尼娅怀上了身孕。日前,十月怀胎的叶弗婕尼娅在当地医院生下了一名健康的儿子。"

关于私生子方面的考察。私通生子,即私生子并不介意自己的身世来历,特别是那些处高位者也不掩饰。如《汉书》卷 68《霍去病传》载,身为私生子的霍去病对其父霍中孺毕恭毕敬。

> 霍光字子孟,骠骑将军去病弟也。父中孺,河东平阳人也,以县吏给事平阳侯家,与侍者卫少儿私通而生去病。中孺吏毕归家,娶妇生光,因绝不相闻。久之,少儿女弟子夫得幸于武帝,立为皇后,去病以皇后姊子贵幸。既壮大,乃自知父为霍中孺,未及求问。会为骠骑将军击匈奴,道出河东,河东太守郊迎,负弩矢先驱,至平阳传舍,遣吏迎霍中孺。中孺趋入拜谒,将军迎拜,因跪曰:"去病不早自知为大人遗体也。"中孺扶服叩头,曰:"老臣得托命将军,此天力也。"去病大为中孺买田宅奴婢而去。还,复过焉,乃将光西至长安,时年十余岁,任光为郎,稍迁诸曹侍中。

汉文帝的母亲薄姬是一个私生女,《汉书》卷 97 上《外戚传》载:

> 高祖薄姬,文帝母也。父吴人,秦时与故魏王宗女魏媪通,生薄姬。而薄姬父死山阴,因葬焉。及诸侯畔秦,魏豹立为王,而魏媪内其女于魏宫。许负相薄姬,当生天子。是时,项羽方与汉王相距荥阳,天下未有所定。豹初与汉击楚,及闻许负言,心喜,因背汉而中立,与楚连和。汉使曹参等虏魏王豹,以其国为郡,而薄姬输织室。豹已死,汉王入织室,见薄姬,有诏内后官……遂幸,有身。岁中生文帝,年八岁立为代王。

汉高祖刘邦的长子,齐悼惠王刘肥也是一个私生子。《汉书》卷 38《高五王传》载:

> 齐悼惠王肥,其母高祖微时外妇也。高祖六年立,食七十余城。诸民能齐言者,皆与齐。

颜师古对"高祖微时外妇也"的注解是:"谓与旁通者。"

第二节　关于近亲为婚方面的考察

西汉皇室内近亲为婚者很多。

根据《汉书》的记载,西汉时期皇室内部互相为婚的例子很多,甚至有些达到了乱伦的地步。

《汉书》卷3《高后纪》载：

> 惠帝即位,遵吕后为吕太后。太后立弟姊鲁元公主女为皇后,无子,取后宫美人子名之为太子。惠帝崩,太子立为皇帝,年幼,太后临朝称制,大赦天下。

《汉书》卷97《外戚传》亦载有此事：

> 孝惠张皇后。宣平侯敖尚帝姊鲁元公主,有女。惠帝即位,吕太后欲为重亲,以公主女配帝为皇后。欲其生子,万方终无子,乃使阳为有身,取后宫美人子名之,杀其母,立所名子为太子。

鲁元公主是惠帝刘盈的亲姐姐,嫁给了张敖,那么惠帝娶鲁元公主之女,也就是舅舅娶外甥女为妻,像这种婚况,史书记载鲜为罕见。

孝景帝娶自己奶奶娘家的女子为皇后,《汉书》卷97上《外戚传》载有此事,其文曰：

> 孝景薄皇后,孝文薄太后家女也,景帝为太子时,薄太后取以为太子妃。景帝立,立薄妃为皇后,无子无宠。立六年,薄太后崩,皇后废。

薄太后是高祖刘邦之姬,楚汉战争时期原为魏王豹魏宫之女,刘邦灭了魏王豹之国后,将薄姬纳入汉之后宫,后生下了汉文帝,当初被立为代王。代王十七年,高后崩,大臣们疾吕氏家族强暴,皆称薄氏仁善,故遂立代王为皇帝,是为孝文帝,文帝尊其母为皇太后。孝景皇帝的薄皇后,是其奶奶薄氏家族的女儿,也属近亲为婚。

汉武帝娶其姑姑家的表妹为皇后,《汉书》卷97上《外戚传》有载,其文曰：

> 孝武陈皇后,长公主嫖女也,曾祖父陈婴与项羽俱起,后归汉,为堂邑侯。传子至孙午,午尚长公主,生女。初,武帝得立为太子,长主有力,取主女为妃。及帝即位,立为皇后,擅宠骄贵,十余年,而无子,闻卫子夫得幸,几死者数焉。

孝文帝的窦太后,生有两子一女,这便是后来的汉景帝刘启、梁王刘武和长公主嫖。刘嫖嫁给了汉初名将陈婴的孙子陈午,生有女孩,很想把这一女孩嫁给当时景帝所立的太子——齐栗姬所生之子为妃,但栗姬谢绝了。刘嫖只好把女儿许给景帝与王夫人所生之子——胶东王刘彻(即后来的汉武帝),王夫人答应了。由于刘嫖之力,最后景帝废掉了原来立的太子,立王夫人之子刘彻为太子,那么汉武帝即位后就立嫖之女为皇后,辈分相当,但属近亲,是与自己亲姑姑的女儿为婚。

汉武帝的外甥娶汉武帝的女儿为婚。《汉书》卷65《东方朔传》载有其事,其文曰：

> 久之,隆虑公主子昭平君尚帝女夷安公主,隆虑主病困,以金千斤钱千万为昭平君豫赎死罪,上许之。隆虑主卒,昭平君日骄,醉杀主傅,狱系内官。以公主

子,廷尉上请请论,左右人人为言:"前又入赎,陛下许之。"上曰:"吾弟老有是一子,死以属我。"于是为之垂涕叹息,良久曰:"法令者,先帝所造也,用弟故而诬先帝之法,吾何面目入高庙乎! 又下负万民。"乃可其奏,哀不能自止,左右尽悲。

隆虑公主与汉武帝一母同胞,为王夫人所生,因为被封在汉时之隆虑(即今河南安阳林州市),故称隆虑公主。武帝称之为"弟"即女弟,也就是妹妹了。妹妹的孩子娶了舅舅的女儿为妻,实不多见。

汉成帝娶自己奶奶从弟的女儿为皇后,《汉书》卷 97 下《外戚传》载有其事,其文曰:

> 孝成许皇后,大司马车骑将军平恩侯嘉女也。元帝悼伤母恭哀后居位日浅而遭霍氏之辜,故选嘉女以配皇太子。初入太子家,上令中常侍黄门亲近者侍送,还白太子欢说状,元帝喜谓左右:"酌酒贺我!"左右皆称万岁。久之,有一男,失之。及成帝即位,立许妃为皇后,复生一女,失之。

大司马车骑将军平恩侯许嘉,是乐成侯许延寿的中子。汉元帝即位之后,许嘉被封为平恩侯,以奉戴侯之后。戴侯是汉宣帝许皇后之父许广汉即汉元帝的外祖父。元帝被立为太子时,许广汉被封为平恩侯,死后的谥号是戴侯。因为他没有儿子,所以元帝即位之后,让许广汉的弟弟许延寿的中子许嘉奉戴侯后为平恩侯。那么孝成帝的皇后是其奶奶家族中的一个女儿,且辈分不等。就亲属关系而论,要比成帝高一辈。

与汉成帝婚配相同的是汉哀帝娶了自己奶奶弟弟的女儿为皇后。《汉书》卷 97 下《外戚传》载:

> 孝哀帝傅皇后,定陶傅太后从弟子也。哀帝为定陶王时,傅太后欲重亲,取以配王。王入为汉太子,傅氏女为妃。哀帝即位,成帝大行尚在前殿,而傅太后封傅妃父晏为孔乡侯……晏封后月余,傅妃立为皇后。

以上所收集的是西汉皇帝近亲为婚的有 5 位,西汉共有 11 帝:高祖、惠帝、文帝、景帝、武帝、昭帝、宣帝、元帝、成帝、哀帝、平帝,而近亲结婚的几乎占到半数的比例。早在原始社会时期,当时人们就积累了同姓为婚,其姓不蕃的知识,即近亲为婚者,其家族后代的发展不昌盛,故实行家族外婚,即同姓不能为婚。以上五例虽然不是同姓为婚,但是属于血缘关系近者,所以也体现在后代不蕃上。惠帝娶自己的亲外甥女为皇后,使尽万方,但生不出孩子来,这也使吕后大失所望,亲上加亲的初衷并未实现,为了传承帝位,只好取后宫美人之子冒充为太子。汉景帝的近亲结婚,薄皇后也是生不出孩子,无子便无宠,无宠便遭废。汉武帝的陈皇后与汉武帝之关系为姑表关系,成婚十余年也是不生孩子,听说别的夫人受到武帝的宠幸,自己气得要自杀。成帝的许皇后,虽然生育过一男一女,但都未成人。哀帝的傅皇后也未见其生子的记载。

由上看来,近亲为婚者的初衷是希望利用亲上加亲的关系巩固皇室的统治,但岂知违反了生物学的规律,近亲为婚也是其后不蕃的。

第三节　关于其他方面人口现象的考察

某些月份所生孩子的不举子现象。出现某些月份所生孩子不举现象,主要是齐地和陇西张掖等地区,《史记》言五月不举子;《论衡》言正月、五月;《史记》卷75《孟尝君列传》载齐地有五月不举子者;《后汉书》卷65《张奂传》还言有二月、五月者,具体情况如下:

> 初,田婴有子四十余人,其贱妾有子名文,文以五月五日生,婴告其母曰:"勿举也。"其母窃举之。及长,其母因兄弟而见其子文于田婴,田婴怒其母曰:"吾令若去此子,而敢生之,何也?"文顿首,因曰:"君所不举五月子者,何故?"婴曰:"五月子者,长与户齐,将不利其父母。"(唐司马贞《索隐》注引《风俗通》曰:"俗说五月五日生子,男害父,女害母。")

田婴贱妾所生之子田文,也就是日后显名于世的战国四公子之一的孟尝君,殊不知刚生下来时差点儿被溺死。

另外,张衡的《论衡·四讳篇》[⑥]言说正月和五月生子,时俗认为不利并作了批判:

> 四曰讳举正月、五月子,以为正月、五月杀父与母,不得。已举之,父母祸死,则信而谓之真矣。夫正月、五月子,何故杀父与母?人之含气,在腹肠之内,其生,十月而产,共一元气也。正与二月何殊?五与六月何异?而谓之凶也,世传此言久,拘数之人,莫敢犯之。弘识大材,实核事理,深睹吉凶之分者,然后见之。昔齐相田婴贱妾有子,名之曰文,文以五月生……文曰:"人生受命于天乎?将受命于户焉?"婴嘿然。文曰:"必受命于天,君何忧焉?如受命于户,即高其户,谁能至者?"婴善其言,曰:"子休矣!"其后使文主家侍宾客,宾客日进,名闻诸侯。文长过户而婴不死,以田文之说言之,以田婴不死效之,世俗所讳,虚妄言之也。

还有《后汉书》卷65《张奂传》,言说二月举子,时俗认为不利:

> 在家四岁,复拜武威太守。平均徭赋,率厉散败,常为诸郡最,河西由是而全。其俗多妖忌,凡二月、五月产子及其与父母同月生者,悉杀之。奂示以义方,

严加赏罚,风俗遂改,百姓生为立祠。

《睡虎地云梦秦简》简第 1142 亦有类似上述之记载:

凡已巳生,勿举,不利父母,男子为人臣,女子为人妾。

除上面所举那些不举子的忌日的习俗之外,根据应劭的收集还有一些不举子的情况。《全上古秦汉三国六朝文全·后汉文》卷 36 载应劭的《风俗通义》中说:

不举并生三子。俗说生子至于三,似六畜,言其妨父母,故不举之也。不举与父同月子,俗云妨父也。不举生髭须子。俗说人十四五乃当生髭须,今生而有之,妨害父母也。不举寤生子。举寤生子妨父母。

齐地的长女不嫁现象。齐,是指以今临淄为中心的周围地区,西周初年这里为姜尚的封地,齐桓公时,曾用管仲为相而称霸天下,而长女不嫁现象也就是从这个时候起开始形成的。《汉书》卷 28 下《地理志》载:

始桓公兄襄公淫乱,姑姊妹不嫁,于是令国中民家长女不得嫁,名曰“巫儿”,为家主祠,嫁者不利其家。民至今以为俗。

从“民至今以为俗”的记载看,长女不嫁人的现象所延续的时间有好几百年,汉朝的时候仍然存在,可谓痛心,难怪班固发出了“道民之道,可不慎哉”的慨叹!

淮南地区的多女少男现象。淮南,也就是汉时之九江郡,以今之安徽寿县、合肥为中心的周围地区。西汉时淮南王刘安都寿春,招致宾客,著书立说,著名的《淮南子》就是众多门客的杰作。总之,由于淮南王的招致宾贤,这里是门客的聚居地。《汉书》卷 28 下《地理志》的记载:

初淮南王异国中民家有女者,(晋灼曰:“有女者见优异。”)以待游士而妻之,故至今多女而少男。(如淳曰:“得女宠,或去男也。”臣瓒曰:“《周官》职方云:‘扬州之民,二男而五女’,此风气非由淮南王安能使多女也”。师古曰:“二说皆非也。志亦言土地风气既足女矣,因淮南之化,又更聚焉。”)

总之,以上三家虽说法不同,但对此地女多男少的现象都是予以承认的。

江南卑湿丈夫多夭现象。“江南卑湿,丈夫多夭”,这句话是出自《汉书》卷 28 下《地理志》,原文是这样的:

吴东有海盐章山之铜,三江五湖之利,亦江东之一都会也。豫章出黄金,然堇堇物之所有,取之不足以更费。江南卑湿,丈夫多夭。

考之事实,的确如此。年轻出众,满腹才华的贾谊,因受到周勃,灌婴之流的妒忌和排斥,被贬为长沙王太傅,自渡湘水之后,心常快快,作赋以吊屈原。长沙这个地方非常潮湿,“谊自伤悼,以为寿不得长”[①]。从上引《地理志》和《贾谊传》的情况看,江南地区确实存在着丈夫多夭,不利男性生存的恶劣的环境。既然男性夭折早亡,那么这一

广大地区的男女比例就会失常,难怪《汉书》卷28《地理志》在叙述到江南诸州时云:

> 东南曰扬州,其山曰会稽,薮曰具区,川曰三江,浸曰五湖……民二男五女。
>
> 正南曰荆州,其山曰衡,薮曰云梦,川曰江、汉……民一男二女。

江南地区由于当时还未得到大规模开发,自然环境恶劣,在诸侯王受封的时候,总是把那些母微无宠者的王子封于卑湿贫国,长沙定王发便属此例。

> 长沙定王发,母唐姬,故程姬侍者。景帝召程姬,程姬有所避,不愿进(师古曰:"谓月事"),而饰侍者唐儿使夜进。上醉,不知,以为程姬而幸之,遂有身。已乃觉非程姬也。乃生子,因名曰发。以孝景前二年立。以其母微无宠,故王卑湿贫国。[⑧]

西汉时期,江南地区的生产力十分低下,尚处于火耕水耨阶段。虽然"不忧冻饿,亦亡千金之家"。[⑨]为了摆脱江南当时恶劣的自然环境,有的诸侯王,甚至以减少封地为条件要求向北方迁移。《后汉书》卷1上《光武帝纪》载光武帝刘秀为南阳蔡阳人,汉高祖刘邦的九世孙,出自景帝子——长沙定王发的后代。长沙定王发生刘买,刘买以长沙定王子封于零道春陵乡,为春陵侯。《后汉书》卷14《宗室四王三侯列传》载:

> 买卒,子戴侯熊渠嗣。熊渠卒,子考侯仁嗣。仁以春陵地势下湿,山林毒气,上书求减邑内徙。(《东观记》曰:"考侯仁于时见户四百七十六,上书愿减户徙南阳,留子男昌守坟墓,元帝许之。")元帝初元四年,徙讨南阳之白水乡,犹以春陵为国名,遂与从弟钜鹿都尉回及宗族往家焉。

巨鹿都尉刘国就是刘秀之祖父。从上所引的不止一处的资料看,当时从三吴到两湖皆处于水乡泽国之中。人口稀少、地势下湿、不宜人生、生产力发展缓慢尚处于原始的耕作阶段。恶劣的气候对男子更是一种威胁,年纪轻轻的便早已夭亡,以致造成男女比例不均衡是确实存在的。

另外,我们再把其他州的男女比例也一同列出,以供研究。《汉书》卷28上《地理志》云:

河南曰豫州,……民二男三女

正东曰青州,……民二男三女

河东曰兖州,……民二男三女

正西曰雍州,……其民三男二女

东北曰幽州,……民一男三女

河内曰冀州,……民五男三女

正北曰并州,……民二男三女

　　从上面所引的正月、二月、五月不举子的习俗和齐地的长女不嫁现象看,值得认真研究和探讨,还有《汉书·地理志》所引的一些州的男女比例问题。《淮南子》把生男生女归结土地类别不同所致:

　　　　土地各以类生人,是故山气多男,泽气多女,水气多瘖,风气多聋,林气多癃,木气多伛,岸下气多尰,石气多力,险阻气多瘿,暑气多残,寒气多寿,谷气多痹,丘气多狂,衍气多仁,陵气多贪。(《太平御览》卷738疾病部——总序疾病上)

《地理志》所引的男女比例,应该是指周代而言,并非是秦汉时期的情况,我们认为要判断这种比例是否正确,还是不要轻易否定。从汉代的情况看,以省区来说,今日之河南、山东、河北在西汉是人口最为稠密的地区,而西周时期人口的稠密所在大致也是这些地区,恐怕还要得加上关中,因为它是周的发祥地,经济开发较早,还有并州,据说帝尧和夏禹常在这一带活动,估计上述地区是人口密集区。我们若把上述地区在周时的人口性别比综合起来观察,倒发现它又是平衡的。假若把青州、并州、兖州、豫州、冀州、雍州这六州的人口性别比加在一起整体考虑,还是相对平衡的。剩下不平衡的地方是幽州、荆州和扬州,而这三个州又都是周的边远地区,人口肯定稀少。综合比较的结果,我们发现,凡是人口密集的地区男多女少,或男女性别基本持平,而凡是人口稀少的地区,都是女多男少的地区。为什么会形成这种情况,不易说清,是否是人们盼望人口增长时,女孩就多。因为女孩是生育的载体,女孩多了就可以多生孩子,发展人口的数量规模。当人们觉得有人口压力时,觉得不要增加人口时,就生男孩多,女孩少。女孩少了,生育的载体就少了,过一段时间人口的增长就会降下来。人既是社会中的人,又是自然界中的人,那么人口生产既有社会规律,又有自然界中的规律。在古代社会,人口多到一定程度时,便会进行自发调整,也就是说自发淘汰,最明显的自发淘汰,就是溺婴,这是大家所熟知的。溺婴对于父母来说是及于抚养能力来考虑的,父母抚养不了,就要把其溺死,而且多溺女婴。对父母来说,男孩比女孩更能支撑家庭生活,这是唯一的选择理由,但这种选择对社会来说又减少了生育载体的作用。韩非子对此论述得十分深刻。《韩非子》卷18《六反》云:

　　　　且父母之于子也,产男则相贺,产女则杀之,此具出父母之怀衽。然男子受贺,女子杀之者,虑其后便,计之长利也,故父母之于子也,犹用计算之心相待也。

　　除上述淘汰方法外,我认为上述所引《睡虎地云梦秦简》、《史记》卷75《孟尝君列传》、《论衡》、《后汉书》卷65《张奂传》中所述之正月、二月、五月生子不利父母等习俗,都是人口多到一定程度后的自发淘汰行为。如果说是迷信,当然是没错的,但它确实起到了淘汰人口的现实作用,其中包括齐地的长女不出嫁现象均属此理。而且这些习俗流行的地方都是当时人口最为稠密的地方,战国秦汉时的齐地就是今日山东半岛一带,苏秦游说齐的时候说临菑有七万户。孟尝君的封地薛也有几万户人家。田文的险些被溺,长女不嫁现象都是流行在这些地区的习俗。而淮河以南的扬州地区非但没有这一习俗,反而喜欢生女孩,因为这里人口稀少,名义上说生女孩可以嫁游客,实际起到了增殖人口的作用。而幽州的燕地,也没有溺婴和不举子的习俗;相反的,燕赵大地的歌女充斥了达官贵族和侯王之家,因为她们需要婚配嫁男。

　　同样,上面所举的应劭所集录的例子看,应劭也不同意那些禁忌,并且举出事例进行辩驳。关于不举并生三子的情况,应劭言《国语》载越王勾践令民生二子者与之饩,生三子者与之乳母。所以人民繁息,卒灭强吴,雪会稽之耻,行霸于中国也。古陆终氏娶于鬼方,谓之女嬇,是生六子,皆为诸侯。今人多生三子,子悉成长,父母完安无事。关于不举寤生子事,他举《春秋左氏传》说,郑武公娶于申曰武姜,武姜生庄公及共叔段。庄公寤生,惊姜氏,因名寤生。武公老终天年,姜氏亦然,安有妨其父母乎? 关于不举与父同月生子,他举《左传》载,桓公之子与父同月生,汉明帝与父刘秀也是同月生,但于父并无妨碍。关于不举生髭须子的事悻,他举:《周书》,灵王生而有髭,王甚神圣,亦克修其职,诸侯服享,二世休和,安在其有害乎?[10]总之,对这些当时的习俗应具体分析,不举寤生子、不举生髭须子是否与保障人口质量有关。不举多胎子是否含有控制人口数量的意识,但具体情况亦应区别对待,勾践在急需增加人口时就不予考虑,反而进行奖励。

　　人口的自发淘汰是很残酷的和残忍的,但什么时候能改变这种状况变自发调整为自觉调整呢? 恩格斯曾说过在共产主义某个时候人类像对物的生产那样,对人的生产进行调整,而且只有那个时候才能做到。

注　释:

① ② ③　《汉书》卷 72《贡禹传》。
④　《汉书》卷 98《元后传》。
⑤　《全上古三代秦汉三国六朝文·全后汉文》卷 38。
⑥　张衡:《论衡·四讳篇》,载《诸子集成》第 7 册,第 229 页。
⑦　《汉书》卷 48《贾谊传》。
⑧　《汉书》卷 53《景十三王传》。
⑨　《汉书》卷 28《地理志》。
⑩　《全上古三代秦汉三国六朝文·全后汉文》卷 36 应劭《风俗通义》。

第十二章　秦、西汉时期的人居生态环境

谈到人口问题,不能不谈人居的生态环境问题,现在愈来愈多的人对此更加关注,因为人不但是社会中的人,而且还是自然界中的人,自然界的变化必然对生灵有影响,而人是自然界中的高级动物,对于生态环境的观察应有更高的警觉性。故秦、西汉时期人居生态环境问题亦是本书所关注的一个主要方面,但正史多谈政治方面的治乱兴衰,私人著述也很少涉及,正因为情况如此,探讨起来深感资料之不足,再加之个人认识水平不高,所以本章的写作,只是把收集到的资料分类整理和条理罗列罢了。不过从分类罗列当中,也可以看到秦、西汉时期的人居生态环境与今天相比还是有很大的不同,特别是当时的湖泊河流要比现在多,当时的生态条件,特别是植被保持要比现在好,人类的伙伴——动物的种类也比现在丰富,且分布比较广泛,下面分别述之。

第一节　秦、西汉时期我国北方的生态概况

我国地理上的南北方分界,一般都以秦岭和淮河为界,这是因为岭南、岭北、河南、河北在气候、植被、物产、风俗等方面都有很大的不同。秦、西汉时期的北方地区,虽然是人口分布密集区,约占当时全国人口的三分之二,但仍然有大片大片荒无人烟的荆棘丛生的无人区。这些无人区当时称谓"薮","薮"又常常和"渊"联系起来,称谓"渊薮",也就是藏恶的可怕之所,其原因是荒无人迹。根据严助的说法,当时全国有八薮;

> 陛下以四海为境,九州为家,八薮为圃,江汉为池。(师古曰:"八薮,谓鲁有大野,晋有大陆,秦有杨汗,宋有孟诸,楚有云梦,吴越之间有具区,齐有海隅,郑有圃田")。[1]

严助所说的"八薮",其中有六处是在北方地区。圃田薮是在今郑州和开封之间,曾是"盗贼"出没的地方。孟诸薮是在今河南省的商丘市东北,在汉以前已是有名的大泽,商的始祖契的母亲在孟诸泽边吃了天鹅蛋而怀孕生契的,这是司马迁《史记》卷3《殷本记》的记载,反映的史实是商族当时还处在只知有母,不知有父的历史阶段。自契以后才能辨认自己的生父。大野泽在今山东省菏泽市东北的巨野县境。大陆泽在今河北省的巨鹿县境。

2000年后的今天,这些泊泽十有八九已不复存在,变成了可耕田,环境变迁之大、变迁之快令人感叹不已!

关于西北和关中、关东地区的环境概况

今日青海省的湟水流域,秦、西汉时期林木茂盛,青海湖周围水草丰满。秦、西汉时期青海周围及湟水流域居住的主要居民是羌族人口.羌汉之间为争夺生活空间也时有战争,西汉的将军赵充国主持对羌作战,他对那里的情况比较熟悉,从他的上书中我们了解到那里的环境确实很好。

> (赵充国言)臣前部士入山,伐材木六万余枚,皆在水次。愿罢骑兵,留驰刑应募……分屯要害处。冰解漕下,缮乡亭、浚沟渠,治湟陿以西道桥七十所,令可至鲜水左右。田事出,赋人二十晦。至四月草生,发郡骑及属国胡骑伉健各千,倅马什二,就草……[②]

赵充国上书中的治湟陿以西道桥70所,指的是湟水之上的乔梁架设。而上书中的"鲜水",就是今日之青海湖,从上书中的伐木之多和就草鲜水,可知当时青海的生态是林木茂盛、水草丰满,生态状况良好。

祁连山、武威、张掖、居延等地葭苇丛生、水草通谷。关于祁连山当时"水草茂美"的记载本书第十章第三节中关于"匈奴人口分布"标题下己有多处言及。《西河旧事》言说匈奴失掉祁连山后,乃歌云:"亡我祁连山,使我六畜不蕃息,失我燕支山,使我家妇无颜色",从侧面反映了祁连山的水草在匈奴游牧经济中的所占的重要位置,和水草之繁盛。另外,《汉书》中还有多处涉及该地水草状况的记载:

> 又武威县、张掖日勒皆当北塞,有通谷水草。[③]

龙城道上有大泽葭苇。我们可以从李陵兵败纵火焚苇以行自救中得到了解:

> (李陵在浚稽山与单于战后)引兵东南,循故龙城道行.四五日,抵大泽葭苇中,虏从上风纵火,陵亦令军中纵火以自救。南行至山下,单于在南山上,使其子将骑击陵,陵军步斗树木间,复杀伤数千人,因连发弩射单于,单于下走。[④]

在李陵败退的途中,所经过的大泽葭苇面积异常大,不然的话,如果上风纵火,下风处如不焚苇自救就难以逃脱,且不但有大面积的葭苇,亦有林木其间。总之,当时的河西四郡生态条件非常好。《汉书》卷28下《地理志》用赞美的语气描述其概况为:

　　　　地广民稀,水草宜畜牧,故凉州之畜为天下饶。

今日新疆北疆地区的伊犁、昭苏、精河等地,长满了松树。西汉时期,上述地区属乌孙国的辖区之一,史载:

　　　　乌孙国,大昆弥治赤谷城……东至都护治所千七百二十一里,西至康居蕃内地五千里。地莽平。多雨,寒。山多松樠……⑤

由于西汉时期我国西北地区的植被要比现在好得多,故黄河上游水的流量也要比现在大得多。通过走访宁夏回族自治区政协文史资料委员会的分管领导,他言说根据记载今日银川市东的掌政乡在西汉时期曾因黄河涨水而遭淹没。而查看一下地图,掌政乡还在今日黄河以西十余华里处,当时黄河涨水能淹没沿河十余华里的地方足以说明当时上游来水量之大,而今日宁夏银川之黄河再也难见昔日之汹涌澎湃、波澜壮阔了!

　　今之阴山一带至北京乃至辽东一线,林木繁茂,动物野兽猛虎出没其间。本书第十章第三节中有关"匈奴人口的分布"中谈及了阴山植被的情况郎中侯应言之:

　　　　臣闻北边塞至辽东,外有阴山,东西千余里,草木茂盛,多禽兽,本冒顿单于依阻其中,治作弓矢,来出为寇,是其苑囿也。

郎中的话语道出了当时的环境植被情况,正因为如此,匈奴失阴山之后,每逢他们经过此地未尝不流涕伤感。本书第十章第三节"秦西汉时期匈奴人口"中,引《汉书》卷94《匈奴传》言说匈奴的儿童从小就能骑羊,引弓射鸟鼠,少长则射狐狸、兔子,用以为食,这反映了当时蒙古草原一带动物之多。而李广射虎的记载也反映了当时的右北平一带老虎出没十分频繁:

　　　　广出猎,见草中石,以为虎而射之,中石没矢,视之,石也。他日射之,终不能入矣。广所居郡闻有虎,常自射之。及居右北平射虎,虎腾伤广,广亦射杀之。⑥

李广一直在燕北一带郡份驻守,这些郡份老虎出没非常频繁,人言李广的箭法很准,力大无比,他看到石头以为是虎,尽力射之,结果箭头竟射入石头中,可见其力气之大。然而平时射石,却再也射不进去,可见人的精力所在与精力不在是大不一样的。另外,从李陵被召见于武台,叩头自请中也道出了长城一线老虎颇多。

　　　　臣所将屯边者,皆荆楚勇士奇材剑客也,力扼虎,射命中。⑦

这则引语道出了屯边士卒常与猛虎搏斗的情景,也反映了现实生活中,沿边地区猛虎之多。

　　关于长城一线的生态状况,亦有荒凉不宜五谷的记载,我们引用主父偃的几句话便可知晓：

> 秦皇不听,遂使蒙恬将兵而攻胡,却地千里,以河为境。地固泽卤不生五谷。
> （师古曰:"地多沮泽而卤咸卤。"）⑧

以上话语,反映了当时的塞北黄河两岸,还是盐碱地,不宜生长作物。

关于关中一带的生态概况。关中一带的生态概况所含内容甚广,目前我们只能从皇帝游猎当中了解到当时的动物种类很多,仅就此方面加以叙述。见于记载的当时关中地区的动物有:鹿、熊罴、豪猪、虎、豹、狄获、狐、菟等。

关于上林有野彘的记载：

> 郅都,河东大阳人也。以郎事文帝。景帝时为中郎将,敢直谏,面折大臣于朝,尝从入上林,贾姬在厕,野彘入厕,上目都,都不行。上欲自持兵救贾姬,都伏上前曰:"亡一姬复一姬进,天下所少宁姬等邪,陛下纵自轻,奈宗庙太后何?"上还,彘亦不伤贾姬。⑨

幸亏野猪没有伤害贾姬。在贾姬性命攸关的紧急时刻,郅都作为皇帝的随从,不但自己不去救贾姬,还阻挡皇帝去救贾姬,且毫不掩饰地说出了:失一姬还会进一姬,天下难道缺少姬妾吗? 的确让人心寒。但从侧面也证实彘的存在。

甘泉宫有鹿的记载：

> （李广之子）敢从上雍,至甘泉宫猎,骠骑将军去病怨敢伤青,射杀敢,去病时方贵幸,上为讳,云鹿触杀之。⑩

这是霍去病怨恨李广之子李敢曾经伤害过他的舅舅卫青,于是借打猎的机会射死了李敢。皇帝为掩饰这件事情,说是野鹿把李敢碰死了,总之甘泉宫鹿很多,不然的话,不会编出这样的谎言。

长阳宫有熊、豕：

> （司马相如）尝从上至长杨猎。（师古曰:"长阳宫也,在盩厔。"）是时天子方好自击熊、豕,驰逐野兽,相如因上疏谏曰……⑪

今之秦岭山脉中有熊罴、豪猪、虎、豹、狄玃、狐狸、菟子、麋鹿等动物。《汉书》卷87《扬雄传》有载：

> 明年,上将大夸胡人以多禽兽,秋,命右扶风发民入南山,西自褒斜,东至弘农,南驱汉中,张罗网置罘,捕熊罴、豪猪、虎、豹、狄玃、狐、菟、麋鹿,载以槛车,输长杨射熊馆。以罔为周阹,纵禽兽其中,令胡人手搏之,自取其获,上亲临观焉。是时,农民不得收敛。⑫

这里所述的是将各种动物捕得之后,放入射熊馆以供玩乐,然而皇帝亦有亲自动手去扑杀动物,与熊罴搏斗的记载：

初,建元三年,微行始出,……旦明,入山下驰射鹿豕狐兔,手格熊罴,驰骛禾稼稻秔之地。(师古曰:稻,有芒之谷总称也。)⑬

建元是汉武帝的年号,也是汉武帝打猎的一次记录,从破坏"禾稼稻秔之地"来看,并非是深山区,浅山区就有这么多的动物,那么深山区就更不用说了。

从上面所引资料可以看出,当时北方整个地区动物禽兽的分布十分广泛,特别是胡人的居住区更多——"上将大夸胡人以多禽兽"。而今日之北方地区与西汉相比禽兽数量大减,特别是虎的生存量不多,目前黑龙江还特为之设立保护区,望其栖息成长繁衍。

关中地区及天水、陇西地区,在秦汉的时候,林木覆盖率高,土地肥沃,《汉书》卷28下《地理志》记载故秦地:

有鄠、杜竹林,南山檀柘,号称陆海,为九州膏腴。(师古曰:"言其地高陆而饶物产,如海之无所不出,故云陆海。")

还记载天水、陇西地区"山多林木,民以板为室屋"。由此可见木材之丰富。

黄河以北地区有竹园的记载:

《汉书》卷29《沟洫志》载,汉武帝时黄河在今濮阳一带决口,难以封堵,造成了很大损失:

自河决瓠子后二十余岁,岁因以数不登,而梁楚之地尤甚。上既封禅,巡祭山川,其明年,干封少雨。上乃使汲仁、郭昌发卒数万人塞瓠子决河。于是上以用事万里沙,则还自临决河,湛白马玉璧,令群臣从官自将军以下皆负薪填决河。是时东郡烧草,以故新柴少,而下淇园之竹以为楗。

注释家晋灼曰:淇园,卫之苑也。卫国就是今日濮阳市,如淳还介绍:

树竹塞水决之口,稍稍布插按树之,水稍弱,补令密,谓之楗。以草塞其中,乃以土填之。有石,以石为之。

从上述记载看来,今之濮阳地区有大片竹林。

《史记》卷6《秦始皇本纪》也有巨鱼的记载,当时谓之"鲛鱼"。是在秦始皇出游途中路过山东半岛时见到的:

还过吴,从江乘渡。并海上,北至琅邪。方士徐市等入海求神药,数岁不得,费多,恐谴,乃诈曰:"蓬莱药可得,然常为大鲛鱼所苦,故不得至,愿望善射与俱,见则以连弩射之。"始皇梦与海神战,如人状。问占梦,博士曰:"水神不可见,以大鱼蛟龙为候。今上祷祠备谨,而有此恶神,当除去,而善神可致。"乃令入海者赍捕巨鱼具,而自以连弩候大鱼出射之。自琅邪北至荣成山,弗见。至之罘,见巨鱼,射杀一鱼。遂并海西。

引文中的"巨鱼"很可能是鲸鱼，水生动物中鲸鱼的身体最为庞大，故称巨鱼。

在水域生物方面，在今之渤海湾东海有鲸鱼出现。《汉书》卷 27 中之下《五行志》载：

> 成帝永始元六春，北海出大鱼，长六丈、高一丈、四枚。哀帝建平三年，东海平度出大鱼，长八丈、高一丈、七枚，皆死。

成帝永始元年和哀帝建平三年分别是公元前 16 年和公元前 4 年，西汉时的北海郡即今日之山东潍坊市。西汉时之东海郡，即今日连云港等地。西汉时的尺约合今 0.231 米，那么这两次所发现的大鱼分别长 13.9 米和 13.5 米，揣度可能是鲸鱼。西汉时鲸鱼游弋在渤海和东海说明当时水域情况好，而当今倒没怎么听说大鲸鱼光顾渤海、东海的事情。

秦、西汉时期北方的气候如何，与今相比有何不同探讨起来十分困难，我们只能集一些零星的记载。

今天青海省的湟水流域及青海湖周围地区农历四月才会草地发绿。前引《汉书》卷 69《赵充国传》云："田事出，赋人二十畮。至四月草生，发郡骑及属国胡骑伉健各千，倅马什二，就草"的记载就是证明。农历的四月，约为阳历的五月，当时青海湖回春的时间与现在差不多。

西汉时期，也出现过气候反常的情况，特别是元帝时期：

> 今陛下即位已来，日月失明，星辰逆行，山崩泉涌，地震石陨，夏霜冬雷，春凋秋荣，陨霜不杀，水旱蝗虫，民人饥疫，盗贼不禁，刑人满市，春秋所记灾异尽备。[14]

第二节　秦、西汉时期我国南方的生态概况

岭南地区的有关概况。岭南地区是指今日之五岭以南的地区，《晋书·地理志下》记载"入越之道，必由岭峤，时有五处，故曰五岭"。秦始皇使任嚣、赵佗攻越，平定南越后，设桂林、南海、象等"岭南三郡"，明确了岭南的区域范围，即包括今广东、海南、广西的大部分和越南北部。秦、西汉时期岭南人口很少，其气候条件北方人是难以适应的。就海南岛来说，当时是雾露气湿，多毒草虫蛇，我们可以从贾捐之的有关话语中看得出来：

> 骆越之人父子同川而浴，相习以鼻饮，与禽兽无异，本不足郡县置地。颛颛独居一海之中，雾露气湿，多毒草虫蛇水土之害，人未见虏，战士自死。[15]

暑湿或卑湿,是岭南气候的显著特点,不但《贾捐之传》有述,而《南粤传》中也不止一次地提及。西汉初年,赵佗在今之广州地区称帝,并且发兵攻打西汉的长沙国边境的一些地方,连败数县,在这种情况下:

　　　　高后遣将军隆虑侯灶击之,会暑湿,士卒大疫,兵不能逾岭。[16]

由此可以看到,南方气候之恶劣,部队还没有翻过五岭就在暑湿的气候面前便一个一个倒下了,闹得士卒大疫,更不要说越过五岭了。

　　北方人赵佗也有同样的表述:

　　　　且南方卑湿,蛮夷中西有西瓯,其众半羸,(师古曰:"羸谓劣弱也")南面称王,东有闽越,其众数千,亦称王……老夫故敢妄窃帝号,聊以自娱。[17]

　　以上所谈的是岭南的气候,下面我们谈谈岭南的生态环境。秦、西汉时期,岭南地区是布满了深林丛竹,而且林中多蝮蛇猛兽。前引《汉书》卷64《严助传》云:

　　　　"今发兵行数千里,资衣粮,入越地,舆轿而隃岭,抈舟而入水,行数百千里,夹以深林丛竹,水道上下击石,林中多蝮蛇猛兽"。

严助之语就是明证。而且《汉书》卷64《严助传》还不止一次地提及:

　　　　臣闻长老言,秦之时,尝使尉屠睢击越,又使监禄凿渠通道。越人逃入深山林丛,不可得攻。[18]

又如严助说:

　　　　臣闻越非有城郭邑里也,处溪谷之间,篁竹之中,习于水斗,便于用舟,地深昧而多水险。[19]

所有这些都反映了岭南地区秦、西汉时期还处于蛮荒阶段。

　　秦、西汉时期,岭南地区的飞禽走兽物产种类亦多,我们从南粤王向汉朝皇帝的贡品种可以看到:

　　　　谨北面因使者献白璧一双、翠鸟千、犀角十、紫贝五百、桂蠹一器、生翠四十双、孔雀二双。昧死再拜,以闻皇帝陛下。[20]

　　西南夷地区的有关概况。我国四川西南部及其以远地方,秦、西汉时期居住着许多少数民族,因为其在国之西南故称之谓西南夷。西南夷地区的环境气候与岭南地区同样,都是属暑湿地区,史书当中都把中原士卒进入西南夷视为畏途,而且残废率是很高的。《汉书》卷95《西南夷传》中多次谈到上述事实:

　　　　当是时,巴蜀四郡通西南夷道,转载相馈。数岁,道不通,士罢饿馁,离暑湿,死者甚众。[21]

上面说的是在开通通向西南夷道路时的情况。不但有暑湿的威胁,而且毒草对人之威胁也是很严重的:

续表

姓名	籍贯	资料出处	
杨	氐池骑士	簿录名籍类	二三二・一
张□	（田卒）昌邑国西郘□龙里	簿录名籍类	五一五・四二
彭武	（田卒）昌邑国湖陵治昌里	簿录名籍类	五〇一・一
辅宪	显美骑士并延里	簿录名籍类	五六二・二三
卫路	（戍卒）梁国己氏显阳里公乘	簿录名籍类	五〇・一八
宋广	氐池骑士王乐里	簿录名籍类	四〇七・五
吕孙	（戍卒）巨鹿郡广博萤里	簿录名籍类	一一八・二九
魏奉亲	（戍卒）昌邑国东缗杨里	簿录名籍类	五一・三七
李实	汝南郡名住阳缑氏西槐里	簿录名籍类	五一一・三八
张竖	戍卒梁国睢阳觯里	簿录名籍类	五一一・一二
马寿	昌邑泊里	簿录名籍类	五一一・三二
薛□	居延传舍啬夫始至里公乘	簿录名籍类	七七・一六
张图	居延西道里	簿录名籍类	七七・三三
常舜	河东北屈□头里	簿录名籍类	一五・六
狄奉	济阴郡成阳县南阳里	簿录名籍类	一五・二二
李参	汝南郡西平中信里	簿录名籍类	一五・二二
谢牧	魏郡□阳高武里	簿录名籍类	一五・四
复贤	觻得石成里	簿录名籍类	一五・二一
杜宣	荥阳宜秋里	簿录名籍类	六二・二四
司非子	安陵高里	簿录名籍类	三九五・一
李钦	觻得当利里	簿录名籍类	六二・二六
王严	觻得敬老里	簿录名籍类	六二・四三
张侯	居延市阳里	簿录名籍类	六二・五四
武便	弘农陆浑河阳里	簿录名籍类	一〇七・二
赵勤	弘农陆浑河阳里	簿录名籍类	一〇七・二
傅咸	河东皮氏成都里	簿录名籍类	五三三・二
杨禹	觻得市阳里	簿录名籍类	三二・一一
周市	梁国己氏高里	簿录名籍类	五C・二九
赵安世	（戍卒）赵国邯郸邑中阳隊里	簿录名籍类	五C・一五
贾广	（戍卒）济陶郡定陶故里	簿录名籍类	五一一・三三
王甲	（戍卒）居延康里	簿录名籍类	六一・二
李乐	居延里里	簿录名籍类	一三二・三
许宗	觻得千秋里	簿录名籍类	三七・五七
郭强	河东襄陵阳门亭长邮里	簿录名籍类	三七・四二
聂德	东郡田卒清灵里一里大夫	簿录名籍类	三七・三八
礼忠	觻得广昌里公乘	簿录名籍类	三七・三五
许宗	居延卯道里不更	簿录名籍类	三七・二三

（西南夷）远藏温暑毒草之地,虽有孙吴将,贲育士,若入水火,往必焦没,知勇亡所施。[22]

王莽时期,由于民族政策不当,惹起了西南夷反叛,王莽发军讨之,结果气候不适应病死者占十分之七:

王莽篡位,改汉制,贬钩町王以为侯。王邯怨恨,牂柯大尹周钦诈杀邯,邯弟攻杀钦,州郡击之,不能服。三边蛮夷愁扰尽反,复杀益州大尹程隆,莽遣平蛮将军冯茂发巴、蜀、犍为吏士……以击益州。出入三年,疾疫死者什七,巴、蜀骚动。[23]

南岭以北、淮河秦岭以南的生态概况。南岭以北,淮河秦岭以南地区,在秦、西汉时期是属于尚未完全开发的地区,司马迁在《史记》中已有描述其社会经济的发展尚处在火耕水耨的耕作状态,其突出的特点是潮湿,这种潮湿的环境使许许多多被封在南方的诸侯王或在南方郡县任职的北方人士感到是畏途、是末日。下面我们看看《汉书》卷48《贾谊传》的记载:

谊既从适居长沙,长沙卑湿,谊自伤悼,以为寿不得长。[24]

这段记述反映的是长沙地区的概况,秦、西汉时之长沙也就是今日之长沙地区。类似这样的记述还有景帝的儿子刘发,因为其母微而无宠,被分封到卑湿贫困的长沙。

长沙定王发……以孝景前二年立,以其母无宠,故王卑湿贫国。[25]

后来长沙定王发的后代实在不适应长沙一带的暑热气候和环境,便上书皇帝,以减少封地面积为条件,要求向北迁移,后来得到皇帝的恩准,被安排在南阳郡新野的白水乡,这便是汉光武帝刘秀祖上的一段移民史。

秦、西汉时期的吴地,也就是今日之苏南地区,当时也是卑湿不易人居。《爰盎传》有载:

（盎）迁齐相,徙为吴相。辞行,（盎兄子）种谓盎曰:"吴王骄日久,国多奸,今丝（爰盎之字）欲刻治,彼不上书告君,则利剑刺君矣。南方卑湿,丝能日饮,亡何,说王毋反而已,如此幸得脱。"盎用种之计,吴王厚遇盎。[26]

在这段叔侄辞行的文字中,明确道出了吴地的潮湿环境,爰盎终日饮酒不知是御寒去湿,抑或是觉得有贾谊之感,于是便以酒解愁。

今日之鲁南、苏北地区在秦、西汉时期土地下湿。《汉书》卷97《冯奉世传》载:

（冯奉世之子）冯立,元帝时人,后迁为东海太守,下湿病痹（师古:"东海土地下湿,故立病痹也"）。天子闻之,徙立为太原太守。

而西汉时东海郡郡治在郯县,即今山东郯城县。

今日安徽省的皖中地区秦、西汉时也是环境十分卑湿。

　　衡山王有功，景帝曰："南方卑湿，徙王王于济北以褒之。"㉗

西汉时期的衡山，是今安徽的霍山，汉景帝因衡山王在吴楚七国之乱中有功于王室，为了奖励他，这才把他从衡山迁到济北，济北在今山东省境。

　　南方的湿热气候在古代确实使北方人不适应，除了以上所举的例子外，其实还有很多。《史记》卷1《五帝本纪》记载舜帝61岁时才代尧践帝位。践位39年，南巡狩。这位百岁老人没能再回到北方，"崩于苍梧之野，葬于江南九嶷，是为零陵"，至今人们每年还祭祀他。无独与偶，另一位百岁君主禹也是死在南巡途中。《史记》卷2《夏本纪》记载："十年，帝禹东巡狩，至于会稽而崩"，于是便葬在会稽山，同样没有回归。仔细考证，秦始皇的死因也与出巡南方有关，《史记》卷6《秦始皇本纪》记载，秦始皇三十七年，始皇出游。

　　　　十一月，行至云梦，望祀虞舜于九疑山，浮江下，观籍柯，渡海渚。过丹阳，至
　　钱唐。临浙江，水波恶，乃西百二十里从狭中渡。上会稽，祭大禹，望于南海……
　　还过吴，从江乘渡。并海上，北至琅邪……自琅邪北至荣成山……至之罘，见巨
　　鱼，射杀一鱼。遂并海西。至平原津而病，七月丙寅，始皇崩於沙丘平台。

与以上两位国君不同的是他没有被葬在病死的地方而是把腐烂的尸体运回咸阳埋葬。秦始皇的死，我们不能排除他与到南方染病有关。

　　关于南方的生态情况，在这里我们还想集中介绍一下云梦泽的情况，其资料出自于《汉书》卷57《司马相如传》。《传》称当时西汉的皇帝读了司马相如的《子虚赋》后，为其超群的文采而大加赞赏，于是召见司马相如。司马相如愿给皇帝作一篇有关天子游猎内容的赋，上令尚书给其笔札。司马相如以两方相互诘难的形式撰就了一篇文学作品，事件并非真实，但文学作品中涉及当时的生态环境的描写，特别是对一些动植物和鱼类的记述并非虚构，因为文学作品也是源于社会生活的。今把有关记载提供如下，可以说目前我们到动物园和海洋馆中也难以见到书中所述的某些动物和鱼类，时经两千多年，有的已经绝迹了。至于什么时候环境不适应而绝迹的呢？目前还难以考断，但起码在唐朝以前还有，不然的话《汉书》的注释家、唐朝的颜师古还频为作注。

　　　　臣闻楚有七泽，尝见其一，未睹其余也。臣之所见，盖特其小者耳，名曰云
　　梦。云梦者，方九百里，其中有山焉……其西则有涌泉清池，激水推移，外发夫容
　　菱华，内隐钜石白沙。其中则有神龟蛟鼍，毒冒鳖鼋。其北则有阴林巨树，楩柟
　　豫章，桂椒木兰，檗离朱杨，樝梨樗栗，橘柚芬芳。其上则有宛雏孔鸾，腾远射干。
　　其下则有白虎玄豹，蟃蜒貙犴。

　　　　注引张揖曰："蛟状鱼身而蛇尾，皮有珠。鼍似蜥蜴而大，身有甲，皮可作

鼓。毒冒似鳖蟥，甲有文。鼋似鳖而大。"

根据《汉书·叙例》可知，张揖字稚让，清河人（一云河间人），生活的时代是曹魏时期人。并且还是当时很有学问的博士，他所释的"蛟"，具体而明晰，而在现代学的辞典中，把"蛟"释为"蛟龙，古代传说中的能发洪水的龙"，已经没有实在意义了。

关于对蝹蜒、貔、豻的解释注引郭璞曰：

蝹蜒，大兽似狸，长百寻。貔似狸而大。豻，胡地野犬也，似狐而小。

"楚王乃驾驯骁之驷……"注引张揖曰：

骁如马，白身黑尾，一角锯牙，食虎豹，扰而驾之，以当驷马也。

此外，有关鱼类的记载有鳎、鰫、鲅、鳢、魟、鲑、鳎、鲇等。

有关鸟类的记载有鸡、鹳、鸹、烦鹜、庸渠等。

动物类还有麒麟、牦牛、象、驒骡、駃骒等记载。

关于对麒麟的解释，张揖曰：

雄曰麒，雌曰麟，其状麇身牛尾，狼题一角，角端似牛，其角可以为弓。

郭璞曰：

麒似麟而无角，角端似猪，角在鼻上，中作弓。

而颜师古在《汉书·武帝纪》的注文中解释为：

麟，麇身，牛尾，马足，黄色，圆蹄，一角，角端有肉。

难怪《汉书》卷6《五帝纪》载，在公元前122年时，汉武帝"行幸雍，祠五畤。获白麟，作《白麟之歌》"。而且应劭说元狩元年的年号是因获白麟十分吉祥而改的。《汉书》卷64下《终军传》亦载此事。发现地点是在关中，"一角而五蹄"，颜师古注曰："每一足有五蹄。"司马迁对获麟事也是予以肯定的。《史记》卷130《太史公自序》云，迁遭李陵之祸后：

"于是卒述陶唐以来，至于麟止，自黄帝始。"《索隐》服虔云："武帝至雍获白麟，而铸金作麟足形，故云'麟止'。迁作《史记》止于此，犹《春秋》终于获麟然也。"

由此可知，春秋时期也捕获过麟。

关于对驒骡、駃骒的解释，注引郭璞曰："驒骡，驱䮫类也。駃骒生三日而超其母。驒音颠。骡音奚。駃音决。骒音提。"

于是乎玄猨素雌，蜼玃飞蠝，蛭蜩玃蛱，獑胡豰蛫，栖息乎其间。长啸哀鸣，翩幡互经……

关于对蜼、玃、蠝的解释，注引张揖曰：

"蜼如母猴，印鼻而长尾。玃似弥猴而大。飞蠝，飞鼠也，其状如兔而鼠首，以其颊飞。"郭璞曰:"蝠,鼯鼠也,毛紫赤色,飞且生,一名飞生。雌音赠遗之遗。蝠音诛。"师古曰:"玄猨素雌,言猨之雄者玄黑而雌者白素也。《尔雅》曰'玃父善顾'也。玃音钁。蠝音吾。"

关于对獑胡、毂的解释,注引张揖曰:

"獑胡似弥猴,头上有髦,要以后黑。毂,白狐子也。"郭璞曰:"毂似鼬而大,要以后黄,一名黄要,食弥猴。蜼未闻也。獑音谗。毂音呼谷反。蜼音诡。"师古曰:"毂,郭说是也。"

《汉书》卷57《司马相如传》还记载了不少动物:

于是乎背秋涉冬,天子校猎……生貔豹,搏豺狼,手熊羆,足野羊。蒙鹖苏,绔白虎,被斑文,跨野马……径峻赴险,越壑厉水。推蜚廉,弄解豸,格虾蛤,鋋猛氏,羂要褭,射封豕。

关于对貔的解释,注引郭璞曰:"貔,执夷,虎属也,音毗。"师古曰:"貔豹二物,皆猛兽也。"

关于对熊、野羊的解释,注引张揖曰:"熊,犬身人足,黑色。羆如熊,黄白色。野羊,麢羊也,似羊而青。"师古曰:"野羊,今之所谓山羊也,非麢羊矣。"

关于对鹖的解释,注引孟康曰:"鹖,鹖尾也。"张揖曰:"鹖似雉,斗死不却。"郭璞曰:"蒙其尾为帽也。鹖音曷。"

关于对蜚廉的解释,注引郭璞曰:"飞廉,龙雀也,鸟身鹿头。"张揖曰:"解豸似鹿而一角。"

关于对虾蛤、猛氏的解释,注引孟康曰:"虾蛤、猛氏,皆兽名也。"郭璞曰:"今蜀中有兽,状似熊而小,毛浅有光泽,名猛氏。"

关于对要褭、封豕的解释,注引张揖曰:"要褭,马金喙赤色,一日行万里者。"郭璞曰:"封豕,大猪也。要褭音窈嫋。"

《司马相如传》还记载了不少鸟类:

射游枭,栎蜚遽……蔺玄鹤、乱昆鸡,遒孔鸾、促骏蚁,拂翳鸟、捎凤皇,捷鸳鶵、掩焦明。

此处对枭的解释说法不一。张揖曰:

"枭,恶鸟,故射之也"。郭璞曰:"枭,枭羊也,似人长脣,被发食人。"师古曰:"枭,郭说近是矣,非谓恶鸟之枭也"。"昆鸡",张揖曰:"昆鸡似鹤,黄白色"。关于"翳鸟"张揖曰:"《山海经》曰九疑之山有五采之鸟,名曰翳鸟也。"关于"焦明",张揖曰:"焦明似凤,西方之鸟也。"

在正史的其他篇目中,很难见到有这么集中地对动植物以及鸟类的记述和描写。

因为鸟类和动物都是人类的朋友，它们对环境的适应度都很敏感，很可能动、植物灭绝的前兆就是人类生活环境恶化的预警，所以我再列出一些《传》中所提及的物种，至于真假让动植物学家去考证吧！

于是乎周览泛观……其南则隆冬生长，涌水跃波。其兽则庸旄貘牦，沈牛麈麋，赤首圜题，穷奇象犀。其北则盛夏含冻裂地，涉冰揭河。其兽则麒麟角端，驹驳橐驼，蛩蛩驒騱，駃騠驴骡。

关于对旄、牦、沈牛、麈麋、庸牛、貘的解释，注引张揖曰：

"旄，旄牛，其状如牛而四节毛。牦牛黑色，出西南徼外。沈牛，水牛也，能沈没水中。麈似鹿而大。"郭璞曰："庸牛，领有肉堆。貘似熊，庳脚锐鬐，骨无髓，食铜铁。貘音貊，牦音狸。"师古曰："犪牛即今之犩牛也。旄牛即今所谓偏牛者也。牦牛即今之猫牛者也。牦字又音茅。麈音主。"

关于对题、象、犀的解释，注引张揖曰：

"题，额也。穷奇状如牛而蝟毛，其音如嗥狗，食人。"师古曰："象，大兽也，长鼻，牙长一丈。犀头似猪，一角在鼻，一角在额前。"

为司马相如《游猎赋》作注者张揖的身份前面已做过介绍，孟康，字公休，安平广宗人，曹魏时，曾任弘农太守、渤海太守等职。郭璞是晋朝河东人，曾任弘农太守。

关于凤凰的记载。西汉昭、宣帝时期，频繁出现凤凰光顾的现象，不知何因。《汉书》卷7《昭帝纪》在"元凤元年春"下，注引应劭曰："三年中，凤皇比下东海西乐乡，于是以冠元焉。"他说的东海郡地处今山东诸城到连云港一带。《汉书》卷8《宣帝纪》神爵二年（公元前60年）春二月，诏曰：

乃者正月乙丑，凤皇甘露降集京师，群鸟从以万数。

神爵四年（公元前58年）春二月，诏曰：

乃者凤皇甘露降集京师，嘉瑞并见。修兴泰一、王帝、后土之祠，祈为百姓蒙祉福。鸾凤万举，蜚览翱翔，集止于旁。斋戒之暮，神光显著。荐鬯之夕，神光交错。或降于天，或登于地，或从四方来集于坛。

神爵四年（公元前58年）冬十月，"凤凰十一集杜陵。"神爵四年（公元前58年）冬十二月，"凤凰集上林"。《汉书》卷8《宣帝纪》载："五凤元年，春正月"，注引应劭曰："先者凤皇五至，因以改元云。"《汉书》卷8《宣帝纪》载：甘露三年（公元前51年）诏曰：

乃者凤凰集新蔡，群鸟四面行列，皆乡凤皇立，以万数。

此新蔡乃是今河南省驻马店地区。至于凤凰是什么样子，可能是由于翻检欠细，未见注释家们的描写，在这里我引用后汉人许慎对凤凰的简介，以明其模样。东汉人许慎

著《说文》,在鸟部中,对"凤"的解释为:

> 神鸟也。天老曰:"凤之象也,鸿前,麐后,蛇颈,鱼尾,颧颡,鸳思,龙文(纹),虎背,燕颔,鸡喙。五色备举,出于东方君子之国,翱翔四海之外。过昆仑,饮砥柱,濯羽弱水,莫(暮)宿风穴,见则天下大安宁。"从鸟凡声。

释文中的天老,据说是黄帝时的大臣,说到底,许慎恐怕未必见到凤凰,所以只是引用别人的说法,如若见到他会用自己的口气去叙述。但在古书当中对此鸟类的记载又不止一处,究竟是想象中的鸟还是现实中的鸟王,目前无法考证,当今辞典对凤凰的解释是传说中的鸟王。既然《汉书》中不止一处提及,恐怕还是存在的,而此种鸟是何时消亡的,不得而知。

关于"神爵"的记载:元康三年(前63年)夏六月,诏曰:

> 前年夏,神爵集雍。今春,五色鸟以万数飞过属县,翱翔而舞,欲集未下。其令三辅毋得以春夏摘巢探卵,弹射飞鸟。具为令。

注引晋灼曰:"《汉注》大如鹍爵,黄喉,白颈,黑背,腹斑文也。"由皇帝下诏的形式不得捕鸟,不得探卵在汉代的历史上是少见的,从中也反映了对鸟类保护的意识,值得我们重视。

在叙述生态环境时,需要提及的是,在西汉时期,梁孝王外出打猎时出现了一种奇特的动物,

> 北猎梁山,有献牛,足上出背上,孝王恶之,六月中病热,六日薨。[28]

西汉时期的梁国,地处今豫东和鲁西南地区。

昌邑多枭的记载:

西汉时的昌邑国是汉武帝之子刘髆的封地,就是日后的山阳郡,约在今山东巨野、嘉祥、金乡、单县一带。髆死,子刘贺继王位。昭帝去世之后,因其无子,曾让昌邑王刘贺继承西汉的大统,但因昌邑王淫乱仅当了27天的皇帝便被大臣霍光等废归故郡,迎立汉武帝之曾孙刘询为帝,这便是有名的昭宣中兴之主的汉宣帝。汉宣帝为了防范昌邑王,让大臣张敞密切监视,从张敞与昌邑王的对话中我们了解到当时的昌邑国有一种恶鸟叫"枭",而长安却无。

> 臣敞欲动观其意,即以恶鸟感之,曰:"昌邑多枭",故王应曰:"然。前贺西至长安,殊无枭。复来东至洛阳,乃复闻枭声……。"[29]

据说枭似猫头鹰一类的鸟,羽毛为棕褐色,夜里捕食小动物[30],因为其非常凶猛、勇悍,后来形容将士的勇猛——枭勇善战,或称枭将,然而今日看不到这种鸟了。

东海郡(今山东诸城至江苏连云港一带)有虎的记载。事见《太平御览》卷891引《西京杂记》云:黄公者,东海人也。史佚其名。

少时为幻。秦末有白虎现东海,诏遣黄公以赤刀往压之。术既不行,逐为虎所杀。

在人居环境概况中,上面我们述及了当时人居自然生态环境概况,而当时人居的气候情况也是十分重要的。气候情况主要是指气温的变化,并由其所引起的风、霜、雨露等,它直接关系到人类社会中的丰、欠、旱、涝、疾疫等现象的发生,与人们的生活息息相关。为了更好的生存,人们对自然界的种种现象十分关注、不断探索,力求认识和揭示规律、顺应规律、按规律办事并达到利用规律的目的,直到现在仍然如此。由于当时生产力低下,生产方式落后,人们在这方面的认识是非常肤浅的,甚至是错误的。随着生产力的发展,生产方式不断进步,人们对自然界的认识在不断深化,不断由低级阶段向高级阶段发展,当然期间也走过了许许多多的弯路,从曲折和蒙昧当中逐渐走向光明。在这里我们仅把秦汉时期与气温有关的记载加以收集和罗列,从中看出异常时期的时空分布状况,至于与人们生活有关的灾情虽与气候变化有关,但不再过多述及了。

秦汉时期与气温有关的记载

发生时间	异常情况	备注
秦始皇五年(前241年)	冬雷	《史记》卷6《秦始皇本纪》
汉惠帝二年(前193年)	时又冬雷,桃李华	《汉书》卷27中之下《五行志》
汉惠帝五年(前190年)	十月,桃李华,枣实	《汉书》卷27中之下《五行志》
汉高后元年(前187年)	秋,桃李华	《汉书》卷3《高后纪》
汉文帝前元四年(前176年)	六月,大雨雪	《汉书》卷27中之下《五行志》
汉文帝前元六年(前174年)	冬,十月,桃李华	《汉书》卷4《文帝纪》
汉景帝前元六年(前151年)	冬,十二月,雷,霜,雨	《汉书》卷5《景帝纪》
汉景帝中六年(前144年)	三月,雨雪	《汉书》卷27中之下《五行志》
汉武帝元狩六年(前117年)	冬,雨水,亡冰	《汉书》卷6《武帝纪》
汉武帝元鼎二年(前115年)	三月,雪,平地厚五尺	《汉书》卷27中之下《五行志》
汉武帝元鼎三年(前114年)	三月,水冰,四月,雨雪	《汉书》卷27中之下《五行志》
汉昭帝始元元年(前86年)	冬,亡冰	《汉书》卷7《昭帝纪》
汉昭帝始元二年(前85年)	冬,亡冰	《汉书》卷27中之下《五行志》
汉昭帝元凤五年(前76年)	冬,十一月,大雷	《汉书》卷7《昭帝纪》
汉元帝永光元年(前43年)	三月,陨霜杀桑,九月二日陨霜杀稼,天下大饥	《汉书》卷27中之下《五行志》
汉元帝永光元年(前43年)	春霜、夏寒、日青无光	《汉书》卷71《于定国传》

续表

发生时间	异常情况	备注
汉元帝建昭四年（前 35 年）	三月,雨雪,燕多死	《汉书》卷 27 中之下《五行志》
汉成帝建始四年（前 29 年）	夏四月,雨雪	《汉书》卷 10《成帝纪》
汉成帝阳朔二年（前 23 年）	春寒	《汉书》卷 10《成帝纪》
汉成帝阳朔四年（前 21 年）	四月,雨雪,燕雀死	《汉书》卷 27 中之下《五行志》
王莽始建国元年（公元 9 年）	冬,雷,桐华	《汉书》卷 99 中《王莽传》
王莽始建国二年（公元 10 年）	冬,十二月,雷	《汉书》卷 99 中《王莽传》

从上表可以看出,秦、西汉时期当时的环境气候,基本上是冬暖、春霜、夏寒为基本特征。在所收集到的 22 条气候异常记载中,有 9 条是有关秋天李树开花或冬天打雷乃至冬季不结冰的记录。其中阴历十一月、十二月出现打雷的情况有 3 次,可以说是发生在一年最冷的时候。有 10 条是春寒乃至下雪的记录。其中记载阴历三月下雪,或出现霜冻的情况有 6 次,大到积雪厚 5 尺,阴历四月下雪的有 3 次,把鸟也冻死了。其中有一次是阴历六月下雪,这便是发生在汉文帝前元四年（前 176 年）可以说是一年当中最热的月份,而且这一记录在历史上也是极为罕见的。

早在古代,人们已经注意到人与自然之间的关系与和谐,和谐的内容是"育之有时,而用之有节"。也就是说,根据规律一方面注意发展生产修复自然,另一方面注意有节制地利用自然界的财富,在这方面班固的《汉书》卷 91《货殖传》阐述得很好,他没有照搬司马迁《史记·货殖列传》的说法,而是增加了协调人与自然关系的内容,在这方面可以说超出了《史记》的思想性。如《货殖传》云:

昔先王之制……于是辨其土地川泽丘陵衍沃原隰之宜,教民种树畜养。五谷六畜及至鱼鳖鸟兽萑蒲材干器械之资,所以养生送终之具,靡不皆育。育之以时,而用之有节。屮木未落,斧斤不入于山林。豺獭未祭,罝网不布于野泽。鹰隼未击,矰弋不施于徯隧。既顺时而取物,然犹山不茬蘖,泽不伐夭,蝝鱼麛卵,咸有常禁。所以顺时宣气,蕃阜庶物,稸足功用,如此之备也。然后四民因其土宜,各任智力,凤兴夜寐,以治其业,相与通功易事,交利而俱赡,非有征发期会,而远近咸足。故《易》曰"后以财成辅相天地之宜,以左右民","备物致用,立成器以为天下利,莫大乎圣人"。

总之,以上所述之不到九月以后不可田猎,不到八月以后小鸟长成大鸟不可张网捕捉,树叶未落不可进入山林砍伐,打猎时不可捕杀幼兽,不攫取鸟卵,不杀怀胎的母兽,不杀刚出生的鸟兽,不斩尽杀绝,这些认识都是难能可贵的。因为它防止了人类对自然财富的无穷贪婪和竭泽而渔式的索取。不但周代有这样的规定而秦律亦有相似的内容。《睡虎地秦墓竹简·秦律十八种》中的《田律》有这么一段的记载：

> 春二月，毋敢伐材木山林及雍（壅）堤水。不夏月，毋敢夜草为灰，取生荔、
> 麑卵鷇，毋□□□□□毒鱼鳖，置穽罔（网），到七月而纵之。唯不幸死而伐绾
> （棺）享（椁）者，是不用时。邑之靳（近）皂及它禁苑者，麑时毋敢将犬以之田。
> 百姓犬入禁苑中而不追兽及捕兽者，勿敢杀；其追兽及捕兽者，杀之。河（呵）禁
> 所杀犬，皆完入公；其它禁苑杀者，食其肉而入皮。

整理小组将其释为："春天二月，不准到山林中砍伐木材，不准堵塞水道。不到夏季，
不准烧草作为肥料，不准采取刚发芽的植物，或捉取幼兽、鸟卵和幼鸟，不准……毒杀
鱼鳖，不准设置捕捉鸟兽的陷阱和网罩，到七月解除禁令。只有因有死亡而需伐木制
造棺椁的，不受季节限制。居邑靠近养牛马的皂和其他禁苑的，幼兽繁殖时不准带着
狗去狩猎。百姓的狗进入禁苑而没有追兽和捕兽的，不准打死。如追兽和捕兽，要打
死。在专门设置警戒的地区打死的狗，都要完整地上缴官府，其他禁苑打死的，可以
吃掉狗肉而上缴狗皮。"[31]秦代人烟与今相比尚属稀少，鸟兽众多，政府尚且制定律令
进行保护，可见其保护力度之大。西汉政府在保护林木、动物、鱼类方面亦颁行有其
内容与秦代之律令基本相同。如张家山汉简《二年律令释文注释》中《田律》，几乎照
抄了秦律。其内容为：

> 禁诸民吏徒隶，春夏毋敢伐材木山林，及进〈雍〉堤水泉，燔草为灰，取产
> （麑）卵鷇；毋杀其绳重者，毋毒鱼。

看来自周至秦汉都有严格的规定。实际上如果真的采用杀鸡取卵的掠夺形式，人类
是会受到大自然的报复的，而到那时就悔之晚矣！此外，西汉时期，人们对水旱灾害
的成因有其自己的认识，反对滥肆凿地开矿和砍伐树木，并且认为水旱之灾是由此而
酿的。《汉书》卷72《贡禹传》载：

> 今汉家铸钱，及诸铁官皆置吏卒徒，攻山取铜铁，一岁功十万人已上……凿
> 地数百丈，销阴气之精，地臧空虚，不能含气出云，斩伐林木亡有时禁，水旱之灾
> 未必不由此也。

砍伐树木影响气候，我们今天正在饱尝恶果。但凿地开矿是否销阴气之精，不能含气
出云造成水旱之灾呢？值得认真研究。如果是，我们不能不在这个问题上有所控制
和收敛啊！所以我们要牢记恩格斯在其《自然辩证法》中对我们的谆谆教导：

> 但是，我们不要过分陶醉于我们对自然界的胜利，对于每一次这样的胜利，
> 自然界都报复了我们。每一次胜利在第一步都确实取得了我们预期的结果，但
> 是在第二和第三步都有了完全不同的、出乎预料的影响，常常把第一个结果又消
> 失了。美索不达米亚、希腊、小亚细亚以及其他各地的居民，为了想得到耕地，把

森林都砍完了,但是他们梦想不到,这些地方今天竟因此成为荒芜的不毛之地,因为他们使这些地方失去了森林,也失去了积聚和贮存水分的中心。阿尔卑斯山的意大利人在山南坡砍光了在北坡被十分细心培育地保护的森林,他们没有预料到,这样一来,他们把他们区域里的高山畜业的基础给摧毁;他们更没有预料到,他们这样做,竟使山泉在一年中的大部分时间内枯竭了,而在雨季又使更加凶猛的洪水倾泻到平原上……因此,我们必须时刻记住:我们统治自然界,决不像征服者统治异民族一样,决不像站在自然界之外的人一样——相反地,我们连同肉、血和头脑都是属于自然界,存在于自然界的;我们对自然界的整个统治,是在于我们比其他一切动物强,能够认识和正确运用自然规律。^㉜

注　释:

① ⑱ ⑲　《汉书》卷 64 上《严助传》。

② ③　《汉书》卷 69《赵充国传》。

④ ⑥ ⑦ ⑩　《汉书》卷 54《李广传》。

⑤　《汉书》卷 96 下《西域传》。

⑧　《汉书》卷 64 上《主父偃传》。

⑨　《汉书》卷 90《酷吏传》。

⑪　《汉书》卷 57 下《司马相如传》。

⑫　《汉书》卷 87 下《扬雄传》。

⑬　《汉书》卷 65《东方朔传》。

⑭　《汉书》卷 75《京房传》。

⑮　《汉书》卷 64 下《贾捐之传》。

⑯⑰⑳　《汉书》卷 95《南粤传》。

㉑㉒㉓　《汉书》卷 95《西南夷传》。

㉔　《汉书》卷 48《贾谊传》。

㉕　《汉书》卷 53《景十三王传》。

㉖　《汉书》卷 49《爰盎传》。

㉗　《汉书》卷 44《淮南王传》。

㉘　《汉书》卷 47《文三王传》。

㉙　《汉书》卷 63《武五子传》。

㉚　《四角号码新词典》,商务印书馆,1982 年版。

㉛　睡虎地秦墓竹简整理小组编著:《睡虎地秦墓竹简·秦律十八种》,文物出版社,1978 年版。

㉜　《马克思恩格斯全集》第 20 卷,第 519 页。

附录　居延汉简所见人名概况表

　　本附录所收之人名为居延汉简中的人名,收录的原则是人名凡有明确籍贯者,予以收录,有的虽有人名但缺失籍贯者因为不便分析问题故暂未收入。材料的出处来自劳干所著《居延汉简考释》。[①]

姓名	籍贯	资料出处
潘甲	巨鹿郡广啊临利里	书檄类　七·三
左咸	梁国蒙东阳里	书檄类　三五·六
张鞅	南阳郡叶甯里	书檄类　一八五·一四二 八五·一
范义	洛阳上商里	书檄类　一五七·二四
翟诸	南阳新野墩东里	书檄类　一五七·二〇
阎月	长安假阳里	封检类　四九八·八
张常	河东郡安邑尊德里	封检类　二一〇·二六
靳龟	东郡畔戍里	刑颂类　一三·六
杜光	平陵长蘲里	刑颂类　一八三·一三
李广元	颍川郡	刑颂类　一四八·三〇
魏贤之	济阴郡	烽燧类　一八三·七
张夜	东郡聊城北遂里	烽燧类　五二·二八
孟强	广平石安里	疾病死丧类　三九二·五
陈系	昌邑方与士里	疾病死丧类　一四九·一九
毋封邑国	觻得安国里	疾病死丧类　二八七·二四
朱千秋	觻得成汉里	钱谷类　二八四·四
武贺	河东	钱谷类　二六九·三
宋当时	昌邑东邟尘中里	钱谷类　二九九·九
许都	东郡	钱谷类　三三四·七
赵汤	觻得	钱谷类　五六〇·二五
费塗	昌邑国邴良里	簿录器物类　一九·三六
邕尊	淮阳郡长平叶阳里	簿录器物类　二九·四〇
陶强	□翟阳敬里	簿录器物类　四九一·五

续表

姓名	籍贯	资料出处	
张延年	京兆尹长安南里	簿录器物类	二八〇·八
卿奉法	昌邑国宜年	簿录器物类	三〇三·四〇
李休	淮阳郡长平二里	簿录器物类	三〇三·三四
稺绾	淮阳郡长平容里	簿录器物类	三〇三·四六
暴叼之	昌邑国邡成里	簿录器物类	三〇三·四六
皇随来	东郡博平博里	簿录器物类	一四·二
相□□	淮阳郡长平南固里	簿录器物类	一九·四一
王□□	淮阳郡长平南固里	簿录器物类	五〇九·一〇
兒仓	骊靬万岁里	簿录器物类	三三四·三三
李宜年	淮阳郡长平北朝里	簿录器物类	五〇九·七
陈世年	淮阳郡长平北利里	簿录器物类	五一〇·二六
宋建	淮阳郡长平市阳里	簿录器物类	五〇九·一四
包建	昌邑国邡灵里	簿录器物类	五〇六·三〇
史国	济阴郡定陶池上里	簿录器物类	五〇九·二六
拜薪异众	颍川郡陕翟里	簿录器物类	三二·一
朱广德	昌邑国邡西土里	簿录器物类	五一二·二四
云象	淮阳郡长平二里	簿录器物类	五一三·三四
徐偃	觻得成汉里	簿录器物类	三三·三〇
冯广	魏郡朝阳里	簿录器物类	一一三·一
徒奉忠	陈留郡平丘阴里	簿录器物类	一五九·一
李上德	魏郡贝丘安昌里	簿录器物类	八二·九
恭乐	东郡聊城宋里	簿录器物类	四二·二二
孟奴	觻得益昌里	簿录器物类二一四·一二六	
丁舍人	淮阳郡长平北庄里	簿录器物类	二七三·二
张秋	河南郡成皋宜武里	簿录器物类	二一四·七
王柱	睢阳		
詹奴	魏郡内黄东郭里	簿录器物类	四一八·二
匽史惧	彭阳除执里	簿录器物类	三〇三·四三
赵德	淮阳郡嚣堂里	簿录器物类	四八九·一一四
杣宝	淮阳长平郤里	簿录器物类	三五·一五
任得方	京兆尹长安棘里	簿录车马类	二八〇·四
杨霸	觻得安定里	簿录车马类	五六〇·八
侯普	茂陵果城里	簿录车马类	五〇·八
哥秉	茂陵阳旭里	簿录车马类	五〇二·六
吕未央	昭武万岁里	簿录车马类	一五·二〇
张敞	郏东利里	簿录车马类	二八·〇一
李	淮阳郡长平	簿录酒食类	五〇九·一八

姓名	籍贯	资料出处	
高照	昭武宜春里	簿录名籍类	五六四·三
张德	觻得	簿录名籍类	五六四·九
李宪	觻得	簿录全籍类	五六四·一二
仲安世	汉中	簿录名籍类	三〇三·一八
黄寿	觻得武安里	簿录名籍类	二八四·一二
江陵客	张掖下都人	簿录名籍类	六四·三一
董平	赵国邯郸蒲里	簿录名籍类	三四六·一
褒益寿	汉中郡阳承虎里	簿录名籍类	九〇·二五
丁□	昌邑国东邡西安里	簿录名籍类	九〇·一四
严德	大河郡庸举里	簿录名籍类	三〇三·一三
昭遂	大河郡平富西里	簿录名籍类	三〇三·一三
陈贤	淮阳郡招阳里	簿录名籍类	四九一·三
赵□	氏池官昌里	簿录名籍类	五六五·一九
张猛	觻得	簿录名籍类	三四一·二六
李东昌	汉中郡成固里	簿录名籍类	二一六·九
狄□之	觻得	簿录名籍类	五六〇·二九
羊田	昭武骑士乐成里	簿录名籍类	五六〇·六
王彊	昭武骑士益寿里	簿录名籍类	五六〇·一三
杨山	觻得安定里	簿录名籍类	五六〇·一二
田婴	觻得利处里	簿录名籍类	五一一·三一
魏辅	觻得都贵里	簿录名籍类	三三二·八
薛宽	淮阳郡共中都里	簿录名籍类	六五·一
王赐	阳夏东禹里	簿录名籍类	三〇三·二六
王□	鲁阳□□里	簿录名籍类	二五〇·二一
孟复	氏池骑士常与里	簿录名籍类	五六〇·二三
钜昌	氏池骑士奉明里	簿录名籍类	五六〇·二一
陈光	氏池骑士安定里	簿录名籍类	五六〇·二〇
丁竞	氏池骑士昌乐里	簿录名籍类	五六〇·一四
储寿	武昭骑士市阳里	簿录名籍类	五六〇·二七
乙昌	觻得骑士常利里	簿录名籍类	五六〇·二八
孙地	氏池骑士大昌里	簿录名籍类	五六〇·二六
孙广	氏池骑士千秋里	簿录名籍类	五六〇·二二
彭公成	觻得安定里	簿录名籍类	五六〇·一五
王常贤	觻得中阳里	簿录名籍类	五六二·二一
郑己	氏池骑士富昌里	簿录名籍类	五六二·二二
杜延年	氏池骑士武定里	簿录名籍类	五六二·二六
王赏	觻得骑士武安里	簿录名籍类	五六二·二五

姓名	籍贯	资料出处
张福年	(田卒)大河郡东平北祠里	簿录名籍类　一一·一八
柳道	(田卒)淮阳高平常昌里	簿录名籍类　一一·二
成功彭祖	觻得骑士敬老里	簿录名籍类　六六四·二
司非子	氐池骑士富昌里	簿录名籍类　五六四·九
王船	觻得安定里	簿录名籍类　五六四·一六
王步光	觻得成汉里骑士	簿录名籍类　四○·三六
解它	氐池骑士安汉里	簿录名籍类　五六四·四
徐成	觻得都里	簿录名籍类　五三六·三五
孙偃	昭武骑士宜众里	簿录名籍类　三八七·一四
周横	济阴郡定陶里	簿录名籍类　五一七·二三
寻□	汉中郡南郑宣门里	簿录名籍类　九○·七六
庄□	汉中郡河阳则平里	簿录名籍类　九○·二九
䜌利王	汉中郡固成仁里	簿录名籍类　五二三·七
王□□	施刑士冯翊带羽披落里	簿录名籍类　三三七·八
张□	(戍卒)淮阳郡扶沟完里公士	簿录名籍类　五四○·六
工未长	觻得安士里	簿录名籍类　三三四·一三
魏圣年	河南平阴尉史君阳里	簿录名籍类　三三四·四六
张世□	魏郡繁阳北卿佐左里	簿录名籍类　三三四·三五
都毋伤	觻得都里	簿录名籍类　三三四·三六
苏罢军	河内郡温西故里	簿录名籍类　三三四·二八
陆胜之	昭武千秋里	簿录名籍类　三三四·六
赵汤	觻得骑士常利里	簿录名籍类　五六○·二五
马根	氐池骑士新师里	簿录名籍类　五一一·一一
丘异	昌邑国成里公士	簿录名籍类　五一三·四一
冯宋	(田卒)淮阳常平高里	簿录名籍类　五一四·四○
溥玉龙	(士五)昌邑国□垣里	簿录名籍类　五一七·一
张谟	(田卒)淮阳郡扶沟得里	簿录名籍类　五一四·三一
阎乐成	昭武宜众	簿录名籍类　一○·三六
麀辟阳	(田卒)昌邑国石里	簿录名籍类　五一三·三一
朱广	昌邑国邡灵国	簿录名籍类　五一三·三五
王遗	觻得定国里	簿录名籍类　五一三·三五
黄河人	(田卒)汝南郡平舆百禄里	簿录名籍类　五○四
徐更甲	氐池长乐里	簿录名籍类　二二五·四
阳撍	大河郡瑕立虏不里	簿录名籍类　四九九·三
吴□	淮阳郡长平□中里(卒)	簿录名籍类　八二·四○
庄侠	(田卒)大河郡任城□昌里	簿录名籍类　四九七·二一
吴虏	(田卒)大河郡东平陆常里	簿录名籍类　五○九·一

姓名	籍贯	资料出处
史存	河南郡河南县北中里公乘	簿录名籍类　四三·七
万赏善	居延都尉给事佐居延始至里	簿录名籍类　四三·二
孙宠军	居延安故里	簿录名籍类　三四〇·三九
哥尊中	张掖居延甲塞有秩土史	簿录名籍类　五七·六
窦敞	觻得广宛里公乘	簿录名籍类　二〇三·三二
蔽得臣	陈留郡封丘南益里	簿录名籍类　二〇二·三
郭赦	觻得万岁里公乘	簿录名籍类　一四五·三六
叶道	居延累山里	簿录名籍类　五二·一九
庞胜	魏郡繁阳池上里	簿录名籍类　一四五·三六
赵宣	戍卒张掖郡居延昌里大夫	簿录名籍类　一三七·二
薛襃	戍卒张掖郡昭武便处里	簿录名籍类　一三七·一四
孟宪	居延始至里大夫	簿录名籍类　五八·二
李平	南阳育阳芝阳里	簿录名籍类　一三五·一一
哥则	张掖居延当益里	簿录名籍类　一三三·九
李广宗	戍卒魏郡繁阳宜岁里公乘	簿录名籍类　一九八·二一
李让	戍卒魏郡繁阳上乐里	簿录名籍类　三八·四〇
育自当	戍卒张掖郡居延平昭里	簿录名籍类　五五·六
孙勋	居延收附里	簿录名籍类　一七三·二二
王益众	戍卒魏郡阴安新所里	簿录名籍类一七三·二九
虞地	戍卒张掖广都里	簿录名籍类　二二〇·一〇
司马骏	戍卒张掖郡居延昌里	簿录名籍类　二八六·一四
孙□己	戍卒张掖居延龙昌里	簿录名籍类　一八八·三二
淳于宽	戍卒张掖居延当遂里	簿录名籍类　一八八·一五
张襃	田卒张掖居延当远里	簿录名籍类　一九四·一八
必□	东郡东阿南中里	簿录名籍类　二八七·二六
马病已	驟卒魏郡邺东武成里	簿录名籍类　二六二·三二
觻毋伤	馆陶邑第一车长	簿录名籍类　三一一·一三
张圣	戍卒魏郡贝丘秼	簿录名籍类　三一一·一三
胡定	济陶郡定陶西阳里	簿录名籍类　五二〇·三
萧安世	济陶郡定陶石城里	簿录名籍类　五二三·八
庄盼	河南郡荥阳桃邮里	簿录名籍类　四三·一一
路寿	田卒东郡东阿昌国里	簿录名籍类　四三·二四
孙顾	戍卒梁国睢阳新平里	簿录名籍类　一四〇·三
杜建	河渠卒河东皮天毋忧里	簿录名籍类　一四〇·一五
孙竞□	觻得秦贵里	簿录名籍类　七五·一
王□	觻得置安里	簿录名籍类　七五·三
龚建德	觻得成汉里	簿录名籍类　三七·三二

续表

姓名	籍贯	资料出处
宣建	氐池富资里	簿录名籍类　七三·一五
尹昌	昭武厩令史乐成里	簿录名籍类　五一·二三
单玄中	居延中官里	簿录名籍类　八九·四三
鲜清	邺池阳里	簿录名籍类　一六二·一〇
郑阳	居延利上里	簿录名籍类　二三一·一〇六
高奉积	田卒淮阳郡莱商里	簿录计簿类　二九三·七
杜收	戍卒魏郡内黄利居里	簿录杂簿类　一一二·二七
杨通	戍卒魏郡贝丘公里	簿录杂簿类　三一一·二〇
李少子	南阳郡鲁阳垂元里	簿录杂簿类　四九·三二
邓苟年	阳郡冠军邑中都里	簿录杂簿类　三二一·一
孙毋忧	敦煌富贵里	簿录燧燧类　二十九

注　释：

① 劳干:《居延汉简考释》,商务印书馆,1949 年版。

主要参考书目与文献

《马克思恩格斯全集》,人民出版社,1995 年版。

《列宁全集》,人民出版社,1995 年版。

《斯大林全集》,人民出版社,1995 年版。

《毛泽东文选》,人民出版社,1995 年版。

司马迁:《史记》,中华书局,1982 年版。

班固:《汉书》,中华书局,1962 年版。

范晔:《后汉书》,中华书局,1965 年版。

陈寿:《三国志》,中华书局。

刘向:《战国策》,上海古籍出版社,1978 年版。

上海师大古籍整理组:《国语》,上海古籍出版社,1978 年版。

《越绝书》,上海古籍出版社,1985 年版。

商鞅:《商君书》,上海人民出版社,1974 年版。

郭沫若:《管子集校》,科学出版社,1936 年版。

陈其猷,中华书局上海编辑所:《韩非子集释》,中华书局,1958 年版。

桓宽:《盐铁论》,上海人民出版社,1974 年版。

王充:《论衡》,上海人民出版社,1974 年版。

司马光:《资治通鉴》,中华书局,1959 年版。

范文澜:《中国通史简编》,人民出版社,1958 年版。

郭沫若:《中国史稿》,人民出版社,1963 年版。

劳干:《两汉户籍与地理之关系》,《语言历史研究所集刊》,第 5 本,1935 年。

劳干:《两汉郡国面积之估计及口数增减之推测》,《语言历史研究所集刊》,第 5 本,1935 年。

翦伯赞:《中国史纲要》,人民出版社,1995 年版。

睡虎地秦墓竹简整理小组:《睡虎地秦墓竹简》,文物出版社,1978 年版

张家山 247 号汉墓整理小组:《张家山汉墓竹简》,文物出版社,2001 年版。

朱绍侯:《中国古代史》,福建人民出版社,1982 年版。

安作璋、熊铁基:《秦汉官制史稿》,齐鲁书社,1985 年版。

潘纪一、朱国宏:《世界人口通论》,中国人口出版社,1991 年版。

刘铮、邬沧萍、查瑞传编:《人口统计学》,中国人民大学出版社,1981 年版。

林富德、沈秋骅编:《世界人口与经济的发展》,中国人民大学出版社,1980 年版。

[英]亚·莫·卡尔—桑德斯著,宁嘉风译:《人口问题——人类进化研究》,商务印书馆,1983 年版。

[美]汤普逊著,耿淡如译:《中世纪经济社会史》,商务印书馆,1961 年版。

[法]阿尔弗雷·索雄,查瑞传等译:《人口通论》,商务印书馆,1983 年版。

[英]马尔萨斯著,朱泱等译:《人口原理》,商务印书馆,1992 年版。

朱利安·林肯·西蒙著,黄江南等译:《没有极限的增长》,四川人民出版社,1985 年版。

彭卫:《汉代婚姻形态》,三秦出版社,1988 年版。

彭松建编著:《西方人口经济学概论》,北京大学出版社,1987 年版。

杨中新:《西方人口思想史》,暨南大学出版社,1996 年版。

侯文若:《全球人口趋势》,世界知识出版社,1988 年版。

何清涟:《人口:中国的悬剑》,四川人民出版社,1988 年版。

黄文弼:《西北史地论丛》,上海人民出版社,1981 年版。

林干编:《匈奴历史论文集》,中华书局出版,1983 年版。

林干编:《匈奴历史年表》,中华书局出版,1984 年版。

赵予征:《丝绸之路屯垦研究》,新疆人民出版社,1996 年版。

袁祖亮主编:《丝绸之路人口问题研究》,新疆人民出版社,1998 年版。

苏北海:《西域历史地理》,新疆大学出版社,1988 年版。

新疆维吾尔自治区教育委员会、新疆历史教材编写组《新疆地方史》,新疆大学出版社,1993 年版。

马非百:《秦史》,中华书局出版,1982 年版。

黄烈:《中国古代民族史研究》,人民出版社,1987 年版。

林甘泉:《林甘泉文集》,上海辞书出版社,2005 年版。

赵俪生主编:《古代西北屯田开发史》,1997 年版。

余太山主编:《西域通史》,中州古籍出版社,2002年版。

洛阳市地方史志编纂委员会办公室编:《洛阳——丝绸之路的起点》,中州古籍出版社,1992年版。

赵文林、谢淑君:《中国人口史》,人民出版社,1988年版。

王育民:《中国人口史》,江苏人民出版社,1995年版。

袁祖亮:《中国古代人口史专题研究》,中州古籍出版社,1994年版。

袁祖亮、袁延胜著:《人口研究论稿》,新华出版社,2004年版。

袁义达:《中国姓氏》,华东师范大学出版社,2002年版。

葛剑雄:《中国人口史》第1卷,复旦大学出版社,2002年版。

葛剑雄:《中国移民史》第2卷,福建人民出版社,1997年版。

吴申元:《中国人口思想史稿》,中国社会科学社,1986年版。

田方等:《中国移民史略》,知识出版社,1986年版。

谭其骧主编:《中国历史地图集》第1册,第2册,地图出版社出版,1982年版。

杨子慧:《中国历代人口统计资料研究》,改革出版社,1996年版。

梁方仲:《中国历代户口、田地、田赋统计》,上海人民出版社,1980年版。

马非百:《秦汉经济史资料(五)——人口及土地》,《食货》,第3卷第3期1936年1月1日。

傅筑夫、王毓瑚:《中国经济史资料——秦汉三国编》,中国社会科学出版社,1982年版。

杨向奎:《自战国至汉末中国户籍之增减》,《禹贡》半月刊,第1卷第1期,1934年。

谭其骧:《论两汉西晋户口》,《禹贡》半月刊,第1卷第7期,1934年。

史念海:《两汉郡国县邑增损表》,《禹贡》半月刊,第1卷第8期,1934年。

傅筑夫、王毓瑚:《中国经济史资料——秦汉三国编》,中国社会科学出版社,1982年版。

吴景超:《西汉的人口移动与文化之传播》,《社会学刊》,第2卷第4期,1931年。

贺昌群:《汉末大乱中原人民之流徙与文化之传播》,《文史杂志》,第1卷第5期,1941年。

吕克由:《秦汉移民论》,《齐鲁学刊》,第2期。

袁祖亮:《西汉时期人口自然增长率初探》,《史学月刊》,1981年第3期。

葛剑雄:《西汉人口考》,《中国史研究》,1981年第4期。

葛剑雄:《汉武帝时"户口减半"考实》,《学术月刊》,1983年第9期。

袁祖亮:《再论汉武帝末年人口并非减半——兼与葛剑雄同志商榷》,《学术月刊》,1985 年第 4 期。

袁祖亮:《河南历史人口发展概况》,《郑州大学学报》,1982 年第 4 期。

韩连琪:《汉代的户籍和上计制度》,《文史哲》,1978 年第 3 期。

王毓铨:《"民数"与汉代封建政权》,《中国史研究》,1979 年第 3 期。

张桂萍:《汉代的上计制度》,《北京师范学院学报》,社会科学出版社,1989 年第 1 期。

宁可:《试论中国封建社会的人口问题》,《中国史研究》,1980 年第 1 期。

[日]佐藤武敏:《汉代的户口调查》,刊于中国社会科学院历史研究所战国秦汉研究室编:《简牍研究丛译》,中国社会科学出版社,1987 年版。

高恒:《汉代上计制度论考——兼评尹湾汉墓木牍集簿》,刊于连云港市博物馆中国文化研究所编:《尹湾简版综论》,科学出版社,1999 年版。

孙筱:《秦汉户籍制度考述》,《中国史研究》,1992 年第 4 期。

刘淑英:《试析两汉少数民族人口迁徙及其影响》,《中国人口科学》,1990 年第 5 期。

李志庭:《秦汉政府在浙江的人口政策》,《浙江学刊》,1998 年第 5 期。

施伟青:《汉代居延随军戍卒人口的若干问题》,《中国社会经济史研究》,1998 年第 3 期。

高荣:《西汉河西人口蠡测》,《甘肃高师学报》,2000 年第 5 期。

贾伟、李臣玲:《试论两汉时期青海汉族人口迁移》,《青海民族研究》,1999 年第 3 期。

尚新丽:《西汉时期匈奴人口数量变化蠡测》,《人口与经济》,2006 年第 2 期。

袁延胜:《汉代生育思想初探》,《河南科技大学学报》,2004 年第 2 期。

袁延胜:《略论汉代的人口增殖政策及其社会影响》,《郑州大学学报》(哲社版),2003 年第 3 期。

李均明:《张家山汉简所见规范人口管理的法律》,《政治论坛》,《中国政法大学学报》,2002 年 10 月。

吴小强:《从〈云梦秦简〉看战国秦汉人口再生产类型》,《西北大学学报》,1999 年第 2 期。

李邦儒:《"武帝时徙民会稽辨证"质疑》,《郑州大学学报》(哲社版),1998 年第 5 期。

王育民:《论中国封建社会人口发展的阶段性》,《中国史研究》,1992 年第 2 期。

徐心希:《"上计制度"的历史考察》,《福建师范大学学报》(哲社版),1992年第4期。

孙筱:《秦汉时期人口分布与人口迁移》,《中国人口科学》,1992年第4期。

葛剑雄:《秦汉时期的人口迁移与文化传播》,《历史研究》,1992年第4期。

李伟、雍际春:《两汉流民问题初探》,《天水师范学院》,2001年第3期。

冷鹏飞:《论两汉后期流民问题的社会原因》,《湖南师范大学学报》,1993年第3期。

赖华明:《论秦汉移民及特点》,《四川师范大学学报》(哲社版),1995年第4期。

王子今:《秦汉时期的人口流动与文化交融》,《重庆师院学报》(哲社版),1999年第3期。

杨作龙:《汉代奴婢户籍问题商榷》,《中国史研究》,1985年第2期。

傅举有:《从奴婢不入户籍谈到汉代的人口数》,《中国史研究》,1983年第4期。

高维刚:《汉代的"石"与"斛"及其大小——兼论汉代人口食粮与亩产量》,《四川教育学院学报》,1991年第2期。

刘叔鹤:《汉代的编户、移民与人口统计》,《统计研究》,1984年第3期。

孟广耀、何天明:《西汉时期蒙古民族人口考论》,《内蒙古社会科学》,1986年第1期。

刘英杰:《甘肃地区远古至秦汉人口辨析》,《西北人口》,1982年第3期。

梁景之:《汉代塔里木地区的人口分布与变迁》,《新疆社会科学》,1988年第1期。

周霖:《江南人口流向初探》,《江西师范大学学报》(哲社版),1997年第3期。

张诚:《秦始皇和汉武帝时迁民探析》,《郑州大学学报》(哲社版),1990年第4期。

王明哲:《论汉代乌孙族对伊犁河流域的开发——关于汉代乌孙族人口发展问题的研究》,《新疆社会科学》,1983年第1期。

莫任南:《关于月氏西迁年代问题》,《湖南师大学报》(哲社版),1985年第2期。

余太山:《乌孙考》,《西北史地》(兰州),人大复印资料《先秦·秦汉史》,1988年第1期。

余太山:《大月氏》,刊于《塞种史研究》,中国社会科学出版社,1992年版。

潘策:《秦汉时期的月氏乌孙和匈奴及河西四郡的设置》,《甘肃师大学报》(哲社版),1981年第3期。

马怡:《秦人傅籍标准试探》,《中国史研究》,1985年第4期。

周长山:《汉代城市人口试析》,《河北大学学报》(哲社版),2001 年第 2 期。

王文涛:《西汉河北人口的分布与流徙》,《河北师范大学学报》(哲社版),2001 年 1 月。

林其宝:《略述远古至汉代的人口分布》,《人口研究》,1995 年 7 月。

薛平拴:《西汉末年陕西人口数量研究》,《中国历史地理论丛》,2000 年第 3 期。

田强:《秦汉时期长江流域的人口迁移与经济开发》,《黄冈师专学报》(哲社版),1996 年 11 月。

林其宝:《远古至汉代人口数量变化浅析》,《人口与经济》,1995 年第 2 期。

陈明光:《秦朝傅籍标准蠡测》,《中国社会经济史研究》,1987 年第 1 期。

邢铁:《汉代的户等》,《河北师院学报》(社科版),1993 年第 3 期。

钱伯泉:《乌孙和月氏在河西故地及西迁的经过》,《敦煌研究》,1994 年第 4 期。

钱伯泉:《乌孙的种族及其迁徙》,《西域研究》,1997 年第 4 期。

陈良佐:《从人口推测大月氏、乌孙故地》,《大陆杂志》,第 37 卷第 3 期。

黄金山:《论汉代家庭的自然构成与等级构成》,《中国史研究》,1987 年第 4 期。

喻长咏:《西汉家庭结构和规模初探》,《社会科学研究》,1992 年第 1 期。

邵台新:《试论汉代农户的"一家五口"》,刊于《秦汉史论集》第 5 辑,法律出版社,1992 年版。

杨林平:《西汉黄河上游流域人口地理初探》,《固原师专学报》,1991 年第 4 期。

高大伦:《尹湾汉汉墓木牍"集簿"中户口统计资料研究》,《历史研究》,1988 年第 5 期。

马长寿:《论匈奴部落的奴隶制》,《历史研究》,1954 年第 5 期。

吴明月:《谈西汉时期汉人入居匈奴及其影响》,《内蒙古师大学报》,1995 年第 4 期。

久玉林:《论西汉时期汉匈民族的人群流动与双向同化》,《西北史地》,1998 年第 3 期。

张梅:《略谈匈奴族的发展、壮大与迁徙》,《西北成人教育学院学报》,1999 年第 2 期。

谭晓林、弓建中:《西汉前期的"汉人入匈"现象分析》,《内蒙古大学学报》,2000 年第 2 期。

仝晰纲:《秦代徙民述论》,《山东师范大学学报》,1985 年第 2 期。

刘幼生:《嬴秦徙民论》,《晋阳学刊》,1988 年第 6 期。

罗开玉:《论秦汉政府向巴蜀的移民、徙徒与迁虏》,《天府新论》,1990 年第

3 期。

　　赖华明:《秦汉移民政策及其特点》,《文史杂志》,1996 年第 2 期。

　　吴小强:《试论秦人婚姻家庭生育观念》,《中国史研究》,1989 年第 3 期。

　　吴小强:《秦人生育意愿初探》,《江汉论坛》,1989 年第 11 期。

　　吴小强:《秦简〈日书〉与秦汉时期的生殖文化》,刊于李学勤、谢桂华主编《简帛研究第三辑》,第 152—163 页,广西教育出版,1998 年版。

索引(按笔画为序)

（人名、地名、氏族名、国名、历史事件、典章制度等）

西阳,95

扶阳,40 41 64 91

劫国,99 292 293

李广,70 72 199 200 204 207 222 243 352
353 366 367 372

李广利,68 71 201 222 261 325

李夫人,124 185 201 212 213 219

李少君,172

李平,255 372

李寻,114 227

李延年,179 183 184 219 242

李园,213

李沮,200 243

李牧,203 211 323 329

李姬,255

李息,71 200 243 332

李通,231

李陵,71 72 200 204 231 243 351 352 359

李敢,353

李强,225

李蔡,199 204 207 209 211

杜少,66 240

杜延年,145 179 188 197 231 369

杜君敖,226

杜邺,227

杜周,145 153 156 188 197 227 231

杜衍,39 188 231 246

杜缓,231

杜陵,96 144 161 181 185 186 189 199
200 205 209 225—227 246 247 249 251
252 272 282 361

苏建,199 200 205 222 225

苏武,68 179 185 197 199 200 205
225 322

苏秦,2 28 35 75 168 265 266 287 349

苏章,205 235

芜湖,90 119

进桑,101

轪亭,119

来阳,95

丽邑,46 268 276

连道,94

苍梧,51 95 96 240 245 246 358

辰阳,95

赤谷城,275 279 283 291 292 312 318
352

邯沟,83

杞县,103

束州,83

寿良,87

吾丘寿王,241

吴广,232

吴札,216 218

吴芮,32 43 44 117

吴房,93

吴郡,31 44 53

吴章,227

员渠,292

肖望之,43 185 186 197

卤城,85

卤县,82

何并,227 228 231

何武,36 243

余善,117 118

八画

九画

十画

十三画

后　记

　　《中国人口通史·秦西汉卷》终于脱稿了,此时此刻最想说的话就是:学海无涯。由于自己的学识水平有限,书中肯定存在不少问题和诸多不足,恭请读者多多赐教,诚恳欢迎学界批评斧正,我将认真虚心听取,以便帮助自己不断提高认识和水平。

　　民族人口一章中,有关乌孙人口部分采用了袁延胜的硕士论文的部分内容,并征得了他的同意。

　　《中国人口通史》的出版得到了人民出版社张秀平编审的指导、帮助并提出了不少好的修改建议和意见,我和《中国人口通史》的全体合作者在这里向张秀平编审表示衷心的感谢!

　　本书在撰写过程中,贺科伟博士、中国民主促进会河南省委员会办公室干部张军善、王鹏同志以及安磊博士曾给予诸多帮劲,在此也向他们深表谢意!

袁祖亮

2011 年 11 月 30 日

图书在版编目（CIP）数据

中国人口通史·秦西汉卷：全 11 册 / 袁祖亮主编；袁祖亮著.
–北京：人民出版社，2012
ISBN 978-7-01-010595-6/
Ⅰ.①中…　Ⅱ.①袁…　Ⅲ.①人口—历史—中国—先秦时代
Ⅳ.①C924.2
中国版本图书馆 CIP 数据核字（2012）第 005659 号

中国人口通史·秦西汉卷
ZHONGGUO RENKOU TONGSHI QINXIHAN JUAN

主　　编：袁祖亮
作　　者：袁祖亮
出版策划：张秀平
责任编辑：张秀平
装帧设计：曹　春

人民出版社　出版发行

地　　址：北京朝阳门内大街 166 号
邮政编码：100706　www.peoplepress.net
经　　销：全国新华书店
印刷装订：河北永恒印刷厂
出版日期：2012 年 5 月第 1 版　2012 年 5 月第 1 次印刷
开　　本：787 毫米×1092 毫米　1/16
印　　张：26.25
字　　数：480 千字
书　　号：ISBN 978-7-01-010595-6/
定　　价：78.00元